# سرگذشتها

مجموعهٔ مقالات منتشر شده در نشریات فارسی زبان برون‌مرزی

نوشتهٔ دکتر بدری آتابای (خواجه‌نوری)

با ویراستاری محمود گودرزی

سرگذشت نویسنده در روزهای انقلاب بهمن ۱۳۵۷

از استاد محمد ابراهیم باستانی پاریزی

کتابفروشی ایران

سرگذشتها: مجموعهٔ مقالات منتشر شده در نشریات فارسی زبان برونمرزی نوشتهٔ

دکتر بدری آتابای (خواجه‌نوری)

با ویراستاری محمود گودرزی

و سرگذشت نویسنده در روزهای انقلاب بهمن ۱۳۵۷

از استاد محمد ابراهیم باستانی پاریزی

Collected Articles of Badri Atabai
Published in Persian Language Publications Outside of Iran
by Badri Atabai (Khajeh-nouri)
edited by Mahmud Gudarzi
with a biography of the author during the days of the Revolution
by Mohammad Ebrahim Bastani-Parizi

Copyright © 1996 Badri Atabai (Khajeh-nouri)

All rights reserved. No part of this book may be reproduced or retransmitted in any manner whatsoever except in the form of a review, without permission from the publisher.

Manufactured in the United States of America

The paper used in this book meets the minimum requirements of the American National Standard for Information Services – Permanence of Paper for Printed Library Materials, ANSI Z39.48-1984

Iranbooks, Inc.
6831 Wisconsin Avenue
Bethesda, Maryland 20815
Telephone: 301 986-0079
Facsimile: 301 907-8707

---

Library of Congress Cataloging-in-Publication Information

Ātābāy, Badrī.
Sarguzasht'hā : maqālāt-i muntashar shudah dar nashriyāt-i Fārsī-i zabān-i barūnmarzī / nivishtah- 'i Badrī Ātābāy (Khvajah Nūrī) ; bā virāstārī-i Maḥmūd Gūdarzī va sarguzasht-i nivisandah dar rūz 'hā-yi Inqilāb Bahman 1357 az Muhḥammad Ibrāhīm Bāstānī Pārīzī
p. cm.
Includes bibliographical references.
Romanized record.
Added title page title: Collected articles of Badri Atabai.
ISBN 0-936347-73-2 (alk. paper)
1. Iran--Civilization. I. Gūdarzī, Maḥmūd. II. Title. III. Title: Collected articles of Badri Atabai
DS70.7.A83 1996 <Orien Pers>
955-dc20 95-39738
CIP
NE

1 3 5 7 9 8 6 4 2

## به نام خداوند جان و خرد

برای شادی روان پاک ابوالفتح آتابای همسر شریف و نیک سرشتم که زمانی کوتاه پیش از انتشار این مجموعه جهان را بدرود گفت

سعدیا مرد نکونام نمیرد هرگز
مرده آن است که نامش به نکویی نبرند

تقدیم به هم میهنان ارجمندی که در راه نگاهداری و گسترش فرهنگ و ادب ایرانی، بویژه در پاسداری از زبان پارسی، این سند گرانبهای هویت ملی و فرهنگی، از هیچگونه کوششی دریغ نمی‌کنند، و بار این مسؤولیت تاریخی را در این شرایط بسیار نامساعد بر دوش دارند.
درود و سپاس فراوان نثار آنان باد
بدری خواجه نوری (آتابای)

## فهرست سرگذشتها

| عنوان | صفحه |
| --- | --- |


| پیشگفتار ویراستار | ۶ |
| شعری از امیری فیروزکوهی | ۱۰ |
| سرگذشت نویسنده در روزهای انقلاب | ۱۲ |
| گفت و شنودی با خانم بدری خواجه‌نوری | ۱۶ |
| سرگذشت کتابخانهٔ سلطنتی کاخ گلستان | ۳۰ |
| سرگذشت زبانها و لهجه‌های زندهٔ ایرانی | ۶۰ |
| سرگذشت زبان و گویشهای کهن ایران | ۷۲ |
| سرگذشت مکتوبات بجای مانده از دوران ساسانی | ۸۰ |
| سرگذشت تاریخ‌نگاری | ۱۰۶ |
| سرگذشت شهر باستانی استخر پارس | ۱۱۶ |
| سرگذشت کوچ زرتشتیان به هند | ۱۲۶ |
| سرگذشت خط در ایران باستان | ۱۳۶ |
| سرگذشت خط در ایران پس از اسلام | ۱۴۲ |
| سرگذشت کلیله و دمنه | ۱۴۸ |
| سرگذشت هزار و یکشب | ۱۵۶ |
| سرگذشت ساختن آبراهه‌ها | ۱۶۲ |
| سرگذشت مهرها و نگینها و نقشهای آنها | ۱۶۸ |
| سرگذشت مرقع گلشن | ۱۷۸ |
| سرگذشت کتاب و کتابخانه‌های ایران پیش از اسلام | ۱۸۴ |
| سرگذشت کتابخانه‌های ایران پس از اسلام | ۱۹۴ |
| سرگذشت بزرگترین قرآن جهان | ۲۰۴ |

| | |
|---|---|
| سرگذشت دو نسخهٔ دستنویس مصور گلستان و بوستان سعدی | ۲۰۸ |
| سرگذشت شاهنامهٔ تهماسبی | ۲۱۴ |
| سرگذشت حکیم ابوالقاسم فردوسی | ۲۲۰ |
| سرگذشت حکیم نظامی گنجوی | ۲۲۸ |
| سرگذشت حکیم عمرخیام نیشابوری | ۲۳۸ |
| سرگذشت سعدی و مکتب عشق او | ۲۵۴ |
| سرگذشت کلیسا و موزهٔ جلفای اصفهان | ۲۷۲ |
| سرگذشت رشیدالدین فضل‌اله | ۲۷۸ |
| سرگذشت تلاش نادرشاه افشار برای رفع اختلافات مذهبی | ۲۸۶ |
| سرگذشت گوشه‌هایی از شهر نیشابور | ۲۹۶ |
| سرگذشت گوشه‌هایی از عظمت و انحطاط هویت فرهنگی ایران | ۳۱۶ |
| سرگذشت شهر تهران | ۳۲۸ |
| سرگذشت سفر به تاجیکستان | ۳۳۴ |
| گوشه‌هایی از سرگذشت حکومت دینی درگذر تاریخ ایران | ۳۳۸ |
| گوشه‌هایی از سرگذشت زاینده رود | ۳۵۲ |
| سرگذشت آب و نقش آن | ۳۶۰ |

# پیش‌گفتار ویراستار

نخستین بار که خانم دکتر بدری خواجه‌نوری (آتابای) را در آمریکا دیدم، کمی بیش از ده سال پیش، هنگام سخنرانی‌اش دربارهٔ فردوسی در «کانون دوستداران فرهنگ ایران» در واشنگتن بود. من که برای شنیدن سخنرانی رفته بودم، ناگهان با دیدن سخنران خاطره‌ای کهن در من تازه گشت. من سخنران را پیش از آن دیده بودم، چندین دهه پیشتر، و در شرایطی دیگر. کی. . . کجا؟

❋ ❋ ❋

در سالهایی دور، پیش از آن که از ایران بیرون آمده باشم، عمه‌زاده‌ای داشتم ـ در این میان چشم از جهان پوشیده است ـ که در میان خویشان و دوستان به «معمار دربار سلطنتی» ملقب شده بود. ماجرای او چنین بود که در چهار پنج سالگی پدر و مادرش را از دست داده بود. پدر من، پیش از آن که خود فرزندی داشته باشد، این خواهرزاده را از زادگاهش بروجرد به تهران آورده بود. او براستی در خانهٔ ما بزرگ شده بود و برای ما برادر بزرگتری بود که بسیار گرامی‌اش می‌داشتیم. او طی سالهاکار و کوشش پیگیر ـ در روزگارانی که هنوز مهندسان فرنگ رفته چندان فراوان نبودند ـ خود را تا مرحلهٔ «معماری» بالا کشیده بود، و همکارانش برای او اعتبار شایسته‌ای قائل بودند. گویا زمانی او در میان صاحبکارانش، کار و خدمتی نیز برای خانوادهٔ «قانع بصیری» انجام داده بود که بسیار مقبول افتاده بود.

آقای «قانع بصیری» بزرگ، که در آن زمان «رئیس ادارهٔ بیوتات سلطنتی» بود، «معمار» خودش را به دربار برده بود، که او تا پایان عمرش در آنجا خدمت می‌کرد و به جایی رسید که از شخصیتهای صاحب‌نظر و کم مانند در حفظ بناهای تاریخی شمارده می‌شد. نحوهٔ کار او چنین بود که طرحهای پیشنهادی در زمینهٔ تغییرات و تعمیرات کاخها را انجام می‌داد، و بر «حسن انجام کار» نظارت داشت. آنگاه در پایان هر سه ماه، صورت کارهای انجام شده را با هزینهٔ دستمزد کارگران و خرید مصالح تنظیم می‌کرد و تحویل می‌داد. این «صورت هزینه» لابد پس از تصویب، همراه «حق نظارت» خود او پرداخت می‌شد. از آنجا که عمه‌زادهٔ من نمی‌خواست بیگانه‌ای با چگونگی کار او آشنا شود، و مرا نزدیک و محرم خود می‌دانست، تنظیم این «صورت هزینهٔ سه ماهه» را که «سیتواسیون» نامیده می‌شد بر عهدهٔ من گذارده بود، که در آن زمان تازه دوران دبیرستان را آغاز کرده بودم. یکی از طرحهای

واگذار شده به معمار، ساختن خانه‌ای در نزدیکی قصر فیروزه ـ کاخ فرح‌آباد، برای سکونت «میرشکار شاه» بود. خانه ساخته شد و ساکنانش در آن جای گرفتند. آنجا بود که من در دیدارهای گاه و بیگاه خودم از کارگاه، خانم آتابای را که خانم جوانی بود می‌دیدم. آنچه برایم در آن زمان شگفتی‌آور می‌نمود، سادگی و بی‌پیرایگی این خانم جوان «درباری» بود. آخر، در آن زمان ذهن من سرشار از تصویرهایی بود که در آثار «میشل زواگو» از دربارهای فرانسه توصیف شده بود. این خانم جوان چه بدان گونه که خود می‌دیدم و چه از عمه‌زاده‌ام می‌شنیدم، بیشتر اوقات تنها بود و کتاب را تنها مونس و همدم تنهایی خود ساخته بود.

* * *

در پایان سخنرانی خودم را به آرامی به خانم خواجه‌نوری معرفی کردم با اشاره به آشنایی دور و یکسویه‌ام با او. آشنایی یکسویه، آن هم در زمانی که چه از دیدگاه سن و سال و چه از دیدگاه به اصطلاح «طبقاتی» نمی‌توانست کمترین سخنی میان ما گذشته باشد. اما خانم خواجه‌نوری با شادی آن گذشته را بیاد آورد. و باشد که در گوشه و کنار ذهنش توانسته بود مرا بیابد. بسا بیشتر بدان خاطر که گویا سرانجام کسی را یافته بود که دست کم از دور، با گذشته او آشنایی داشت و این خود تسلایی می‌توانست بوده باشد.

بسیار زود دریافتم که خانم خواجه‌نوری در چه شرایط ناگوار روحی و افسردگی ویژه‌ای بسر می‌برد، خانواده هر یک به سویی پرتاب شده است، او باز هم تنهاست. کمتر کسی می‌توانست موقعیت او را درک کند و بداند چه نارواهایی بر او گذشته است. در دیدارهای بعدی دانستم که او در همان دوران زناشویی‌اش دکترای ادبیات فارسی و علوم‌انسانی، و فوق‌لیسانس در رشته نسخه‌شناسی و کتابداری از دانشگاه تهران گرفته است، و در همان کشش به سوی فرهنگ و کتاب، از کتابداری تا معاونت و ریاست کتابخانهٔ کاخ گلستان در آنجا خدمت کرده است. او به تنهایی بیش از هر کس دیگری در تنظیم فهرستهای گوناگون این گنجینهٔ تاریخی ـ فرهنگی کوشیده است.

با کوششهای بسیار توانستم خانم خواجه‌نوری را از آن انزوای تلخ و کشنده که خود را در آن زندانی کرده بود، اندکی بیرون بکشم. با اصرار و پافشاری از او خواستم به نوشتن بپردازد تا به این ترتیب نه تنها خود او سرگرم شود، بلکه در ادامهٔ تلاشهای فرهنگی گذشته، بخشهایی از دانسته‌هایش را در اختیار دیگران بگذارد. او نخست از این‌کار پرهیز می‌کرد وهر بار از سرخوردگیها و وازدگیهایش از هموطنان آشنا با گذشته‌اش، و از خاورشناسان رنگارنگ خارجی داستانها می‌گفت. از بسیاری کسان که بارها و سالها میزبانی آنان را بر عهده داشته و از هیچ یاری در برآوردن خواستهاشان کوتاهی

نکرده است. از هدیه‌های گرانبهایی که در سمت ریاست کتابخانه سلطنتی به آنان داده است، و اینک این نمک‌ناشناسان ـ از بیم بد شدن احتمالی رابطه‌شان با جیره‌پردازان کنونی‌شان ـ با ناسپاسی حتی پاسخگوی سلام او نیز نیستند.

با این همه، سرانجام خواهشم را پذیرفت و به نوشتن مطالبی پرداخت که در سالهای اخیر در نشریات برونمرزی، پر، علم و جامعه، ره‌آورد و عاشقانه منتشر شده است و این مجموعه از گردآوری آنها فراهم آمده است. بدنیست گفته شود که این نوشته‌ها که همه عنوان «سرگذشت» دارند برای نشریات همگانی ـ و نه مجلات و گاهنامه‌های دانشگاهی ـ تهیه شده‌اند. از این رو دانسته از آوردن منابع و ذکر مآخذ در آنها خودداری شده و از سویی دیگر در حجمی کوتاه برای خوانندگان نشریات همگانی تنظیم شده که معمولاً حال و حوصلهٔ خواندن مطالب بلند و همراه پانویس را ندارند.

گردآوری مقالات و انتشار آنها به صورت مجموعه با اصرار تنی چند از دوستان خانم خواجه‌نوری و علاقمندان به نوشته‌های ایشان انجام شد، که کار ویراستاری و نظارت بر انتشار آن را نیز بر دوش من گذاردند. من نیز با در نظر گرفتن کار روزانه اداری و فعالیتهای انتشاراتی جنبی دیگر، پذیرفتم که در حد توانایی‌ام، آنچه از من در این زمینه برآید انجام دهم. با این امید که این مجموعه، در دوران مهاجرت خواسته یا ناخواسته ما ایرانیان، حلقه‌ای از زنجیر پیوند عاطفی ـ فرهنگی ما بازادگاهمان ایران بشمار آید و کوششهای خانم خواجه‌نوری در این زمینه بازتاب شایسته‌ای بیاید.

امیدست در آیندهٔ نزدیک جلد دیگری همانند این مجموعه، که شامل کوتاهشده‌ای از رخدادهای تاریخی کشورمان، از مهاجرت آریاها تا پایان سلسلهٔ قاجارست منتشر شود و در دسترس جوانان ایرانی دور از وطن قرار گیرد.

* * *

برای آشنایی بیشتر خوانندگان با نویسندهٔ «سرگذشتها» نخستین بخش کتاب گفت و شنودی است با ایشان، در زمانی که هنوز نوشتن «سرگذشت»ها آغاز نشده بود. این گفت و شنود گسترهٔ فعالیتهای فرهنگی ایشان را در دوران ریاست کتابخانه کاخ گلستان در برمی‌گیرد. در این دوران است که فهرستهایی از آثار موجود در کتابخانهٔ سلطنتی تنظیم و منتشر شده است و این اقدام شایسته در زمان خود در نشریاتی همچون سخن، ارمغان و یغما بازتاب خود را یافته است.

هنگامی که در سال ۱۳۵۶ فهرستهای تالیف شده به عنوان بهترین کتاب سال در زمینه‌های ادبی و هنری شناخته شد، و جایزه‌ای بدان تعلق گرفت، شاعر معاصر امیری فیروزکوهی بدین مناسبت قطعه‌ای سرود و اقدامات خانم بدری آتابای را ستود. این قطعه در شمارهٔ دهم سال سی‌ام مجلهٔ یغما، در دیماه

۱۳۵۶ منتشر شد، که آن را در صفحهٔ بعد خواهیم خواند.

اما در زمینهٔ توصیف آنچه در جریان انقلاب بر نویسنده گذشته است، از نویسندهٔ گرانقدر معاصر، استاد محمد ابراهیم باستانی پاریزی یاری گرفته شده است. باستانی پاریزی دقیقاً چهار ماه پس از انقلاب بهمن ۵۷، در ۲۱ خرداد ماه ۱۳۵۸، در روزنامه اطلاعات چاپ تهران، مطلبی زیر عنوان «چهرهٔ انقلاب نباید مخدوش شود» منتشر ساخت که در آن به صورتی گذرا اشاره‌ای رفته بود بر آنچه در روزهای انقلاب بر خانم خواجه‌نوری (آتابای) گذشته بود. ده‌سال بعد هنگام انتشار مجموعهٔ مقالات باستانی پاریزی زیر عنوان «مار در بتکدهٔ کهنه» آن مقالهٔ اطلاعات نیز در این مجموعه گنجانیده شده بود. استاد هنگام تجدید چاپ مقالهٔ نامبرده، توضیح بیشتری را ضروری دانستند که در پانویس مطلب، بر آن افزودند. این پانویس گرچه کامل نیست و در آن از دوران زندان خانم خواجه‌نوری یاد نشده است، ولی باز به هر صورت پرده از گوشه‌ای از این ماجرا برمی‌دارد.

محمود گودرزی

تقدیم به بانوی فرشته‌خوی دانشمند بدری آتابای (کامروز) به پاس خدمت و همت در پاسداری گنجینهٔ علمی و ادبی شاهنشاهان ایران

**امیری فیروزکوهی**

آن زن که دست همت مردانه‌اش به علم
هر روز پرده‌ای دگر از حَبل بر درید
پایش به جهد گام زهمت فرانهاد
دستش به سعی دست ز مردی فرو کشید
گنجینه‌بان گنج کمال است لاجرم
درُ مفید بخشد ما را به صد نوید
آن رقعه رقعه نامهٔ آبای نامدار
شیرازه یافت از وی و آنگه به ما رسید
هر جا که در مآثر ما دید نامه‌ای
آن را به قید حفظ چو روح روان کشید
گویی فرشته‌ای است موکّل کتاب را
زآن رو خدا فرشته خصالش بیافرید
هر برگ گمشده ز کتاب حیات ملک
از وی به یمن همت مردانه شد پدید
هر جا فخار شاهان بودی به دفتری
آن را به نقد جان و دل خویشتن خرید
اخلاف را به دانش اسلاف شد دلیل
یک زن دلیل دانش اسلاف کس ندید

زان یافت نام بدری و عنوان کامروز
تا کامران بماند چون بدر رو سپید
یارب به پاس حفظ چنین گنج‌خانه باد
چونین نگاهبان را حفظ تو بر مزید
روزش به کام و عیش مدام و زمانه رام
بختش سپید و عمر مدید و زمان سعید

از مجلهٔ یغما شماره مسلسل ۳۵۲، سال سی‌ام، شماره دهم، دی‌ماه ۱۳۵۶

# سرگذشت

## نویسنده در روزهای انقلاب

«. . . حضرت آقای خمینی متوجه شده‌اند که قرن‌ها بعد، ممکن است کسی بیاید و بگوید: زنی که فهرستِ زیباترین و نفیس‌ترین مجموعۀ قرآنها را به چاپ رسانده بود، در انقلاب اسلامی ایران، از خانۀ خود رانده شد و در خانه‌ای پناه گرفت که مِن بابِ ترحم به او اطاقی داده بودند. . .»

**از : اطلاعات، دوشنبه ۲۱ خرداد ۱۳۵۸**

«بعد از ده سال، اینک نام آن زن را می‌گوییم: او خانم بدری آتابای است، که چندگاهی رئیس کتابخانۀ سلطنتی بود و فهرست‌های متعدد برای این کتابخانه نوشت و چاپ کرد: از آن جمله است فهرست مرقعات کتابخانه سلطنتی، فهرست تواریخ و سفرنامه‌ها و سیاحت‌نامه‌های کتابخانه سلطنتی، فهرست دیوان‌های خطی (۲ جلد)، فهرست کتب دینی خطی کتابخانه سلطنتی و فهرست قرآن‌های خطی کتابخانه سلطنتی. بالاخره چند غزل حافظ و داستان دقوقی.»

«این زن را اتفاقاً من آن روزها جایی دیدم. او همسرِ آتابای بود، اما خودش کارِ خودش را می‌کرد. وقتی همه نزدیکان سلطنت از ایران خارج

شده بودند، این زن، در آپارتمانِ خود ـ که در قصر فیروزه ـ فرح‌آباد بود ـ ماند، و هرچه به او گفته بودند که تو هم بیا برویم با شوهر و بستگان خود، او نپذیرفت و جواب می‌داد ـ من که کاری نکرده‌ام، کتابخانه‌ای را اداره می‌کرده‌ام که بهترین قرآن‌ها و کتب مسلمانی در آن است.»

«روز انقلاب، وقتی انقلابیون به کاخ فرح‌آباد وارد شدند، باکمال تعجب، دیدند تنها یک زن، در کلّ این همه ساختمان، باقی مانده است. البته با او اندکی خشونت کردند، ولی او خود را معرفی کرد و توضیحات خود را داد. صدای تیراندازی‌ها و دود و آشوب، فرصت نمی‌داد، که حرفِ این زن به گوش همه‌کس برسد، چون اندک شباهتی به خواهر شاه هم داشت، تا عصر تحت‌نظر ماند.

طرف غروب، به او گفته شد هرجا بخواهد می‌تواند برود. این زن برای خود من روایت کرده است، که آن روز دمِ غروب، هرچه فکر کردم، دیدم هیچکدام از قوم و خویشهای من کسانی نیستند که بتوانند مرا پناه دهند. شوهر و بستگان او، آتابای‌ها همه فرار کرده بودند، فامیل خود او که خواجه‌نوری‌ها باشند، آنقدر گرفتاری داشتند که بعدها معلوم شد چندین تن از آنها نابود شدند.»

«این زن، تنها، ـ که البته آن روزها چندان سالی هم نداشت ـ برای یک لحظه، چشمها را بست، و بعد به خاطرش آمد که می‌تواند برود؟ شتابان و دوان خود را از خیابان‌های آشفتهٔ کاخ به بیرون رساند. آنقدر وضع آشفته بود که هیچکس به فکر هیچ‌کس نبود، نه تاکسی، نه اتومبیل، همه از آن حدود فرار کرده بودند.»

«یک تاکسی، زن را تنها دید، ایستاد، بدون سئوال از مقصد او گفت : بیا بالا! و وقتی سوار شد، گفت : کجا؟»

«زن گفت : فعلاً برو، فعلاً از اینجا برو تا بعد بگویم. و او راه افتاد. در بین راه، زن گفت : اگر جوانمردی داری، مرا برسان به شمیران، وگرنهٔ هرجا می‌توانی مرا پیاده کن.»

«تاکسی‌ران گفت: تا هرجا ماشین برود بودجه داری. زن آدرس داده نیم ساعتی بعد، تاکسی، در کوچه‌های اطراف سعدآباد، دم یک خانه توقف کرد. البته مرد تاکسی‌ران وقتی مقصدِ سعدآباد به گوشش خورده بود، گفت: خانم، من اگر جای شما بودم، همان فرح‌آباد می‌ماندم، زیرا سعدآباد، امشب از فرح‌آباد بهتر که نیست، بدتر هم هست!»

«خانم گفت: نه، آنجا که من می‌روم، امن و امان است.»

«زنگ درِ خانه را به صدا آورد. مرد تاکسی‌ران منتظر ماند تا ببیند مسافرش را راه می‌دهند یا نه؟ او تعهد کرده بود که او را به جای امنی برساند. در باز شد. پیرمردی لاغر، با محاسن سفید، با عبائی نازک، پشت در آمده بود. خانم بی‌اختیار فریادی زد و خود را به آغوش پیرمرد انداخت.»

«پیرمرد او را از جای بلند کرد، گفت: بیا تو، سپس، از درِ خانه دو قدم جلو آمد، و به راننده گفت: آقا، کرایه‌تان چند می‌شود، الآن می‌روم می‌آورم. مرد تاکسی‌ران گفت:»

«ـ آقا، پدرِ محترم، مرا بی‌اجر نسازید. شاید امشب تنها کار خیری باشد که در عمرِ خود کرده‌ام، مرا بی‌اجر نکنید، و پاگذاشت روی گاز و در حالی که به سرعت دور می‌شد، گفت:»

«ـ خداحافظ...»

«حالا موقع آنست که آن پیرمرد نامش یاد شود. او مرحومِ **شیخ محمد سنگلجی** بود، أعلی اللّه مقامَه ـ مردی روحانی و عارف کامل، که سالها و سالها در حقوق، درس فقه می‌داد، و کلاسهایش از پرجمعیت‌ترین کلاسها بود. و این خانم بدری خواجه‌نوری (آتابای) نیز درسِ حقوق در محضرِ او خوانده بود، و از همان زمان محصلی مورد عنایتِ استاد نامدار بود، و اغلب به خانهٔ او می‌رفت. این زن به خود من گفت که سنگلجی همیشه برای من در حکم پدر بود.»

«خانم، مدتی را در خانه استاد ماند، خود استاد صبحها چای درست می‌کرد و به اطاق شاگرد خود می‌آورد، صبح زود او را برای نماز

برمی‌انگیخت، او را در آشپزخانه کمکِ خانوادۀ خود کرد، و بود و بود، تا خواست از ایران خارج شود که معلوم شد ممنوع‌الخروج است.»

«وقتی من این مقاله را نوشتم، یک روز، کسی به من تلفن زد گفت، آقا، این خانم که نوشته‌اید فهرستِ قرآن‌ها را چاپ کرده، کجاست و چه گرفتاری دارد و کیست؟ من اسم او را به زبان آوردم. او گفت: گمان نکنم ایشان اشکالی داشته باشند، مراجعه کنند به دفتر مخصوص گذرنامه، به ایشان کمک خواهد شد.»

«و روزی که خانم آتابای عازم خارج بود، به دیدنِ من آمد، و گفت: من امروز، با همین «پولی‌ور» و یک چادر از این شهر خارج می‌شوم. هیچ ندارم، به شما هم هدیه‌ای ندارم بدهم، یک دوره کتاب‌های چاپ شده‌ام، با اینکه می‌دانم در خارج بسیار به درد خواهد خورد ـ اما به عنوان یادگار به شما می‌دهم.»

«به هر حال، این خانم گویا، بعدها به مصر رفت، و گویا آنجا در یک دانشگاهی معلمِ زبان فارسی است...»

ابراهیم باستانی پاریزی

# گفت و شنودی
## با خانم بدری خواجه نوری*

* خانم خواجه نوری نخست از سوی ماهنامهٔ پر و همکارانمان از شما سپاس می‌گزاریم که سرانجام این قرق را شکستید و موافقت کردید که با شما گفتگویی داشته باشیم. راستی علت این که چنین خود را در پیله‌ای محفوظ داشته‌اید چیست؟

ـ دلیل خاصی نداشته و ندارد، جزاین که هیچگاه چه در گذشته و چه اکنون بر این پندار نبوده‌ام که کاری درخور تعریف یا توصیف کرده‌ام و معتقدم که فعالیتهای فرهنگی من کوچک و ناچیزست و آنچنان درخور یادآوری نیست، بخصوص که من همیشه از نامجویی و تظاهر بیزارم و در همه امور از خانوادگی و اجتماعی تا مسؤولیتهای محوله حفظ متانت را برتر می‌شمارم.

---

* . درسال ۱۹۸۳ هنگامی که در مجلهٔ «تاریخ عکاسی» گفتاری در زمینهٔ مراحل اولیهٔ عکاسی و قدمت عکس در ایران انتشار یافت، درآن به مجموعه‌ای از عکسهای دوران قاجار اشاره شده بود که درسال ۱۹۷۸ به همت خانم بدری خواجه نوری (آتابای) در تهران منتشر شده بود.

در آن گفتار ازاین مجموعه ـ که بطور مستند بازتاب روشنی ازشرایط تاریخی و فرهنگی دوران قاجار بدست می‌دهد ـ تجلیل شده بود. از آن جا که فعالیتهای فرهنگی گذشتهٔ خانم خواجه نوری تنها به انتشار این مجموعه محدود نمی‌شد، ما بر آن بودیم که با ایشان گفتگویی داشته باشیم. اما فروتنی بیش از حد خانم خواجه نوری انجام این کار را سخت دشوار کرده بود. سرانجام اصرار ما به نتیجه رسید و ما توانستیم با ایشان گفتگویی داشته باشیم.

\* **حفظ متانت بجای خود، اما فروتنی تا آن حد که از معرفی خودتان هم پرهیز کنید چندان درست بنظر نمی‌رسد.**

ـ اگر نخواهم بگویم یک بی‌نیازی روحی می‌تواند موجب آن باشد، به هر صورت سنتها و تربیت خانوادگی شرقی در این خصلت حتماً بی‌تأثیر نبوده است. اما مگر نه آن که گفته‌اند «مشک آن است که خود ببوید نه آن که عطار بگوید؟»

\* **این کمی از حد معمول فروتنی گذشته است. بیش از دو سال پیش یکی از استادان معمر دانشگاه تهران ـ که عمرش درازباد ـ در گذار خود به ما یادآور شد که شما از شمار اندک کسانی هستید که در زمینهٔ خط و نسخه‌شناسی صاحب نظرید. او از ما خواست که از وجود شما بهره بگیریم. اگر اصرار مداوم ما نبود معلوم نبود که شما بقول معروف قرق را می‌شکستید.**

ـ آن استاد لطف داشته‌اند، ولی آخر آن خبرها هم نیست.

\* **اختیار دارید، از تعارف بگذریم. گذشته از دکترای ادبیات و تاریخ و لیسانس در نسخه شناسی و کتابداری از دانشگاه تهران، شما چهار دکترای افتخاری از کشورهای همسایه‌مان ترکیه و هندوستان و افغانستان و اتحاد جماهیر شوروی گرفته‌اید. تنها چند نفر از مردان و زنان کشورما به چنین موقعیتی دست یافته‌اند. خوب ازاین حرفها بگذریم، ممکن است بگویید کشش شما به نسخه شناسی، کتابداری و بطور کلی به کتاب و آثار تاریخی مکتوب از کجا سرچشمه گرفته است؟**

ـ این امر را در درجهٔ اول مرهون راهنماییهای شادروان پدربزرگوارم می‌دانم و سپس باید بگویم که من خود را زنی سعادتمند می‌شمارم زیرا افتخار این را یافتم که از محضر استادان بزرگواری برخوردار باشم و در حد قابلیت خود از خرمن پربرکت دانش و بینش آنان خوشه‌چینی کنم.

\* **ممکن است چند تن ازاین بزرگان را نام ببرید؟**

ـ من افتخار شاگردی استادان گرانقدری چون شادروانان حبیب اله نوبخت، ابراهیم پورداود، دکتر عیسی بهنام و محمد تقی مصطفوی را در

زمینهٔ باستانشناسی و تاریخ قبل و بعد اسلام، و همچنین بدیع الزمان فروزانفر، جلال‌الدین همایی و کریم امیری فیروزکوهی در زمینهٔ ادبیات و معارف اسلامی، محمد تقی مدرس رضوی، ابراهیم بوذری، جعفر سلطان القرائی، دکتر مهدی بیانی در زمینه نسخه شناسی و خط، و هادی حائری و آیت الله محمد سنگلجی در زمینهٔ فلسفه و عرفان و تصوف داشته‌ام.

همچنین درسالهای آخر قبل از انقلاب نیز نزد شادروانان علی دشتی و حبیب یغمایی نکته‌ها و ظرایفی ازباب تحقیق و مطالعه در احوال نویسندگان و شاعران و آثارشان آموختم.

ناگفته نماند که همچنین از محضر شادروانان دکتر مهدی بیانی و بدیع‌الزمان فروزانفر نیز در دورانی که ریاست کتابخانهٔ کاخ گلستان را بعهده داشتند، بهره‌های فراوانی گرفتم.

\* **اما آنچه جالب است ترکیب استادان شماست. شما مثلاً در عین حال که شاگرد شادروان پورداود بوده‌اید نزد مرحوم سنگلجی هم درس می‌خوانده‌اید، در حالی که این دو تن دقیقاً در دو قطب مخالف بلکه متضاد عقیدتی بودند.**

ـ پس بگذارید این را هم بگویم که در اردیبهشت ماه سال ۱۳۴۳ با تقاضاها و استدعاهای پی درپی وصمیمانه‌ام توانستم ترتیب ملاقات آن دو بزرگوار را در کلبهٔ محقر خودم بدهم. زبانم قاصراست که شرح نخستین ملاقات و همچنین دیدارهای بعدی آنان را ـ که تا به هنگام مرگ استاد پورداود در سال ۱۳۴۶ همچنان ادامه یافت ـ بدهم. این نه تنها شنیدنی بلکه دیدنی بود که چه رابطهٔ معنوی عمیقی میان آن دو دانشمند بوجود آمد و چگونه به یکدیگر دلبستگی عمیق یافتند.

با آن که سن آن دو بزرگوار نزدیک به هشتاد بود و از لحاظ جسمی نیز ناتوان بودند، در نخستین ملاقاتشان بیست و چهار ساعت تمام بدون وقفه به صحبت نشستند. به تجزیه و تحلیل مسائل عرفانی و دینی از بودایی و زرتشتی تااسلام پرداختند. ازآن جاکه این دیدار و دیدارهای بعدی همه در

کلبهٔ حقیر این کمترین رخ می‌داد و من با کسب اجازه تقریراتشان را برروی کاغذ می‌آوردم، خود شاهد دگرگونیهای بزرگی در باورهایشان بطور متقابل بودم. افسوس که آن یادداشتها ضمن همهٔ دیگر اموال منقول و غیرمنقول به همراه اسناد تحلیلی، فیلمها و عکسها و یادداشتهای سفرهای متعدد فرهنگی، با کتابها، نشانها، و عکسهای خانوادگی و حتی شناسنامه‌ها در مقابل دیدگانم به آتش کشیده شد و به یغما رفت. بگذریم. شرح این هجران و این خون جگر، این زمان بگذار تا وقت دگر.

* **اما مرگ استاد پورداود در سال ۱۳۴۶ رخ داد. چگونه تا زمان انقلاب فرصت برای تنظیم و انتشار آن یادداشتها وجود نداشت؟**
- قرار بود که من با تقریرات دیگری که از استادان دیگر داشتم آنها را یکجا منتشر سازم. مرحوم استاد علی دشتی بنا بر خواست مرحوم امیری فیروزکوهی رساله‌ای دربارهٔ صائب تبریزی اصفهانی بصورت نقد و پژوهش تنظیم کرده بود و از من خواسته شده بود که ادبیات انتخابی ایشان را با نسخه‌های خطی موجود در کتابخانهٔ کاخ گلستان ـ که از آن فهرست نگاری تحقیقی و توصیفی تهیه کرده بودم ـ مقابله کنم.

تقریرات ایشان را برای چاپ آماده و پاکنویس کردم. همچنین دربین سالهای ۱۳۵۰ تا ۱۳۵۶ پاره‌ای تقریرات عرفانی و فلسفی استاد سنگلجی را می‌نوشتم و ایشان اجازه داده بودند که جای جای ابیات مناسب موضوع را از مثنوی انتخاب کنم و در ذیل مطالبشان بیاورم. بر همین منوال به هنگام تنظیم وتدوین تألیفات دکتر بیانی در شرح احوال و آثار خوشنویسان و نیز در تنظیم فهرستهای ناتمام دواوین خطی، تقریرات ایشان را می‌نوشتم. و همهٔ این تقریرات بزرگواران قرار بود در یک مجموعه منتشر شود.

* **جای تاسف است که این آثار از میان رفت. بخصوص آنچه میان استاد پورداود و مرحوم سنگلجی رخ داد، واقعاً یک امر تاریخی‌ست.**
- و می‌دانید که پس از مرگ استاد پورداود دو تن از استادان معروف

دانشگاه تهران ـ که در حال حاضر دستشان از دنیا کوتاه است و به همین جهت نام آنها را نمی‌برم ـ در مورد بخاک سپاردن آن دانشمند ایرانشناس و زرتشت شناس به طریق اسلامی اشکالاتی بوجود آوردند و اهانتهایی روا داشتند تا آن که استاد سنگلجی در نهایت تأسف با تشتت به آنان اعتراض کرد، که این ماجرا داستان تلخ و دردناک بخاک سپردن حکیم فردوسی توسی و مخالفت فقیه شهر را بخاطر می‌آورد.

* **ممکن است چگونگی آغاز کار خودتان را در کتابخانهٔ کاخ گلستان برایمان بگویید؟**

- در مهرماه سال ۱۳۳۸ بنا به پیشنهاد چند تن از استادانم از جمله شادروانان همایی، نوبخت و پورداود به کار در کتابخانهٔ گلستان دعوت شدم. در آن زمان دکتر مهدی بیانی از مدیریت کتابخانهٔ ملی برکنار و به ریاست کتابخانهٔ کاخ گلستان یا کتابخانهٔ سلطنتی مأمور شده بودند. این امر زمانی بود که من رشته نسخه شناسی را که از دوران نوجوانی در خدمت پدر بزرگوارم تجربه کرده بودم نزد دکتر مهدی بیانی در دانشگاه تهران می‌آموختم.

* **چگونه نسخه شناسی را نزد پدرتان تجربه کردید...؟**

- پدر من بمانند اکثر قدمای ایرانی به کتابداری و کتابخوانی عشق می‌ورزید. نسخه‌های بسیاری از کتب علمی، ادبی و عرفانی خطی، مذهب، مرصع و مصور با جلدهای سوخت و سوخت معرق و دیگر انواع جلدهای روغنی بصورت میراث نیاکان در کتابخانه‌شان داشتند. خود وی شخصاً در مرمت و حفاظت آنها نهایت دقت و مراقبت را می‌کرد... البته آن مجموعهٔ گرانبهانیز بعنوان مصادره در بهمن ماه ۵۷ بغارت رفت، بگذریم.

* **می‌بخشید که با پرسش خود رشته اصلی گفتگو را منحرف کردیم، ولی تصور می‌کنم که گزارش تاریخچهٔ کتابخانه کاخ گلستان را اگر بتوانیم خواهش کنیم که بطور مستقل تهیه کنید، و در اختیار «پر» بگذارید تا آنرا منتشر سازد، برای**

**خوانندگان و هموطنان بسیار جالب خواهد بود. آیا تاکنون درزمینهٔ تاریخچهٔ کتابخانه کاخ گلستان چیزی درجایی انتشار یافته است؟**

ــ نه دراین زمینه چیزی نوشته نشده و برای من جای خوشوقتی است که پر آماده است این کار را بکند و من حتماً یادداشتهای خود را دراین زمینه تنظیم خواهم کرد و در اختیار بنیاد فرهنگی پر خواهم گذارد.

* **متشکریم، ولی شما از هنگامی که به کار در کتابخانه آغاز کردید تا بعدها که ریاست کتابخانه را عهده‌دار شدید گویا فهرستهایی برای کتابخانه تنظیم کردید. این طور نیست؟**

ــ بله، همین‌طورست. بنا بر شواهد گذشتهٔ کتابخانه، می‌توان بگویم که برای اولین بار در طول تاریخ این کتابخانه، با نیروی عشق و ایمان گنجینه‌ها و گوهرهای نهفته معارف و هنر اصیل ایرانی را از زیر غبار فراموشی و خاموشی هشتاد و اندی سال بیرون کشیدم وبه ترتیب موضوع آنها را در چهارده فهرست بصورتی علمی تنظیم و تدوین کرده منتشر ساختم. هر فهرست شامل مقدمه‌ای شایسته است در معرفی کاتبان، مؤلفان، مترجمان، نقاشان، خوشنویسان، تذهیب کاران، جلد سازان، صحافان، زرافشانان، شاعران، عارفان، و دانشمندان مشهور یا گمنام با ارائهٔ سجع امهار و نمایش نمونه‌هایی از عکسهای رنگی و سیاه و سفید از خطوط، نقاشیها، مینیاتورها، تذهیبها و جلدهای نفیس نسخه‌ها. تصور می‌کنم ازاین رهگذر گامی کوچک برای شناساندن و حفظ مفاخر گرانبهای گذشته‌مان برداشته شد، باشد که کوره راهی در پیوند با بزرگان اهل تحقیق و تتبع با ذخائر علمی، ادبی و هنری پیشینیان ما گشوده گردد.

* **ممکن است صورت فهرست را برای خوانندگان ما تنظیم کنید؟**

ــ با کمال میل این کار را خواهم کرد. فهرستها به قرار زیرند:

۱ـ فهرست تحقیقی و توصیفی کتب دینی و مذهبی، دیماه ۱۳۵۲.

۲ـ فهرست تحقیقی و توصیفی مرقعات خطوط و نقاشی، مهرماه ۱۳۵۳.

۳ـ فهرست تحقیقی و توصیفی دو مجلد دواوین، اردیبهشت ماه ۱۳۵۵.

۴ـ فهرست تحقیقی و توصیفی شش مجلد کتب هزار و یکشب، قطع رحلی، اردیبهشت ماه ۱۳۵۵.

۵ـ فهرست تحقیقی و توصیفی تواریخ، روزنامه، خاطرات، جغرافیا، تیرماه ۱۳۵۶.

۶ـ فهرست تحقیقی و توصیفی دوهزار مجلد آلبوم از دوران قاجار، خردادماه ۱۳۵۷.

۷ـ فهرست تحقیقی و توصیفی کتب اخلاقی ـ عرفانی ـ فلسفی، دیماه ۱۳۵۷.

و چند فهرست دیگر مانند فهرست تحقیقی و توصیفی از هشت مجلد مجموعهٔ ناصری، نقشه‌های خطی و چاپی جغرافیایی و ساختمانی اواسط قرن سیزدهم تا اواخر قرن چهاردهم هجری قمری، کتب خطی متفرقه در زمینهٔ موضوعات نبات شناسی، طب، حکمت، رمل و جفر و اسطرلاب، هیئت و نجوم آمادهٔ چاپ وبرخی در چاپخانه زیر چاپ بود، که از سرنوشت آنها بی‌اطلاعم.

\* **واقعاً خدمت بزرگی کرده‌اید که درخور قدردانی‌ست.**

ـ البته دو مجلد فهرست از دواوین خطی دراردیبهشت ماه سال ۱۳۵۵ بعنوان بهترین کتاب سال در زمینهٔ آثار ادبی و هنری شناخته شد.

\* **این فهرستها از طریق کتابفروشیها در دسترس علاقمندان گذارده می‌شد؟**

ـ نه تمامی این نشریات به رایگان در دسترس محققان و مراکز فرهنگی دانشگاههای ایران و پاره‌ای مراکز فرهنگی جهان قرار می‌گرفت.

\* **اما مسلماً فعالیت شما تنها به تنظیم این فهرستها خلاصه نمی‌شد؟**

ـ مسلماً نه. فعالیتهای دیگری هم بود. مثلاً پس از مرگ مرحوم دکتر بیانی، مسوده و پیش‌نویس فهرستهای ناتمام تعدادی از دیوانهای خطی راکه

ایشان فرصت اتمام آن را نیافته بودند با دقت پاکنویس، تنظیم، و تدوین نمودم که با مقدمه‌ای در تجلیل و قدرشناسی از خدمت فرهنگی آن مرحوم زیر عنوان فهرست ناتمام دواوین خطی کتابخانهٔ سلطنتی، تألیف شادروان دکتر بیانی منتشر ساختم.

**٭ این اقدام درخور ستایشی‌ست که پس از مرگ ایشان صورت گرفته است.**

ـ دیگر از اقدامات انجام شده فراهم آوردن حدود ۵۲ نسخه از ممتازترین شیوه‌های نگارش خطوط هفتگانه: نسخ، ثلث، محقق و تعلیق، رقاع و شکسته و نستعلیق، ازاوایل قرن پنجم تااوایل قرن چهاردهم هجری قمری بود که از گنجینهٔ کتابخانه انتخاب شده بود.

ازاین مجموعه نفیس نمایشگاهی در تالار آیینهٔ شمس‌العماره ترتیب داده شد. این تالار درآبان ۱۳۵۷ با شروع شورشهای خیابانی مورد هجوم قرار گرفت. شیشه‌های ایوان تزیینی و قدیمی تالار و پنجره‌ها (ارسی‌ها) در ضلع شرقی که درایوان مشرف به خیابان ناصر خسرو ست از ضربات سنگ واسلحه و مواد آتش زا صدمات فراوان دید.

خوشبختانه با کمک همکاران موفق شدیم آن پنجاه و دو نسخهٔ نفیس راaز خطر نابودی نجات دهیم. یک ماه بعد این نمایشگاه بطور مفصل وکامل در تالار عمارت بادگیر در ضلع جنوبی کاخ گلستان آماده شد. مشخصات نسخه‌های نامبرده در رسالاتی به دو زبان فارسی و انگلیسی تنظیم شد تا برای آگاهی مراجعه کنندگان مورد استفاده قرار گیرد. اما افتتاح آن نمایشگاه زیبا و فاخر مصادف با روزهای تاریک و خونین بهمن ماه ۱۳۵۷ گردید و نمی‌دانم بر سر آن چه آمد؟

**٭ ما نمی‌خواهیم از آنچه به هنگام انقلاب بر سرتان آمده است یاد کنیم و از آن می‌گذریم. اما بد نیست بدانیم پس ازبیرون آمدن ازایران ـ اگر واقعاً با آن دلمردگیها حال و حوصله‌ای بر جای مانده بود ـ در زمینهٔ فعالیتهای فرهنگی چه کرده‌اید؟ چون شما برای مسائل فرهنگی بویژه خاورشناسان شخصیت**

**ناشناسی نبودید!**

ـ پس از رهایی ازآن دوران یک سالهٔ رنج آور و جانکاه، آرزو داشتم بتوانم همچنان به شکلی و درجایی در حدود امکانات خدمات خودم را ارائه بدهم... ولی متاسفانه همه جا با دورویيها، و رنگ عوض کردنها روبرو بودم. بعضی از استادان ایرانشناس ایرانی و بیگانه که ادعای ایراندوستی و ایرانشناسی داشتند و همه می‌دانیم که در رژیم گذشته چه استفاده‌های سرشاری طی سالیان متوالی ازاین رهگذر نصیبشان می‌شد، ناگهان به اشخاصی بدل شدند که حتی از بردن نام ایرانی هم احتراز می‌کردند. این بی‌توجهی و بی‌اعتنایی به زبان فارسی و تاریخ کهنسال ما آن چنان موجب حسرت و تاسف شدید من شده است که براستی برایم تحمل چنین دورویی نسبت به فرهنگ گرانقدر کشور عزیز و محبوبم بسیار دشوار ورنج آور است.

*** ما هم دراین احساس با شما همدردیم و همدلیم و این باید موجب عبرتمان شود.**

ـ باری، پس از بیرون آمدن ازایران به مصر رفتم وبنا بر سابقهٔ فرهنگی و پیوندهای ادبی که با کتابخانه‌ها و دانشگاههای‌آن کشور وجود داشت مرا به سمت استاد زبان فارسی و ادبیات وتاریخ ایران و همچنین در رشتهٔ نسخه‌شناسی در دانشگاه دخترانهٔ الازهر و دانشگاه قاهره و همچنین هفته‌ای چند ساعت در دانشگاه «عین‌الشمس» برگماردند که واقعاً از نظر روحی برایم بسیار ارزشمند بود.

مشاهده شور و شوق مردمان تحصیلکرده و جوانان دانشجوی مصری به ادبیات قدیم و معاصر ایران، برای من که با بیماری جسمی و روحی، ناشی از صدمات دوران اسارت از سوی کمیته‌ها و پاسدارها و از دست دادن عزیزانی از خانواده‌ام، دست به گریبان بودم التیامی عظیم و نیروبخش بود. اشتیاق و ذوق در حدود ۶۰۰ تا ۷۰۰ دانشجوی دانشگاههای نامبرده و کوشش

صمیمانه‌شان برای بدست آوردن دکترا در ادبیات فارسی مرهمی شفابخش برای زخمهای جانِ زار و نزارم بود. اما مدتی پس از کشته شدن سادات و بوجود آمدن یک موج ضد ایرانی در مصر، محیط آن چنان مسموم و غیرقابل تحمل شد که ناچار مصر را ترک کردم.

* **ما کمابیش در جریان فعالیتهای اخیر شما در زمینهٔ فرهنگ کشورمان هستیم...**
ـ بله، همان‌طور که می‌دانید چند سخنرانی در کانون داشته‌ام. که بیشتر در زمینه‌های ادبی و تاریخی بوده‌است.

* **ولی بازهم علی‌رغم اصرار ما دراین مصاحبه، شما جز فهرستها از کارهای خودتان نام نبردید.**
ـ تصور نمی‌کنم آن وجیزه‌ها درخور یادآوری باشد.

* **از ما بپذیرید که این فروتنی حداقل در شرایط کنونی درست نیست.**
ـ عرض شود، در هنگام بررسی، تنظیم و ترتیب آثار قدیمی در همریختهٔ کتابخانهٔ کاخ گلستان به رساله‌ای برخوردم حاوی چند غزل از حافظ که در یک جُنگ با خط نستعلیق بسیار قدیمی نگاشته شده بود. پس از مقابله با چند حافظ خطی وچاپی معتبر و مشاهدهٔ اختلافات بسیار در ابیات روشن شد که این بیست و دو غزل احتمالاً هشت تا ده سال پس از مرگ حافظ نوشته شده‌است. این اثر را بصورت «چاپ عکسی» با مقدمه‌ای از معرفی آن در سال ۱۳۴۲ منتشر ساختم.
همچنین به چاپ عکسی با مقدمه‌ای تحقیقی ازیک گلستان سعدی دست زدم که با خط یاقوت مستعصمی بود. این کار در آبانماه ۱۳۴۶ انجام شد.

* **ممکن است کمی دربارهٔ این اثر و هویت یاقوت مستعصمی توضیح بدهید؟**
ـ تجدید چاپ این اثر که مثل همیشه با مشورت و راهنمایی استادانی

چون مدرس رضوی، فروزانفر و بیانی انجام شد، بدین خاطر بود که خوشنویس آن یک شخصیت غیرایرانی بود که خط اصول ششگانه را در نهایت استواری و ملاحت می‌نگاشت. جمال‌الدین یاقوت بن عبدالله از شاهزادگان مراکش بود که بدست اعراب اسیر و به بغداد برده شد. او که بمانند اسیران دیگر بنده شمرده می‌شد کم کم تا سمت کاتب مخصوص آخرین خلیفهٔ عباسی المستعصم بالله (۶۴۰ تا ۶۵۶ هجری قمری) ترقی کرد و «مستعصمی» لقب گرفت.

گلستان نامبرده تقریباً دوازده سال پس از تصنیف کتاب و بیست و سه سال پیش از مرگ سعدی شیرازی نوشته شده است. نکتهٔ جالب این است که چون کاتب این نسخه یعنی یاقوت مستعصمی زبان فارسی نمی‌دانسته نسخه‌ای را که برای استنساخ در اختیارش گذارده‌اند باتمامی حرکات یعنی اِعراب نمایانده‌اند. ازآنجا که همگی حرکات و علامات دراین نسخه نقل شده، تلفظ متداول زبان فارسی در هفت قرن پیش درآن حفظ شده است مانند کلمات جُوان، نُماید، دِلیر، خِشم و غیره. نکتهٔ درخور توجه دیگر آن که پس از مقابله آن نسخه با چند گلستان خطی و چاپی هند و لیدن و نسخه چاپی معتبر فرهنگستان علوم شوروی و تحشیه و تعلیفات روشن شد که در تعداد حکایات و ترکیب جملات و ابیات آن نیز تفاوتهایی وجود دارد که در مقدمهٔ آن ذکر کرده‌ام.

مقدمهٔ تحقیقی این گلستان چاپ عکسی را از استاد هنرمند شادروان حسین میرخانی تقاضا کردم که به خط نستعلیق زیبا و خوش خود مزین سازد.

رسالهٔ دیگری نیز از داستان منظوم‌عرفانی دقوقی از جلد سوم مثنوی‌مولانا جلال‌الدین بلخی به نثر برگرداندم که در سال ۱۳۴۷ خورشیدی انتشار یافت.

*** اگر اشتباه نکنم کتابخانه یک شاهنامهٔ نفیس بسیار قدیمی را هم منتشر ساخت.**

ـ بله، آن شاهنامهٔ بایسنغری بود که اصل آن درکمال سلامت و پاکیزگی

در گنجینهٔ کتابخانهٔ گلستان مضبوط بود و در فروردین ماه سال ۱۳۵۰ از آن عکسبرداری شد که بعد بچاپ رسید.

* **که این کار هم زیر نظر شما انجام شد؟**
— این کمترین که عهده‌دار سرپرستی کتابخانه بودم به اتفاق آقای لامعی و شادروان آقای نویدی که از همکاران شریف و صالح کتابخانه بودند به همراهی آقای رهبر نمایندهٔ چاپخانهٔ افست تهران مدت پنجسال برای مقابله و تصحیح متن شاهنامه و نقاشی و تذهیب و عکسبرداری آن کار کردیم و کوشش شد که شاهنامهٔ عکسی تا حد ممکن نزدیک به اصل باشد.

* **چگونه این شاهنامه به «بایسنغری» شهرت یافته است؟**
— یکی از خوشنویسان مشهور ایرانی جعفربن علی تبریزی است که ملقب به «بایسنغری» بود. او خطوط اصول ششگانه را در حد کمال و زیبایی می‌نوشت و خط نستعلیق و قواعد اصول آن را نزد میر عبدالله فرزند میرعلی تبریزی و شمس الدین مشرقی آموخت. میرعلی تبریزی مخترع خط نستعلیق است.

* **معمولاً وقتی می‌گوییم فلان شخصیت ملقب به فلان نام است، می‌باید این لقب را از کسی گرفته باشد. لقب بایسنغری...**
— این اشاره به بایسنغر میرزا فرزند شاهرخ گورکانی است که نوهٔ امیر تیمور بود و جعفربن علی تبریزی لقب را از بایسنغر میرزا گرفت که به دعوت او این شاهکار گرانبها را که نمونه‌ای از اوج هنر خوشنویسی و فنون تذهیب، ترصیع، تشعیر، تجلید، تصویرسازی و نقاشی است، فراهم آورد.

* **این شاهنامه همان نیست که چند سال پیش از طرف دانشگاه هاروارد به نمایش گذاشته شد؟**
— بله همان است. تصور می‌کنم در سال ۱۳۵۶ بود که عده‌ای از هنرمندان

وعکاسان دانشگاه هاروارد برای عکسبرداری از آثار نقاشی و مینیاتور به تهران آمدند و بعدها در سال ۱۹۸۳ از عکسهایی که از شاهنامهٔ بایسنغری گرفته بودند نمایشگاهی در موزهٔ «فاگ» ترتیب دادند.

*** در همین زمانی که ما این گفتگو را می‌کنیم از سوی موزهٔ «سمیت سونیان» یک دوره کلاس پیرامون «هنراسلامی در زمینهٔ کتاب» برپا شده است. بگذریم ازاین نام اسلامی که بر آن گذارده‌اند، ولی چگونه از شما بعنوان یک شخصیت صاحبنظر استفاده نکرده‌اند.**

ـ رئیس قسمت هنرهای ایرانی این موزه که در دورهٔ دانشجویی‌اش به ایران آمده بود واز تسهیلات بسیاری در کتابخانهٔ گلستان بهره‌مند شد، از من خواسته است که برای نمایشگاه جدیدشان، بخش مربوط به هنر مینیاتور هندی و ایرانی را که من برای یکی از فهرستها نگاشته بودم به انگلیسی برگردانم که همراه فارسی آن در ذیل عکسهای رنگین مینیاتور به نمایش گذارده شود.

*** موفق باشید. به هر حال ما امیدواریم ماهنامهٔ پر در آینده بتواند از همکاریهای گستردهٔ شما بهره‌مند شود.**

ـ باکمال میل آنچه در زمینهٔ فرهنگ ایران از من برآید کمترین دریغی ندارم.

# سرگذشت

## کتابخانهٔ سلطنتی کاخ گلستان

کشور ایران از ازمنهٔ قدیم خاستگاه دانشمندان و هنروران و عالِمان اخلاق و به بیانی دیگر سرچشمه جوشان وفیّاض فرهنگ بوده است، و نشانه‌ها ونمونه‌های افتخارآمیزی در اوصاف کتاب وکتابخانه‌های ایران، از زمان‌های بسیار دور در تذکره‌ها و تواریخ یاد شده است. ولی به علّت موقعیت خاص جغرافیایی ایران ـ در چهار راه دنیای کهن به عنوان پل اتصالی شرق به غربِ جهان هراز چندگاهی با حدوث جنگ‌ها و تجاوزات اقوام بیگانه، ثروت‌های مادی و معنوی آن دستخوش شبیخون تاراجگرانه قرار می‌گرفت.

این تهاجمات اکثراً با کتاب سوزاندن و به آب بستن و به آتش کشیدن کتابخانه‌ها و به یغما بردن سرمایه‌های فرهنگی زمان توأم بود. دردناک‌تر آن که زدو خوردها و ستیزه جاه‌طلبانهٔ خودیها و تعصّبات مذهبی بین فرقه‌های مختلف دینی بیش از پیش سبب زوال و نابودی نسخه‌ها و آثار فرهنگی می‌گردید.

به شهادت تاریخ، در حملهٔ اسکندر مقدونی، حدود ۳۲۰ پیش از زایش مسیح، تومارها و کتاب‌های گنج خانهٔ تخت جمشید و بُن خانه شهر استخر را که از لحاظ علومی چون طب و نجوم در آن زمان اهمیّت فراوان داشت، به یونان فرستادند و آثار اخلاقی و مذهبی باقی مانده را طعمه آتش ساختند.

در قرن هفتم پس از زایش مسیح (۱۲ هجری قمری) تهاجمات قوم عَرَب آغاز گردید. به گفته شادروان استاد **جلال‌الدین همایی** در کتاب **تاریخ ادبیات ایران** :

«... کتابخانه های عَجَم که معدن علم و دانش دنیای آن عصر بود، طعمهٔ آب و آتش شد و نزدیک به دو قرن فضای علم و دانش ایران در تاریکی‌ها و تیرگی‌ها فرو نشست...»

از قرن سوم هجری، باایجاد حکومت‌های ایرانی چون **طاهریان**، **صفاریان**، **سامانیان** بتدریج فرهنگ ایران تجدید حیات یافت و با ظهور متفکران و دانشمندان و شاعران کتاب‌های بسیاری تصنیف شد و کتابخانه‌های متعدد بوجود آمد.

از قرن ششم هجری به بعد، در طول مدتی بیش از سه قرن، نوبت به یغماگران طوایف غزان، مغولان، تیموریان و غیره رسید. چه بسیار حاصل زحمات علما و عرفا و فضلای بزرگ ایرانی بادست این گروه‌های بیگانه محو شد و از بین رفت و زیان‌های مادی و معنوی غیر قابل جبرانی به بار آورد. افزون بر آن بر اثر پراکنده‌گیها و تحوّلات پی در پی و تغییر حکومت‌ها از خاندانی به خاندان دیگر و نقل و انتقال پایتخت‌ها از شهری به شهر دیگر بسیاری از آثار فرهنگی و کتابها نابود گردید که اکنون تنها نام برخی از آن‌ها در جُنگ‌ها و نسخه‌های قدیمی باقی مانده است.

برای نمونه دیوان اشعار **رودکی سمرقندی** که بر چندین هزار بیت بالغ می‌شده است در دست نیست ودر حال‌حاضر اشعاری‌که ازآن سخنور فارسی دَری و یا منسوب به او نقل می‌شود از چند دَه بیت تجاوز نمی‌کند.

دیگر کتابهای **تاریخ بیهقی** که چندین مجلّد آن که در باره سرگذشت دوران **محمود غزنوی** بود اکنون تنها قسمت دوران **سلطان مسعود غزنوی** باقی مانده است. دیگر **جامع التواریخ رشیدی** تألیف **رشیدالدین فضل‌الله همدانی** در قرن هفتم هجری وزیر سلاطین مغول در چندین جلد که تنها قسمتی از آن باقی مانده است.

روال عادی چند هزار سالهٔ تاریخ پرفراز و نشیب ایران چنین بود که تا پیش ازنهضت مشروطیت، هرحکومت جدید کوشش داشت آثاربجای ماندهٔ حکومت‌های پیشین را تا آنجا که مقدور و میسورست محو و نابود کند. از این رهگذر هر چه داشتیم نه تنها چیزی بدان نیفزودیم بلکه کم وبیش از آن کاستیم.

## رد پای کتابخانه‌های سلطنتی ایران:

از کتابخانه‌های سلطنتی ایران در قرن چهارم هجری، کتابخانهٔ سامانیان در شهر بخارا بود. سامانیان اکثراً مردمی علم دوست و ادب‌پرور بودند. کتابخانهٔ سلطنتی امیر نوح سامانی از حیث تنوع و تعداد کتاب شهرت خاصی داشت، دانشمند نامی شیخ‌الرئیس ابوعلی سینا اشاره کرده است که مدتی در آن کتابخانه به تحقیقات علمی می‌پرداخت، ظاهراً آن کتابخانه دچار آتش سوزی شد.

کتابخانه سلطنتی عضدالدوله دیلمی در شیراز در قرن چهارم هجری، به روایت مقدسی، در این کتابخانهٔ کتب مربوط به هر یک از انواع علوم در اطاقهای بسیار بزرگ و معینی جمع آمده و هر کدام فهرست‌هایی داشته که متجاوز از چندین دفتر قطور بود. دانشمند و مورّخ و متفکر بلند پایه علی ابن مسکویه ملقب به خازن الکتب متوفی به سال ۴۲۱ هجری چندی عهده دار آن کتابخانه بود

در تاریخ یمینی آمده است که کتابخانه سلطنتی امیرخلف‌بن‌احمد و ابوجعفر از بازماندگان یعقوب لیث صفار و آخرین فرمانروایان سیستان متجاوز از چند هزار مجلّد کتب علمی و ادبی در قرن پنجم هجری توسط عُمّال محمود غرنوی به آتش سوخته شد.

کتابخانهٔ سلطنتی فخرالدوله دیلمی متوفی به سال ۳۸۸ هجری در شهر

ری با کتابخانه‌های معظم وزرای دانشمند آل‌بویه چون ابوعلی قمی، حسن مهیلی، ابراهیم صابی، ابن‌عمید، و صاحب ابن‌عباد در اختلافات عقیدتی مذهبی به توسط محمود غزنوی طعمه آتش گردید. فخرالدوله دیلمی در شهر ری فخرآباد را بنا کرد، این محل به گفتهٔ یاقوت در معجم‌البُلدان همان دژ باستانی ری بنام (دژ رشگان) بود که در زمان فخرالدوله آباد و تجدید بنا گردید وگنجینهٔ نفایس و کتابخانه‌ای بزرگ در آن بنیان گذاری شد.

کتابخانهٔ سلطنتی ملکشاه سلجوقی و کتابخانه نظام‌الملک توسی و دارالکتب نظامیهٔ نیشابوری به اضافه کتابخانه‌های خاندان بیهقی، اسفراینی و کتابخانهٔ مساجد عقیلی و منیعی نیشابور و تعداد دیگر که در جنگ‌های مذهبی داخلی به غارت رفت و بقایای آن در تهاجمات مغولان به آتش سوخته شد.

کتابخانه سلطنتی سلطان سنجر در شهر مَروکه یکی از چهار شهر اصلی خراسان و دارالملک شهرت داشت در قرن هفتم هجری به دست مغولان نابود گردید.

یاقوت حَمَوی صاحب کتاب مُعجم البلدان که در سال ۶۱۶ هجری به علت هجوم مغولان از شهر مَرو خارج گشت، می‌نویسد: کتابخانه سلطنتی و کتابخانه‌های بزرگ خصوصی ووقفی شهرمَرو بسیاربزرگ وغنی بودند، تعداد متجاوز از ده کتابخانهٔ وقفی در شهر مَروداير بود که با سهولت وآسانی از کتب آن استفاده عموم می‌گردید.

کتابخانه سلطنتی محمود غزنوی در غزنین در قرن ششم هجری به دست علاءالدین غوری جهانسوز طعمهٔ آتش قرار گرفت.

کتابخانهٔ سلطنتی و کتابخانه معظم رصدخانهٔ شهر مراغه پایتخت هولاکوی مغول به تدبیر و همّت وزیر دانشمند ایرانی خواجه نصیرالدین توسی به سال ۶۷۲ هجری احداث گردید.

کتابخانهٔ معتبر ناصرالدین محتشم رئیس فرقهٔ اسماعیلیه در کُهستان که زیر نظر و حمایت دانشمند نامی خواجه نصیرالدین توسی قرار داشت، به دست

هولاکوی مغول در حدود سال ۶۵۶ هجری به آتش کشیده شد. کتابخانه با اهمیت حسن صباح و جانشینانش در دِژالموت، به دست هولاکوی مغول نابود گردید. کتابخانهٔ سلطنتی غازان خان مغول که به تدبیر و همت وزیر دانشمند رشیدالدین فضل‌الله همدانی دایر گردیده بود، بعلاوه کتابخانهٔ رشیدالدین فضل‌الله در رَبع رشیدی تبریز، پس از قتل رشیدالدین و فرزندش غیاث‌الدین همدانی به دست شاه مغول ابوسعید بهادر به سال ۷۱۸ هجری به غارت رفت و ویران گردید.

کتابخانهٔ سلطنتی میرزا بایقرا نوهٔ تیمور گورکانی در شهر هرات اوایل قرن دهم هجری پس از انقراض دولت تیموری به دست شاه اسماعیل اول صفوی به شهر تبریز منتقل گردید. شاه اسماعیل اول صفوی، پس از به سلطنت رسیدن، شهر تبریز را پایتخت قرارداد و از بقایای کتابخانه و نگارخانه و دارالتحریر سلطنتی هرات کتابخانه‌ای بزرگ در شهر تبریز دایر کرد و استاد کمال‌الدین بهزاد را که در کتابخانهٔ سلطنتی هرات به کارهای هنری می‌پرداخت به ریاست کتابخانهٔ سلطنتی تبریز برگماشت.

کتابخانهٔ سلطنتی شاه تهماسب اول صفوی، پس از درگذشت شاه اسماعیل اول در شهر قزوین دایر گردید و مجموعهٔ کتابها و اکثر هنرمندان و خوشنویسان و نقاشان از تبریز به قزوین منتقل گردیدند. کتابخانهٔ سلطنتی شاه عباس اول صفوی در شهر اصفهان در قرن یازدهم هجری که مدتی ریاست آن را خوشنویس و هنرمند مشهور زمان علی رضای تبریزی معروف به عباسی عهده‌دار بود. شاهان صفوی از هنرهای خطاطی و نقاشی بهره‌مند بودند. شاه اسماعیل اول و فرزندانش به صنایع مُستظرفه علاقه‌ای خاص داشتند و به زبان‌های فارسی و ترکی شعر می‌سرودند و مقدم هنرمندان را گرامی می‌شمردند. در کتابخانه‌های سلطنتی شاهان صفوی آثار بسیار نفیس و پر ارزشی بوجود آمد که بیشتر آن‌ها در ضمن نقل و انتقال‌ها و تغییر و تحولات داخلی به دست خودی‌ها به تاراج رفته است. غیر از شاهنامه‌های متعدد، کلیات سعدی، پنج گنج نظامی، حافظ، هفت اورنگ، گشتاسب‌نامه و

برخی از کتب منظوم و منثور ترکی و فارسی مذهّب و مرصّع و مصوّر که به یغما رفته است. نمونه کامل هنرعصر صفوی **پنج گنج نظامی** بود که اکنون در موزهٔ بریتانیا محفوظ است. **شاهنامهٔ شاه تهماسبی** که **شاه اسماعیل اول صفوی** در حیات خود برای ولیعهد دَه ساله‌اش **تهماسب** توسط هنرمندان بزرگ آن عصر چون **استاد بهزاد** و **استاد شاه‌محمود نیشابوری** در **۷۵۹** صفحه تحریر با **۲۵۸** مجلس مینیاتوربا شکوه از دربار سلطنتی تبریز به وجود آورد یکی از ممتازترین آثار نفیس خوشنویسی و نقاشی کتاب‌آرایی هنر عصر صفوی بشمار می‌رفت. این اثر نفیس پس از پراکندگی‌های متعدّد اوراق آن سرانجام در سال ۱۹۷۰ میلادی به توسط آقای آرتور هوتن امریکایی به **موزهٔ هنری متروپلیتن نیویورک** اهدا گردید. در اواخر دوران صفویه، اوایل قرن دوازدهم هجری، شهر اصفهان مورد هجوم افاغنه قرار گرفت. در این تهاجمات کتابخانهٔ سلطنتی و جواهرات و اشیاءِ نفیس کاخهای سلطنتی اصفهان به تاراج رفت. در دوران **نادرشاه افشار** تعدادی از کتب کتابخانه‌های نامبرده که این جا و آن جا بطور پراکنده به دست آمده بود به انضمام غنایمی که نادر از هندوستان به ایران آورد به فرمان وی در گنج خانهٔ شهر کلات نادری در خراسان حفظ می‌شد، پس از کشته شدن **نادر شاه** به سال ۱۱۶۰ هجری قسمت اعظمی از آن نفایس گنج‌خانه به غارت رفت و مقداری از آن در اختیار **شاهرخ نادری** نوهٔ **نادرشاه** باقی ماند.

نسخه‌ها و کتاب‌ها و آثار نفیس دوران حکومت کوتاه‌مدت **زندیه** در شهر شیراز پس از درگذشت **کریم‌خان زند** در حدود سال **۱۱۹۳** هجری به دست **آغا محمدخان قاجار** و عُمّال وی مصادره گردید.

کتابخانهٔ بزرگ و غنی **خانقاه و مزار اجداد سلاطین صفوی در شهر اردبیل** در جنگ‌های بین ایران و روسیهٔ تزاری در دوران **سلطنت قاجارها** در اوایل قرن سیزدهم هجری پس از شکست ایرانیان به تاراج روس‌ها رفته و در این کتابخانه علاوه بر کتاب‌های نفیس مذهّب و مرصّع و مصوّر و ظروف بسیار گرانبها مجموعه‌ای از مُنشآت و نامه‌ها و فرامین دوران **سلجوقی** و

خوارزمشاهی و اوایل عهد مغول به انشاء و رسم‌الخط دبیران و منشیان و رجال صاحب‌نظر و اهل قلم زمان چون اتابک جوینی، رشید وطواط، عبدالواسع جَبَلی، مخلص‌الدین ابوالفضل منشی و تنی چند نظیر آن بزرگان وجود داشت. اکنون مقداری از آن آثار گرانقدر در موزهٔ آسیایی شهر سن‌پترزبورگ روسیه محفوظ است.

* * *

سرمایهٔ اولیهٔ کتابخانهٔ سلطنتی ایران کاخ گلستان با جمع‌آوری بقایای کتب کتابخانه‌های نامبرده از کتابخانهٔ سلطنتی مراغه، تیموریان، صفویان، زندیه، بالاخص از ذخایر متفرق خزاین نادرشاه افشار پایه‌گذاری شده چنانچه در پشت صفحهٔ اول معدودی از آن نسخه‌ها سجع امهار کتابداران، خزانه‌داران و مسؤولان وقت کتابخانه‌های مذکور مشهود ست.

با بررسی اسناد و مدارک مربوط به مبانی ایجاد کتابخانهٔ سلطنتی کاخ گلستان آنچه به دست آمده و مسلم است این کتابخانه در اوایل قرن سیزدهم هجری بین سال‌های ۱۲۲۱ ـ ۱۲۳۲ هجری به همت فتحعلیشاه قاجار و کوشش و پایمردی تنی چند از رجال روشنفکر و دانشمند دربار وی بنیان گذارده شده است. دورهٔ سلطنت فتحعلیشاه از برکت وجود جمعی از فضلا و ادبا و منشیان در جهت رونق یافتن ادب فارسی به دنبالهٔ نهضت ناتمامی که در عصر زندیه شروع شده بود، سبک نظم و نثر فارسی تا حدودی از انحطاط اواخر زمان صفویه خارج گردید و خوشنویسی بویژه خط نسخ رونق یافت.

این کتابخانه در یکی از اطاق‌های جوار عمارت تخت مرمر کریم‌خانی در سمت شمال کاخ گلستان در ارک تهران مرکزیت یافت و به نام کتابخانهٔ شاهنشاهی نامیده شد.

قسمت‌اعظم این مجموعه با نیروی شمشیر و تدبیر سردودمان سلسلهٔ

قاجار آغامحمدخان از زوایای مخفی دستگاه حکومت شاهرخ نادری در خراسان بدست آمد و تعدادی رأساً بوسیلهٔ افراد اهداگردیده بود که سرانجام پس از قرن‌ها پراکندگی جای ثابتی یافت. تا زمانی که فتحعلیشاه حیات داشت در گردآوری کتب نفیس از گوشه و کنار، منتهای مجاهدت به کار می‌رفت و بانرمش و آرامش نسبی در این امر اهتمام خاصی ابراز می‌شد.

وی به علت علاقه به کتاب و فن خوشنویسی همواره خوشنویسان و هنرمندان را به خلق دست نوشتهای مُذهّب و مرصّع تشویق می‌کرد و چند تن از دختران و پسران صاحب ذوق او نیز در این امر وی را یاری می‌دادند. بمرور زمان رقابتی هنرمندانه در بوجود آوردن نسخه‌های جدید تزیینی ایجاد شد که ثمرهٔ آن ازدیاد کتب و آثار دست نویس‌ها بود. این امر سرآغاز یک تجدید حیات ادبی و هنری پس از خمودگی نسبتاً طولانی شمرده می‌شد. زیرا از پایان دوران پر شکوه هنری سلسله‌های تیموری و صفوی و بخصوص در فاصلهٔ قتل نادرشاه افشار و به قدرت رسیدن آغامحمدخان قاجار کشور ایران با یکی از بحرانی‌ترین دورانهای حیات سیاسی و فرهنگی خود روبرو شده بود. فتحعلیشاه خود نیز تمایل به سرودن شعر و توجه خاصی به فن شریف خوشنویسی و هنر ظریف نقاشی داشت و از انواع خطوط رقم (نسخ) بیشتر مورد علاقهٔ وی بود. بدین لحاظ در عصر او هنرمندان و خوشنویسان در انسجام شیوهٔ خط نسخ کوشیدند و خوشنویسانی که در این دروان تربیت یافتند به تفاخر در عرصهٔ هنرنمایی به مسابقه پرداختند. آثار گرانقدر از نسخه‌های مذهب و مرصّع قرآن و کتب ادعیه و تفاسیر و همچنین دیوان‌ها و مجموعه‌های مصوّر و منقشی از حافظ، گلستان و بوستان سعدی، خمسهٔ نظامی، مثنوی مولانا جلال‌الدین بلخی و از این قبیل آفریده شد که جملگی در گنجینهٔ کتابخانهٔ شاهنشاهی ثبت و ضبط می‌شد.

در این دوران رجال دانشمندی چون میرزا شفیع مازندرانی و محمدحسین‌خان صدراصفهانی صدراعظم وقت، میرزاعبدالوهاب اصفهانی

معتمدالدوله متخلص به نشاط، میرزاعیسی ملقب به میرزا بزرگ فراهانی، قائم مقام اول و رضاقلی خان‌لله باشی تَبَرستانی متخلص به هدایت در امور کتابخانه نظارت مستقیم داشتند.

پس از انحطاط هنری در اواخر عهد صفوی، صنایع مستظرفهٔ ایرانی از اوایل قرن سیزدهم تا اواخر عهدناصری رُشد مجددی را آغاز کرد.

در این دوران خوشنویسان، مصوّران، چهره‌پردازان، نگارگران و نقاشان قوی پنجه‌ای به عرصهٔ صنعت و هنرهای ظریف پای نهادند و با شیوه‌های ویژه‌ای بدین فنون رونقی بخشیدندکه جلوهٔ آن‌تا انقضای سلطنت ناصرالدین شاه گسترش و ادامه داشت. چنانچه بعد از مکاتب مهم و زیبای هرات، بخارا، شیراز، اصفهان و سبک تیموری ایران و هند این اسلوب جدید به نام مکتب قاجار شناخته شد. در پرتو تلاش و کوشش هنرمندان این دوران محیط وسیع این فنون که مدتی به علل و عوامل گوناگون خاموش و خمود مانده بود آرایش تازه یافت و تحول و تنوعی دوباره در آن ایجاد گشت.

از هنرمندان این دوران که بعضی تا دوران ناصری به خلاقیت‌های هنری ادامه دادند و آثار گرانبهای آنان در گنجینهٔ کتابخانهٔ سلطنتی موجود بود می‌توان این هنرمندان را یاد کرد:

قاضی عبدالمطلب غفاری کاشانی و پسرش میرزامحمد غفاری و نوه‌اش میرزا ابوالحسن غفاری مشهور به صنیع‌الملک، محمدحسن افشار نقاشباشی، عبدالحسن صنیع همایون و پسرش شکرالله صنیع‌زاده نقاش، میرزا بابا، مِهرعلی، سیدمیرزا مینیاتورساز، محمداسماعیل، امجد نجفی نقاش قلمدان، میرزا عبدالله نقاش قلمدان، محمدکاظم نقاش، سیدجعفر مذهب‌باشی، اسماعیل جلایر نقاش و منبت‌ساز، آقا لطفعلی شیرازی نقاش (صورتگر) حسینعلی میر مُصوّر، میرزا حاج‌آقا نقاش‌باشی، میرزا محمودخان ملک‌الشعرا صبا نقاش ـ منبت‌ساز ـ خوشنویس ـ شاعر که از نوادر هنرمندان خوش قریحه و فعّال در ایجاد بعضی از صنایع عصر خویش بشمار می‌رفت، عبدالمجید نقاش، آقا نجف مُذهّب باشی.

پس از فتحعلیشاه در زمان محمدشاه غازی در اواسط قرن سیزدهم هجری (۱۲۵۲) کتابخانهٔ شاهنشاهی کماکان دایر بود و میرزا ابوالقاسم قائم مقام دوم صدراعظم وقت از رجال دانشمند و فاضل که در خوشنویسی و انشاء سرآمد اقران زمان بشمار می‌رفت و در نثر نویسی مقیّد و مشکل فارسی شیوه‌ای روان و شیرین بوجود آورد نظارت دقیق بر کتابخانهٔ شاهنشاهی داشت. پس از قتل قائم‌مقام به سال ۱۲۵۷ هجری حاج میرزا آقاسی ملاّی ایروانی جانشین وی گشت.

حاج میرزا آقاسی گاه و بیگاه بعضی از نسخه‌های تزیینی مصوّر منقّش را (غیر از قرآن و کتب ادعیه و تفاسیر) بعنوان خلعت و پاداش به یاران و دوستان خود می‌بخشید. چندین نسخه مذهّب مُرصّع منقّش خمسهٔ نظامی، گلستان و بوستان سعدی، حافظ و شاهنامه‌های مصوّر به نقاشیها و مینیاتورهای ممتازی چون شاهنامه‌ای به خط نستعلیق میرعماد حسنی سیفی قزوینی آراسته به هفتاد مجلس از مینیاتورهای استاد کمال‌الدین بهزاد و شاهنامه‌ای به قلم نستعلیق شاه محمود نیشابوری مزیّن به مجالس متعدد از مینیاتورهای استاد بهزاد و از این قبیل نفایس در مدت وزارت و نظارت او بعنوان بخشش از کتابخانهٔ شاهنشاهی خارج گردید.

ناصرالدین میرزا ولیعهد زمان پس از آگاه شدن از این قضایا متأثر گردید و زمزمهٔ شکایت از این حیف و میل‌های بی‌رویه و نابجا را نزد پدر خود محمد شاه غازی برد. سرانجام به امر و اجازهٔ محمدشاه، ناصرالدین میرزا در همان زمان ولایتعهدی در تبریز غیاباً نظارت بر امور کتابخانه را عهده‌دار شد.

در این ایام تعدادی از قطعات خطوط ممتاز و نقاشی نسخه‌های گرانقدری که هنوز در تصرف بازماندگان خانواده‌های سلطنتی قدیمی بود، به ناصرالدین میرزا عرضه می‌شد تا برای کتابخانه خریداری گردد. مهمترین و زیباترین آن مُرقّع گُلشن و مُرقّع گلستان بود که خریداری شد و کنار اوراق آن به مُهر ناصرالدین میرزا ممهور گردید. ناصرالدین میرزا پس از جلوس به سلطنت در سال ۱۲۶۴ هجری قمری، نام کتابخانهٔ شاهنشاهی را به نام‌های

کتابخانهٔ سلطنتی و کتابخانهٔ موزهٔ همایونی یا کتابخانهٔ مبارکه تغییر داد.

در این دوران در نتیجهٔ کاردانی و لیاقت رجال دانشمند و اصلاح دوست و ترقی‌خواهی چون میرزا تقی‌خان امیرکبیر، میرزا علی‌خان امین‌الملک، یحیی‌خان مشیرالدوله، میرزا حسین‌خان سپهسالار و تنی چند نظایر آن بزرگان آشنایی ایرانیان با تمدن جدید آغاز گردید. یکی از مظاهر آن تشکیل موزه و کتابخانه و دانشگاه جهت حفظ اشیاء و نسخه‌های نفیس و تعلیم و تعلّم جوانان بود. ناصرالدین شاه نظر به علاقه و دلبستگی فراوانی که به فنون نقاشی و خوشنویسی و شعر و کتاب و کتابخوانی داشت خود را رئیس کتابخانهٔ سلطنتی نامید و حتی گاهی به این عنوان بیشتر از عنوان پادشاهی می‌بالید. در این دوران بر اثر توجهات وی کتابخانه غنی شد و توسعهٔ بیشتری یافت.

ناصرالدین شاه حتی پس از آنکه در تالار آیینهٔ کاخ گلستان موزهٔ سلطنتی را دایر کرد و اشیاء و اثاثیهٔ نفیس تاریخی را در آن به اسلوب موزه‌های اروپایی که دیده بود جای داد، هنوز به گنجینهٔ کتابخانهٔ سلطنتی توجه و عنایتی مافوق تصوّر داشت. توجه او چنان بود که در همه حال مُهر و کلید کتابخانه را در نزد خویش حفظ می‌کرد و برای امور نظافت یا ترتیب کتب و احیاناً درخواست نسخه‌ای برای مطالعهٔ بعضی از رجال یا اهل اندرون و فرزندان و یا ضرورتی مُهر و کلید را به محمدحسن خان اعتماد السلطنه وزیر انطباعات و خانم زُبیده ملقب به امینه اقدس کردستانی صندوقدار مخصوص و آغابهرام خواجه امینه اقدس می‌سپرد که پس از انجام کار مورد نظر بلافاصله مسترد می‌شد. جایگاه گنجینهٔ کتب در جوار خوابگاه وی جنب موزهٔ مبارکهٔ همایونی واقع بود تا بدین ترتیب زیر نظر و مراقبت دایمی باشد.

در همین اوان کارگاهی بنام «نقاش خانهٔ مبارکهٔ همایونی» یا «دارالصنایع همایونی» و یا «مجمع الصنایع» در کاخ گلستان تأسیس شد که همواره پیوستگی و ارتباط هنری با کتابخانهٔ سلطنتی داشت. این کارگاه که قسمتی از بناهای ضلع شرقی و جنوبی کاخ گلستان تقریباً تا حوالی سبزه‌میدان را فرا

می‌گرفت شامل حُجرات متعددی مخصوص هنرمندان بود مانند حجرهٔ نقاشان، حجرهٔ خوشنویسان، حجرهٔ قلمدان سازان، حجرهٔ مُذهبّان، حجرهٔ صحافان، حجرهٔ جلدسازان، حجرهٔ زرافشانان و غیره.

سرپرستی کارگاه بر عهدهٔ دوست علی‌خان نظام‌الدوله معیرالممالک و ریاست و نظارت هنری آن با هنرمند نامی **میرزاابوالحسن‌خان غفاری کاشانی ملقب به صنیع الملک نقاش باشی** بود. کارگاه با همکاری و همیاری سی و چهار تن از هنرمندان صنایع مستظرفه مانند نقاشی، تذهیب، ترصیع، تشعیر، زرافشانی، نگارگری، صورتگری، خوشنویسی، صحافی، جلدسازی و دیگر هنرمندان کتاب‌آرا اداره می‌شد. از دیگر هنرمندان نام‌آور آن مجمع الصنایع می‌توان از افراد زیر نام برد که آثارشان در کتابخانهٔ سلطنتی محفوظ بود:

ابوتراب غفاری (برادر بزرگ کمال‌الملک نقاش)، یحیی‌خان مشهور به ابوالحسن ثالث (فرزند صنیع الملک غفاری)، محمدکمال الملک، آقا عباس شیرازی نقاش، میرزا محمد علی‌اکبر نقاش و صحّاف، اسدالله‌خان نقاش‌باشی، ابوالحسن افشاراَرمَوی نقاش و مُذهبّ باشی، آقا بهرام کرمانشاهی نقاش، میرزا عبدالوهاب زرافشان، میرزا محمدعلی زرافشان، میرزا احمد و میرزا جانی و میرزا غلامعلی جلدساز، میرزا غلامرضای خوشنویس، میرزا علی‌محمد تهرانی خوشنویس، علی‌اکبرخان نقاش‌باشی مُزیّن‌الدوله نطنزی «کاشی»، میرزا محمدحسین شیرازی کاتب السلطانی، میرزا آقا افشار معروف به صاحب قلم، میرمحمدحسین شیرازی حالی خوشنویس که غزل را شیوا می‌سرود و «حالی» تخلص می‌کرد، میرزا محمدرضا کَلهُر کُردستانی خوشنویس کاتب روزنامه «شرق» دوران ناصری، محمد شیرازی مشگین قلم، محمدتقی میرزاقاجار ملقب به رکن‌الدوله خوشنویس، ابوالفضل ساوجی خوشنویس که (یکی از چهارتن دانشمندان تراز اول برای نوشتن کتاب نامه دانشوران بود. سه تن دیگر عبارت بودند از میرزا حسن طالقانی، میرزا عبدالوهاب قزوینی پدر میرزا محمدخان قزوینی

و میراز محمدمهدی شمس العلما عبدالرب آبادی) وده‌ها تن دیگر. از بانوان در این دوران چند تن از دختران ناصرالدین شاه که در خوشنویسی و فنون دیگر کتاب‌آرایی دستی توانا داشتند مانند فخرالدوله، عصمت‌الملوک، تاج‌الدوله، مریم بانو دختر عبدالوهاب نائینی، تاج‌ماه خانم دختر علیقلی بیک، مُزیّن‌الملوک کاشانی و چند تن هنرمند دیگر که بعضی از آنان تا اواخر دوران قاجار در قید حیات بودند و آثار قلمی و تزیینی آنان زینت‌افزای گنجینهٔ کتابخانهٔ سلطنتی کاخ گلستان بود.

آثار این دوران شامل نسخه‌های خطی مُصوّر، مُنقّش، مُرصّع و مُذهّب از دواوین شعرا، مرقّعات خطوط هفت‌گانه، مرقّعات تصاویر ناخنی، و شش مجلد به قطع رحلی قطور کتاب هزار و یکشب خطی بسیار نفیس و تزیینی بود که در واقع نمایانگر شاهکاری از مکتب قاجار محسوب می‌شود.

هم در این زمان بوسیلهٔ رجال تحصیل کرده و بعضی از استادان و دانشجویان مدرسهٔ دارالفنون نسخه‌هایی از سفرنامه و روزنامه‌های خارجی و بعضی کتب طبّی و گیاه‌شناسی و علم تشریح و کتب نظامی و فنون جنگی و جغرافیایی از زبانهای خارجی به فارسی ترجمه می‌شد که اکثراً با خطوطی خوش و مُنقّش و مُصوّر تدوین می‌گشت و درکتابخانه حفظ می‌شد. همچنین در سفرهای خارج از ایران و در نمایشگاه‌های شهرهای مورد بازدید کتب فارسی زبان اعم از ادبی یا تاریخی و یا مذهبی و قرآن که در معرض دید ناصرالدین شاه قرار می‌گرفت برای کتابخانهٔ سلطنتی خریداری می‌گردید.

از این راه تعداد بسیاری کتب چاپی چاپ لیدن هلند و کِلکَتهٔ هندوستان و نیز آلبومهایی از عکسهای تاریخی که سلاطین و رؤسای جمهور و نامداران کشورهای دوست اهدا کردند به گنجینهٔ کتابخانه وارد شد. در پشت صفحهٔ اول یا پیشانی و حواشی صفحات دوم اغلب آنها سجع مُهر ولیعهدی و سپس پادشاهی ناصرالدین شاه مشهود ست. در پشت بسیاری از این آثار با خط ناصرالدین شاه یادداشت‌های مختصری با ذکر تاریخ در مورد مطالب کتاب مورد نظر، و گهگاه از حالات روحی خود و اوضاع زمان اشاراتی رفته است.

بحث و توضیح دربارهٔ سجع امهار شاهان و بزرگان و کتابداران وقت در پشت‌نویسی‌های (ظهرنویسی) صفحات اول یا دوم نسخه‌های کتابخانهٔ سلطنتی خود بحثی است جداگانه و قابل دقت.

در این زمان رجال وطن‌پرست و دانشمندی چون فرهاد میرزا فرزند عباس میرزا ولیعهد فتحعلیشاه ملقب به معتمدالدوله که اهل فضل و کتاب‌شناس معروفی بود امیرنظام حسنعلی گروسی، میرزا تقی خان امیرکبیر، اعتمادالسلطنه وزیر انطباعات، مهدیقلی خان مخبرالسلطنه هدایت، میرزا حسین سپهسالار و تنی چند از صاحب‌نظران ادیب و فاضل عنایت و نظارت خاصی در گردآوری و ایجاد نسخه‌های نفیس برای کتابخانهٔ سلطنتی مبذول می‌داشتند.

در کتابخانهٔ سلطنتی کتابخانهٔ خصوصی جهان خانم ملقب به مهدعلیا مادر ناصرالدین شاه نیز اهمیتی در خور توجه داشت. مهدعلیا آشنایی و احاطه‌ای نسبی به ادبیات فارسی و عَرَبی داشت که همه را نزد استادان زمان آموخته بود، او در حسن خط خاصه در نگارش قلم‌های ریز و درشت نسخ استاد می‌نمود و به مطالعهٔ کتب ادبی و دینی و جمع‌آوری خطوط خوش علاقهٔ فراوان نشان می‌داد. پس از فوت او کتابخانه‌اش با مقادیر زیادی از کتب و قطعات و مرقعات خطوط نفیس به گنجینهٔ کتابخانهٔ سلطنتی افزوده شد.

در بین سال‌های ۱۳۱۲ ـ ۱۳۱۵ هجری قمری یعنی در اواخر دوران ولیعهدی مظفرالدین شاه طی تشریفاتی کتابخانهٔ سلطنتی از ابواب جمعی اعتماد حضور به میرزا علی خان لسان‌الدوله تحویل داده شد که ارقام به رسم‌الخط سیاق در یک دستک یا دسته فرد به نام «دفتر تحویلی کتب و اشیاء کتابخانهٔ مبارکه» مرقوم گردید.

پس از قتل ناصرالدین شاه از توجه به کتابخانه و کارهای هنری کاسته شد و امور نگارخانه و دارالصنایع همایونی به تدریج مختل گشت. در این دوران کتابهای نفیس و قطعات ممتاز خطوط و نقاشی توسط چند تن از محارم نامحرم بی‌پروا و آزادانه پراکنده و در معرض دستبرد بی‌رحمانه قرار گرفت که

اکثراً به کشورهای بیگانه راه یافت. چنانکه قطعاتی از مرقع گلشن و مرقع گلستان از شیرازهٔ کتاب جدا و از کتابخانه خارج شد. این قطعات را نوادگان ناصرالدین شاه پس از هشتاد و اندی سال در سال ۱۳۴۷ خورشیدی با واسطهٔ دیگران به قیمت گزاف به کتابخانهٔ کاخ گلستان فروختند که شرح آن در دفتر بایگانی کتابخانهٔ سلطنتی منعکس است.

دلخراش‌تر و اسف‌انگیزتر آنکه با بی‌اعتنایی به مفاخر فرهنگی رسوایی به درجه‌ای رسید که آنچه را که به علت بزرگی و حجم قادر نبودند از کتابخانه خارج کنند برای سهولت کار با ناشیگری و جهالت تمام متن و حواشی مُذهّب و مُرصعّ و یا شمسه‌های زرنگار و مُصوّر، و ترنج و نیم ترنج‌های مُنقّش زرّین و رنگین، و گل و برگ‌های زینتی و اسلیمی‌های تزیینی، و نقاشی‌ها و مینیاتورها را از پیکر صفحات و قطعات بریده و تصاویر را از اوراق جدا کرده از کتابخانه خارج ساختند، بدین ترتیب گنجینه‌ای با متجاوز از شانزده هزار نسخه‌های نفیس خطی و چاپی و قطعات هنری بی‌همتا دستخوش تاراج متعدّیان بی‌ذوق و حَرامیان غیرمتعهد گردید. گرچه بازگویی این رویدادهای ناگوار جز ملالت خاطر سودی ندارد، اما درس عبرتی است آموزنده بویژه در روزگار کنونی.

پس‌از ناصرالدین‌شاه بنابه‌فرمان‌مظفرالدین شاه، میرزاعلی‌خان‌لسان‌الدوله رسماً رئیس کتابخانهٔ سلطنتی شد. لسان‌الدوله از اهالی اردبیل آذربایجان بود و در دوران طولانی ولایتعهدی مظفرالدین‌میرزا یکی از ندیمان و نزدیکان وی محسوب می‌شد و بنا برهمین سابقهٔ دوستی و همدمی بود که ریاست کتابخانهٔ سلطنتی بر عهدهٔ او واگذار شد.

لسان‌الدوله روزهایی که در کتابخانه حاضر می‌شد دستور می‌داد برای غذای نیمروزش از بازار چلوکباب بیاورند. آنگاه پس از صرف غذا نسخه‌ها و کتاب‌های مورد نظر را با کمک همدستانش در زیر سرپوش‌های مسین ظروف غذا از محوطهٔ کاخ گلستان خارج می‌ساخت. او به علت ناآگاهی به ارزش هنری و ادبی آن نفایس را با بهای ارزان معامله می‌کرد. مدتها این کار او

ادامه داشت تا سرانجام نظمیهٔ وقت متوجه گشت. پس از تجسّس بسیار و پی‌گیری و ثبوت خلافکاری، مأمورانی چند برای بازرسی به منزل وی رفتند اما هرچه جستجو کردند برگه‌ای از نسخه‌های مفقود شده نیافتند. از شگفتیهای روزگار در موقع خروج ناگهان سقف اطاق مسکونی لسان‌الدوله فرو می‌ریزد و قسمتی از مجلدات که در صندوقی در زیر شیروانی و در پشت قاب‌های چوبین سقف اطاق پنهان بود عیان می‌شود. هم در این زمان چاهی در زیر باغچهٔ گلکاری شده مقابل همان اطاق واریز می‌کند و برخی از آثار مسروقه در صندوق‌های چوبین وگونی در میان گل و لای نمایان می‌شود. آثار یافته شده پس از ثبت صورت‌مجلس به کتابخانه مسترد می‌گردد، که البته بسیاری ازآنها پوسیده،آب افتاده و از هم گسیخته بود. مطابق اسناد و مدارک موجود در حدود نود و سه (۹۳) مجلد کتاب خطی نفیس از منزل لسان‌الدوله و تعداد زیادی از منزل میرزا سید رضاخان خواجهٔ لسان‌الدوله و از منزل آرشاک خان ارمنی کشف شد. مسؤولین امر پشت صفحهٔ اول و یا دوم آن نسخه‌ها و قطعات مسروقه را با سجع مهری بعنوان «کتب اکتشافی مسروقه از منزل لسان‌الدوله» ممهور کردند.

در تاریخ بیست و یکم جمادی‌الاخر سال ۱۳۲۸ آقای موسی مرآت الممالک رئیس بیوتات سلطنتی کتابخانه را از لسان‌الدوله و سیدرضاخان خواجه تحویل گرفته به آقایان شیخ اسماعیل شیخ المشایخ مُعزّی و یوسف اعتصام الملک پدر بانو پروین‌اعتصامی تحویل دادند.طی این انتقال در دو دستک یا دسته فرد نام کتب و اشیاءِ موجود کتابخانه را ثبت کردند. نکتهٔ قابل ذکر آن که پس از ناصرالدین شاه کتب واشیاءِ کتابخانه یعنی نسخه‌ها، قطعات، مرقّعات، قلمدان‌ها، محفظه‌های نفیس تزیینی، تابلوها، قاب‌عکس‌ها و غیرو در یک مکان مخصوص متمرکز نبوده است بلکه آنها در داخل گونیها و صندوقهای چوبین مندرس در مکانهای مختلف نگاهداری می‌شد و به هنگام ثبت نام و توصیف آن تنها به ذکر شمارهٔ صندوقها اکتفا شده است.

مکانهای مختلفی که در دو دستک ذکر شده از آنها نام برده شده است

عبارتند از انبار حوض‌خانه، اندرون، خوابگاه، سرایدارخانه، قصر بلور، صندوقخانه، تالار برلیان، زیرزمین شمس‌العماره. در سال ۱۳۲۹ هجری قمری کتابخانه هم جزوابواب جمعی و متعلقات مربوط به تشکیلات کاخ گلستان بود که موزهٔ مبارکه، جُبّه‌خانه، صندوقخانه، کالسکه‌خانه، سرایدارخانه، آلبوم‌خانه، و عکاس‌خانه، آبدارخانه و شربت‌خانه و غیره را شامل می‌گردید؛ این تشکیلات در آن سال به نام ادارهٔ بیوتات سلطنتی تحت نظر ادارهٔ مالیهٔ وقت درآمد. از آن زمان در پشت صفحهٔ اول کلیهٔ کتب و قطعات خطوط و نقاشیهای موجود در کتابخانه مُهری با عنوان **کتابخانهٔ دولت علیهٔ ایران سنه ۱۳۲۹ ـ ۲۲** مشهود ست.

در بین سالهای ۱۳۳۰ تا ۱۳۳۳ هجری قمری آقایان موسی مرآت الممالک، محمد قانع بصیری بصیرالسلطان، و ابراهیم‌خان صدیق همایون از روی دو دستک نوشته شده بوسیلهٔ شیخ اسماعیل شیخ المشایخ مُعزّی و یوسف اعتصامی اعتصام‌الملک نام کتب موجود را در دو دفتر بقطع رحلی بازنویسی کردند تا راهنمایی برای وقوف به محتویات صندوقها و گونیهای کتب باشد. از آن پس وضع کتابخانه کم و بیش بهمین منوال ادامه داشت و سالهای چندی این گنجینه از سازندگیهای ادبی و هنری محروم گشت.

طی انقلاب مشروطه و پیامدهای آن و ناآرامیهای کشور که مجالی برای توجه به امور فرهنگی نبود کتابخانه دستخوش حیف و میل‌های گوناگون بود و سرانجام به صورت انباری متروک در زیرزمین‌های مرطوب و مطرود ضلع شمالی و شرقی کاخ گلستان بقایای آن نفایس فرهنگی را در خود مدفون داشت.

در دوران رضاشاه پهلوی همزمان با تأسیس دانشگاه تهران نخستین دانشگاه ایران و موزهٔ ایران باستان با کوشش جمعی از روشنفکران و ترقیخواهان چون محمدعلی فروغی، علی‌اصغر حکمت، دکتر عیسی صدیق، دکتر علی‌اکبر سیاسی، اسمعیل مرآت، غلامحسین رهنما و دیگران برای نخستین بار «کتابخانهٔ ملی» بنیانگذاری شد. تشکیلات کتابخانهٔ ملّی و یا

۶۵ــ نقاشی ــ شمس العماره در محوطهٔ باغ گلستان (ادارهٔ باستانشناسی ایران). کار «محمودخان ملک الشعرا صبا»

«کتابخانه معارف» در تهران در سال‌های ۱۳۱۳ تا ۱۳۱۷ خورشیدی بوجود آمد و سرمایهٔ اولیهٔ آن از گنجینهٔ «کتابخانهٔ کاخ گلستان» و تعدادی هم از کتابخانهٔ مدرسهٔ دارالفنون فراهم آورده شد.

بجاست یادآوری شود که پیش از آن «کتابخانهٔ ملی شهر رشت» بین سال‌های ۱۳۰۶ ـ ۱۳۱۳ خورشیدی باکوشش محمدعلی تربیت و گروهی از فرهنگیان متشکل «جمعیت نشر معارف گیلان» در بنای نوبنیادی در شهر رشت تأسیس گردیده بود و مسؤولیت ادارهٔ آن مرکز فرهنگی عمومی با عده‌ای از معاریف و فضلای خیرخواه و هیأت مدیرهٔ جمعیت نشر معارف گیلان بود.

به هنگام بنیانگذاری «کتابخانهٔ ملی» در تهران، برای تفکیک و انتقال کتب از «کتابخانهٔ کاخ گلستان» به «کتابخانهٔ نوبنیاد ملی» هیأتی از نمایندگان وزارتخانه‌های مختلف حسین سمیعی و یوسف شکرائی از وزارت دربار عبدالحسین هژیر از وزارت دارایی، محمد قانع بصیری و ابراهیم صدیق همایونی از «بیوتات سلطنتی» مهدی بیانی از وزارت معارف، عبدالحمید ملک الکلامی کردستانی از نخست‌وزیری تشکیل شد.

این هیأت از تاریخ هشتم اردیبهشت ماه سال ۱۳۱۵ تا هفتم تیرماه ۱۳۱۷ به انتخاب نسخه‌های مورد نظر پرداخت. براساس این گزینش در حدود یازده هزار مجلد کتاب چاپی و سه هزار مجلد نسخه‌های خطی مذهّب، مرصّع به «کتابخانهٔ ملی» و صد و بیست قطعه دست‌نویس و نقاشی نفیس به موزهٔ نوبنیاد ایران باستان انتقال داده شد. صورت جلسات این تحویل و تحول در بایگانی کتابخانهٔ کاخ گلستان ضبط گردید. بقیهٔ کتب کماکان در انبارهای متعدد رویهم انباشته و مقفّل ماند که تا شهریور ۱۳۲۰ و تغییر حکومت انبارهای کتاب تغییری نیافت. در سال ۱۳۲۱ خورشیدی مسؤولان بیوتات سلطنتی با دعوت چند تن از اهل فضل و کتاب‌شناس و صاحب نظر تصمیم گرفتند تا به وضع صندوق‌های مقفل کتابها رسیدگی کنند و ترتیب صحیح و عاجلی به آنها بدهند. هیأتی که برای این کار انتخاب شد عبارت

بودند از استادان محمد قزوینی، عباس اقبال آشتیانی، بدیع‌الزمان فروزانفر و حبیب یغمائی. امّا این هیأت موفق به اخذ تصمیمات لازم و اقدام نافعی در جهت تنظیم کتب و انتخاب مکان مناسب‌تری نگردید و در مدتی کمتر از یکماه بدون اخذ نتیجه به کار خود پایان داد. باز کتب با همان وضع سابق در انبارهای متروک باقی ماند. پس از گذشت مدت زمانی بار دیگر مسؤولان برای سرو صورت دادن به این آثار ارزشمند فرهنگی در آبانماه سال ۱۳۲۹ سرپرستی و نظارت کتابخانه (انبار کتب) را که تحت نظر ادارهٔ بیوتات سلطنتی بود به استاد حبیب‌الله نوبخت سپردند. در بهمن ماه سال ۱۳۳۵ پس از بازنشستگی استاد نوبخت، این سِمّت به دکتر مهدی بیانی که چندی مدیرعامل کتابخانهٔ ملی بود واگذار شد.

دکتر مهدی بیانی تا آخرین روزهای حیات خود پیوسته این احساس پشیمانی را ابراز می‌کرد که «اگر می‌دانستم روزی رئیس کتابخانهٔ سلطنتی می‌شوم هیچگاه کتاب‌های گنجینهٔ آن را پراکنده و منتقل نمی‌ساختم، زیرا برای بنیانگذاری کتابخانهٔ ملی با سهولت امکان تهیهٔ کتاب از منابع مختلف دیگر فراهم بود.»

واقعیت این بود که در حین نقل و انتقال بسیاری از نسخه‌ها از شیرازه گسیخته و بصورت برگهای پراکنده درآمده و پاره‌ای مفقود گشته بود. تعدادی از آثار چند جلدی کتب خطّی مذهبّ تفاسیر و ادعیه و مجلدات اصول کافی و تواریخ و غیره. بعضی در کتابخانهٔ کاخ گلستان به جای ماند و بعضی از آنان به کتابخانهٔ نوبنیاد ملی منتقل گشت که در نتیجه در هر دو محل ناقص مانده بود.

در دوران ریاست شادروان دکتر مهدی بیانی، با همت شادروان استاد حبیب یغمائی و با یاری و همکاری آقای دکتر یحیی مهدوی از متن هفت مُجلّد ترجمه تفسیر تَبّری خطی گنجینهٔ کتابخانهٔ سلطنتی نسخه‌برداری شد و کتابی با چاپ و کاغذ و تجلیدی مرغوب تهیه و با بهایی مناسب در دسترس عموم قرار گرفت.

همچنین از قرآن خطّی مذهبّ بسیار نفیس گنجینهٔ کتابخانهٔ سلطنتی به رسم‌الخط نسخ ممتاز دو دانگ جَلی «احمد نی‌ریزی» خوشنویس قرن دوازدهم هجری عکس‌برداری و تعدادی بطریق اُفست به طبع رسید، مقابله و غلط گیری آن با نظارت شادروان استاد مشکوة و با حضور تنی ازمسؤولان کتابخانه انجام گرفت و قرآن «آریامهر» نامیده شد.

دیگر از شاهنامه بایسنغری که زینت بخش گنجینهٔ کتابخانهٔ سلطنتی بود به منظور بزرگداشت دو هزار پانصدمین سال بنیانگذاری شاهنشاهی ایران عکس‌برداری و تعدادی به طریق اُفست تهیه گردید که به رسم یادبود و نمودار فرهنگ اصیل ایرانی به شخصیت‌های علمی و فرهنگی و سیاسی مدعو در جشن مزبور هدیه داده شد.

برای تهیهٔ عکس‌برداری و مقابله و غلط گیری این نسخهٔ نفیس مدتی نزدیک به هشت سال با نظارت دقیق آقای رهیر از طرف چاپخانهٔ اُفست و شادروان دکتر مهدی بیانی و تنی چند از مسؤولان کتابخانه و پس از درگذشت دکتر مهدی بیانی با همکاری استاد بدیع‌الزمان فروزانفر، رئیس جدید کتابخانهٔ سلطنتی صرف شد تا سرانجام برای سال ۱۳۵۰ خورشیدی به پایان رسید.

دکتر مهدی بیانی مسوّده فهرست معدودی از دیوانهای خطی کتابخانهٔ سلطنتی را تهیه کرده بودند که پیش از به اتمام رسانیدن آن عمرشان به سَر آمد. در اسفند ماه ۱۳۴۶ بعد از مرگ دکتر مهدی بیانی، استاد بدیع‌الزمان فروزانفر پس از بازنشستگی از دانشگاه تهران به ریاست کتابخانهٔ سلطنتی منصوب گردیدند. در این زمان چند برگ از مرقع گلشن که بعد از قتل ناصرالدین شاه قاجار توسط محارم نامَحرم از گنجینهٔ کتابخانهٔ سلطنتی خارج گشته بود و در نزد خانوادهٔ قاجار نگهداری می‌شد با واسطه به بهای مناسبی طبق مقررات اداری به کتابخانهٔ سلطنتی فروخته شد که پروندهٔ آن در بایگانی کتابخانه موجود بود.

استاد بدیع‌الزمان فروزانفر پس از یکسال و اندی درگذشت و در این

مدت کوتاه فرصت نیافتند که شماره گذاری و فهرست‌نگاری صحیحی جهت نسخه‌های بدون شناسنامهٔ کتابخانه ترتیب دهند.

طی سالهای ریاست استادان حبیب‌الله نوبخت، دکتر مهدی بیانی، بدیع‌الزمان فروزانفر بتدریج وضع آشفته و اسفبار انبارهای مطرود و متروک حاوی کتابها تا حدود قابل توجهی رو به بهبود گذارد و شادروانان نامبرده هر کدام به فراخور حال و در حد امکان موجود اقدامات مفیدی در این راه انجام دادند.

نگارندهٔ سطور از مهر ماه سال ۱۳۳۸ به عنوان کتابدار و پس از چندی معاون و سپس رئیس کتابخانهٔ سلطنتی توفیق خدمتگزاری در این کتابخانه نصیبم گشت. تا روزی که استادان دانشمند نامبرده حیات داشتند چون شاگردی مشتاق از محضر برکت دانش و بینش آن بزرگواران کسب فیض کردم و پس از درگذشت استاد فروزانفر به ریاست ادارهٔ کتابخانه گمارده شدم.

## نخستین اقدام برای شناسایی و معرفی نسخه‌ها:

نخستین اقدام در این دوران جمع‌آوری و تکمیل مسوّده‌های فهرست ناتمام دکتر بیانی بود که با دقت تمام و در نهایت امانت با ذکر مقدمه‌های کوتاه به منظور قدردانی و تجلیل از آن شادروان زیرعنوان «فهرست ناتمام دواوین خطی کتابخانهٔ سلطنتی به اهتمام شادروان دکتر مهدی بیانی» به چاپ رسانیده و در دسترس اهل ادب قرار داده شد.

تنظیم و نگارش شناسنامه‌های تحقیقی و توصیفی از آثار موجود کتابخانه امری بود ضروری که بهیچوجه نمی‌بایست بیش از این درباره‌اش مسامحه روا داشت. بنابراین با بهره‌مندی از تجربیات گرانبهای استادان بزرگواری چون سیدمحمد تقی مدرّس رضوی، جعفر سلطان القرایی، جلال‌الدین همایی به نگارش و تنظیم فهرستهای کتب کتابخانه به طریق فنی و علمی همت گمارده شد. خوشبختانه این اقدام باتوفیق همراه بود و بتدریج فهرست‌های تحقیقی و توصیفی حدود دو هزار و ششصد مجلد آثار خطّی

مصوّر، مرصّع، منقش، و مذهبّ با ارائه عکس‌های رنگین و سیاه و سفید از مینیاتورها، نقاشیها، تذهیبها و خطوط ممتاز فراهم آمد.

در این فهرستها اطلاعاتی هم در حد امکان از نام کاتبان، مؤلفان، مترجمان، مُذهبّان، خوشنویسان، نقاشان، صحّافان و دیگر هنرمندان صنعت کتاب‌آرایی از مشهور و گمنام یاد شده است. فهرست‌ها بدین قرارند:

۱ ـ فهرست تحقیقی و توصیفی قرآن‌های خطّی

۲ ـ فهرست تحقیقی و توصیفی کتب دینی و مذهبی

۳ ـ فهرست تحقیقی و توصیفی مرقعات خطوط و نقاشی

۴ ـ فهرست تحقیقی و توصیفی تواریخ و جغرافیا و روزنامه‌ها

۵ ـ فهرست تحقیقی و توصیفی دیوان‌های خطی در دو مجلد

۶ ـ فهرست تحقیقی و توصیفی کتاب هزار و یکشب خطی مصوّر مرصّع منقّش

۷ ـ فهرست تحقیقی و توصیفی آلبومهای عکس دوران قاجار

۸ ـ فهرست تحقیقی و توصیفی کتب فلسفی و عرفانی

۹ ـ چاپ عکسی با مقدمه‌ای تحقیقی از گلستان سعدی به خط یاقوت مستعصمی

۱۰ ـ چاپ عکسی با مقدمه‌ای تحقیقی از چند غزل حافظ که در یکی از جُنگهای گنجینهٔ کتابخانه به آن برخورد شد که از لحاظ قِدمت اهمیت خاصی داشت.

۱۱ ـ چاپ داستان عرفانی دقوقی از دفتر سوم مثنوی مولانا جلال‌الدین محمد بلخی که به تشویق استادان دانشمند معظم شادروانان محمد سنگلجی و هادی حائری به نشر برگرداندہ‌ام.

چاپ کتب نامبرده که از سال ۱۳۵۰ خورشیدی آغاز و تا سال ۱۳۵۷ ادامه داشت از هر یک تعداد یکهزار جلد به طبع رسید و به رایگان در دسترس مراکز فرهنگی داخل و پاره‌ای از مراکز فرهنگی خارج از کشور گذارده شد. تعدادی از فهرستهای نامبرده در سال ۱۳۵۴ خورشیدی به عنوان بهترین

کتاب سال در زمینهٔ ادبی و هنری شناخته شد و به اخذ جایزه نایل آمد.

هنگام بروز وقایع بهمن ماه ۱۳۵۷ تعدادی از فهرستهای تحقیقی و توصیفی مربوط به دویست نقشهٔ خطّی و چاپی جغرافیایی ساختمانی از اواسط قرن سیزدهم تا اواخر قرن چهاردهم هجری و فهرستهای سیصد مجلد کتب متفرقه شامل (گیاه‌شناسی، طب، رَمل و جَفر و اسطرلاب و بعضی موضوعات دیگر) و فهرستهای هشت مجلد مجموعهٔ ناصری که در مجموع شامل پنج تا شش جلد می‌شد و تدوین و تنظیم و برای چاپ آماده گردیده بود که اکنون روشن نیست در آن ایام بحرانی چه بر سر آنها رفته است...؟

## گام‌هایی در جهت ترمیم و تکمیل و حفظ آثار:

در این دوران به موازات فراهم آوردن فهرستهای تحقیقی و توصیفی اقدامات دیگری نیز در جهت ترمیم آثار آسیب دیده و تکمیل مجلدات ناقص و توسعه و تنظیم کتابخانه بصورت مرکزی مجهز به اصول فنی برای نگاهداری این گنجینهٔ بزرگ آثار هنری و فرهنگی ایرانی انجام گرفت.

از شمار نخستین گام‌ها در این زمینه دعوتی بود از استادان کتاب‌شناس و صاحب‌نظر چون سید محمدتقی مدرس رضوی، جعفرسلطان القرایی، دکتر یحیی مهدوی، سید محمدتقی مصطفوی، و ابراهیم بوذری. با مشاوره و کسب نظر این هیأت ضرورت مرمت جلدها و صفحات تزیینی نسخه‌های آسیب دیده تشخیص داده می‌شد و ضمناً برای خرید نسخه‌های خطی جدید در جهت تکمیل و توسعهٔ کتابخانه از نظر صائب و کارشناسانه آنان برای قیمت‌گذاری بهره گرفته می‌شد.

در جهت اجرای این برنامه کتابخانه از استاد تقوی قلمدان‌ساز دعوت کرد تا هر هفته ساعاتی را در کتابخانه به ترمیم و تعمیر مجلّدات روغنی بوم نقاشی و نسخه‌های فرسودهٔ آب افتادهٔ شیرازه گسیخته و آسیب دیده بپردازد.

این اقدام بویژه برای حفظ بعضی نقشه‌های خطّی موجود که به علت رطوبت در مکانهای نامناسب طی سالیان متمادی از آسترها جدا و سوراخ شده بود ضروری می‌نمود.

**مکان مناسب بهداشتی:**

همزمان با گردآوری فهرست‌ها تنظیم و شماره‌گذاری آثار و ترمیم مجلّدات و آثار آسیب دیده و کوشش برای تکمیل مجلّدات ناقص ضرورت ایجاد مکان مناسب بهداشتی و مجهز به وسایل فنی برای تنظیم حرارت و رطوبت بیش از بیش به چشم می‌خورد. بهترین جا برای این منظور بنای شمس‌العماره در ضلع شرقی و ساختمان بادگیر بود که شامل تالار و گوشواره‌ها و حوضخانۀ آن در ضلع جنوبی کاخ گلستان می‌شد که جایگاه ویرانۀ کتابخانه بود. این محل با تعمیرات لازم و دوباره سازی توانست منظور واقعی یعنی داشتن محلی آبرومند و مناسب جهت نگهداری این گنجینۀ مفاخر ملی را برآورد. سرانجام با درخواستهای مشروح و مکرر که همه به صورت نامه‌های اداری در دفتر کتابخانه منعکس است با این پیشنهاد موافقت شد که آن دو بنای تاریخی که در اثر بی‌توجهی به شکل نیمه مخروبه‌ای درآمده بود برای کتابخانه تعمیر و آماده شود.

با تأمین بودجۀ لازم بعد از مذاکرات و جلسات متعدد تعمیرات اساسی آن دو بنا طبق اسلوب معماری تزیینی اصیل اولیه زیر نظر مهندسان ممتاز استادان محسن فروغی، محمد کریم پیرنیا و غیائی و با همکاری فنی و هنری استادان گچ‌بُر، کاشی کار، مُنبّت کار، سنگ‌تراش، آینه کار، که برخی از آنان از شهرهای مختلف یزد، کاشان، اصفهان و شیراز بودند پس از چهار سال و چند ماه این کار پایان یافت و محل مناسب و آبرومندی برای کتابخانۀ کاخ گلستان آماده گردید. به این ترتیب در اواخر سال ۱۳۵۴ خورشیدی که قریب به نودسال از قتل ناصرالدین شاه قاجار می‌گذشت این زاویۀ فراموش شدۀ فرهنگی در اثر زحمات سنجیده و مداوم مسؤولان وقت و توجهات و

عنایات خاصی که تا پایان دوران سلطنت **محمدرضاشاه پهلوی** برای بهبود وضع کتابخانه مبذول می‌گردید به تدریج از شکل و هیأت انبارهای متروک و مقفّل بدرآمد. به این ترتیب جایگاهی شایستهٔ یکی از غنی‌ترین مراکز فرهنگی و هنری ایران بوجود آمد و کانون پژوهشی معتبر و آبرومندی از فرهنگ و هنر کهنسال و فاخر ایرانی فرصت ظهور پیدا کرد و جلوه‌گاه و راهگشای ارزنده‌ای جهت شیفتگان هنر و کتاب شناسان مشتاق داخلی و خارجی گردید.

**بودجهٔ کتابخانه:**

بطور کلی حسابداری ادارهٔ بیوتات سلطنتی واقع در **کاخ گلستان** مخارج کتابخانه را هم چون سایر مخارج تشکیلات وابسته به **کاخ گلستان** تأمین می‌کرد. بدین قرار که صورت مخارج کتابخانه از طریق حسابداری بیوتات به ادارهٔ حسابداری وزارت دربار شاهنشاهی گزارش می‌شد و پس از بررسیهای لازم مورد تصویب قرار می‌گرفت و به‌حسابداری بیوتات پرداخت می‌گردید.

**تشکیل نمایشگاه:**

یکی از مراسمی که موزه‌ها، کتابخانه‌ها و مراکز هنری و فرهنگی در سراسر جهان در اجرای آن کوشا هستند تشکیل و برگزاری نمایشگاه‌هایی از آثار نادر و نفیس مجموعه‌های هنری ست که هر از چند گاه آنها را در معرض دیدار علاقمندان می‌گذارند. این امر در ایجاد و حفظ پیوندهای فرهنگی و آشنایی با میراث هنری و فرهنگی گذشتگان نقش مهمی را ایفا می‌کند. با آماده شدن محل تازهٔ کتابخانه اندیشهٔ برگزاری نمایشگاهی از پاره‌ای آثار این گنجینهٔ عظیم هنری و فرهنگی مطرح گردید.

در اجرای این تصمیم در سال ۱۳۵۵ خورشیدی در تالار آیینهٔ عمارت **شمس‌العماره** مشرف به **خیابان ناصرخسرو** نمایشگاهی از پنجاه و دو نسخهٔ خطّی نفیس شامل خطوط نسخ، رُقاع، ثُلث، ریحان، تعلیق، شکسته و

نستعلیق از قرن پنجم تا اواسط قرن چهاردهم هجری قمری ترتیب داده شد. برای معرفی دقیق‌تر و آشنایی بیشتر مراجعه کنندگان شرح مختصر و مفیدی از خطوط انتخاب شده به دو زبان فارسی و انگلیسی در جُزوهٔ راهنمای نمایشگاه تهیه و چاپ شد که در دسترس دیدارکنندگان قرار بگیرد.

در آبان ماه سال ۱۳۵۶ این نمایشگاه با هجوم و حملات خیابانی رایج در آن سال مواجه گردید که در نتیجه شیشه‌های الوان تریینی اُرُسی‌ها و آیینه‌کاری‌های سقف و منبت‌کاری‌های پنجره و درهای تالار آماج ضربات سنگ و مواد آتش‌زا قرار گرفت. خوشبختانه با کمک و کوشش کارمندان مسؤول کتابخانه، نسخه‌های خطّی نمایشگاه‌از خطر آتش‌سوزی نجات یافت.

این نمایشگاه پس از این واقعه به تالار عمارت بادگیر انتقال داده شد و بار دیگر برای دیدار علاقمندان افتتاح شد که افتتاح آن مصادف با وقایع بهمن‌ماه ۱۳۵۷ بود.

با انتشار فهرست‌های آثار موجود کتابخانهٔ کاخ گلستان این مرکز هنری فرهنگی مورد توجه مراکز بزرگ فرهنگی جهان قرار گرفت. بطوری که در سال ۱۳۵۵ خورشیدی نمایشگاهی که در شهر مونترال کانادا ترتیب داده شده بود از کتابخانهٔ کاخ گلستان تقاضا کرد که تعدادی از آثار خطی قدیمی را برای مدت شش ماه در اختیار نمایشگاه بگذارد. کتابخانه با طرح این تقاضا در هیأت کارشناسان که ذکر آن گذشت از آنان کسب تکلیف کرد. هیأت نامبرده با توجه به فرسودگی و قدمت نسخه‌ها و تغییرات جوّی اجتناب‌ناپذیر طی نقل و انتقال موافقت با تقاضا را صلاح ندید. براساس این نظریه کتابخانه از پذیرفتن تقاضای نمایشگاه مونترال خودداری کرد.

در سال ۱۳۵۶ خورشیدی ۱۹۷۶ میلادی در فستیوال جهان اسلام در لندن چندین نمایشگاه بزرگ از کشورهای اسلامی تشکیل شده بود، از ایران سه نمایشگاه علوم، هنر و قرآن در چندین موزه برگزار شد که توسط ملکهٔ انگلستان و ملکهٔ ایران و شیخ دانشگاه الازهر افتتاح یافت.

بخش نمایشگاه علوم در تحت نظارت و رهبری استاد دکتر سید حسین

نصر استاد فلسفهٔ اسلامی قرار داشت و از کتابخانهٔ سلطنتی چند نسخه قرآن خطّی مُذهّب طبق مقررات اداری صورت مجلس شد و بدان نمایشگاه ارسال گردید و پس از برگزاری نمایشگاه به سلامت به کتابخانهٔ سلطنتی مسترد گردید.

## تحویل اسناد و مدارک دوران قاجاریه به کتابخانهٔ کاخ گلستان:

در تاریخ ۳۰ تیرماه ۱۳۴۸، به موجب ابلاغ ۴ ـ ۲ ک وزارت دربار شاهنشاهی وقت تصمیم گرفت اسناد جاری دولتی را از اسناد و مدارکی که مربوط به دوران قاجار بود تفکیک کرده آن را به کتابخانهٔ کاخ گلستان منتقل نماید. اسناد فوق‌الذکر سالیانی دراز در اطاقی هم کف قسمت شرقی کاخ گلستان مقداری در صندوق‌های چوبین و انبوهی در گونیهای مندرس بر رویهم انباشته انیس و جلیس موشها و حشرات بود. به دشواری می‌توان گفت که برای نظافت و اصلاح و مرمت‌های ضروری و بررسیهای لازم و دسته‌بندی و شماره‌گذاریها و ثبت آن در دفتر کتابخانه به ترتیب تاریخ و قدمت چه سختیها و گرفتاریها وجود داشت. در ضمن ترتیب و نظم آن اوراق پراکنده و آشفته دو دسته فرد «دستک» بسیار مندرس و فرسوده به دست آمد که حاوی صورت ثبت اشیاء و کتب کتابخانهٔ سلطنتی در دوران‌های گذشته بود. در پشت صفحهٔ اول آن چنین رقم رفته بود (دفتر تحویل کتب و اشیاء کتابخانهٔ مبارکه ابواب جمعی میرزا علی لسان‌الدوله از اعتماد حضور بین سال‌های ۱۳۱۲ ـ ۱۳۱۵ هجری قمری). و در دسته فرد دیگری به این مضمون (کتب و اشیای کتابخانه از جنابان آقا سید رضاخان و لسان‌الدوله استرداد شد و بتوسط آقای مرآت الممالک تحویل جنابان آقا شیخ اسماعیل شیخ المشایخ مُعزّی و اعتصام الملک می‌شود از تاریخ بیست و یکم شهر جمادی الاخرایت اییل سال ۱۳۲۸).

پس از مدت زمانی صرف وقت بتدریج اسناد و اوراق مربوط به دوران قاجار مرتب و برای فهرست‌نگاری آماده شده بود که به ایام ناآرامیها و آشفتگیهای سال ۱۳۵۷ خورشیدی مواجه گردید.

## تحویل آلبومهای دوران قاجار به کتابخانهٔ سلطنتی:

در تاریخ ۱۱ آذر ماه ۱۳۵۲ به موجب ابلاغ دالف ۳۰۹۴/۲/۲ طبق تصمیم وزارت دربار وقت ادارهٔ امور آلبوم‌خانه که حاوی آلبومهای متعدد از عکسهای دوران قاجار بود از اختیارات و وظایف کتابخانهٔ سلطنتی قرار گرفت که همانند انبارهای کتب و اسناد مدت‌های مدیدی متروک و فراموش شده و مطرود بود. آلبومهای مورد بحث حاوی عکسهای بسیاری بطور پراکنده و در هم و مُشوش بدون ترتیب سنوات و یا موضوع در آلبومها به یکدیگر چسبیده و در نتیجه بیشتر تصاویر محو شده بود. پس از نظافت و مرمتهای لازم اقدام به صورت‌برداری و شماره‌گذاری و فهرست‌نگاری شد. در خرداد ماه ۱۳۵۷ فهرست تحقیقی و توصیفی آن با ارائهٔ حدود دویست و پنجاه عکس سیاه و سفید منتخب از عکسهای آلبومها در یکهزار مجلّد به چاپ رسانده شد. در مقدمهٔ این فهرست نکاتی از عکّاسخانهٔ مبارکهٔ ناصری و ذکر نام عکاسان وقت و چگونگی علاقه و آشنایی ناصرالدین شاه به فن عکاسی و گسترش آن یاد شده است، همچنین بخشی از ترکیبات شیمیایی محلول ظاهر کردن عکس را که ناصرالدین شاه خود به سال ۱۲۸۶ هجری ۱۸۷۰ میلادی یادداشت کرده بود در مقدمه ذکر شده است.

**این مختصر شمه‌ای از تاریخچهٔ تأسیس و سرگذشت کتابخانهٔ کاخ گلستان و رویدادهای آن از اوایل نیمهٔ قرن سیزدهم تا اوایل قرن پانزدهم هجری قمری‌ست که در این دوران به نام‌های کتابخانهٔ شاهنشاهی، کتابخانهٔ سلطنتی، کتابخانهٔ مبارکهٔ همایونی، کتابخانهٔ کاخ گلستان، و کتابخانهٔ دولت علیهٔ ایران**

نامیده می‌شد.

پس از واقعهٔ بهمن ماه ۱۳۵۷ به علت برکناری و مهاجرت تحمیلی و اجباری نمی‌دانم چه بر آن زاویهٔ فرهنگی رفته است که در این صورت بحث در آن مورد نابجاست.

حدیث نیک و بد ما نوشته خواهد شد

زمانه را قلم و دفتری و دیوانی ست

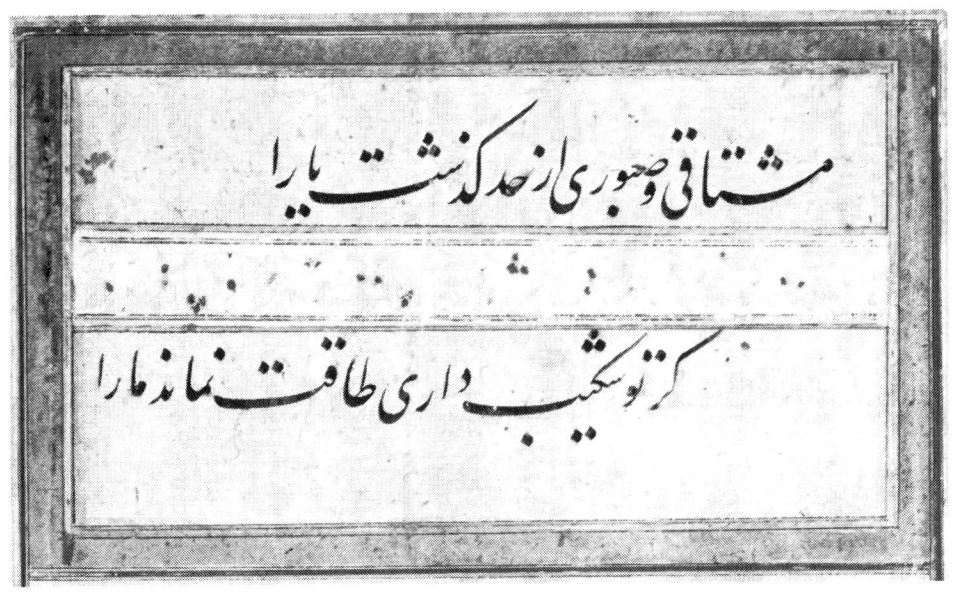

# سرگذشت

## سرگذشت زبانها و لهجه‌های زندهٔ ایرانی

جمعی از ایران‌شناسان در سالهای اخیر زبانها و لهجه‌های ایرانی را از لحاظ پیشینه‌های تاریخی به دو گروه شرقی و غربی تقسیم کرده‌اند و حد فاصل این دو گروه را بیابانهای وسیع کویر می‌شناسند. نمونه گروه شرقی زبانهای ایرانی عبارتند از زبانهای مرده سغدی، خوارزمی و سکایی. زبانهای زنده این گروه شامل زبانهای پشتو، هروی، تخاری، مونجانی، دری، یغنابی و پامیری است. نمونهٔ گروه زبانهای غربی ایران که به دو دسته فرعی شمال غربی و جنوب غربی تقسیم شده است عبارتند از لهجه‌های شمال غرب که به زبانهای سرزمین باستانی مادها و پارتها مربوط می‌شوند مانند زبانهای کردی، بلوچی، آذری، تالشی، گیلکی، مازندرانی و تاتی.

لهجه‌های جنوب غربی مربوط به قلمرو فارس است چون لهجه‌های لری، بختیاری، سیوندی، کومزاری و لهجه‌های متعدد دیگر.

بعقیدهٔ زبان‌شناسان تشابهات فراوانی بین زبانها و لهجه‌های متعدد ایران در هر ناحیه‌ای وجود دارد و بعضی از لهجه‌های نواحی غربی و جنوبی به علت مجاورت و نزدیکی با زبان عربی بیشتر از لهجه‌های دیگر تحت تأثیر و تغییر قرار گرفته است.

زبانها و لهجه‌های زندهٔ ایرانی که هم اکنون در ایران و مناطق جدا شده از

پیکر ایران بزرگ تکلم می‌شود و هر کدام از یکی از زبانهای قدیم آریایی ایران باستان منشعب شده است عبارتند از:

## زبان پشتو یا پختو

در حال حاضر در قسمتهای وسیعی از کشور افغانستان و پاکستان متداول است و گروهی نیز در بلوچستان به این زبان متکلمند. ریشه و لغات مربوط به امور دیوانی و کشاورزی آن از زبان فارسی‌ست و اصطلاحات دینی را از طریق زبان فارسی‌از عربی گرفته‌اند واصطلاحات بازرگانی از زبان هندی‌ست باضافه مقداری لغات ترکی دربارهٔ شکار و فنون جنگی. زبان پشتو چند لهجه دارد که لهجهٔ قندهاری آن زبان ادبی شمرده می‌شود.

## زبان استی

زبان سکنهٔ بومی جمهوری خودمختار در دامنه سلسله جبال قفقاز و نواحی شمالی کوهستانهای تفلیس در اطراف سرچشمه‌های رود کُر یا کورش در کشور روسیه است.

قوم اُست‌ها از بازماندگان ایرانیانی هستند که در حدود سده‌های پیش از زایش مسیح در دامنه‌های سرسبز و حاصلخیز پیرامون یخچالهای طبیعی جبال قفقاز که به دو منطقه شمالی و جنوبی تقسیم شده است در دره‌های مستور از جنگل سکونت داشتند، این قوم در طول تاریخ گذشته شاهد جنگها و دست به دست شدنهای متعدد بین دو کشور ایران و روم باستان بودند و در اوایل قرن نوزدهم میلادی در سال ۱۸۰۸ پس از جنگهای بین ایران و روسیه تزاری جزو هفده شهر قفقاز به تصرف آن کشور درآمد و با این که پس از جدایی از ایران خط و زبان آنان تغییر کرد ولی زبان بومی و قومی خود را که ریشهٔ پهلوی دارد و آداب و سنن نیاکان خود را تا حدود امکان حفظ کرده‌اند.

## زبان تاتی

زبان عده‌ای از ساکنان قسمت دیگری از نواحی سواحل دریای خزر که در حال حاضر خارج از مرز ایران است. این قوم ازدوران ساسانیان به منظور حفظ مرزهای شمال غربی ایران بدان نواحی منتقل شده بودند و بازماندگان آنان نیز به‌زبان تاتی‌که ریشهٔ پهلوی‌دارد سخن‌می‌گویند. به عقیدهٔ زبان‌شناسان درکتاب «میس آن لمبتون» تحت عنوان سه لهجه نقل شده است، لهجه‌های تالشی پیرامون آستارا و لهجهٔ طالقانی نواحی رودبار با زبان تاتی خویشاوند نزدیک است.

## زبان کردی

در متنهای پهلوی بنام کردان شبانان یاد شده است. این زبان یکی از زبانهای اصیل آریایی‌ست. کردها از بقایای قوم ماد هستندکه در حال حاضر بخشی از آنان در خراسان نواحی نیشابور و بجنورد و قوچان مسکونند. نیاکان آنان را شاه‌عباس اول صفوی ازکردستان وکرمانشاهان و همدان بدان حوالی کوچاند تا مرزهای ایران را در مقابل هجوم قبیله‌های ترک و تاتار حفظ کنند. در زمان نادرشاه افشار هم به همان منظور عده‌ای کرد از مهاباد و سنندج بدان نواحی کوچانیده شدند.

وقایع تاریخی و پراکندگی کردان موجب پدید آمدن لهجه‌های متعدد کردی گشته است. لهجه‌های عمدهٔ کردی عبارت است از لهجهٔ کورمانجی در شمال غرب ایران، لهجهٔ سورانی در نواحی کرمانشاه و لهجه‌های گورانی و اورامانی در کردستان و غیره.

## زبان بلوچی

در بلوچستان ایران و پاکستان و افغانستان کنونی و در بعضی از نواحی کرمان و سیستان و لارستان به این زبان متکلمند و در شیخ‌نشینان عمان و مسقط و ناحیه شارجه نیزگروهی به این زبان سخن می‌گویند. دو لهجهٔ عمده

بلوچی یکی لهجهٔ بلوچی شمالی در شمال شرقی کلات و دیگر لهجهٔ جنوبی در مکران و بخشی از نواحی خراسان متداول است. بلوچان ایران از خط و زبان فارسی استفاده می‌کنند و بلوچان پاکستان از رسم‌الخط اردو.

## زبان تالشی

در کرانه‌های غربی دریای خزر پیرامون لنکران و آستارا این سو و آن سوی مرز به این زبان سخن می‌گویند. زبان‌شناس مشهور پرفسور «امیل نورب» که در زبانهای تاتی و تالشی تحقیقات عمیقی دارد معتقد ست که در گذشته‌های نزدیک مردم اصلی کرانه غربی دریای خزر به زبان تالشی متکلم بودند ولی بتدریج قلمرو وسیع این زبان در قبال نفوذ ترکی آذری و گیلکی محدود شده است.

روایتی از افسانه‌های اساطیری و حماسی تالشی شهرت دارد که در ازمنهٔ باستانی در قلمرو تالش شاهان از طبقهٔ زنان برمی‌خاستند و زنان تالشی در زیبایی اندام و صورت و در رشادت و نیرومندی نیز ممتاز بودند. آنان در شکار حیوانات وحشی و درنده آن‌قدر مهارت داشتند که روی شاخه‌های کوتاه درختهای جنگل کمین می‌گرفتند و هنگام عبور ببر یا هر حیوان دیگری از شاخه‌ها با چابکی بوسیلهٔ تبر آن جانور را صید می‌کردند. از کارهای شگفت‌آور آن زمان رام وآرام‌کردن جانورهای بومی جنگلی بزرگ و نیرومندی بنام گاونگ یا گاونج (گوزن) بود که برای حمل و نقل از آن استفاده می‌شد. همچنین سگهای درشت هیکل و قدرتمند تالشی را برای مقابله و دفاع در برابر دشمن خارجی تربیت می‌کردند که معروفیت دارد و در بعضی از تذکره‌ها و تواریخ از آن یاد شده است.

## زبان گیلکی

مردمان سواحل جنوبی و غربی دریای خزر اقوامی هستند که به زبانهای آریایی متکلمند و در هزارهٔ اول پیش از زایش مسیح تحت فرمان دولت

هخامنشی قرار گرفتند. مهمترین تیره‌های این قوم به گیل‌ها و دیلم‌ها معروفندکه در کوهستان و در دشت متفرقند. گیلانیان کوهستان گیلان بنام گالش نامیده می‌شوند و به لهجهٔ گالشی متکلمند که با لهجهٔ گیلکی تفاوت دارد، گویشهای متفاوت گیلانی از شعب زبان پهلوی و شامل لهجه‌های تالشی، تاتی، گالشی‌ست و کولیها و گاومیش‌بانان نیز لهجه‌ای جداگانه دارند. گیلانیان و دیلمیان همواره در طول تاریخ در دفاع از مرز و بوم خود نقش مهمی را ایفا کرده‌اند و می‌توان گفت در تجاوزات و مهاجمات متعدد تاریخی به سرزمین پهناور ایران اقوام گیلکی کمتر از اقوام دیگر ایرانی با مهاجمین بیگانه مخلوط شده و تحت تأثیر قرار گرفته‌اند.

## زبان تبری

در خطهٔ مازندران «تبرستان یا تپورستان» تکلم می‌شود. کتاب مرزبان نامه از اسپهبد مرزبان‌بن‌رستم‌بن‌شروین در قرن چهارم هجری به زبان تبری تصنیف شده بود که در آغاز قرن هفتم هجری بنام «نیکی‌نامه» به زبان فارسی برگردانده شده است. زبان تبری با لهجهٔ مردمان قومس و جرجان تشابهات و نزدیکی بسیار دارد. در مازندران لهجه‌ای که ساکنان آن را گیلکی مازندران می‌نامند رایج است و ترانه‌های متعددی از این لهجه در بعضی از تذکره‌ها نقل شده است که با لهجهٔ گیلکی گیلان تفاوت دارد.

## زبان پامیری

مردمی که به این زبان آریایی سخن می‌گویند در دامنه جبال پامیر در بام جهان و در کوهستانهای مجاور بدخشان و بخشی از تاجیکستان و افغانستان کنونی و گروهی در شمال غربی چین سکنی دارند که اکثراً پیرو مذهب اسماعیلی می‌باشند. لهجه‌های مهم پامیری عبارتند از شوغنانی، خانی، روشنی، اشکشمی و غیره.

**لهجهٔ کومزاری** قبیله‌ای بزرگ درجنوب تنگهٔ هرمز ساکنندکه بدین‌لهجهٔ آریایی متکلمند.

## زبان دری

این زبان خطهٔ خراسان و بیشتر از شهرهای ماوراءالنهر با لهجه‌های متفاوت و متقارب است که در تاجیکستان و گروهی در افغانستان و پاکستان بدان متکلمند که مقدار قابل توجهی لغات ترکی و مغولی و روسی در آن وارد شده است. رسم‌الخط تاجیکان فارسی بود که مدتی به الفبای روسی تبدیل شد و در حال حاضر درصدد تغییر آن هستند.

**لهجهٔ گبری** که دری و گاهی پارسی نامیده می‌شود زبان ویژه موبدان و منسوبان آیین زردشت است که در قسمتهایی از نواحی شهرهای یزد و کرمان و سیستان در ایران و در مناطق پارسی‌نشین هندوستان بدان تکلم می‌شود.

**لهجهٔ یغنابی** مردمان مسکون در حوالی کوهسار حصار و زرافشان بنام یغناب که اکنون در تصرف کشور روسیه است بدان متکلمند این لهجه بازماندهٔ زبان مرده سغدی ایرانی‌ست و با لهجهٔ فارسی تاجیکستان قرابت نزدیک دارد. . .

هم اکنون لهجه‌های متفاوت بسیاری در نقاط مختلف ایران متداول است که شناسایی شده است مانند لهجهٔ سمنانی و اطراف که شامل لهجه‌هایی چون لاسگردی، سرخه‌ای، سنگسری و شهمیرزادی‌ست که واجد بعضی از لغات کهن آریایی و قواعد دستوری و لغوی قابل تحقیق و توجه است.

دیگر لهجه‌های تیره‌های لری، بختیاری که در لرستان و خاک بختیاری و قبیله‌های پشت‌کوه و کهکیلویه و ممسنی فارس بدان متکلمند.

دیگر لهجه‌هایی چون رازی، کاشی، نطنزی، شیرازی، دشتستانی، یزدی،

نائینی، انارکی، کهرودی، پازندی، فریزندی، خوانساری، سدهی، اصفهانی، قمی، لاری، قزوینی، ارانی، شاهرودی، نیشابوری، طالقانی، سبزواری، زنگانی یا زنجانی، گلپایگانی، خوری، کرمانی، رشتی، لهجهٔ گومس یا قومس در شهرهای دامغان و جرجان و بسطام، گرگانی، خراسانی، لهجه‌های متعدد محلی فارس و غیرو. بعقیدهٔ زبان‌شناسان این لهجه‌ها همان است که در روزگاران گذشته باستانی معمول و متداول بوده است و در اصل و اساس آن تغییرات کلی راه نیافته و بهمین جهت در خور تحقیق و مطالعهٔ بیشتری‌ست و می‌توان گفت شمار لهجه‌های ایرانی که تا به حال شناسایی نشده است شاید بیش از لهجه‌هایی‌ست که مورد پژوهش قرار گرفته و یا لااقل اسم آن معرفی شده است.

## سیر زبان کنونی فارسی

هر یک از تیره‌های ایرانی در سرزمین پهناور فلات ایران باستان به یکی از زبانها و گویشهای آریایی خاص خود سخن می‌گفتند. بنابر شواهد تاریخی قدیمترین آن زبانهای اوستایی، مادی، و پارسی باستان بود که خویشاوندی و تشابهات بسیار نزدیکی با یکدیگر داشتند. زبان پارسی باستان یا فرس قدیم در هزارهٔ اول پیش از زایش مسیح در دوران حکومت هخامنشیان زبان گفتار و نوشتار بشمار می‌رفت و نامه‌های رسمی و کتیبه‌ها نیز به زبانهای آرامی، ایلامی و بابلی نگاشته می‌شد.

زبان پارسی باستان جد زبان فارسی امروزی‌ست زیرا این زبان با تحولات وتغییراتی تدریجی دنبالهٔ زبان پهلوی‌ست که ریشه در زبان پارسی‌باستان دارد.

پس از پایان دولت هخامنشی و فتوحات اسکندر مقدونی که آن را آغاز تقریبی دوران میانه می‌نامند در خاور و جنوب خاوری ایران لهجهٔ پارتی «پهلوی اشکانی یا پهله پارت یا پهلویک» متداول بود که بعلت فتوحات و دوران حکومت پانصد ساله اشکانیان این لهجه بخشهای پهناوری از ایران را در برگرفت و زبان رسمی و سیاسی ایرانیان بود. حتی تا قرن پنجم میلادی در

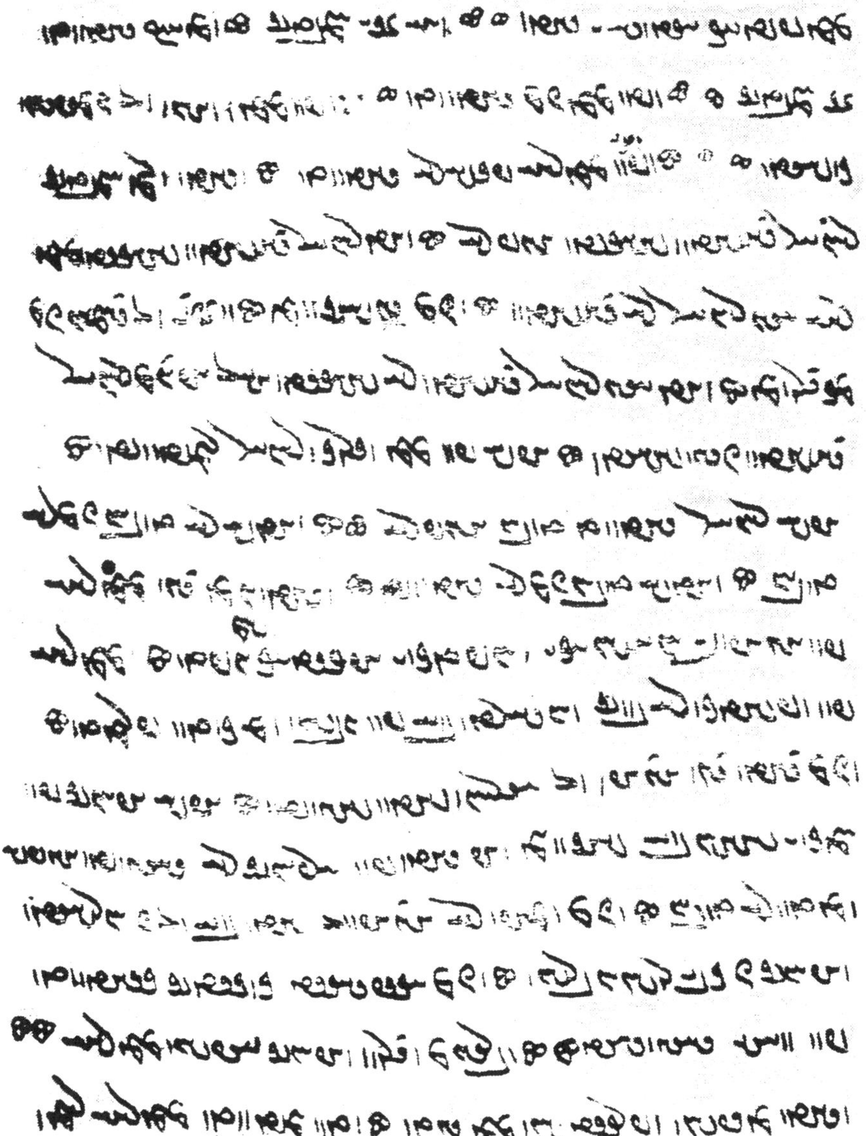

نمونهٔ پارسی میانهٔ زردشتی

دوران حکومت ساسانیان نیز زردشتیان، مانویان و مزدکیان در تصنیفات دینی خویش زبان پهلوی اشکانی را هم به استخدام می‌گرفتند چنانچه آثاری از تومارها و سنگ نبشته‌های منقوش به دو لهجهٔ پهلوی اشکانی و پهلوی ساسانی در ویرانه‌های شهرهای سغد و سمرقند و تورفان و تیسفون و غیره در حفاریهای علمی بدست آمده است.

**ساسانیان** از خطه فارس برخاستند و به لهجهٔ پارسی میانه «پهلوی ساسانی یا پارسیک» متکلم بودند که از لحاظ لغات و ساختمان دستوری با لهجهٔ پهلوی اشکانی ریشه در پارسی باستان داشت.

لهجهٔ پهلوی ساسانی در حدود چهار صد سال زبان سیاسی و فرهنگی ایرانیان بشمار می‌رفت. لهجهٔ پهلوی اشکانی خالصتر و به زبان پارسی باستان نزدیکتر بود. زیرا در دوران ساسانیان بعلت روابط تجاری و اقتصادی با اقوام سامی مقدار زیادی لغات آرامی در زبان پهلوی ساسانی وارد شده بود.

**پس از ورود اسلام** از طریق جنوب و جنوب غربی ایران و واژگونی دولت ساسانی در قرن هفتم میلادی، بتدریج فرهنگ ایرانی بسوی شرق و شمال شرقی در سرزمینهای گسترده خراسان منتقل شد. با وجود دگرگونیهای اجتماعی و دینی خط و زبان پهلوی و سایر لهجه‌های ایرانی به یکباره از بین نرفت و تا چند قرن بعد از ورود اسلام بین ایرانیان مسلمان و غیرمسلمان رواج داشت و به سیر تکامل تدریجی خود ادامه می‌داد. چنانچه تا قرن پنجم هجری رسالات و مکتوبات متعددی از تفاسیر کتب دینی زردشتیان به زبان پهلوی نگارش یافت و متن پهلوی کتاب ویس و رامین نیز که از دوران اشکانیان بود در اواسط قرن پنجم هجری بتوسط فخرالدین اسعد گرگانی به فارسی دری سروده شد. اکثر شاعران و نویسندگان ایرانی با متون پهلوی آشنا بودند و نقل آن به زبانهای پارسی دری و عربی ادامه داشت. شاهنامه‌های منثور و منظوم از مؤید بلخی، ابومنصوری، دقیقی، فردوسی و نظایر آن شاهد این مدعاست.

همچنین کتیبه‌های منقوش به دو زبان و خط پهلوی و عربی «کوفی» در برخی از نواحی ایران بجای مانده است مانند کتیبه برج لاجیم نزدیک زیر آب مازندران که در تاریخ ۴۱۳ هجری بنا شده و مزار کیاابوالفوارس شهریار بن عباس‌بن شهریار بوده است و دیگر برج اردکان نزدیک بندر گز و غیره.

مردم فارس تا قرن هشتم هجری به زبانی سخن می‌گفتند که خود آن را «پهلوی» می‌نامیدند و شاید اشاره حافظ شیرازی به «گلبانگ پهلوی» و «غزلهای پهلوی» منظور زبان محلی در شیراز و خطهٔ فارس بوده است.

تسلط اعراب سبب واژگونی دولت ساسانی گردید و جامعهٔ ایران را دستخوش تغییرات و تحولات نوینی ساخت ولی قوم ایرانی منقرض نگردید و ایران در شمار معدود کشورهای مسلمان بود که در جریان پیشرفت و پذیرش دین اسلام زبان بومی و فرهنگ قومی خود را حفظ کرد.

در دوران دویست سالهٔ فرمانروایی اعراب زبان رسمی ایرانیان زبان عربی بود و امرا و سیاستمداران زمان ناگزیر برای مکالمه و مکاتبه با عمال و حکام عرب به آموختن زبان عربی پرداختند. بعضی از دانشمندان و متفکران ایرانی زبان عربی را به عنوان زبان علمی شناختند، ولی مردمان عادی و معمولی با وجود قبول دین اسلام از تکلم به زبانها و لهجه‌های ایرانی باز نایستادند و در نزد آنان زبان عرب زبانی بیگانه و ناآشنا بود.

**لهجهٔ دری** ـ ریشه دری از زبان ادبی کهن پارسی باستان است. این لهجه در دوران فرمانروایی اشکانیان و ساسانیان در بخشهای وسیعی از فلات ایران بویژه در شرق رایج بود و به تحول و تکامل طبیعی خود ادامه می‌داد و در سده‌های نخستین ورود اسلام بر اثر آمیزش و ترکیب با زبان عرب تغییر و تحول ارزنده‌ای یافت. از نیمهٔ سدهٔ سوم هجری به بعد پس از تشکیل حکومتهای نیمه مستقل و مستقل ایرانی چون طاهریان و بویژه صفاریان و سامانیان در خراسان بزرگ و پاره‌ای از شهرهای ماوراءالنهر، زبان دری بصورت زبان رسمی سیاسی و ادبی مستقل درآمد و بعلت این که به اندیشه

و زبان مردم نزدیکتر و ساده‌تر و جاری‌تر بود بزودی بر همهٔ زبانها و لهجه‌های مشابه و متداول ایرانی مسلط و پیروز گشت . این زبان نام پارسی را از کلمه پارسیک پهلوی و خط را از عربی گرفت و بعنوان پارسی دری زبان گفتار و نوشتار جایگزین خط پهلوی و زبان عربی در ایران پذیرفته گردید.

**ابن الندیم** متوفی به سال ۳۸۵ هجری در **الفهرست** خود به نقل از روزبه پارسی پسر دادویه ملقب به مقفع متوفی به سال ۱۳۹ هجری در مورد زبانهای ایرانی آورده است که زبانهای مهم ایرانی عبارتند از فهلوی «پهلوی» فارسی «پارسی» دری، خوزی و سریانی ایرانی، فهلوی مربوط به فهله «پهله» نام پنج شهر ری، همدان، اصفهان، آذربایجان و ماه نهاوند «ماد» است. اما دری زبانی بود که درباریان به آن سخن می‌گفتند و منسوب به درگاه پادشاهی است و در میان زبانهای مردم خراسان و خاور زبان مردم بلخ در آن بیشتر بود، و اما فارسی زبان موبدان و دانشمندان و مانند آن و آن زبان مردم فارس است و اما خوزی زبانی بود که با آن شاهان و امیران در خلوت و هنگام بازی و خوشی با پیرامونیان خود سخن می‌گفتند و اما سریانی زبان اهل سواد و نوشتن هم نوعی از زبان سریانی فارسی بود.

**در لغت‌نامهٔ برهان قاطع در مورد کلمه دری آمده است که:**

(کلمه دری لغت پارسی‌ست و هر لغتی که در آن نقصانی نباشد آن را دری گویند که لغت ساکنان شهرهای خراسان بزرگ بود و مردمان دربار کیانیان و پیشدادیان و جمشید و بهمن و اسفندیار به زبان دری متکلم بودند و این لهجه را لهجهٔ کبک دری نامند به اعتبار خوش خوانی و زیبایی آهنگ آن که بهترین لهجه‌های ایرانی لهجهٔ دری ست).

سیر تکامل و زیبایی زبان فارسی تا قرن ششم هجری ادامه داشت و از آن پس در اثر **هجوم** و تجاوزات ویرانگرانه و مداوم اقوام بیگانه‌ای از مغولستان و آسیای‌مرکزی چون غزان، مغولان، تیموریان و غیرو این‌زبان بتدریج به‌سیر نزولی افتاد. در اثر کثرت استعمال لغات و ترکیبات و تعبیرات نامأنوس عربی و ترکی و مغولی بین آن زبان و فارسی دری قرن چهارم و پنجم هجری

تفاوت بسیاری آشکار گردید و از پاکیزگی و رسایی و زیبایی خود بازماند. این آشفتگیها و آمیختگیها از قرن هشتم هجری تا نیمه قرن چهاردهم هجری کمابیش ادامه داشت تا در جریان نهضت مشروطیت که با همهٔ ویژگیهای سیاسی و اجتماعی خود دگرگونیهای پر بار و ثمربخشی در زبان و ادب فارسی پدید آورد و اساس فرهنگی نوینی در ایران پایه‌گذاری گردید. به گفته شادروان *علی‌اکبر دهخدا* صاحب *لغت‌نامه* زبان فارسی در ترکیبات و زبان عربی در مشتقات در میان زبانهای زنده دنیا کم نظیرند و از ترکیب و تزویج این دو زبان با ریزه‌کاریها و آرایشهای زیبا و صنایع ظریفی که ایرانیان طی قرون و اعصار در ساختن و پرداختن آن بکار گرفته‌اند و با وجود نارساییهایی چند همین زبان لطیف و خوش‌آهنگ فارسی امروز وسعتی ارزشمند یافته است که در شمار یکی از بزرگترین زبانها در دنیای ادب محسوب می‌شود و برخی آثار ادبی آن در شمار مجموعهٔ ادبی جاویدان جهان پذیرفته شده است.

زبان فارسی امروز که سابقهٔ سه هزار ساله دارد در طی هزار و اندی سال آمیختن با زبان عرب بر حسب مقتضیات زمان و مکان و تحولات گوناگون طبق ذوق و سلیقهٔ ایرانی زبانی شیرین و پرمغز و با تعبیرات و اشاراتی بی‌نهایت وسیع و بدیع در کسوت فاخر و زیبای نظم و نثر فارسی جلوه‌گری می‌نماید.

دامنه وسیع زبان و ادب‌فارسی تا روزگاری نه چندان دور بعنوان زبان ادب و فرهنگ در قلمرو وسیعی از کشورهای همجوار پذیرفته شده بود و در حال حاضر هم در سرزمینهای گسترده‌ای در خارج از چهارچوب محدود جغرافیایی و مرزهای تحمیلی سیاسی ایران امروز پراکنده است که با جاذبه‌های استوار و ریشه‌دار تاریخی و معنوی ما پیوندهای ناگسستنی دارد.

اقوام روزگار بـه فرهنگ زنده‌اند

قومی که گشت فاقد فرهنگ مردنی ست

# سرگذشت

## زبان و گویشهای کهن ایران

زبان هر قومی بواسطه عوامل جوی و طبیعی و با تمام ویژگیهای پذیرفته شده از برخوردهای تاریخی وتغییرات تدریجی‌که ناشی ازجنگها، مهاجرتها، هجوم اقوام بیگانه، تبادلهای فرهنگی و آمیزش با زبانهای، دیگر ست تکوین می‌یابد و در اثر ترقی و پیشرفت علوم وفنون و اختراعات و اکتشافات دائماً در معرض دگرگونی ست. این عوامل حتی بمرور زمان در وضع قواعد دستوری و لغوی هم تأثیرات مهمی برجای می‌گذارد که البته بسیار کُند و بتدریج صورت می‌گیرد و در بیشتر موارد به سود زبان تمام می‌شود زیرا زبان در اثر رابطه بیشتر مردم و ملتها پر بارتر و غنی‌تر می‌گردد.

زبان پدیدهٔ ناگهانی و اختراعی نیست. زبان را مردم هر قوم در طی تاریخ خویش می‌آفرینند. تاریخ کشور ما نشان می‌دهد که با وجود یورش اقوام مختلف بیگانه در گذر قرون و اعصار، زبان ایرانی هیچگاه نابود نشده است بلکه در همه حال بارشد جوانه‌ها و نهالهای نوینی با حفظ ریشه‌های اصلی، همراه و همگام بوده است.

زبان امروزی ما از نظر تکلم و خط با زبان طوایف آریایی مادها، پارسها، پارتها، و ساسانیان شباهت ندارد و ما زبان اوستا و پهلوی شمالی و جنوبی و پارسی باستان را بدون فراگرفتن و تحصیل کردن آن نمی‌فهمیم و بدان بیگانه

هستیم ولی با این حال زبان امروز ما از آن پایه‌ها و ریشه‌های قومی که در دل قرون جای دارد نیرو گرفته است و قدرت و اصالت همین ریشه‌ها بوده است که زبان ما را در برابر روایدهای متعدد تاریخی از نابودی رهانیده‌است.

زبان ایرانی در طول تاریخ کهن خود، زبانهای قبایل متجاوز به کشورهای غالب یا مغلوب را نپذیرفت ولی بسیار از کلمات و اصطلاحات و لغات آنها که در زبان امروزی ما آشکارست با ذوق و نهادهای فکری و فرهنگی و آیین ایرانی نزدیکی بیشتری داشته است.

لهجه‌ها یا«گویشها» شاخه‌های فرعی از زبان اصلی ست که بعلل مختلف بر حسب اوضاع جغرافیایی، اجتماعی و حکومتی و عوامل دیگر آن جامعه بوجود می‌آید. نیاکان مشترك دو قوم هندی و ایرانی یکی از شعب مردمان آریایی هند واروپایی بودند که پس از مهاجرتهای ممتد از سرزمینهای سرد و یخ‌بندانهای قطبی شمال بطرف جنوب در قسمتهای وسیعی از آسیای میانه پیرامون آمودریا و سیر دریا می‌زیستند.

خاورشناسان موافق موازین زبانشناسی معتقدند که در حدود سه هزار سال پیش از زایش مسیح آریانهای مهاجر زبان مشترکی داشتند واز تحقیق در کتاب مقدس هندیان بنام «ریك ودا» به زبان سانسکریت و کتاب «اوستا» از زردشت دریافته‌اند که نیاکان دو قوم هندی و ایرانی نخست در سرزمینهای واحدی می‌زیستند و در زبان و مذهب و آداب و سنن زندگی‌با یکدیگر شبیه بودند. چنانکه در این دو اثر کهن نامبرده موضوعهای مشترکی از اسطوره‌ها و حماسه‌ها باهم خویشاوندی دارند. گذشته از آن از لحاظ ریشهٔ لغات و قواعد دستوری و نحوی و صوتی در دو زبان سانسکریت و اوستایی پیوندها و قرابتهای بسیار موجودست. همچنین حدس زده می‌شود که تاریخ جدایی این قوم آریایی به دو قوم هندی وایرانی بین قرنهای چهاردهم ونهم پیش از زایش مسیح صورت گرفته است که گروهی در درهٔ سند و پنجاب بنام هندیان وگروه دیگری در فلات ایران و آسیای میانه بنام ایرانی مستقر گردید. دوران اشتراك زبان و وحدت ارضی آریایی زبانان هندو ایرانی مربوط به هزاره

سوم پیش از زایش مسیح می‌باشد و زبانهای ایرانی در آغاز هزاره دوم پیش از زایش مسیح چون گروه مستقلی از زبانهای هند آریایی جدا شد.

تاریخ زندگانی ایرانیان تقریباً از هزاره اول پیش از زایش مسیح به بعد روشن است و هرچه قبل از آن بوده در پس پرده ابهام و تاریکی مستور ست. از بعضی اشارات و روایات کتاب اوستا و داستانهای حماسی و اساطیری چنین مستفاد می‌شود که ایرانیها پس از جابجا شدن و سکونت در قلمرو وسیعی از آسیای میانه بتدریج از تمدن مردمان بومی آن نواحی بهره‌مند گشتند و مهمترین اقوام آنان بنامهای مادها، پارسها، و پارت‌ها در ازمنهٔ تاریخی بنیانگذاران آبادانی و تمدنی اصیل و چشمگیر با فرهنگی فروزان و انسانی در سرزمین پهناور و فلات ایران بودند و دولتهای بزرگ و نیرومندی تشکیل دادند.

بنابر تقسیم خاورشناسان زبان شناس، تاریخ زبانهای ایرانی به سه دوره منقسم شده است:

**اول ـ** تاریخ انشعاب زبانهای ایرانی از مجموع زبانهای آریایی که از آغاز هزاره دوم تا قرن چهارم پیش از زایش مسیح است و شامل دوران‌های تاریخی تشکیل دو دولت ماد و هخامنشی‌ست که به‌زبانهای مادی و پارسی هخامنشی تکلم می‌شد.

**دوم ـ** دوران زبان ایرانی متوسط، از قرن چهارم پیش از زایش مسیح تا قرن هشتم بعد از زایش مسیح یعنی از تسلط اسکندر مقدونی و جانشینانش سلوکیها و آغاز دولت اشکانی تا اواخر دولت ساسانی که به زبانهای پهلوی اشکانی و پهلوی ساسانی معروف است.

**سوم ـ** دوران زبان ایران نوین، از قرن هشتم بعد از زایش مسیح برابر قرن دوم هجری قمری تا به امروز ست.

راجع به زبان و گویشهای متداول و مهم عهد ساسانی و اوایل ورود اسلام به ایران بعضی از نویسندگان و مورخان اشارات و اطلاعات مفیدی داده‌اند. از جمله در رسالات و مکتوبات باقی مانده از روز به فارسی ملقب به

عبدالله‌بن مقفع اواسط سدۀ دوم هجری، ابوعبدالله حمزه‌اصفهانی، ابوریحان بیرونی، خوارزمی و ابن‌الندیم در سدۀ چهارم هجری آمده است. زبان و گویشهای مهم و اصلی ایرانیان که تا دو قرن بعد از اسلام در نقاط مختلف سرزمین پهناور ایران تکلم می‌شد عبارت بودند، از زبان و لهجه‌های پهلوی، دری، خوزی، سغدی، پارسی، خوارزمی که جملگی ریشۀ فارسی باستان یا فرس قدیم داشتند.

طبق گروه‌بندی علمی دانشمندان زبان شناس، زبانهای ایرانی به دو گروه تقسیم شده است: زبانهای زنده و زبانهای مرده.

زبانها و لهجه‌های مرده ایرانی که دیگر کسی بدان سخن نمی‌گوید و در واقع ریشۀ زبان فارسی و دیگر لهجه‌های امروز ایرانی بشمار می‌رود عبارتند از:

### زبان اوستایی

این زبان با زبان سانسکریت، زبان قدیم هند، از ریشۀ واحدی از کهن‌ترین زبانهای هندوایرانی‌ست. کتاب اوستا از قدیمترین آثار ادبی و دینی زردشت پیامبر و متفکر ایرانی در حدود هزارۀ پیش از زایش مسیح است که شامل سرودهای و مقررات واحکام دینی بوده است. مجموعۀ اوستا درگذر تاریخ بارها مورد گزند حوادث قرارگرفته که اکنون تنها بخش مختصری ازآن بجای مانده، به ویژه بخش گاتاهای آن که قدیمترین و زیباترین آثار ادبی ایران باستان است.

### زبان مادها

این زبان در بخش شمال یعنی سرزمین آذربایجان و در غرب فلات ایران شامل اراک کنونی و همدان و کردستان در هزارۀ اول پیش از زایش مسیح رایج بوده، که مقدار کمی از لغات آن در بعضی از کتیبه‌های باستانی آسوری و در آثار مورخ یونان باستان «هرودوت» باقیمانده است.

زبان مادها با زبان پارسی باستان مشابهت نزدیکی داشت.

## زبان پارسی باستان

یا فرس قدیم یا پارسی هخامنشی که در جنوب و جنوب شرق فلات ایران در هزاره اول پیش از زایش مسیح متداول بوده که از آن نزدیک به چهل کتیبه به خط میخی پارسی و به زبانهای پارسی و ایلامی در شهرهای مختلف ایران و در کنار ترعهٔ سوئز در کشور مصر بجای مانده است. به اضافه مقادیری سکه، ظروف و آلات سنگی و فلزی، نگینها و مهرهای منقوش، والواح زرین وسیمین منقوش که در مجموع متجاوز از چهار صد لغت پارسی باستان از آنها به ثبت رسیده است.

زبان پارسی باستان در اواخر دوران هخامنشیان اختصاص به نگارش کتیبه‌ها و فرمانها و الواح داشت ولی در محاوره به زبان پهلوی تکلم می‌شد.

## زبان پهلوی

از ریشهٔ زبان پارسی باستان و جانشین آن بود که به دو گویش شمالی و جنوبی معروف است. لهجهٔ شمالی آن بنام زبان پهلوی اشکانی یا پارتی‌ست که در شمال شرقی فلات ایران و جنوب آسیای میانه، در خراسان بزرگ از سدهٔ سوم پیش از زایش مسیح تا سدهٔ سوم بعد از زایش مسیح رواج داشت و زبان رسمی دوران تقریباً پانصد سالهٔ حکومت اشکانیان بود. کلمه پهلوی ابتدا بصورت پَرتَو یا پَرثو یا پَهلَو مبدل شد و بعداً بصورت پهلو یا پهلوان یا پهلوی درآمد.

آثار معدودی از این زبان در برخی از اسناد مانوی و سنگ نبشته‌ها باقی مانده است. چند متن تاریخی نیز که شامل مکاتبات و معاهدات اقتصادی و سیاسی بین کشورهای چین و روم و ایران است بدست آمده است. همچنین مقداری مسکوکات نقره و برنج و مهرها و نگینهای منقوش به زبان پهلوی اشکانی و تعدادی سکه‌های طلای رومی منقوش که رومیها در سال ۲۱۷

میلادی پس از شکست در جنگ با اردوان پنجم پادشاه اشکانی بعنوان غرامت به ایران پرداخته بودند، در ویرانه‌های شهر «نسا» بدست آمده است. چند سند و قباله ملکی به زبان پهلوی اشکانی روی پوست در اورامان کردستان کشف شده است. همچنین تعدادی حجاریهای برجسته از گودرز پادشاه اشکانی از سال ۵۱ میلادی بجای مانده که شرح فتوحات خود را در کتیبه‌ای به زبانهای اشکانی و یونانی ثبت کرده است. و نیز سرستونهای منقوشی از معبد آناهیتا در ویرانه‌های کنگاور در کرمانشاه، حجاریهای متعددی از سواره نظام اشکانی به سبک حجاریهای برجسته که خاص هنر اشکانیان بود با کنده کاری و به خط میخی پارسی و به زبانهای پهلوی اشکانی و برخی به زبان یونانی در تپه‌های «کورنگ» در ویرانه‌های شهر «نسا» که یکی از پایتختهای متعدد اشکانیان بود بدست آمده است. همچنین مقداری آلات و ادوات فلزی و سنگی جنگی و وسایل مربوط به اسب سواری و تیراندازی و سفالها و ظروف و غیره در شهرهای شامات بین‌النهرین در کنار دجله و در بعضی از شهرهای افغانستان، پاکستان و هندوستان فعلی که در آن روزگاران جزو سرزمینهای ایران بزرگ محسوب می‌شد توسط حفاریهای علمی کشف شده است.

در زبان ارمنی باستانی نیز مقدار قابل توجهی لغات پهلوی بجای مانده است. زبان پهلوی اشکانی خالص‌تر از زبان پهلوی ساسانی بود زیرا در زبان پهلوی ساسانی بتدریج تعداد بسیاری لغات آرامی وارد شده بود.

## زبان پهلوی ساسانی

یا پارسی میانه یا پهلوی جنوبی از قرن سوم تا هشتم بعد از زایش مسیح در دوران ساسانیان زبان رسمی ملی و حکومتی و دینی ایرانیان بود. آثار قابل تأملی شامل رسالات و مکتوبات تاریخی، فلسفی، ادبی، علمی، مذهبی و داستان از این زبان بجای مانده بود که در همان سالهای نخستین ورود اسلام به ایران توسط مترجمان ایرانی به زبان عربی برگردانده شد و نام و نشان

بسیاری از آنها در تألیفات مورخان و ادیبان عرب یافت می‌شود. همچنین کتیبه‌هایی منقوش به زبانهای پهلوی ساسانی و آرامی در نقاط مختلف ایران کشف شده است و نیز مقادیری از مسکوکات طلا و نقره و ظروف و آلات و ادوات فلزی زینتی و جنگی منقوش که در حفاریهای علمی بدست آمده است.

**لهجهٔ خوزی** ویژه مردم خوزستان بود که نام باستانی آن «شوشه یا شوشان یا انشان» است. خوز بمعنای نیشکر آمده است.

حمزه اصفهانی صاحب کتاب التنبیه در قرن چهارم هجری می‌نویسد:

«پادشاهان ایران در ازمنهٔ قبل از اسلام در خلوت و مجالس خصوصی با بزرگان کشور و هنگام فراغت و استحمام با لهجه‌ای از فارسی بنام خوزی سخن می‌گفتند.»

**لهجهٔ سغدی** از شعب زبان ایرانی در سده‌های پیش از زایش مسیح در نواحی ماوراءالنهر در اطراف درهٔ زرافشان پیرامون جادهٔ ابریشم رواج داشت که اکنون آثاری چند از آن در اشیای منقوش در ویرانه‌های کوه «مُغ» در نواحی رحمت‌آباد سمرقند در تاجیکستان کنونی کشف شده است. در کتاب آثار الباقیه ابوریحان بیرونی نیز تعدادی کلمات سغدی و تقویم آن یاد شده است.

**لهجهٔ خوارزمی** لهجهٔ خوارزمی باستانی از شعب زبان ایرانی ویژه ساکنان اطراف آمودریا و سیر دریا در آسیای میانه بود، از این لهجه و خوارزمی جدید آثاری در دسترس است که مهمترین آن کتاب ترجمهٔ خوارزمی «مقدمة الادب» از زمخشری خوارزمی‌ست. در کتاب «آثارالباقیه» ابوریحان بیرونی هم تعدادی کلمات و لغات خوارزمی آمده است.

**لهجهٔ سکایی** از ریشه زبان شمالی ایرانی در سده‌های پیش از زایش مسیح در بخشهای وسیعی از آسیای میانه بود. این لهجه با لهجه مردمان نواحی دریاچه «زرنگ» سجستان یا سگستان و بالاخره سیستان امروز خویشاوندی

نزدیک داشت.

راجع به سکاهای آسیای میانه نظر به اسناد و آثاری که در سنوات اخیر به دست آمده است خاورشناسان از جمله پرفسورآرتور کریستنسن دانمارکی بر این عقیده‌اند که لهجهٔ سکاها از زبانهای شمالی ایرانی بوده است.

**لهجهٔ تخاری** در تخارستان یعنی نواحی بلخ و بدخشان به لهجه تخاری تکلم می‌شد که به لهجه بلخی نزدیک است.

**لهجهٔ آذری** مشتق از زبان مادها در قسمت شمال ایران در آذربایجان و کردستان متداول بود که در حال حاضر جزو زبانهای مردهٔ ایرانی بشمار می‌رود. می‌دانیم یکی از عوامل مهم نفوذ زبان ترکی در قسمتهای وسیعی از شمال و شمال شرقی و غربی ایران تجاوزات و مهاجمات مداوم اقوام متعدد مغول به سرحدات ایران از اواخر قرن چهارم هجری بوده است که بتدریج در اثر حکومتهای پی در پی طولانی آن اقوام و سپس حملات و جنگهای متعدد ترکان عثمانی در آن سر زمین، زبان آذری باستانی که منشعب از زبان مادها بود از رونق افتاد و زبان ترکی مخلوطی با کردی مناطق گسترده‌ای از ایران را در برگرفت. شاید لغات و کلمات معدودی از لهجه آذری باستانی در بعضی از اشعار و داستانهای حماسی با تفاوتهای گویشی در دهات و قصبات آذری بجای مانده باشد.

این بود زبانهای مردهٔ ایرانی که تاکنون شناخته شده است. چنانکه وسعت سرزمینهای آباد و پهناوری را که ایرانی‌زبانان در تصرف داشتند در نظر بگیریم احیاناً زبانها و لهجه‌های دیگری هم وجود داشته که تا بحال ناشناخته مانده است.

در گردآوری این نوشتار از سرچشمه‌هایی چون تاریخ ایران باستان پیرنیا، آثار الباقیه بیرونی، فرهنگ معین، تاریخ زبان فارسی دکتر خانلری و استاد زبان شناس پرفسور بارتولومه آلمانی یاری گرفته شده است.

# سرگذشت

## مکتوبات بجای مانده از دوران ساسانی

### در فرهنگ و ادب ایران

پاره‌ای از آثار و نوشته‌های دوران ساسانی در سده‌های نخستین هجری به زبان عربی ترجمه شده و بخشی از ادبیات ایران اسلامی گردیده این بخش نموداری از افکار و تجربه‌های نیاکان ما در موضوعات مختلف علوم متداول زمان و نشانگر ضوابط اخلاقی و اجتماعی در زمینهٔ حکومت و سیاست جامعهٔ آن عصرست. از خلال همین آثار باز مانده می‌توان به موازین و معیارهایی دست یافت که ایرانیان در آن عصر در فرهنگ و ادب و امور تربیتی و اخلاقی از جنبه‌های وسیع و معتبری بدانسان که در خور مقام سیاسی و نظامی ایران بوده برخوردار بوده‌اند. بسیاری از این موازین در فرهنگ ایران اسلامی استمرار یافت و به حیات خود ادامه داد.

این آثار شامل رسالاتی بوده است در رشته‌های علوم و فنون متداول زمان، چون پزشکی، دام‌پزشکی (بیطاری)، فلسفه و عرفان (حکمت)، موسیقی، ستاره‌شناسی، کیمیا، گیاه‌شناسی، جواهرشناسی، اندرزنامه‌ها، تواریخ و داستانهای رزمی و بزمی و حماسی، تعلیم و تربیت کودکان، آیین

ازدواج و پیمان زناشویی، فنون جنگاوری و چوگان‌بازی، آیین تیراندازی، سیاست و مملکت‌داری، اسلوب نامه‌نگاری، فرهنگ‌های پهلوی، و رزنامه در امور کشاورزی و سیستم آبیاری، ریاضی و هندسه، قوانین اجتماعی و غیره که بازتاب آنها را می‌توان در مآخذ و منابع عربی یافت.

به شهادت تاریخ در ایران دوران ساسانی مراکز و حوزه‌های علمی و ادبی جهت تعلیم و تعلم در اکثر شهرهای ایران وجود داشت. از جمله در تیسفون، سلوکیه، گندیشاپور، ریو اردشیر یا ریشهر، ارگان یا ارجان یا بهبهان کنونی، اکباتان، رگیانا یاری، آتروپاتن یا آذربایجان، شوش، استخر و غیره. به علاوه ایرانیان در آن دوران از علوم جدید چون ریاضی، هندسه، طب، نجوم، فلسفه و موسیقی بهره‌مند بودند و برای گردآوری کتب علمی و فلسفی و ترجمهٔ آن به زبان پهلوی با اقوام متمدن زمان روابط فرهنگی داشتند. چنانکه در عهد زمامداری خسروانوشیروان هیأتی تحت سرپرستی برزویهٔ پزشک جهت مطالعه و تحقیق در امور پزشکی و گیاهان دارویی به هندوستان اعزام گردید. او از این سفر چند کتاب اخلاقی و پزشکی و دارویی از جمله کتاب «السموم» که نام هندی آن (چاناک) است و کتاب «پنجه تنتره» کلیله و دمنه را به ایران آورد، و با ادب و حکمت ایرانی درآمیخت و با افزودن یک مقدمه و یک باب به‌عنوان باب برزویهٔ پزشک آن را به زبان پهلوی ترجمه و تدوین کرد.

ایرانیان در ارتباط فرهنگی باملل‌متمدن زمان وترجمهٔ کتب‌علمی وفلسفی یونانی و سریانی و هندی خاصه به آثار ارسطو و افلاطون توجه داشتند.

از اتفاقات مساعد علمی که در سال ۵۲۹ میلادی در زمان فرمانروایی خسرو انوشیروان رُخ داد، پناهنده شدن هفت تن از فلاسفه و استادان آکادمی آتن به ایران است. آنان که بر اثر تعصبات حکومت بیزانس از آزادی عقیده علمی و فلسفی محروم شده بودند، به ایران مهاجرت کردند ایرانیان با گرمی و احترام آنان را پذیرا گشتند. مشروحی از مباحثات دسته‌جمعی آنان با دانشمندان ایرانی به طریق سؤال و جواب در مسائل

علم‌النفس، پزشکی، تاریخ طبیعی و وظایف‌الاعضا، نجوم و هیئت، حکمت و فلسفه در چند رساله با ترجمه‌ای ناقص به زبان لاتینی بجای مانده است. نکته قابل دقت آن که هنگام عقد پیمان صلح بین ایران و ژوستی‌نین امپراتور روم شرقی، هیأت حاکمهٔ ایران ماده‌ای مبنی بر آزادی و حمایت جان فلاسفهٔ مذکور را برای بازگشت به اوطان خود مورد نظر قرار دادند و به رومیان قبولاندند. . . در واقع این پیمان انسانی که حاوی رعایت حقوق بشر در آن دوران از جانب ایرانیان است یکی‌از افتخارات تاریخی و نشانگر ضوابط فرهنگ انسانی ملی ماست.

در تاریخ «ابی‌الفدا» مورخ معروف آمده است که ایرانیان دوران ساسانی کتب طبی و علمی را از زبانهای سریانی و یونانی به زبان پهلوی ترجمه‌کرده و در کتابخانه دانشگاه گندی‌شاپور حفظ می‌کردند. برای تحریرِ این نوع کتب رسم‌الخطی بنام «نیم گستج یا نیم گشنگ» را بکار می‌گرفتند و جهت تحریر کتب فلسفی و منطق از خطی بنام «رأس سَهریه» استفاده می‌کردند.

در دوران ساسانی از ریشهٔ خط اوستایی ایران باستان شیوه‌هایی در حدود بیست و هشت قلم گوناگون پدید آمده بود که هر کدام را برای رشته‌ای از علوم و فنون و نظام اجتماعی متداول زمان خود بکار می‌بردند که از آن میان هفت شیوهٔ معروف آن در تواریخ نخستین سده‌های هجری یاد شده است.

خط دبیرآموز یا بیرآموز یا دین‌دبیری برای نگارش کتب و مطالب دینی.

هزارش یا زوارش به معنای خط اندیشه‌نگاری.

آمار دبیری جهت حسابداران امور دیوانی.

هام دبیری برای نگارش همگانی.

ویسپ دبیری به معنای خط کامل و جامعی بود که حتی همه صداهای طبیعت چون بانگ ریزش باران و یا آوازپرندگان و غیرو را می‌نمایانده است.

در باب بنای دانشگاه و بیمارستان و کتابخانه گُندی‌شاپور و چگونگی تشکیل مدرسهٔ پزشکی آن در اخبار الحکمای القفطی و الفهرست ابن‌الندیم آمده است. این شهر در اصل قریه‌ای سرسبز و خرم در مشرق شوش در

خوزستان متعلق به مردی به نام گندا بود (جای دهکده شاه‌آباد کنونی). شاپور اول ساسانی آن موضع را جهت بنای شهری نوبنیاد با تشکیلات دانشگاه و بیمارستان در نظر گرفت و فرمان داد مالی فراوان به صاحب آن قریه بپردازند و آن قریه را خریداری کنند. ولی گُندا صاحب قریه بدین امر رضایت نداد و درخواست کرد که او هم در بنای شهر جدید و ایجاد مراکز علمی آن شرکت ورزد. این تقاضا پذیرفته شد و بدین ترتیب دانشگاه و بیمارستان و کتابخانه‌ای که مرکز علمی و طبی طب ایرانی و یونانی بود بنام گُندا شاپور (کلمه مرکبی از دو نام صاحب قریه و شاپور ساسانی) بین سالهای ۲۴۱ تا ۲۷۱ میلادی ایجاد گردید، که مُعرب آن جُندا شاپور یا جُندی شاپور نامیده شد.

شهر گُندا شاپور به مدت سی سال در دوران پادشاهی شاپور ذوالاکتاف پایتخت دولت ساسانی بود.

دانشگاه و بیمارستان گُندا شاپور تا اواخر دوران ساسانی یکی از مراکز علمی و طبی و کانون تجمع پزشکان ایرانی و خارجی زمان بشمار می‌رفت و به مراحل عالی شهرت در جهان آن روز رسیده بود. دانشگاه و بیمارستان گُندا شاپور پس از ورود اسلام به ایران تا قرن دوم هجری به کار خود ادامه داد. پس از آن که تشکیلات آن مؤسسه طبی به بغداد انتقال داده شد، اعتبار خود را از دست داد و ویران گردید.

دربارهٔ ترجمهٔ کتابهای دوران ساسانی به زبان عربی یادآوری این نکته لازم است که از زمان خلافت هُشام‌بن عبدالملک خلیفه اموی کار ترجمه مکتوبات بدست آمده از سرزمینهای متمدن متصرفی اسلام چون دو امپراتوری ایران و روم آغاز گردید. داستانهای رزمی و حماسی بسیاری چون رستم و اسفندیار، بهرام چوبین، پیران ویسه، اسکندرنامه منقول از یونانی به زبان پهلوی ساسانی، سندباد نامه و نظایر آنان به عربی برگردانده شد. این امر کمابیش ادامه داشت تا دوران خلفای عباسی که به نهایت پیشرفت خود رسید.

منصور دومین خلیفه عباسی آداب و رسوم دربار ایرانیان را در دربار خلافت خود رواج داد و کتب متعددی از پهلوی ساسانی توسط مترجم ادیب و دانشمند ایرانی روزبه پسر دادویه فارسی ملقب به المقفع در نیمهٔ قرن دوم هجری به زبان عربی برگردانده شد. از جمله: خوتای نامک یا خداینامه یا شاهنامه، کلیله و دمنه، آیین سیاست و مملکت‌داری، انوشیروان نامک، تاج نامک ، آیین جنگاوری و چوگان بازی و تیراندازی و نظایر آن.

کتب طبی و دارویی و نجومی کتابخانه دانشگاه گُندی شاپور به توسط نوبخت منجم اهوازی و فرزندانش، محمد برمکی، فرخان تَبری، بهرام مجوسی، ابراهیم فرازی، ماهویه و زادویهٔ اصفهانی از زبان پهلوی به عربی برگردانده شد.

همچنین هفت کتاب مشهور مانی و رسالات مانویان که در الفهرست ابن‌الندیم شمار آن هفتاد و پنج رساله ذکر شده است به توسط مترجمان ایرانی از زبانهای پهلوی اشکانی و پهلوی ساسانی به عربی ترجمه شد. نام مترجمان آن در کتب مربوط ذکر نشده است، ولی دانشمندان بزرگی چون زکریای رازی و ابوریحان بیرونی در قرون سوم و چهارم هجری بدین نکته اشاره کرده‌اند که کتب مانی و تعدادی از رسالات مانویان را در اختیار داشته مطالعه کرده و از آنها استفاده برده‌اند.

صاعد آندلسی صاحب کتاب «طبقات الامم» یادآور شده است که از خصایص ایرانیان، توجه آنان به علوم طب و احکام نجوم و تأثیر کواکب است. او می‌گوید ایرانیان کتب مهمی در احکام نجوم داشتند که مهمترین آن کتاب‌ها، صُور درجات فلك از زردشت و کتاب نجوم جاماسب حکیم است. زیجهایی نیز چون زیج شهریار، زیج گنگ دژ نیمروز، زیج بلخ، زیج مرو، زیج جِی (اصفهان) زیج آتروپاتن (آذربایجان) در شهرهای ایران وجود داشت که مورد تقلید منجمان اسلامی قرار گرفت. او در دنبال این مطلب اشاره کرده است که ایرانیان در تنظیم اَدوار عالم و معرفت به احکام نجوم و حرکات کواکب از قدیم‌الایام دارای تجارب و اطلاعات بسیار بودند.

صحیح‌ترین اَدوار نجومی، دور شمسی ایرانیان در گاهشماری ست که عرب آن را «سنی العالَم» و علمای عهد ما آن را «سنی اهل فارس» می‌نامند.

نهضت ترجمه و نقل علوم از زبان پهلوی ساسانی و پهلوی اشکانی به عربی تا قرن چهارم هجری ادامه داشت. همزمان با آن مترجمان و دانشمندان غیرایرانی نیز کتابهای سریانی، سانسکریت، یونانی و لاتینی را به عربی برگرداندند. مجموع این ترجمه‌ها در بنیان‌گذاری دانش و فرهنگ اسلامی تأثیرات قابل توجهی برجای نهاد و علوم و فنون متداول زمان و آثار دانشمندان تراز اول سرزمینهای متمدن متصرفی اسلام چون دو امپراتوری بزرگ ایران و روم را در دسترس اعراب قرار داد که خمیر مایه و اساس تمدن و فرهنگ اسلامی گردید.

مکتوباتی که از بقایای آثار ساسانی در سده‌های نخستین اسلامی به زبان عربی ترجمه گردید خیلی بیشتر از آن بوده است که امروزه در مآخذ و منابع عربی می‌توان یافت چنانچه مقدار بسیاری از اصل پهلوی و ترجمه آن مکتوبات تا قرن پنجم هجری وجود داشت. در حال حاضر هیچ اثری از آن‌ها در دست نیست تنها نامی از بعضی از آن در تواریخ و تذکره‌های قدیمی به ثبت رسیده است.

در اینجا چند اثر از آن مکتوباتی که در زمینه‌های حکمت و اخلاق از آثار دوران ساسانی یعنی عصر متصل به ایران اسلامی‌ست یاد می‌شود، این رسالات به عناوین «مواعظ» یا «وصایا» که ترجمهٔ عربی اندرزنامه و پندنامه فارسی است نامیده می‌شود.

در سه سدهٔ نخستین هجری بسیاری از کتب مشهور دوران ساسانی که حاوی مطالب تاریخی و ادبی و پند و اندرزنامه و مسایل علمی بود به زبان عربی ترجمه گردید. **خوتای نامک یا خداینامه یا شاهنامه.** این اثر شامل شرح وقایع اساطیری و حماسی شاهان و پهلوانان باستانی ایران از زمان کیومرث پیشدادی دودمان کیانی تا عصر خسروپرویز ساسانی است، که در زمان یزدگرد سوم آخرین شهریار ساسانی قسمت‌هایی بدان اضافه نموده‌اند.

مترجم کتاب خوتای نامک روزبه پسر دادویهٔ فارسی از مردم خُور فارس ملقب به عبدالله مقفع در نیمه دوم قرن دوم هجری بود. این کتاب پس از ترجمه به زبان عربی بنام «سیرالملوک فُرس» نامیده شد.

بعدها مترجمان و نویسندگان دیگری از روی ترجمهٔ عربی روزبه فارسی رسالاتی اقتباس کردند که بیشتر آنها و اصل پهلوی آن از بین رفته است.

ترجمهٔ خوتای نامک به زبان عربی مورد پسند و توجه دربار خلافت قرار گرفت. در الفهرست ابن‌الندیم آمده است که «بهرام بن مردانشاه» مترجم خلفای عباسی زیاده از بیست نسخهٔ این کتاب را فراهم آورده بود.

خوتای نامک در حدود سال ۳۵۶ هجری برابر ۹۵۸ میلادی بنابر خواست امیرمنصور عبدالرزاق سپهسالار توس و با کمک و همت ابومنصور مُعَمّری وزیر دانشمند وی و چهار تن از دهقانان و فرزانگان زردتشتی، ماخ پیر هراتی، یزدان دادسیستانی، ماهوی خورشید نیشابوری، و شادان برزین توسی به زبان فارسی دَری برگردانده شد و به صورت ماخذ معتبری برای سرودن شاهنامه‌های منظوم و منثور شعرای قرون سوم و چهارم هجری چون مسعود مَروزَی، منصور بلخی، دقیقی و فردوسی درآمد.

## هوشنگ نامه یا جاودانِ خرد

این کتاب منسوب به دومین شاه از خانواده پیشدادیان نخستین سلسلهٔ شاهان اساطیری ایران باستان است. این اثر در زمینه‌های حکمت و اخلاق است که از زبان پهلوی به عربی ترجمه شد و آثار کمی از آن بجای مانده است.

در تاریخ اساطیری ایران هوشنگ فرمانروایی هوشیار و حکیمی با درایت و مردم دوست توصیف شده است. کشف بسیاری از چیزها که در تاریخ تمدن بشر از عوامل مهم بشمار رفته‌اند از قبیل استخراج آهن، کشف آتش، ساختن ابزار و آلات کشاورزی از آهن، رام کردن حیوانات برای استفاده در کِشت و زرع، خانه سازی، مهار کردن آبها و بسیاری از اکتشافات

دیگر به او نسبت داده شده است.
در مقدمۀ ترجمۀ این کتاب آمده است:
«این کتاب یادگار هوشنگ شاه است همچون وصیتی به جانشینش که گنجور پسر اسفندیار وزیر پادشاه ایرانشهر آن را از زبان کهن به زبان فارسی برگرداند و حسن بن سهل برادر فضل‌بن سهل ذوالریاستین آن را به زبان عربی ترجمه کرد».

حسن‌بن سهل‌بن عبدالله سرخسی پسر عبدالله سرخسی در سال ۹۱۰ه‍ به وسیله مأمون خلیفه عباسی اسلام آورد و انتقال خاندان سهل از دیانت زردتشتی به اسلام در نیمه‌ی قرن دوم هجری بوده است.

مأمون خلیفه عباسی پس از قتل فضل‌بن سهل برادر وی حسن‌بن سهل را به وزارت برگزید و سپس دختر او پوراندخت را به زنی گرفت که توصیف شکوه وجلال عروسی او در کتب تاریخ وادب عرب به‌تفصیل یاد شده‌است.

ابوعلی مُسکویهٔ خازن مورخ و ادیب دانشمند صاحب کتاب تجارب الامم در سال ۳۷۲ هجری کتاب هوشنگ نامه یا جاودان خِرد را با قسمت‌هایی از چند رسالهٔ اخلاقی دیگر از بقایای مکتوبات دوران ساسانی در مجموعه‌ای گِردآوری کرد و به همان نام جاودان خِرد نامید.

مُسکویه در مقدمهٔ این مجموعه می‌نویسد:
«من در جوانی کتابی از ابوعثمان جاحظ خوانده بودم به نام «استطالة الفهم» که در آن از کتابی بنام جاودان خِرد نام برده بود که به توسط حسن‌بن سهل سرخسی وزیر مأمون خلیفه عباسی به زبان عربی ترجمه شده بود. پیوسته در شهرهایی که می‌گشتم با حرص و ولع در جستجوی آن بودم تا اینکه در فارس آنرا نزد مؤبدی یافتم. از آن نسخه‌ای برگرفتم و سپس تمام آن چیزهایی راکه از وصایا و آداب چهار ملت دیگر یعنی ایران، هند، عرب و روم در دست است بر آن افزودم تا نوخواستگان را ادب آموزد و دانشمندان را یادآوری و تذکری باشد...».


علی مسکویه از ادبا و حکما و مورخان صاحب‌نظر بشمار می‌رود. وی از خاندانی ایرانی برخاسته بود و در دستگاه ابن‌عمید وزیر رکن‌الدوله دیلمی به

کار دبیری می‌پرداخت و مدتها سرپرستی کتابخانهٔ بزرگ او را بر عهده داشت و بدین سبب به «خازن» معروف شد. در تألیفات وی آثار بسیاری از نوشته‌های دوران ساسانی یافت می‌شود که در مؤلفات دیگر مورخان اسلامی دیده نمی‌شود.

نمونه‌ای از کتاب جاودان خرد:

«مرد کامل آن است که بی‌نیازی و مال فراوان او را به تکبر و نخوت نکشاند، در فقر و نیازمندی ضعف و زبونی نشان ندهد، مصیبت‌ها او را از جای نبرند، از حوادث ایام غافل ننشیند و به هر کاری دست می‌زند عاقبت آن را در نظر داشته باشد. اگر عدل بر ظلم غالب نباشد پیوسته انواع بلیات و آفات روی آورد. هیچ‌چیز چون ادامه ظلم و زوال نعمت و سرعت انتقام را نزدیک نسازد.»

«سه دسته از مردمند که در غربت به تنهایی دچار نشوند: مرد دلیر، مرد دانشمند، مرد نیکو سخن و خوش گفتار. پس اگر در سرشت خویش از دلیری و بی‌باکی برخوردار نیستی باری از کسب دانش و خواندن کتاب غافل مباش. زیرا کتابها مجموعهٔ علم و آدابی هستند که پیشینیان آنها را دریافته و به بند الفاظ کشیده‌اند تا بر خِرد و دانش تو بیفزایند.»

## ترجمه سخنان حکمت آمیز در مجلس شاه بهمن

بهمن که در اوستا بصورت وهومنه یا به منش آمده نام یکی از فرشتگان بزرگ آئین زردشت است. اما در تاریخ اساطیری ایران بهمن نام پسر اسفندیار پسر گشتاسب از شاهان خاندان کیانی ست. نام دیگرش اردشیر ملقب به درازدست است که در تاریخ رسمی ایران به سلسلهٔ هخامنشی مربوط می‌شود و به اردشیر نیک‌منش شهرت دارد. بهمن یکی از چهره‌های معروف تاریخی ست. او علاوه بر اینکه قهرمان بسیاری از جهانگشایی‌ها و فتوحات بشمار می‌رفته، به علم و حکمت و دانش هم معروف گردیده بود. در ادبیات دوران ساسانی جزو نوشته‌های اخلاقی، کتابی هم منسوب به بهمن اردشیر بود که در دوران ایران اسلامی به زبان عربی ترجمه شد. این کتاب به

صورت گزارشی‌ست از یک گفتگوی دسته‌جمعی در مجلس شاه بهمن و حکیمان و دانایان عصر برای بحث در حکمت و ادب.

## نمونه‌ای از ترجمه این کتاب

«شاه بهمن شیفته سخن نیک بود و دانشمندان زمان و حکمائی را که به فهم و حکمت مشهور بودند گِرد می‌آورد و آرا و عقاید آنان را در مورد مسائل اخلاقی و حکمت جویا می‌شد. روزی دانشمندان زمان خود را که به فهم و حکمت بنام بودند گِرد آورد و به آنان گفت: من شما را برای امر مهمی که به اندیشه‌ام گذشته و برای اموری که می‌خواهم بدانها معرفت حاصل کنم گرد آورده‌ام.

اینک آنها را از شما می‌پرسم. باید هر یک از شما بی‌هیچ‌گونه شتابی رأی خود را با همه خِرد و فهمش به کار گیرد و بی‌اندیشه و تأمل به پاسخ مبادرت نورزد. به من خبر دهید از گرانمایه‌ترین چیز، آن چیز که بیش از همه کسانی را که به شرف قدیم خویش تکیه ندارند از پستی به بلندی رساند.»

«همه یک زبان گفتند: آن نیکی و دانش است که مردم بزرگوار را بزرگی افزاید و بندگان را به جای شاهان نشاند.»

«شاه گفت: این سرآغاز همهٔ کار دنیا و دین است، اگر با خرد همراه باشد. زیرا استواری هربنا بر پایه آن است و پایهٔ هر کار فهم است و استواری آن با رأی اصیل است و رأی جز به دانش صورت نبندد و دانش را جز خرد پایه‌ای نیست.»

بزرگ آن گروه گفت: هرگاه خردمند از مال بی‌بهره ماند با خرد خود تواند زندگی کند. ولی نادان بی‌خرد با مال خود زندگی نتواند کرد. کسی که با خرد زندگی نکند از شناخت نیک و بد و نظر در عاقبت کارهای پسندیده و ناپسند محروم ماند. و چون زندگی کسی از چنین خصلت‌هایی تهی ماند خیری در آن نباشد. به ویژه در پادشاهان که نیاز آنها به چنین خصلت‌ها بیشترست. زیرا آنان گردانندگان امور سران و مربیان هستند و دیگر مردمان پیروان ایشانند. پادشاهان به اصلاح نفس خویش نیازمندترند. بدان سبب که رعیت به صلاح آنان اصلاح گردد و به فساد آنان به تباهی افتد. گله جز با چوپان پای نگیرد و چنانکه تن را هم بی‌سر قوامی نباشد، قوام پادشاهی هیبت است

و هیبت شاهی جز با دادگری حاصل نشود. . . .»

## آیین نامک

مجموعه‌ای‌از رموز جهانداری وجنگاوری وآیین‌تیراندازی وچوگان‌بازی و اندرزها و پیش‌گوییها و اطلاعات قابل توجهی از تشکیلات دولت ساسانی و پیش از ساسانیان است.

بنابر عقیدهٔ مسعودی صاحب کتاب مروج‌الذهب مورخ قرن چهارم هجری نسخه‌ی کامل و اصیل آیین نامک دارای چند هزار صفحه بوده و در نزد مؤبدان شهر استخر حفاظت می‌شده. مسعودی چهار کتاب گاهنامک، خوتای نامک، آیین نامک و کتاب نقشهای شاهان ساسانی را مهمترین مدرک و مأخذ تاریخ عهد ساسانی می‌داند.

آیین نامک بتوسط روزبه فارسی (المقفع) در اواسط قرن دوم هجری به زبان عربی ترجمه شد، و قسمتهایی از آن در «مروج الذهب» مسعودی و «غرر اخبار ملوک الفرس» ثعالبی نیشابوری و در مرزبان نامه آمده است.

## گاهنامک

مشروحی است از فهرست ششصد مراتب از مناصب و اسامی درباریان و بزرگان و شهرداران از عهد جمشید پیشدادی تا زمان انوشیروان ساسانی به ترتیب مقام و رتبهٔ آنان. مسعودی می‌گوید :

«پارسیان را کتابی‌ست که آن را گهنامه گویند و در آن مراتب دولتی ایرانیان ثبت است و آن کتاب عظیمی‌ست در هزار ورق و جز نزد مؤبدان و بزرگان ایرانی نزد کسی یافت نمی‌شود».

ثعالبی نیشابوری مورخ قرن چهارم هجری قسمتهایی از مطالب این کتاب را در «غرر اخبار ملوک الفرس» ذکر کرده است.

## تاج نامک

شامل اندرزهای خسرو انوشیروان به فرزندش هرمز و نوه‌اش خسروپرویز

ساسانی‌ست که در الفهرست ابن‌الندیم از آن یاد شده است.

### کتاب نقشهای شاهان ساسانی

مسعودی صاحب کتاب مروج الذهب از کتابی یاد کرده به نام صورت شاهان بنی ساسان که در میان کتابهای قدیمی پهلوی نسخه‌ای از آن را در شهر استخر فارس مشاهده نموده است. او در شرح این کتاب می‌نویسد:

«تصاویر الوانی از بیست و هفت تن از شاهان ساسانی شامل بیست و پنج مرد و دو زن زینت یافته با زر و سیم و صلایهٔ مس بر کاغذهایی معطر و به رنگ ارغوانی منقوش بود. بنابر رسوم و سنتهای ایرانیان پس از مرگ هر پادشاهی تصویر و مشخصات وی را نگاشته در خزانهٔ شاهی «گنج شایگان» در شهر استخر فارس می‌سپردند تا یاد و خاطرهٔ آنان از بازماندگان آن دودمان پوشیده نماند.»

مسعودی به نسخهٔ تومار مانند دیگری نیز که آن را در حدود سال ۳۹۰ هجری در استخر فارس دیده بود اشاره کرده است که در آن از دانشها و آگاهی‌های بسیار دربارهٔ سیاست و مملکت‌داری شاهان ساسانی گردآورده شده بود.

استخری صاحب کتاب (المسالك و الممالك) در قرن چهارم هجری دربارهٔ تومارهای حاوی شرح احوال و تصاویر بعضی از شاهان و هیربدان و شهرداران و دیگر بزرگان دوران ساسانی که در دِژ استوار (جیس) در منطقهٔ آبرجان فارس نگهداری می‌شده یاد کرده است.

حمزه اصفهانی صاحب کتاب التنبیه در قرن چهارم هجری از کتاب تصاویر شاهان به تفصیل سخن رانده است.

### ایاتکار زریران یا یادگار زریران

ایران‌شناسانی چون وِست، هِرتسفلد ونُلدِکه این کتاب را مربوط به سال سیصد ۳۰۰ میلادی دانسته‌اند، که شامل شرح جنگهای مذهبی ایرانیان مزداپرست با تورانیان دیوپرست و کوششهای گشتاسب شاه ایران در راه پیشرفت آیین زردشت بوده است.

این کتاب که مشتمل بر سه هزار کلمهٔ پهلوی‌ست در اوائل قرن دوم هجری به زبان عربی ترجمه گردید. داستانهای حماسی آن در قرن چهارم هجری مورد توجه شاعر حماسه‌سرا دقیقی بلخی در سرودن شاهنامه بوده است.

این کتاب در سال ۱۸۹۰ میلادی بتوسط گیگِر Geiger به زبان آلمانی ترجمه و منتشر گردید و پروفسور نُلدِ که در سال ۱۸۹۲ میلادی در کتاب خود از آن یاد کرده است. در سال ۱۹۳۲ میلادی پروفسور بِن ونیست فرانسوی Benvenist با تغییراتی مختصر آن را بچاپ رساند. وی معتقدست که اصل این کتاب مانند دو کتاب معروف سندباد نامه و درخت آسوریک متعلق به قرن سوم میلادی در زمان اشکانیان است، و پس از داستانهای حماسی اوستا از زیباترین آثار داستانهای حماسی ایران باستان بشمار می‌رود.

ترجمهٔ فارسی این کتاب توسط ملک‌الشعرای بهار انجام گرفت و در مجلهٔ آموزش و پرورش منتشر شد.

نمونه‌ای از این اثر حماسی از مقالهٔ پروفسور «بِن ونیست» نقل می‌شود:

«سپهبد تَهم زریر برادر گشتاسب شاه فرمانده سپاه ایران و ارجاسپ شاه توران بواسطه اختلافات دینی به جنگ با یکدیگر برخاستند. گشتاسب شاه ایران ازفراز کوه برمیدان جنگ می‌نگریست که دریافت سپهبد زریر کشته شد.

سپهبد تهم زریر به کارزار آمد همچون ایزد آذر که به نیستان افتد و باد با او یار بود چون شمشیر فراز آرد و آنگاه که بازبَرده دهَ کَس بکُشد. . . . ارجاسپ شاه چون چنان دید بترسید و بانگ برآورد. . . . کیست که شود با زریر کوشد و آن سپهبد را بُکشد تا دخت خود «زرستان» را به زنی به او بدهم که اندر همهٔ کشور از او هژیرتر نیست و او را وزیر خویش کنم. . . . پس ویدرفش جادو بر پای ایستاد و بر اسب نشست آن زوبین جادوی بخشم و زهر ساخته را بر سر دست گرفت و اندر رزم دوید و چون دید که زریر آنگونه کارزار کند پیش او فراز نشد و از پَسِ او برجست و ژوبین زهر آبدار را به پشت او زد بدل بگذشت و بزمین افکند. . . . گشتاسب شاه دریافت که سپهبد زریر فرمانده جنگ وی کشته شد چه بانگ تک مردان «گردان» بر

نمی‌آید بانگ برآورد کیست که شود و کین زریر من خواهد تا هماک Humak دخت خود بزنی بدو دهم که اندر کشور از او هژیرتر نیست و کاخ زریر و سپهبدی بدو دهم.... از پهلوانان ایران بستور نستور نوجوان پسر زریر به کین جویی برخاست و چنین گفت: رزم ایران بینم و اینکه آن سپهبد دلیر پدر من زریر زنده است یا مرده پیش خدایگان بازگویم.... و با یکی از سرداران ایرانی بنام اسپندیات یک دست و یک پای و یک گوش ارجاسپ شاه حیون را می‌برد و او را سوار خر کرده به کشورش باز می‌گرداند تا یادگاری از دلیری ایرانیان باشد...»

## خطابه انوشیروان

یکی از مکتوبات آثار ساسانی که به زبان عربی ترجمه شد و تا قرن چهارم هجری وجود داشت مجموعه‌ای بود شامل دو قسمت منسوب به انوشیروان ساسانی که قسمتی از آن شامل شرح حال و کارنامهٔ زندگی انوشیروان بود و قسمت دیگر خطابهٔ انوشیروان به مردم و سران کشور. این کتاب توسط روزبه فارسی از زبان پهلوی به عربی برگردانده شد. اصل آن و ترجمه کتاب از بین رفته است ولی منتخباتی از آن در کتاب «تجارب الامم» ابوعلی مسکویه مورخ و ادیب قرن چهارم هجری آمده است.

ابوعلی مسکویه می‌گوید:

«در آخر کتابی که انوشیروان در شرح حال و کارهای خویش نوشته چنین خواندم: که خسرو انوشیروان چون از کار کشور فراغت یافت و آنرا از فساد بپیراست، اسواران و سران سپاه و بزرگان و مرزبانان و هیربدان و مؤبدان را گِرد آورد و برگزیدگان مردم را نیز بخواند. آنگاه در آن جمع بدینگونه سخن راند: ای مردم، بمن هوش دارید و گوش فرا دهید و خود را برای پذیرش پند آماده سازید، من از هنگامی که بر شما فرمانروایی یافتم پیوسته با شمشیر آویخته به گردن، خود را هدف شمشیرها و نیزه‌ها ساخته‌ام، تمام اینها به خاطر دفاع از شما و استوار ساختن بنیاد هستی شما و آبادانی کشور شما بوده است. ای مردم، چنانکه دیدید من خود را برای شما سپر بلا کردم و

رنج شمشیرها و نیزه‌ها و بیابانها و دشتها و کوهها را در حالی که دشمنان را یکی پس از دیگری درهم می‌کوفتم و لشکرهای ترک و روم و هند را یکی پس از دیگری درهم می‌شکستم و با پادشاهان دشمن شما در می آویختم بدانسان که دیدید. هرگز در جنگ با آن لشکرها و شاهان خواهش و تمنایی از شما نکردم و از شما نخواستم که کوشش و تلاش و همداستانی کنید. اما امروز برای شما دشمنانی مانده است که شمارهٔ آنان کم ولی نیروی آنان سخت و شوکتشان بس عظیم است. اینها که برجای مانده‌اند به نظر من برای شما ترسناکتر و برای زبون ساختن و چیره شدن بر شما تواناترند از دشمنان شمشیر زنِ نیزه گذار. این دشمنان رشک و حسد، نفاق و کینه، دروغ و ریاکاری، فرومایگی و فساد است. ای مردم، اگر من بر این دشمنان دست نیابم و آنانرا از شما نرانم تواناترین دشمنان را در میان شما رها کرده‌ام. . . .، ای مردم، مرا در راندن این دشمنان که به شما نزدیک و برای شما هول‌انگیزست یاری کنید. شما را به خداوند می‌خوانم. ای مردم، مرا یاری دهید که آنانرا از میان شما بیرون افکنم تا بدین حقی که بر گردن شما دارم و همچنین حقی که در برابر خداوند به خاطر شما بر گردن خود دارم ادا گردد. و این نعمتی که به من و شما ارزانی شده و سرافرازی که از طرف خداوند نصیب من و شما شده است کامل گردد، و این عزت و پیروزی و شرافت و آرامش و این ثروت و پایگاه پایدار ماند. . . . ای مردم، غمخواری اهل نیاز و مهمان نوازی غریبان را بر خود فرض بدانید. هرکس با شما همجوارست حق او را گرامی دارید. با مردمانی که از ملتهای دیگر در میان شما بسر می‌برند نیک رفتاری کنید. بر کسی ستم روا مدارید و بزرگی مفروشید. امانت و پیمان خود نگه دارید. زیرا ما هرگز ندیدیم که ملک و ملتی نابود شود جز با ترک این اخلاق، و نه ملک و ملتی به زیور صلاح آراسته گردد جز با پیروی از اخلاق و رفتار نیک در همهٔ کارها اعتماد ما به خداست. . . .»

## کارنامک ارتخشتری یا کارنامه اردشیر بابکان

شرح‌حال تاریخی اردشیربابکان بنیانگذار شاهنشاهی‌ساسانی در سال ۲۳۰ میلادی ست شامل بیش از ششهزار (۶۰۰۰) کلمهٔ پهلوی که تألیف آن در

اوایل دوران ساسانی و ترجمهٔ عربی آن در قرن دوم هجری انجام گرفته بود.

در نوشتهٔ تاریخی مورخان یونانی، رومی و ارمنی، اردشیر مردی قهرمان و دارای جسارت ودوراندیشی و پایمردی و استواری، که همواره با روشی جوانمردانه وصف شده است.

به هنگام پیکار پیشاپیش جنگاوران خویش نبرد می‌کرد و نسبت به مردمان مهربان بود. گذشته از آن اردشیر «پریستارِ» پرستشگاه «الهه یا آناهیتا» در شهر استخر فارس بود، که یکی از مراکز ورجاوند زرتشتیان ایران بشمار می‌رفت و مراسم با شکوه تاجگذاری اکثر شاهان پیش از ساسانی و دوران ساسانی در آن معبد انجام می‌گرفت. در کارنامهٔ اردشیر بابکان اردشیر را از دو دودمان هخامنشی و اشکانیان یاد کرده‌اند.

این کتاب در سال ۱۸۷۸ میلادی توسط پروفسور تئودورنُلدکِه به زبان آلمانی ترجمه و منتشر شد. در سال ۱۸۹۶ میلادی دُستور نوشیروان کیقباد آذرپاد در شهر بمبئی آنرا بچاپ رساند. به عقیده ایران‌شناسان، بعد از کتاب «ایاتکار زریران» این‌کتاب از ارزشمندترین آثار زبان پهلوی‌ست. در شاهنامهٔ فردوسی و در تواریخ قدیم ایرانی قطعاتی از آن آمده است. نمونه‌ای از ترجمهٔ آن :

«. . . . سپس اردشیر بر گاه (تخت) اردوان نشست و سپهسالاران و هیربدان و شهرداران و نمایندگان مردم را پیش خواسته گفت: من در این پادشاهی بزرگ که یزدان به من داده نیکوئی کنم، داد می‌ورزم، دین بهی را می‌آرایم. در دادگستری می‌کوشم و نیکی شما را می‌خواهم، ساو و باج دَه یک از شما گرفته از آن مال سپاه می‌آرایم تا پاسبانی ایرانشهر کنم، بر یزدان سپاسگزاری کنم که این پادشاهی به من داد، از بداندیشی و بدگویی و بدکرداری می‌پرهیزم. . . .».

## شهرستانهای ایران

در این کتاب نام و مشخصات تاریخی و جغرافیایی سیزده شهر از شهرستانهای ایران و بانیان آن با متجاوز از هزار کلمهٔ پهلوی آمده است.

این رساله به توسط اِدگار بلوشه E. Blochet خاورشناس فرانسوی ترجمه و بچاپ رسید، و در هندوستان چند بار طبع گردید. آخرین ترجمهٔ صحیح آن توسط مارکوارت Marquart صورت گرفت. پس از آن توسط پروفسور مسینا Messina بار دیگر تصحیح شد و به طبع رسید.

صادق هدایت ترجمهٔ فارسی آن را در سال هشتم مجله مهر منتشر کرده است.

**نامه توسر یا تنسر**

تَنسَر یا توسر روحانی بزرگ زمان اردشیر بابکان بنیانگذار دولت ساسانی بود. وی نامه‌ای به یکی از فرمانروایان شمال ایران در تبرستان بنام «گشنسب یا جَفنشسب شاه» نوشته او را به پیروی از اردشیر تشویق می‌کند. علاوه بر آن حاوی مطالب تاریخی و سیاسی و اخلاقی‌ست.

نامه تَنسَر نوشته‌ای آموزشی و زیباست که شخصیت باتقوای وی را روشن می‌سازد وی دربارهٔ خویش چنین می‌نگارد:

«. . . . پنجاه سال است تا نفس اَمارهٔ خویش را بر این داشتم به رضایتها که از لذت نکاح و اکتساب اموال و معاشرت امتناع نموده و نه در دل کرده‌ام و نه هرگز خواهان آنکه ارادت نمایم و چون محبوب و مسجونی در دنیا می‌باشم تا خلایق عدل من بدانند و بدانچه برای صلاح معاش و فلاح معاد و پرهیز از فساد از من طلبند و من ایشان را هدایت کنم. گمان نبرند و تصور نکنند که دنیا طلبی را به مخادعه و مخاتله مشغولم و حیلتی توهم افتد و چندین مدت که از محبوب دنیا عزلت گرفتم و با مکروه آرام داشته‌ام برای آن بود که اگر کسی را بارشد و حسنات و خیر و سعادت دعوت کنم اجابت کند و نصیحت را به معصیت رد نکند...».

این مکتوب در قرن دوم هجری به توسط روزبه فارسی از زبان پهلوی به عربی برگردانده شد و در قرن ششم هجری ابن‌اسفندیار صاحب تاریخ تَبَرستان آن را به زبان فارسی برگرداند.

رساله‌نامه تنسر درکتابخانه‌هند در لندن موجود ست وخاورشناس مشهور

دارمستتر Darmesteter نخستین بار آن را در مجلهٔ آسیایی پاریس به سال ۱۸۹۴ میلادی منتشر کرد. نامهٔ تنسر باکوشش استاد مجتبی مینوی تنظیم شده است.

## آداب بزرگمهر یا پندنامه بزرگمهر بختگان

بزرگمهر یا بوذرجمهر حکیم و وزیر معروف خسروانوشیروان متوفی به سال ۵۷۹ میلادی بود.

ترجمهٔ عربی آن به علاوه متن پهلوی ساسانی و یک ترجمهٔ قدیم فارسی آن در دسترس است و تاکنون به زبانهای فارسی، عربی، فرانسوی، گجراتی و انگلیسی برگردانده شده است. متن پهلوی این پندنامه در مجموعهٔ متون پهلوی جاماسب جی دستور مینوچهر در سال ۱۸۹۷ میلادی در بمبئی بچاپ رسید. ترجمهٔ فارسی آن با عنوان یادگار بزرگمهر توسط دکتر ماهیار نوابی انجام گرفت.

این پندنامه نخستین بار در زمان نوح‌بن منصور سامانی در قرن چهارم هجری توسط ابن‌سینا به زبان فارسی ترجمه شد فردوسی توسی در شاهنامه از آن یاد کرده است. از ترجمهٔ عربی پندنامه، کاملترین و قدیمی‌ترین نسخه‌ای که در دست است مربوط به ترجمهٔ روزبه فارسی در قرن دوم هجری است که ابوعلی مسکویه متوفی به سال ۴۲۱ هجری در کتاب خود نقل کرده‌است.

خوشبختانه نسخه‌های پهلوی و عربی و فارسی این پندنامه وجود دارد که مطالب آن با یکدیگر منطبق است.

## برگزیده‌ای از این کتاب:

بزرگمهر گفت: «جهان را دیدم روی به دگرگونی و نابودی، مردم جهان را دیدم گرفتار مصیبت‌ها و بلاها. برخورداری را در این جهان کم و نیستی را در آن فراوان دیدم که زندگی ناچیز و فرجام آن ترسناک است. پس چون هر گِرد آورده‌ای را

پراکنده دیدم و هر دست آورده‌ای را از دست رفته یافتم مگر پارسایی و نیکوکاری را که نه از دست رفتنی‌ست و نه تباه شدنی، بهتر آن دیدم که اندیشه و گفتار و کردار خود را به کار نیک بگمارم....

اگر گویند: دین خدا چیست؟

گویم: دین خدا نیکی‌هاست، نیکی اندیشه، نیکی گفتار و نیکی کردار...»

## اندراج آتورپارت مهراسپندان
## اندرزنامه آذرپاد مهراسپندان

این کتاب شامل ۱۸۹۶ کلمهٔ پهلوی در پند و اندرز موبد موبدان به فرزند خود به نام زردشت است. بنا بر تحقیقات خاورشناسان بین سالهای ۲۹۰ تا ۳۷۱ میلادی نگاشته شده است.

آذرپاد مهر اسپندان در سال ۳۲۰ میلادی به مقام موبد موبدان رسید. او در حدود سال ۳۷۳ میلادی درگذشت. آذرپاد مهراسپندان و پسر و نوادهٔ وی هر سه نفر در دورانهای شاپور اول و شاپور دوم و اردشیر دوم و یزدگرد اول ساسانی بین سالهای ۳۲۰ تا ۴۵۰ میلادی مقام موبد موبدان را دارا بودند.

پروفسور وست West خاورشناس انگلیسی این اندرزنامه را از ممتازترین آثار اخلاقی دوران ساسانی می‌شناسد. پروفسور دو هارلی De Harley ترجمهٔ فرانسه آن را در سال ۱۸۸۷ میلادی به چاپ رساند و منتشر کرد در سال ۱۹۳۰ میلادی سُهراب کاووس جی دُستور مهر رانا آن را به زبان انگلیسی و گجراتی برگرداند و تعالیم مُغان نامید.

بخشی از ترجمهٔ این اندرزنامه:

«. . . مردم تا جاودان زمان نزیبند پس چیزهای مینوی شایسته‌ترست. آنچه گذشت فراموش کن و آنچه نیامده است تیمار و رنج مَبر. خویشتن به یزدان سپار از بدگهر مرد و بدنژاد وام مـــگیر و مـــده، هر چه به تو نه نیکوست تو نیز به دیگر کَس روا مدار. با خدایگان (شاهان) یگانه باش. دوست آن گیر که به تو غمخوارترست. با خشمگین مرد همراه مشو، با مرد هرزه نیز همسگال مباش. . .»

# کتاب المسائل منسوب به خسرو انوشیروان

نوشته‌های بسیاری در ادبیات ساسانی به نام این شاه وجود داشته است، که بیشتر آن در همان سده‌های نخستین هجری به زبان عربی برگردانده شد و به ادبیات عربی و اسلامی نیز راه یافت. در کتاب جاودان خرد علی‌بن مسکویه در بخش مربوط به آداب ایرانیان قطعه‌ای به عنوان سخنان حکمت‌آمیز انوشیروان روایت شده است که پس از ترجمهٔ به زبان عربی بنام «کتاب المسائل» نامیده شده است.

در کتاب «الفهرست» ابن‌الندیم از کتابی با عنوان «پرسشهایی که پادشاه روم با دست بقراط رومی از انوشیروان کرده است» یاد شده که در ترجمهٔ عربی آن نامی از پادشاه روم و بقراط رومی نیست و به نظر می‌رسد که قطعهٔ مذکور بخشی از کتاب اصلی بوده که از بین رفته است.

نمونه‌ای از مطالب آن:

«گفت: مَستی در دَه چیز است، مستی باده، مستی کِبر و نخوت، مستی زیبایی، مستی عشق، مستی قدرت، مستی ثروت، بدان که انباشتن شکم از خورشها مستی آرد، و افزونی جهل مستی آرد، و بالاگرفتن اندوه مستی آرد، و عادتِ بدمستی آرد.

از او پرسیدند: آنچه بیش از همه آدمی را بی‌نیاز سازد چیست؟

گفت: پاکی نَفس و در دست داشتن زمام آن.

به او گفتند: تخمهٔ همه فضائل چیست؟

گفت: خِرد و دانش.

گفتند: ادب سودمند کدام است؟

گفت: آنست که تو از دیگران پندگیری و دیگران از تو پند نگیرند.

گفتند: وفور عقل به چیست؟

گفت: به اینکه چون اندوهی روی آورد، آنرا با کوشش و شکیبایی از خود دور

کنی.

پرسیدند: خودپسندی چیست و ریا چیست؟

گفت: خودپسندی آنست که آدمی در خود آن چیزی را گمان برد که در او نیست. تا جایی که تنها رای خود را صواب داند و رأی دیگران را خطا پندارد. ریا آنست که در برابر مردم خودسازی کند وخویشتن را اهل صلاح نشان دهد در حالی که از صلاح تهی‌ست.

گفتند: کدام یک از این دو زیان‌مندترند؟

گفت: برای خود آدمی خودپسندی و برای دیگران ریا. زیرا مردم گول ظاهر آراستهٔ وی خورند و در مهمات خویش به وی اعتماد کنند در حالی که از خیانت وی ایمن نمی‌توانند بود.»

دیگر از اندرزنامه‌های بسیاری که از دوران ساسانی بجای مانده و به زبان عربی ترجمه شده عبارت است از: اندرزنامه‌های بخت‌آفرید، بزرگمهر، اوشتر داناک، داناکان به مزدیسنان، پوریوتکیشان، پیشینگان، دُستوران به موبدان و بهدینان، خسروکواتان و نظایر آن.

مطالب اکثر اندرزنامه‌ها در شاهنامه فردوسی و تواریخ و تذکره‌های قدیم عربی نقل گردیده است و بسیاری از آن‌ها در هندوستان توسط مورخان و نویسندگان پارسی زرتشتی به زبانهای انگلیسی و فرانسوی و گجراتی ترجمه و بچاپ رسیده است.

در مکتوبات بجای مانده از دوران ساسانی رسالاتی بنام (گُزیده) یافت شده که منتخب و یا خلاصه‌ای از بعضی مطالب کتابهای بزرگ و مورد نظر بوده. چنانکه در الفهرست ابن‌الندیم به تفسیری از بزرگمهر حکیم اشاره شده است که برگزیده‌ای از کتاب فالیس رومی در علم نجوم بود که پس از ترجمه بزبان عربی بنام (البزیدج) به ثبت رسیده است. از روزبه فارسی مترجم اواسط قرن دوم هجری نیز ترجمه‌های برگزیده‌ای از کتاب کلیله و دمنه و دیگر کتب اخلاقی و ادبی دوران ساسانی یاد شده است.

بنابر روایات مورخان قرون سوم و چهارم هجری ترجمهٔ آثار زبان پهلوی ساسانی به عربی در دستگاه خلافت اسلامی مورد توجه قرار گرفته بود. آنچنانکه برای سهولت حفظ کردن، برخی از مطالب آن را به شعر عربی منظوم می‌ساختند، از جمله مکتوب کارنامهٔ اردشیر بابکان توسط احمدبن یحیی بلاذری و کارنامك انوشیروان و کلیله و دمنه به تشویق یحیی‌بن خالد برمکی و توسط ابان‌بن عبدالحمید لاحقی‌ست.

نقل است که هارون‌الرشید خلیفه مقتدر عباسی خطاب به علی‌بن حمزه کسایی فارسی از نوابغ دانشمندان آن روزگار که آموزگار دو فرزندش امین و مأمون بود، توصیه می‌کرد:...ای علی بن حمزه از میان احادیث آنچه را که بیشتر محاسن اخلاقی رادر خود جمع داردبرای ما روایت کن. با ما از آداب ایرانیان بازگوی به فرزندانم کلام خداوند را بیاموز و آنها را وادار تا مواعظ و وصایای اردشیر و انوشیروان و بزرگمهر را بخوانند و ازبر کنند که متضمن رستگاری دنیا و عُقبی‌ست...».

در نتیجه ترجمه‌ها و انتقال مطالب مکتوبات پهلوی در ادبیات عربی و اسلامی بمرور زمان اسامی کسانی چون انوشیروان، هوشنگ، بهمن، اردشیر، بزرگمهر، آذرپاد، تنسَر و نظایر آنان که در زمینه‌های اخلاقی و تربیتی نوشته‌ها و روایاتی از آنان نقل شده بود در کتب ادبی و تعلیمی عربی جزو حکمای اسلامی بشمار رفتند و بسیاری از آنان در ردیف اَمثال و حِکَم عربی درآمد.

دیگر از رسالات و مکتوبات بجای مانده از زبان پهلوی دوران ساسانی کتب متعددی حاوی مطالب فلسفی و مذهبی وروایات و اخبار و سرودنامه‌های دینی و مجموعه‌ای از تفاسیر نُسکهای اوستاست.

در سده‌های نخستین هجری گروهی از علمای زرتشتی چندین کتاب به خط و لهجهٔ پهلوی نگاشتند. از مهمترین آن کتاب «دین کرت» را می‌توان یاد کرد که در نُه مجلد بزرگ، توسط (آذرفَرن بُغ فرخزاد) در قرن دوم هجری تدوین یافت. نام اصلی این کتاب زَندآکاسیه بود ولی در ادبیات

مزدیسنای پهلوی به دین کَرت مشهورست.

مطالب این کتاب شامل خلاصه‌ای از اصل بیست و یک نُسک اوستای عهد ساسانی و بسیاری از مسائل فلسفی و تاریخی ایران باستان از کیومرث تا کی گشتاسب و ظهور زردشت و احوال جمشید و قیام ضحاک و غیره است. پروفسور وست خاورشناس انگلیسی مجموع کلمات پهلوی این کتاب را متجاوز از ۱۶۹۰۰۰ دانسته است ومعتقدست که به یاری این منبع معتبر می‌توان راجع به تاریخ و تمدن و فرهنگ دوران ساسانی و ایران باستان اطلاعات گرانبهایی بدست آورد.

کتاب دین کَرت در نوزده مجلد بوسیله دُستور پشتوتن سنجانا و پسرش داراب سنجانا با حواشی و ملاحظات و ترجمهٔ انگلیسی و گُجراتی ومتن پهلوی آن در قرن نوزدهم میلادی در هندوستان بچاپ رسید.

دیگر کتاب دینی بُندَهِشن. مطالب این کتاب راجع به آفرینش و عالم ملکوت و برخی مسایل دینی و امور تاریخی و جغرافیایی ست.

در این مکتوب در فصلی به عنوان «اندر گزند هزاره هزاره که به ایرانشهر رسید» یک دورهٔ تاریخ داستانی ایرانی از عهد کیومرث پیشدادی و کیانیان و مقَر آنان تا پایان دوره ساسانی توصیف شده است. بخشی از این فصل را پروفسور دارمستتر P. Darmesteter در کتابی به نام زند اوستا ترجمه کرده و بر آن توضیحاتی نگاشته و در سال ۱۸۹۲ میلادی در پاریس بچاپ رسانده است.

نسخهٔ کامل این کتاب در سال ۱۹۰۸ میلادی توسط ادوارد تهمورث دینشاهی انگلساریا با مقدمه‌ای به قلم بهرام گور تهمورث انگلساریا در هندوستان به زبانهای انگلیسی و گجراتی و متن پهلوی آن بچاپ رسید.

تعداد بسیاری از مکتوبات دینی و فلسفی بجای مانده از دوران ساسانی و بعضی از نسخه‌های نگاشته شده در سده‌های نخستین هجری از اواسط قرن هیجدهم میلادی به این طرف توسط زرتشت شناسان پارسی و اروپایی، به زبانهای گجراتی، انگلیسی، فرانسوی، آلمانی، ایتالیایی و غیره ترجمه گردید

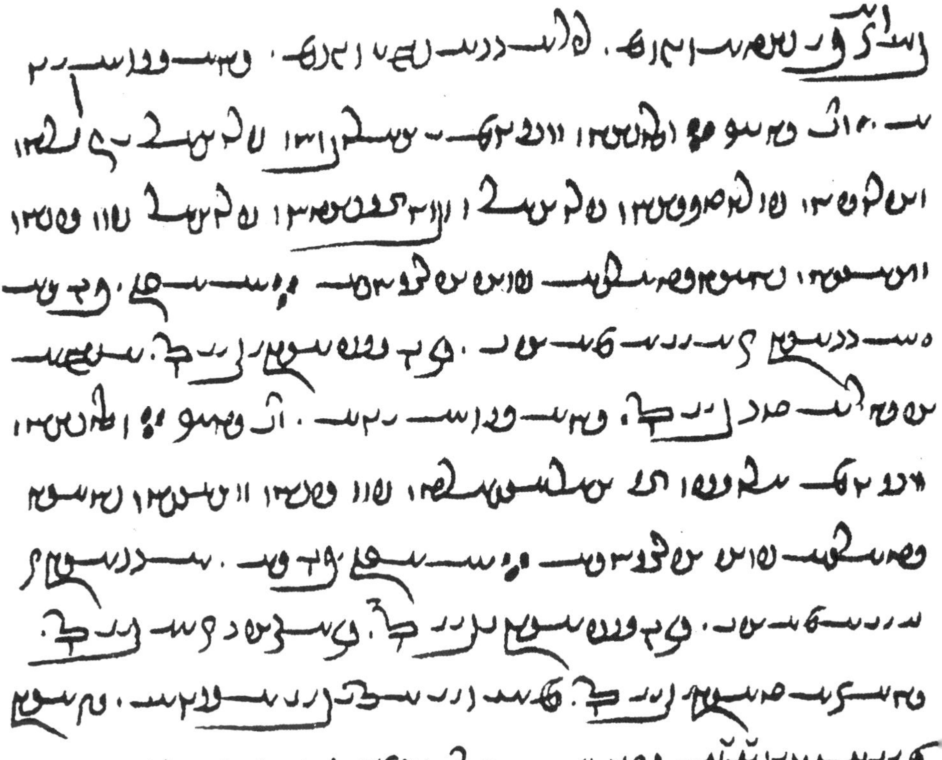

صفحه‌ای از اوستا (یسنا)

و در هندوستان و برخی از شهرهای اروپا با ارائهٔ متن پهلوی به انضمام فرهنگی از لغات و توضیحات لازم به طبع رسیده است.

دانشمند زبان‌شناس فرانسوی سیلوستر دوساسی Silvestre de Sacy در حدود سال ۱۷۸۳ میلادی موفق به خواندن خطوط فارسی میانهٔ «پهلوی اشکانی و ساسانی» گردید.

زرتشت شناس فرانسوی آنکتیل دوپرون Anguetil du Perron در سال ۱۷۵۵ میلادی از فرانسه به هندوستان رفت تا سال ۱۷۶۱ میلادی در شهرهای «پندیشیری» و «سورت» آداب و زبان فارسی آموخت، و پس از بازگشت به فرانسه پس از هفده سال مطالعه و تحقیق در اوستا سرانجام در سال ۱۷۷۱ میلادی ترجمهٔ آنرا به اتمام رسانید و منتشر ساخت.

کلبر وزیر لوئی چهاردهم پادشاه فرانسه در حدود سال ۱۷۹۵ میلادی مدرسه‌ای در پاریس دایر کرد که در آن زبانهای شرقی تدریس می‌شد هم در این زمان نخستین کتاب از کتب شرقی یعنی هزار و یکشب به زبان فارسی ترجمه شد.

دربارهٔ رویدادهای تاریخی و فرهنگی دوران ساسانی آثار معتبری از مآخذ یونانی، لاتینی، ارمنی، سریانی و مورخ ایران محمدبن جریر تَبَری توسط خاورشناسان اروپایی بچاپ رسیده است. از جمله کتاب «ایرانیان و تازیان در دوران ساسانی» اثر خاورشناس آلمانی پروفسور تئودور نولدِکه، کتاب «تمدن ایران ساسانی» تألیف پروفسور ولادیمیر گریگورویچ لوکونین روسی، تألیفات گرانبهای دیگری از خاورشناسان در راه شناسانیدن فرهنگ و تمدن ایران باستان در دسترس است که ذکر نام و شرح یکایک آن از حوصلهٔ این نوشتار بیرون است.

پس از فتوحات اسلامی در قرن هفتم میلادی اوضاع و احوال ایران با تغییر زبان، خط، دین، حکومت و سیاست دستخوش دگرگونیها و تحولات عظیم گردید مسلم است آثار و اسناد فرهنگی و هنری و حوزه‌ها و مراکز علمی آن دوران اعم از مدارس، کتابخانه‌ها، دیرها، نیایشگاه‌ها، بیمارستانها،

زیجها و غیره نمی‌توانست با شکل و هیأت دوران ساسانی باقی مانده باشد. در فاصلهٔ دورهٔ سقوط دولت ساسانی و دورهٔ پیدایش حکومتهای نیم مستقل و مستقل ایران اسلامی در نتیجهٔ تلاش و کوششهای مردم ایران، که در تمام ادوار نگهبان زبان و فرهنگ و ادب این مرز و بوم بوده و آنها را از نسلی به نسلی دیگر انتقال داده‌اند، فرهنگ ایرانی چون سمندری از زیر خاکستر حوادث ایام سر برکشید فرهنگ ایران اسلامی در کسوت زیبای زبان فارسی دَری و به رسم الخط عربی بار دیگر جلوه‌گری آغاز نمود.

بدون شک بقا و استمرار فرهنگ ایران و ادامهٔ پیشرفت و حیات نوین آن مرهون عوامل متعددی‌ست. مهمترین آن قدرت تحول زمینه‌های عمیق اجتماعی و جنبه‌های انسانی تمدن و فرهنگ دیرینهٔ ایرانیان است که بر آن بستر، دانشمندان و روشنفکران برجسته‌ای چون زکریای رازی، روزبه فارسی، علی‌بن مسکویه. فارابی، بیرونی، خیام، سیبویه فارسی، رستم کوهی، غیاث‌الدین کاشانی، ابوالوفا نیشابوری، ابن سینا، عبدالرحمن صوفی، سهروردی، نصیرالدین توسی، خوارزمی و ده‌ها تن دیگر نظیر این نوابغ شکوه و جلال خاصی به فرهنگ و ادب ایران اسلامی بخشیدند. آنان نه تنها زبان فارسی را پس از دو سده برکناری از صحنهٔ علم و کتابت دوباره به جهان علم و ادب بازگرداندند بلکه زبان عربی را به عنوان یکی از وسایل تعبیر و تفسیر علمی خود برگزیدند و با تقویت و توسعهٔ آن دیدگاه اندیشه خود را گسترش دادند و بر ثروت لغوی این زبان افزودند.

پس از قرن دوم هجری متجاوز از پانصد سال سرزمین پهناور ایران بزرگترین کانون فعالیتهای علمی و ادبی جهان اسلام بشمار می‌رفت اکثر دانشمندان و اندیشمندان سرزمینهای متصرفی اسلام ایرانی بوده‌اند، فرهنگ ایرانی قرنهای متمادی از ارزشهای بسیار غنی و گرانمایهٔ علمی، ادبی، اخلاقی و فلسفی و معنوی برخوردار بوده است. به شهادت تاریخ می‌توان آن را از درخشانترین فرهنگهایی بشمار آورد که در عرصهٔ فرهنگهای جهان بوجود آمده است.

# سرگذشت
## تاریخ نگاری

بشر در آستانهٔ رشد و تکوین عقل یعنی از روزگارانی که توانست مفاهیم ذهنی خود را نخست به صورت سخن گفتن به ذهن دیگری منتقل سازد و از مقاصد و مفاهیم دیگران آگاه گردد، بتدریج در مراحل درک ضرورتهای زندگی دسته‌جمعی و شروع حیات اجتماعی عقلی، نیاز مبرمی به وسیله و عاملی جهت انتقال و انعکاس افکار و مفاهیم ذهنی خود به دیگران پیداکرد و به ابداعات مهم خط تصویری و سپس خط نویسی راه یافت.

برای پی بردن به ارزش و اهمیت پیدایش خط و سهم بزرگی که این پدیدهٔ شگفت در شکوفایی و پیشبرد تمدن بشری داشته است کافی‌ست به این نکته توجه شود که دوران زندگی حقیقی بشر در کرهٔ زمین از آغاز پیدایش خط قید می‌شود. از این رهگذر خط مبدأ و حافظ تاریخ محسوب می‌شود.

تاریخ پس از اختراع خط به وجود آمد پیش از آنکه خط اختراع بشود هزاران سال مردمانی بر روی این کرهٔ خاکی سکنا داشتند. تنها وسیله شناسایی آنها اشیاء و افزاری ست که از آنان بجای مانده و در زیر خاکها مدفون شده است که امروزه به توسط کاوش های علمی اکتشاف و شناسایی می‌شود. آن دوران نامعلوم را تا شروع ازمنهٔ تاریخی «دوران ماقبل تاریخ»

می‌نامند.

دانشمندان دوران ماقبل تاریخ را به سه دوره فرضی تقسیم‌بندی کرده‌اند. دوران سنگ تراشیده که حدود صد هزار سال دوام داشته است. دوران سنگ صیقلی از دوازده‌هزار سال پیش از زایش مسیح تخمین زده شده است. دوران فلز که از پنج‌هزار سال پیش از زایش مسیح است.

با اختراع خط نویسی، از ادوار گذشتهٔ ایران باستان نشانه‌های ارزنده و گویایی از ثبت وقایع بر روی سنگ‌ها و بر فراز صخره‌ها و کنگره‌ها و الواح گلین و فلزی و یا پوست حیوانات بر جای مانده است. این آثار در نقاط مختلف ایران و در سرزمینهای متصرفی ایران آن روز، چون بین‌النهرین «میان رودان»، مصر، قسمت های وسیعی از هندوستان و پاکستان و افغانستان کنونی و بخشهای گسترده‌ای از سرزمین‌های آسیایی روسیه ضمن کاوشهای علمی بدست آمده است که هم‌اکنون زینت‌بخش موزه‌ها و غرفه‌های فرهنگی جهان است.

متجاوز از سی هزار لوح گلین منقور و منقوش به خط میخی پارسی در ویرانه‌های تخت جمشید در سال ۱۳۱۲ خورشیدی برابر ۱۹۳۶ میلادی توسط هیئت اکتشافی علمی آمریکایی کشف شده این خود می‌رساند ایرانیان باستان هم چون سایر اقوام متمدن زمان پس از اختراع خط، قراردادهای تجاری و امور بازرگانی خود را برروی الواح گلین و یا فلزی ثبت نموده در اماکن خاصی نگهداری می‌کردند. شرح جهانگشایی‌ها و پیروزی‌ها را در دل کوه‌ها و بر فراز صخره‌ها نَقر می‌نمودند اخبار و روایات دینی و سرودهای مذهبی را بر پوست درختان و پوست حیوانات نگاشته، در مخازن ویژه‌ای چون گنج خانه‌های تخت جمشید، پازارگاد، و استخر فارس نگهداری می‌کردند.

حمزهٔ اصفهانی صاحب کتاب التنبیه مورخ قرن چهارم هجری می‌گوید:
«ایرانیان باستان را رسم چنان بود که مجموعه‌ای از شرح فتوحات و جنگاوریها و توصیف زندگانی شهریاران و پهلوانان خود را افسانه سرایی کرده به صورت تومار و

الواح تدوین کنند و در خزانهٔ کتابخانهٔ شاهان ضبط نموده در روزهای نوروز و مهرگان حماسه خوانان به بانگ خوش بخوانند».

بنابـر نوشنه کتاب دینی زرتشتیان «دینکرت» و اخبار و روایات تَبَری و مسعودی مورخان قرن چهارم هجری، در حملهٔ اسکندر مقدونی به ایران حدود ۳۲۰ پیش از زایش مسیح مجموعهٔ قطعات اوستا را که بر روی دوازده هزار قطعه پوست گاو به خط اوستایی و به آب زر نگاشته شده بود و در گنجینه گنج شایگان یا «شاهیگان» در استخر فارس نگهداری می شد.به فرمان اسکندر بخشهای مربوط به علوم طِب و نجوم آن را به یونان فرستادند و بقیه را طعمهٔ آتش ساختند.

حکیم نظام گنجوی شاعر بلند پایهٔ قرن ششم هجری در منظومهٔ اسکندرنامه بدین نکته اشاره کرده است:

سکندر که او مُلکِ عالم گرفت	پی جُستن کام خود ره گرفت
چو بر مُلکِ ایران شد او کامکار	همی گشت برکام او روزگار
کُتب خانهٔ پارسی هرچه بود	اشارت چنان شد که آرنِد زود
به یونان فرستاد تا ترجمان	نبشت از زبانی به دیگر زبان
به خروارها گنج زَر بر گرفت	همان راه یونان در برگرفت

ابن الفقیه همدانی جغرافیانویس قرن چهارم هجری در بارهٔ صخرهٔ بزرگی در نزدیکی همدان که خود شاهد آن بوده می‌نویسد:

«در سینهٔ کوهی بلند در نزدیکی همدان در دو طاق حجاری شده سه لوح از سنگ تراشیده تعبیه شده است که در هر لوحی بیست سطر خط میخی منقور و منقوش است».

پس از اختراع خط نویسی همهٔ مردم متمدن زمان ویژگیهای کیش و آیین و قراردادهای تجاری و امور بازرگانی و شرح جنگها و پیروزیهای خود را به خط متداول زمان نیز برالواح گلین و سیمین و زرین و در دل غارها و برفراز

الفبای پهلوی

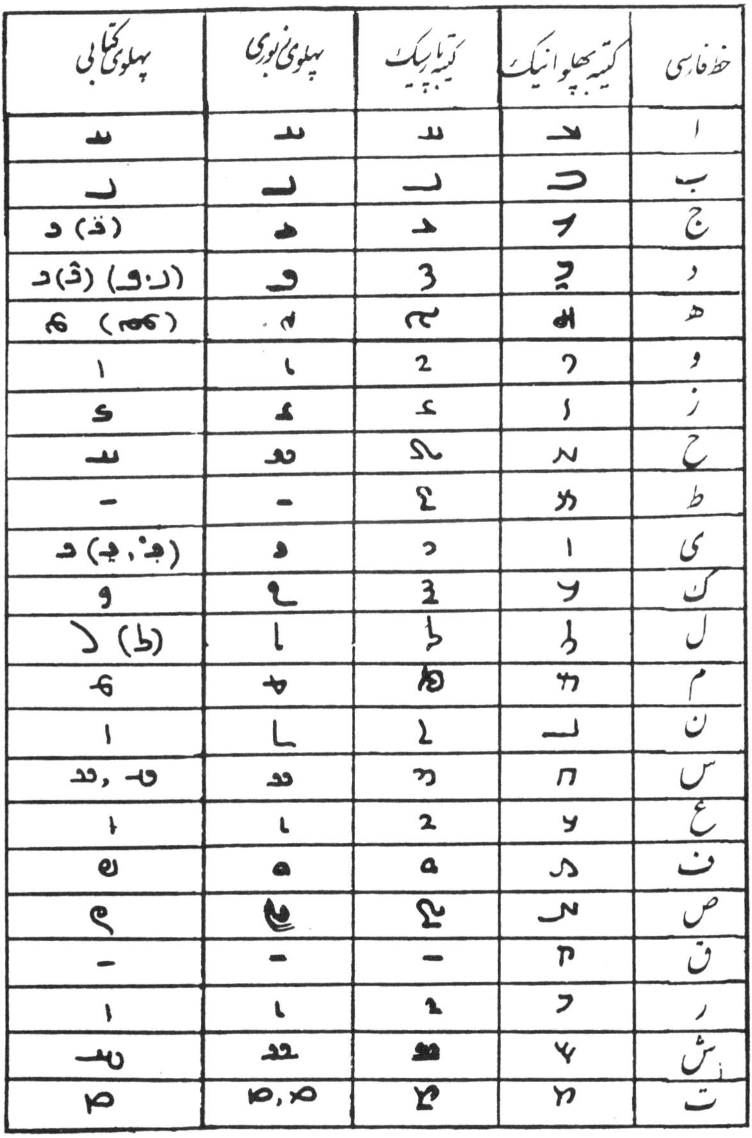

| پهلوی کتابی | پهلوی نوری | کتیبهٔ پارتیک | کتیبهٔ پهلوانیک | خط فارسی |
|---|---|---|---|---|
| ﺣ | ﺣ | ﺣ | ﺣ | ا |
| ﻟ | ﻟ | ﻟ | ד | ب |
| (ق) د | ﺣ | ﺣ | ד | ج |
| (ر،و) (ق) د | و | 3 | ﺣ | د |
| ﻫ (ﻫ) | د | ﻫ | ﻫ | هـ |
| ١ | ﻟ | 2 | ל | و |
| ک | ﺣ | ک | ١ | ز |
| ﺣ | ﺣ | ﺣ | ﺣ | ح |
| - | - | ﺣ | ﺣ | ط |
| (ج، ج) د | و | د | ١ | ی |
| و | ﺣ | 3 | ﺣ | ک |
| (ط) ل | ١ | ط | ط | ل |
| ﻫ | ﻫ | ﻫ | ﻫ | م |
| ١ | ﻟ | ﻟ | ﻟ | ن |
| حد، د | د | ﺣ | ﻟ | س |
| ١ | ل | 2 | ﻟ | ع |
| ه | ه | ه | ﺣ | ف |
| ﻫ | ﻫ | ﺣ | ﺣ | ص |
| - | - | - | ﺣ | ق |
| ١ | ل | 2 | ﺣ | ر |
| ﺣ | ﺣ | ﺣ | ﺣ | ش |
| ﻫ | ﻫ، ﻫ | ﺣ | ﺣ | ت |

صخره‌ها و کتیبه‌ها نقر می‌نمودند و یا بر پوست درختان و پوست حیوانات می‌نگاشتند. مانند نقش‌ها و تصاویر و سنگ‌نگاره‌هایی که در بعضی از غارها و کوهستانهای اروپا و اقوام مایاها و اینکاها در آمریکای جنوبی اکتشاف شده است. مهم‌تر و قدیمی‌تر از آن کتیبه‌های سنگی و استوانه‌های منقور و منقوش بجای مانده از آشوریان، کلدانیان و مصریان است که این آثار خود سرآغاز تاریخ بشر محسوب می‌شود.

در یونان و روم باستان تاریخ‌نویسان و جهانگردانی بزرگ نظیر هرودوت، پلوتارک، گزنفون، استرابون، کتزیاس، توسیدید و دیگران وجود داشتند. آنان در سده‌های پیش از زایش مسیح وآغازین میلادی به حوزهٔ شاهنشاهی ایران و دیگر اقوام متمدن مشرق زمین رفته مطالبی ثبت کرده‌اند که بسیاری از گوشه‌های تاریک تاریخ شرق را روشن می‌سازد. همچنین مورخان وجهانگردان یهودی، ارمنی، عرب و اروپایی که به سرزمین پهناور فلات ایران سفر کرده، با دید وقایع نگاری و بر پایهٔ معیارهای زمان در زمینه‌های تاریخی و جغرافیایی به ثبت وقایع پرداختند.

جهانگردان و مورخان ایرانی چون تَبَری، مسعودی، حمزهٔ اصفهانی، ابوریحان بیرونی، ابوالفرج اصفهانی، ثعالبی نیشابوری، ابوالفضل بیهقی، حکیم ناصر خسرو قبادیانی و نظایر آنان نیز حوادث و رویدادهای زمان را نگاشته، به یادگار گذارده‌اند.

به گفتهٔ رودکی شاعر قرن سوم هجری:

مردمان بِخرد اندر هرزمان　　راه و دانش را به هرگونه زبان
گِرد کردند و گرامی داشتند　　تا به سنگ اَندر همی بنگاشتند

تاریخ مدون و آثار تاریخی هر قومی به منزلهٔ دورنمای تمام عیاری ست از نشانه‌های تمدن و فرهنگ آن قوم. هویت و شخصیت اقوام در تاریخ آنان نهفته است.

تاریخ واقعی ملتها به سرنوشت چند فرد معدود با عناوین امپراطور،

حاکم، رهبر، امیر و غیره که احیانا دادگر ویا مظهر ظلم و ستم بوده‌اند بستگی ندارد، بلکه سرنوشت آحاد مردم در آن مؤثرست که مجموعاً سازنده و گرداننده و تشکیل دهندۀ جامعه هستند.

## شیوۀ تاریخ نگاری در گذشته

در فرهنگ‌های لغات فارسی واژه «تاریخ» به معنای شرح وقایع زمان و ثبت سرگذشت پیشینیان آمده است. در زبان فارسی باستان آن را «سالَمه» یا «کارنامک» نامند. و واژه «ماه روز» یا «مَه روز» ترکیب ماه و روز در معنا همان کلمۀ مورخ است که مصدر تاریخ از آن بوجود آمده است.

اقوام بشر معمولاً در مراحل نخستین تمدن خود یعنی در ایام جوانسالی دوره‌های قهرمانی و پهلوانی و قهرمان پروری را طی می‌کنند و به ماجراهای جنگی و حوادث زندگانی و عشقی جنگاوران و پهلوانان زمان توجه دارند. بعدها به مرور زمان به مسایل معنوی و فرهنگی روی آورده بتدریج به دوران پختگی و اعتدال می‌رسند. با توجه به این نکته تاریخ نگاری و شیوۀ نگارش وقایع و انساب در گذشته‌ها بصورت افسانه پردازی و حماسه سرایی و اسطوره سازی بدون ذکر نقد تاریخی و علل اجتماعی و اقتصادی ثبت می‌شد. چنانچه از خلال سطور آن به دشواری راهی به تجزیه و تحلیل حوادث یافت می‌شد و یا نکات روشنی که روشنگر رشد فکری و توجه به حال و احوال مردم جامعه باشد نمودار می‌گردید.

اکثر تصانیف و اخبار و روایات یاد شدۀ تاریخی گذشته با واقعیات مطابقت ندارد. بسیاری از حقایق مهم و مؤثر تاریخی در نظر مورخان گذشته بدون اهمیت و اعتبار بوده مجال خودنمایی نیافته است.

شیوۀ تاریخ‌نگاری سُنتی در گذشته که کمابیش بین ملل جهان عمومیت داشت، شامل اسطوره‌سازی، افسانه‌پردازی وحماسه‌سرایی در شرح جنگ‌ها و توصیف زندگانی دولتمردان و سرداران زمان است. هیچگونه الگو و یا مدرکی از راه و رسم زندگی مردم و ارزشهای حاکم بر جامعه در آن تواریخ

مشاهده نمی‌شود.

در سرزمین ایران بعلل تحولات ناگوار پی‌درپی و حوادث سهمناک تاریخی توام با بیدادگریهای مستبدانهٔ حکومتی و مذهبی و نظام‌های جابرانهٔ بی‌امان خودی و بیگانه آثار شومی از ستایشگریهای مبالغه‌آمیز وحماسه‌سرایی‌های دور از حقیقت در همهٔ شئون زندگی و نظام اجتماعی فرصت ظهور یافت. این امر در شیوهٔ نگارش رویدادهای تاریخی چون تاریخ‌های وَصاف، حبیب السیر، جهانگشا، ظفرنامه تیموری، دُرهٔ نادری و امثال آن کاملاً به چشم می‌خورد.

باتوجه بر این نکته دقیق در بسیاری از موارد در آثار شاعران و نویسندگان صاحب‌نظر از همان نخستین سروده‌های شعر و ادب به زبان فارسی دری‌ست که واقعیاتی از مشکلات اجتماعی و مردمی در لباس نظم و نثر جلوه‌گر شده است. پاره‌ای از آنها اوضاع و احوال و ارزشهای حاکم بر جامعهٔ زمان را روشن می‌سازد. مانند سروده‌های شهید بلخی، خاقانی، انوری ابیوردی، مسعود سعد سلمان، حکیم ناصرخسرو قبادیانی، عبید زاکانی، و ده‌ها تن نظیر این بزرگان که سروده‌هایشان در تاریخ ادبیات فارسی به ثبت رسیده است.

## دانش تاریخ‌نگاری نوین

یکی از رشته‌های ادبیات که در این صد ساله اخیر تغییر کلی یافته و به صورت بنیادی جدید درآمده است دانش تاریخ نگاری ست.

دانش تاریخ‌نگاری به‌شیوهٔ علمی و اصول از قرن هیجدهم میلادی تاکنون در کشورهای‌مترقی‌جهان مدارج تکامل‌را پیموده‌است. متفکران ونویسندگان دانشمندی چون وُلتر، منتسکیو، میشله فرانسوی، دوید هیوم انگلیسی، هانری پیرن بلژیکی و تنی چند نظیر آن بزرگان در راه تدوین تاریخ تغییرات و تحولات بی‌سابقه و مهمی بوجود آوردند. در این شیوه توجه به اوضاع اقتصادی و اجتماعی و رشد افکار جامعه ومسایل جوامع بشری در آن مطرح است تا مورد دقت و مطالعهٔ دقیق قرار گیرد.

در حدود سال ۱۹۳۹ میلادی چند تن از دانشمندان علوم انسانی از جمله پروفسور مارک بلوخ آلمانی P. Marc - Bloch و پروفسور لوسین فیبرفرانسوی P. Lucien - Febure با توجه به مسایل جوامع بشری بازسازی دقیقی در طرز نگارش تاریخ ایجاد کردند، که شامل جامعه شناسی و برخورد با علوم انسانی و حوایج و مسایل جوامع بشری در آن مطرح است.

دانش تاریخ نگاری امروز از رَوشِ تذکره‌نویسی و افسانه پردازی و اسطوره سازی و حماسَه‌سرایی فراتر رفته است. پژوهشگر تاریخ امروزه به تجزیه و تحلیل دقیق جامعه و ساختارهای فرهنگی و نظام تمدنها و ارزش‌های حاکم بر جوامع بشری و تحولات پیچیده مربوط به آن می‌پردازد.

امروزه رسالت تاریخ تنها نمایاندن مقداری ارقام و سنوات جنگها و فتوحات و شکستها و تولدها و مرگ‌ها نیست. بلکه حامل کیفیت تحول و تکامل نظام تمدنها و ساختارهای فرهنگی ملت‌ها و انتقال آن به نسلهای آینده است.

تاریخ چون مثلثی متساوی‌الاضلاع ساخته و پرداختهٔ زمان و مکان و انسان است و به عنوان دفترچهٔ ثبت آفرینش و دگرگونی نهادهای اجتماعی و نظام تمدنها و ساختارهای فرهنگی جوامع بشری ست که دائماً در حال تغییر و تحولند. ضرورت آشنایی و آگاهی به تاریخ از دیدگاه رویدادهای سیاسی و مسایل اجتماعی امری اجتناب‌ناپذیر به نظر می‌رسد. به گفتهٔ بیهقی:

«هرکه در تاریخ تأمل کند در هر واقعه که او را پیش آید نتیجهٔ عقل جمله عقلای عالم به وی رسیده باشد».

ویل دورانت متفکر و مورخ معاصر آمریکایی صاحب کتاب‌های تاریخ تمدن عالم و مشرق زمین گاهواره تمدن می‌گوید:

«هر ملتی که تاریخ خود را نداند و نسبت به آن بی‌اعتنا باشد بسیاری از آزموده‌های تلخ تاریخی را به ناچار باید دوباره بیازماید که این خود مصیبت‌های مکرر بسیار خواهد آورد».

همو می‌نویسد: «تاریخ تار و پود حیات فلسفه را بهم می‌بافد. و فلسفه را ملکهٔ علوم نام نهاده و معتقدست که آشنایی و آگاهی به تاریخ سبب دیدی فلسفی در ذهن می‌شود».

وُلتر متفکر و نویسنده فرانسوی معتقدست که تنها فلاسفه باید تاریخ نگار باشند که سرنوشت بشر در آن نهفته است و درس عبرت به انسان می‌آموزد. وُلتر تاریخ را علم ساختن آینده‌ها تعریف می‌کند و وظیفهٔ تاریخ را بررسی و شکافتن دقیق حوادث اجتماعی و ثبت رویدادها برحسب توالی زمان می‌داند که بر مردم شناسانده بشود.

دانشمند معاصر ایتالیایی «بِندتو کروچه Bendeto - Croce» معتقدست که تاریخ در رشد و تکوین شخصیت افراد جامعه عاملی بسیار مؤثرست و می‌گوید هر مورخی فیلسوف نیز هست خواه آنکه بخواهد یا نخواهد.

امروزه تاریخ در همان لحظهٔ وقوع حوادث با وسایل مختلف فنی چون عکسبرداری، نوار، فیلمبرداری، اسلاید و غیره ثبت و ضبط می‌شود. منظور و هدف کاوشگران نکته سنج تاریخ که از شیوهٔ علمی تاریخ نگاری پیروی می‌کنند در یافتن حقیقت وقایع و شکافتن اَسرار علل و معلول حوادث و مطرح ساختن مسایل مردم هر جامعه است.

تاریخ نگاری امروز سررشته و سرچشمه اتفاقات و حوادث هر زمانی را در نهایت آزاداندیشی در زمانهای پیش از آن جستجو می‌کند و معتقد ست که رشتهٔ حیات حوادث گذشته و آینده هر ملتی به هم بسته و پیوسته است.

دانش تاریخ نگاری امروز پرده از درون و ماهیت نهفتهٔ تاریخ دور دست ما بر می‌دارد. از جهانگشاییها و پیروزیهای افتخارآمیز دورانهای ماد، هخامنشی، اشکانی، ساسانی و پس از آن از رهبران ایرانی مسلمان که مایهٔ مباهاتند سخن می‌گوید. از غارتگریهای خانمانسوز اسکندر و اعراب و چنگیز و مغول و تاتار و سایر اقوام بیگانهٔ متجاوز و مهاجم حکایتها دارد. به موازات آن از مرارت‌ها و عذاب‌های طاقت فرسایی نیز که نیاکان ما در گذر

تاریخ پر فراز و نشیب خود از بیدادگریها و خشونت‌های دوگانه حکومتی و مذهبی زمان متحمل شده‌اند سخن می‌راند.

دانش نوین تاریخ نگاری را به شاخه‌های چندی تقسیم بندی کرده‌است چون تاریخ طبیعی، تاریخ نظامی، تاریخ سیاسی، تاریخ اقتصادی، تاریخ حقوقی، تاریخ ادیان و مذاهب، تاریخ هنر، تاریخ فلسفه و عرفان، تاریخ موسیقی، تاریخ علوم و اختراعات و صنایع، تاریخ ادبیات و غیره.

در حدود سال ۱۹۴۸ میلادی شاخهٔ جدید تاریخ شفاهی هم به توسط پروفسور آلِن نوینز Alen - Nevins آمریکایی در تهیه و تنظیم اسناد و مدارک تاریخ معاصر بنیان گذارده شده است که شامل ثبت و ضبط خاطرات و مشاهدات دست اول افراد دست اندرکار زمان به عنوان شاهدان عینی بر روی نوارست.

ثبت و ضبط این خاطرات و مصاحبه‌های شفاهی این زمینه را فراهم می‌سازد که تاحدود قابل اطمینانی از تاریکیها و پیچیدگیهای رویدادها و حوادث زمان کاسته شود و افق روشن و وسیعتری در برابر پژوهندگان جهت تدوین و تنظیم جامعه شناسی و تاریخ نگاری معاصر ایجاد گردد.

# سرگذشت
# شهر باستانی استخر پارس

بنابر کاوشهای علمی خاورشناسان و اعتقاد برخی از ایران شناسان مانند نُلدِکِه،بنای شهر استخر به زمانهای پیش از آمدن آریاها به ایران یعنی سه هزار سال پیش از زایش مسیح باز می‌گردد. به این ترتیب شهر باستانی استخر همانند شهرهای هکمتانه و شوش و ری از شهرهای بزرگ و آباد وپر جمعیت پیش از تشکیل دولت هخامنشی بوده است.

بنابر شواهد و مدارک تاریخی شهر باستانی استخر در سه دورۀ امپراتوری هخامنشی و اشکانی و ساسانی پایتخت جنوبی ایران بوده است. این شهر در تمامی آن دوران مرکز بازرگانی وسیاست و جایگاه موبدان و دبیران و دستوران آیین زردتشت بشمار می‌رفته و آن را شهر مقدس یا بانوی شهرها می‌نامیدند. در آن زمان شهر استخر دارای برج و باروهای استوار بوده و در نواحی مختلف آن دژها و کاخها و آتشکده‌های بزرگ و با شکوهی ایجاد شده بود. در اسناد تاریخی از دژ استخر، دژ اسفندیار، دژ اشکنوا-که به سه گنبدان معروف است - وکاخ تخت جمشید و آتشگاه آناهیتا(فرشته نگهبان آب و حاصلخیز) یاد شده است. جشنهای خاص ایرانیان چون نوروز و مهرگان در کاخ تخت جمشید و تاجگذاریهای اکثر شاهان باستانی در آتشکدۀ آناهیتا برگزار می‌شده است. در سنگ نبشۀ شاپور یکم در نقش

رستم به نام ملکه «استخریات» اشاره شده است و همچنین برستون سنگی ایوان جنوبی کاخ تَچر در تخت جمشید نام استخر حک شده است.

## دوران هخامنشی

استخر که زادگاه و آرامگاه نیکان هخامنشیان بود، شهری بزرگ و آباد و پرجمعیت بود که مرکز صاحبان‌پیشه و هنر و تجارت بشمار می‌رفت. علاوه بر آن استخر محل نشر علم و دانش ونگهداری گنجینه‌های نفیس تومارها و لوحهای گلین و زرین و سیمین منقور و منقوش بود.

پس از برچیده شدن امپراتوری هخامنشی این شهر مدتی رونق خود را از دست داد و در زمان جانشینان اسکندر مقدونی حاکم و شهربان استخر دست‌نشاندۀ سلوکیها و تحت نفوذ آنان بود، اما این دوران از هفتاد سال بطول نیانجامید.

پس از آن که پارتها سر از فرمانبرداری سلوکیها پیچیدند و خود بتدریج تشکیل حکومتی دادند به نام اشکانی، سرانجام سرزمینی پارس توسط اشک ششم یا مهرداد اول در اوایل سدۀ سوم پیش از زایش مسیح از تسلط بیگانه رهایی یافت.

## دوران اشکانی

در این دوران ایرانیان شاهان محلی را «آثروپات» یا «آذربان» می‌نامیدند. آثروپاتها ادارۀ امور سیاسی و اقتصادی هر استان را بر عهده داشتند و سرپرستی آتشکده و موبدان آن استان و اجرای مراسم و آداب و شعایر آیین زردشتی هم زیر نظر آنان انجام می‌شد.

در حفاریهای علمی سکه‌هایی از این دوران بدست آمده است که در یک روی سکه شاه پارس با لباس پارتی و در روی دیگر شکل آتشکده و نقش نگاهدارنده آتش که در کنار آتش نشسته دیده می‌شود.

## دوران ساسانی

در این دوران شکوه و جلال امپراطوری ایران از خاور به جنوب ایران منتقل شد و شهر استخر به بالاترین پایهٔ اهمیت و رونق خود رسید زیرا دودمان و نیاکان سلسلهٔ ساسانی اردشیر بابکان در این شهر زندگی می‌کردند. پدر و نیای اردشیر ساسان و پاپک سرپرست و آذربان و موبد بزرگ پرستشگاه آناهیتا یکی از پرستشگاههای معروف ایرانیان باستان بودند.

استان پارس در آن دوران به پنج کوره یه خرهّ (ناحیه) استخر اردشیر، دارابگرد، بیشاپور و ارجان تقسیم شده بود. کوره استخر مرکز این نواحی پنجگانه بشمار می‌رفت. استخر جایگاه موبدان و دستوران و دبیران آیین زردتشت بود و شهر مقدس نامیده می‌شد. مراسم تاجگذاری نخستین شاه ساسانی اردشیر یکم و شاپور فرزندش و نرسی و چند تن دیگر از شاهان ساسانی در پرستگاه آناهیتا انجام گرفت. به یاد بود آن مراسم کتیبه‌هایی در نقش رستم و نقش رجب به زبان پهلوی ساسانی نقش گردیده است.

یزدگرد سوم ساسانی آخرین شاه این خاندان را در هنگام کودکی ـ برای حفاظت وی از کشتن بدست شیرویه ـ از تیسفون به این شهر آورده‌اند، و در یکی از دژهای استخر تحت مراقبت گذاردند. یزدگرد در شانزده سالگی (۶۳۲ میلادی) در پرستشگاه آناهیتا در شهر استخر تاجگذاری کرد و سپس روانهٔ تیسفون گردید. شهر استخر تا پایان دوران ساسانی پایتخت جنوبی ایران مرکز فعالیت اقتصادی و حفاظت گنجینه‌ها و تومارها و مکتوبات علمی و دینی بود.

مسعودی در التنبیه در بارهٔ کتابی که در قرن چهارم هجری در این شهر دیده می‌نویسد: از روی تصاویر و نقاشیهای این کتاب شرح رنگ و جامه‌های بیست و هفت تن از شاهان ساسانی بیست وپنج مرد و دو زن را می‌توان دید که منبع مورد اعتماد و موثقی ست.»

ساسانیان از لحاظ روابط سیاسی و نبردهای پیوسته‌ای که با رومیان داشتند همان شهر تیسفون را که یکی از پایتختهای دولت اشکانیان و در مرکز

امپراطوری پهناور ایران بود، بعنوان پایتخت سیاسی انتخاب کردند ولی در آبادانی استان پارس زادگاه و آرامگاه نیاکانشان بودند و در نواحی مختلف آن استان مانند استخر فیروزآباد، بیشاپور، دارابگرد، کازرون، سروستان، کاخها کتابخانه‌ها آتشکده‌ها و دژهای مجلل و با شکوهی ساختند.

## دوران اسلام

بعد از حملهٔ اعراب و شکست نهایی ایرانیان در نهاوند در سال ۲۱ هجری (۶۴۲ میلادی) شهر استخر نیز چون بسیاری از شهرهای دیگر ایران در زد و خوردهای پی در پی با مهاجمان شاهد کشتارهای فجیع و تاراجهای جبران ناپذیری گردید که به نابودی آن منجر گشت.نخستین بار استخر در سال ۲۲ هجری مورد هجوم تازیان قرار گرفت. داماد یزدگرد «هیربُدراپک» فرماندار آن بود ولی با در نظر گرفتن رویهٔ مسالمت‌آمیز و پذیرفتن شرایط صلح و پرداخت باج و خراج موفق شد که موقةً شهر را از ویرانی و تاراج و کشتار متجاوزان در امان نگاهدارد. ولی پس از کوتاه مدتی مردم استخر از ظلم و جور فراوان تازیان به تنگ آمدند و از فرمانبرداری امرای تازی سرپیچیدند. در نتیجه تازیان به سرداری «عبداله‌بن عامر» در سال ۲۹ هجری با قهر و غلبه شهراستخر راکه سخت پایداری می‌کرد گشودند. مهاجمان پس از کشتارهای مدهش به تاراج دژها و کاخها و پرستشگاهها‌پرداختند و با ویران کردن آتشکده‌ها از سنگ نگاره‌ها و سرستونها و مصالح آنها مسجدی در استخر بنا نمودند. جنگها و شورشهای بین تازیان و ایرانیان بر سر استخر بیش از چهارصد سال ادامه داشت. این شهر دائماً میدان تاخت و تاز و صحنهٔ کارزار بود، زیرا مردمان استخر زیر بار فرمانروایی بیگانه نمی‌رفتند. سرانجام در سال ۴۱۵ هجری به فرمان خلیفه وقت محی‌الدین ابوکالیجار دیلمی شهر استخر را بکلی ویران کردند و ساکنان آن را از دم تیغ گذراندند. این شهر مقدس تاریخی که بانوی شهرهای پارس نامیده می‌شد و بیش از پانزده سده پایتخت جنوبی امپراتوریهای ایران محسوب می‌شد، چنان ویران گردید که

دیگر هرگز روی آبادی ندید.

ابن بلخی که خود شهر استخر را در سدهٔ پنجم هجری دیده در فارسنامه می‌نویسد «در سال ۲۸ از هجرت در آن وقت که هیربد پاپک در استخر بود در میان ایشان صلح پیوست، ولی پس از چندی بر اثر مقاومتهای خونین مردم استخر سردار عرب «عبدالله‌بن عامر» در سال سی‌ام از هجرت سوگند خورد که چنان بکشد از مردم استخر که خون براند. پس به استخر آمد و به جنگ بستد و خون همگان مباح گردانید و چندان می‌کشتند خون نمی‌رفت تا آب گرم بر خون می‌ریختند پس می‌رفت، وعدهٔ کشتگان که نام بردار بودند چهل‌هزار کشته بود بیرون از مجهولان و اول خلل و خراب که در استخر راه یافت آن بود، و چون این آواز به دیگر شهرهای پارس افتاد هیچ‌کس سر نیارست آوردن...در تاریخ دیدم که اهل اسلام چهل‌هزار نفر از شهر استخر به قتل آوردند تا آن را مسخر گردانیدند وبدین نوع مجموع اقطار و قلاع فارس را در تحت ضبط درآوردند...»

طی آن سالهای پرآشوب تعداد کثیری از مردمان شهر استخر بتدریج به شیراز رفتند و مقر سکونت عامل خلیفه اسلامی هم به شیراز منتقل شد. شیراز از شهرهای قدیمی استان پارس است که در دوران هخامنشی شهرستانی پیرامون شهر بزرگ و آباد استخر بود و در کتیبه‌های تخت جمشید از آن با«شیرازیش» یاد شده است. شیراز از دوران ساسانیان بعلت وجود دو آتشکده و ارک کهنسال شاه موبد از شهرهای نسباً مهم استان پارس بود؛ پس از اسلام با ویرانی استخر بادست تازیان شیراز رو به توسعه گذاشت. درکاوشهای علمی که از طرف موزهٔ متروپولیت در سالهای ۱۳۱۲ و ۱۳۱۳ خورشیدی انجام گرفت، در ویرانه‌های «قصر ابونصر» در مشرق شیراز متعلق به اواخر دوران اشکانی و اوایل دوران ساسانی پاره‌ای از مسکوکات و ظروف واشیاء مربوط به دوران هخامنشی و سلوکی و اشکانی و ساسانی بدست آمد. از آن حفاریها سکه‌ها و مهرهایی کشف شده است که بر آنها نام اردشیر و نام شیراز خوانده شده است. در روایات اسطوره‌ای

حکایت از این می‌کنند که این شهر به اشاره «شیراز» فرزند تهمورث دومین پادشاه پیشدَادیان بنا گردیده است.

## موقعیت جغرافیایی شهر استخر

مورخان قدیمی چون استخری مقدسی و ابن بلخی حدود شهر استخر را که بزرگترین شهر استان پارس بود از شمال تا یزد و نایین و از جنوب تا شیراز نوشته‌اند که در حال حاضر از خاور تا روستای سیدان و فاروق و از باختر به روستای زنگی آباد و جنوب و شمال آن کوه رحمت ونقش رستم است.

رودخانهٔ سیوند(پلوار) از شمال باختری شهر استخر یعنی جلگهٔ پهناور مرودشت روان است. رود پلوار از دهستانی بنام «پروآب» سرچشمه می‌گیرد که نواحی مرودشت را سیراب می‌کند و در رود کُر می‌ریزد. لسترنج خاورشناس انگلیسی در کتاب «سرزمینهای خلافت شرقی» با تکیه بر مأخذ استخری و مقدسی و ابن‌بلخی و یاقوت حموی می‌نویسد که سرچشمهٔ رود پلوار از دهکدهٔ «فروآب» معرب پروآب در ناحیهٔ جوبترمان یا جاویرکان در شمال ارجان است.

در بالای کوههای استخر چندین دژ ساخته شده است. یکی دژ قدیمی و تاریخی استخر است که در انتهای شمال غربی جلگه مرودشت قرار گرفته است و برفراز دوکوه دیگر دو دژ بنامهای «قلعه شکسته» و «اشکنون» بنا شده که این سه دژ بنام سه گنبدان نامیده می‌شود فردوسی درباره آن سه کوه در شاهنامه گفته است:

به سه گنبدان سِتَخِر گزین نشستنگه شاه ایران زمین

این دژهای تاریخی در درازای سده‌های پس از اسلام گهگاه پناهگاه دلیران و گردنکشان و زمانی زندان سیاستمداران زمان بوده است، چنانچه خواجه نظام‌الملک توسی «فضلویه پسر علی‌بن الحسن رامانی» را که سر از

اطاعت الب‌ارسلان سلجوقی پیچیده بود، مدتی در دژ استخر زندانی کرد. حسن صباح و جانشینانش از آن دژها هم بعنوان مراکز فرماندهی و نظمی و هم برای پرورش و تربیت فداییان اسماعیلی استفاده می‌کردند. ابوبکربن سعد زنگی با فرمان اتابک سعد زنگی، همچنین سلجوق شاه برادر محمدشاه بن سلغرشاه برادرزادهٔ ابوبکر زنگی مدتی در دژ استخر زندانی بودند، خود اتابک سعدبن زنگی در مقابل هجوم محمد خوارزمشاه به این دژ پناهنده شد. شاه اسماعیل صفوی فرزند شیخ حیدر نیز در اوان کودکی در این دژ زندانی بود.

## استخر از نظر تاریخ نویسان بعد از اسلام

ابن‌بلخی در فارسنامه در قرن پنجم هجری می‌نویسد «پارسیان گفته‌اند که داالملک کیومرث اصطخر بود، این شهر را او بنا کرد و بعد از کیومرث هوشنگ پادشاه شد و در اصطخر فارس بروی بیعت پادشاهی کردند، و اصطخر را «بومی شاه» نام نهادند، یعنی «مقام‌گاه شاه» و به لغت ابتدایی زین را که مقام‌گاه اصلی باشد «بوم» خوانند و در زمان جمشیدشاه پیشدادی شهر اصطخر شهری عظیم گردید چندان که طول آن دوازده فرسخ و عرض ده فرسخ است و آن جا سراهای عظیم بنا کرد از سنگ خارا و سه قلعه ساخت و آن را سه گنبدان نام نهاد. یکی قلعهٔ اصطخر، دوم قلعهٔ شکسته، و سوم قلعهٔ اشکنون، و بر قلعهٔ اصطخر خزانه و جواهرات داشتی و بر شکسته فراش خانه و اسباب آن و بر اشکنون زرّادخانه. پس بفرمود تا جملهٔ ملوک و اصحاب اطراف و مردم جهان به اصطخر حاضر شوند، چه جمشیدشاه در سرای نو بر تخت خواهد نشستن و جشن ساختن ...»

او همچنین می‌نویسد «عضدالدوله دیلمی بالای کوه اصطخر حوضی ساخته است به نام حوض عضدی، و چنانست که دره‌ای بوده است بزرگ، که راه سیل آب قلعه بر آن درّه بودی. پس عضدالدوله به ریختگری روی آن دره برآورد مانندی سدّی عظیم و اندرون آن به مهروج و موم و روغن

بیندود و بعد با کرباس و قیر چندلا برلا بر آن گرفته و احکامی کردند کی از آن معظم‌تر نباشد و این حوض عمق آن ۱۷ پایه است کی چون یک سال هزار مرد از آن بخورند یک پایه کم شود و در میان حوض سی ستون کرده‌اند از سنگ و صاهروج و برسر آن حوض پوشیده و بیرون از آن دیگر حوضهای آب و حصنها هست که حصار منیع توان داد و سردسیر ست، مانند هوای اصفهان و کوشکهای نیکو و سرابهای خوش و میدان فراخ دارد...»

ابوالحسن ابراهیم‌بن محمد فارسی استخری که خود از این شهر برخاسته (مرگ ۳۴۶ هجری) در کتاب مسالک‌الممالک می‌نویسد «اصطخر شهری‌ست قدیمتر همه شهرهای پارس. پادشاهان پارس آن جا مقام داشتندی و کیومرث آن را بنا نمود و دارالملک جمشید بود. به ناحیت اصطخر بناهای عظیم هست از سنگ خارا. صورتها کرده و برآن جا نبشته و نگاشته. گوینده دیوان ساخته‌اند به ناحیت اصطخر سیبی باشد یک نیمه شیرین و یک نیمه ترش و آهن از کوههای اصطخراستخراج می‌نمودند.»

قاضی ناصرالدین مؤلف کتاب نظام‌التواریخ می‌نویسد «زردتشت در اصطخر و کوههای آن سکنا داشته در زمان گشتاسب زردشت پیدا شد و مردم را به دین مجوس دعوت کرد و از دین صابیان بازداشت و در کوه نشست و اصطخر را مقام خود ساخت و درین کوه دخمه‌ها و صورتها بوده و مدفن ملوک عجم بیشتر آنجاست و گشتاسب به دین زردشت بگروید و به اصطخر آمده و در آن کوه نشست و در آن جایگاه آتشکده‌ها ساخت...»

مؤلف کتاب حدوالعالم در قرن چهارم هجری می‌نویسد «اصطخر شهری بزرگ و آباد بوده است و قدم و مستقر خسروان بوده است و اول کسی که بنای این شهر نهاد اصطخربن طهمورث پیشدادی بود و جمشیدشاه سه قلعه در آن بساخت و آن را سه گنبدان نان نهاد..»

مسعودی در مروج‌الذهب در قرن چهارم هجری می‌نویسد «اما اصطخر اول شهری ست که در فارس کیومرث بنا فرموده و دارالملک او بوده و بسط

آن پنجاه و پنج فرسخ است. در بیرون شهر ابنیه عجیبه بسیار ست و عمارت چهل منار از غرایب روزگار ست. اصطخر قبل از اسلام محل حفاظت خزاین و تومارها، الواح منقور و منقوش و کتاب زند زردشت ملوک عجم بوده و بهترین مردم اهل اصطخرند زیرا که همه پادشاه و پادشاه‌زاده‌اند... از عجایب اصطخر آن است که سیب آن جا نصف ترش و نصف دیگرش شیرین است و یکی ازآتشکده‌های بزرگ و محترم مجوس دراصطخرست که همای دختر بهمن اردشیر آن را بنا کرد و دراین سنه که ۳۳۲ هجری ست در میـــــان عوام معروف است که مسجدِ سلیمان پیغمبر بوده و خرابه‌ها را بهمین نام می‌خوانند.»

ابن اثیر جوزی می‌نویسد «وقتی که الب‌ارسلان اصطخر را فتح کرد فیروزه‌ای در آن یافت که اسم جمشید در آن حک شده بود و گویند اول کسی که بنای این شهر نهاد اصطخربن طهمورث پیشدادی بوده و قبل از اسلام خزاین ملوک عجم در اصطخر بوده است...»

در کاوشهای علمی شهر استخر مقداری زیاد سکه‌های نقره و مُهرها کشف شده که مربوط به دورهٔ تسلط جانشینان اسکندر مقدونی ست. بر یک روی این سکه‌ها به‌خط آرامی وبونانی و روی دیگر تصویر آتشگاه آناهیتا و علامت پرچمی منقور ست. سنگ نگاره‌ها و سرستونهای قدیمی مربوط به هزارهٔ سوم پیش از زایش مسیح در نقش رستم و در جلگهٔ مرودشت کشف شده است که بعضی از دوران هخامنشی ست.

نخستین باستان شناس که برای روشن ساختن تاریخ شهر باستانی استخر به کاوشهای علمی دست یازید، پروفسور هرتسفلد آلمانی و دکتر اِریک اشمیت جانشین وی بود. در سال ۱۳۱۱ خورشیدی از طرف بنگاه شرق شناسی شیکاگو کاوشهایی در چند نقطهٔ شهر استخر بعمل آمد که مقداری ظروف لعاب دار بسیار قدیمی، سکه‌ها، مُهرها، زینت‌آلات زرین زنانه، دسته‌های تَبرفلزی، خُمهای بزرگ سفالین، عطردانهای شیشه‌ای و سرستونهایی که بر فراز آن سر گاو بالدار و سنگ نگاره‌هایی که با

حجاریهای بسیار دقیق و ظریف زینت یافته بود بدست آمد که مقداری از آن در موزهٔ ایران باستان در تهران و مقداری در موزهٔ تخت جمشید نگاهداری می‌شد.

پایه‌های سنگی عظیم یک پارچه دروازهٔ شهر استخر در دامنهٔ کوه سر راه شیراز به تهران هنوز پابرجاست. این دروازه ورودی با عظمت با حدود شش متر پهنا در وسط سه ستون داشته که نیمی از آن برجای مانده است. در دو سوی دروازه هنوز آثار دیوارهای سنگی حجاری شده و کتیبه‌هایی به خط وزبان آرامی و میخی پارسی وجود دارد. در این حفاریها همچنین تعداد بسیاری سبو و ظرفهای سفالی لعاب دار با رنگ‌آمیزیهای بسیار عالی و هنرمندانه با رنگهای لاجوردی، طلایی و یاقوتی رنگ یافته شد که بازمانده از هنر سفال وکاشی سازی بعد از اسلام است.

رویهم در حدود سی هزار لوح گلین منقور و منقوش بدست آمده است که ثابت می‌کند ایرانیان باستان پس از اختراع خطوط تصویری نگارش روایات و اخبار و بویژه قراردادهای تجاری و امور بازرگانی خود را ثبت می‌کردند و در مراکز خاصی نگه می‌داشتند.

# سرگذشت کوچ زرتشتیان به هند

## تلاش بی‌پایان
## برای پاسداری از فرهنگ ایران

با کشته شدن یزدگرد سوم در سال ۳۱ هجری قمری (۶۵۱ م) در مرو، دوران حکومت ساسانیان یافت. در این برهۀ تاریک از تاریخ ایران، ایرانیانی که حاضر نبودند دست از آیین نیاکانشان بردارند ناگزیر از فشار ستم مهاجمان تازی جلای وطن کردند و مرز و بوم اجدادی خویش را پشت سر نهادند. از آن جا که هندوستان، از دیدگاه بسیاری از سنتها و آداب به ایران نزدیک بود و میان مردم این دو کشور نکات مشترک فراوانی وجود داشت، پارسیان زرتشتی یا جماعت پارسایان هندوستان را برای مهاجرت برگزیدند.

شادروان استاد ابراهیم پورداود در بارۀ کوچ این گروه از هموطنان قصیده‌ای سروده که چند بیت آن را می‌آوریم:

زساسانیان‌واژگون گشت تخت  زایرانیان نیز برگشت بخت
زکین و زبیداد تازی سپاه  کسی را به کشور نمانده پناه
گروهی پراکنده در کوهسار  دل افسرده از دشمن نابکار
در آن کوهسر هم پناهش نماند  بناچار بر مرز بدرود خواند
فروشد زکوه و به دریا شتافت  به هرمز روان گشت و آرام یافت
دوچشمان‌پراشک‌ولب‌افسوس‌گوی  سرودی چنین موید آن نیک‌خوی
تو ای کشور پاک ایران ما  تو ای سرزمین نیاکان ما
مرنج ار ز تو روی برتافتیم  سوی کشور هند بشتافتیم
به یاد تو یک شعله روشن کنیم  به نام تو یک گوشه گلشن کنیم
درود فراوان زما برتو باد  هماره اهورات یاری کناد

در سال ۱۰۰۸ هجری قمری (۱۶۰۰ م) یکی از موبدان پارسی «بهمن پور کیقباد پور هرمزدیار» نیز چگونگی این کوچ تاریخی را زیر نام «قصهٔ سنجان» بشعر سروده است.

زرتشیان از راه بندر هرمز در خلیج فارس روانهٔ هندوستان شدند و در حوالی ساحل «گجرات» با یاری و اجازهٔ حکمران محل بنام «جاوی رانا» مستقر گشتند. پارسیان مهاجر با تلاش و کوشش طاقت‌فرسا توانستند آن منطقه را آباد کنند و بر آن نام ایرانی «سنجان» را نهادند. چنان که سراینده «قصهٔ سنجان» می‌گوید:

مر اورا نام سنجان کرد دستور  بسان مُلک ایران گشت معمور

بنا برگفته یاقوت حموی در نزدیکی نیشابور شهرآباد و زیبایی بنام «سنجان» وجود داشته است با جمعیتی فراوان ونعمتی وافر. همچنین دروازهٔ مرو هم دارای دژ اسنواری بوده است که سنجان یا سنگان نامیده می شده که فردوسی در شاهنامه از آن یاد کرده است. زرتشیان سنجان پس از چندی توانستند موافقت حکمران محل را برای ساختن نیایشگاهی بنام «پرستشگاه

«ایرانشاه» جلب کنند.

خاورشناس امریکایی «جاکسن» که پژوهشهای گسترده‌ای در زمینهٔ دین زرتشتی دارد، معتقدست که نخستین گروه زرتشتیان در حدو سال ۷۱۶ میلادی به هند کوچ کردند، و در بین سالهای ۷۶۲ و ۷۷۵ میلادی گروههای بیشتری به هند رفتند و در یک منطقهٔ ساحلی دیگر بنام «ناگ ماندال» مسکن گزیدند و در آن جا شهری به نام «ساری نو» ساختند. در یک دستنویس قدیمی که در کتابخانهٔ «دستور مهر راجی رانا» در شهر «ساری نو» وجود دارد آمده است که پارسیان مهاجر چون آب و هوای «ناگ ماندال» را مانند شهر «ساری» در شمال ایران یافتند، آن شهر تازه را «ساری نو» نامیدند. این شهر در استان «بارودا»ست و بسیاری از دانشمندان پارسی زرتشتی از آنجا برخاستند.

مسعودی مورخ قرن چهارم هجری قمری می‌گوید در همان سالهای اولیهٔ هجوم تازیان به ایران، گروهی از اشراف و بزرگان که در خراسان بزرگ می‌زیستند به هندوستان و چین پناه بردند. گروهی از زرتشتیان ایرانی بهمراه فیروز پسر یزدگرد بنا به دعوت خاقان چین به آن جا رفتند و شهر و پرستشگاهی با نامهای ایرانی پدید آوردند و آتشکدهٔ بزرگی در «چان گای» بنیاد گذاردند.

## حفظ آثار دینی

پارسیان هند تا پیش از قرن دهم میلادی در شهرهای «گجرات»، «سورات»، «ساری نو»، «سنجان»، و «پلسار» در رشته‌های کشاورزی، درودگری، کشتی سازی و مانند آن فعالیت می‌کردند.
ایشان بعلت پراکندگی و دوری از یکدیگر رفته رفته خواندن و نوشتن «اوستا» را از یاد بردند و میان آنان در برخی آداب دینی اختلاف نظر پدید آمد. برای حل این گونه مسائل پارسیان هند از آغاز قرن یازدهم میلادی بوسیلهٔ چاپارهای ویژه‌ای ارتباط خود را با موبدان ایرانی مقیم ایران برقرار ساختند.

در این فرصت موبدان یزد و کرمان مجموعه‌هایی از نسخه‌ها و نوشته‌های دینی زرتشتی را که سالها پنهان کرده بودند، به آنان سپردند و به هندوستان فرستادند. نسخهٔ خطی «دینکرد» یا «دینکرت» که از رسالات معتبر زرتشتی است، در قرن دوازدهم میلادی به هندوستان فرستاده شد. این آثار و اسناد بعدها مورد استفادهٔ دانشمندان زرتشت شناس و ایران شناس جهان قرار گرفت. در اواخر قرن دوازدهم میلادی برای اولین بار «دستور نیریوسنگ هاول» از شهر سنجان اوستا را به زبان سانسکریت ترجمه کرد.

در اواخر قرن شانزدهم میلادی، هنگامی که پادشاهان تیموری در هند به سلطنت رسیدند و شهر «گجرات» در قلمرو آنان قرار گرفت موقعیت مساعدی برای ترویج ادب و هنر ایرانی پدید آمد. دانشمندان پارسی در این فرصت مناسب بسیاری از سروده‌ها و نیایشهای آیین زرتشتی را به زبان پارسی ترجمه کردند. در دوران حکومت «بابریان» تیموری زبان فارسی زبان ادبی، اداری و درباری شبه قارهٔ هند بود. اکبر شاه تیموری که معاصر شاه تهماسب اول صفوی بود، به هنر و ادب ایران توجه خاصی داشت و همچنین علاقه فراوانی به درک حقایق آیینهای گوناگون نشان می‌داد. هم او بود که با مشورت رهبران دینی گوناگون زمان خود دین تازه‌ای را بنام «دین الهی» بوجود آورد که بخش اعظم اصول و احکام آن از مبانی دین زرتشتی برگرفته شده بود.

در اواخر قرن هفدهم میلادی شهر «بمبئی» مستعمرهٔ انگلستان گردید. در آن زمان پارسیان زرتشتی با داشتن چند آتشکده، کتابخانه، مدرسه و انجمن، آن شهر را بصورت منطقه‌ای زرتشتی نشین درآوردند. دو شهر «ساری نو» و «ادودا» نیز دو مرکز مهم زرتشتیان شمارده می‌شد. در قرن هجدهم میلادی موبدی از شهر کرمان بنام «جاماسب ولایتی» برای تعلیم مسائل دینی و آموختن اوستا به زبان پهلوی به هندوستان رفت و در شهر «سورات» به تعلیم پارسیان هند پرداخت.

## یاری به زرتشتیان ایران:

در سال ۱۸۵۴ میلادی پارسیان هند که از اوضاع نابسامان زرتشتیان ایران آگاه بودند، انجمنی بنام «پرزفند» یا «انجمن بهبودی» بنیاد گذاردند. این انجمن نخستین بار در سال ۱۲۷۱ هجری قمری نمایندگانی از هندوستان به ایران فرستاد تا به وضع اسف انگیز زرتشتیان ایران سر و سامانی ببخشد.

نخستین نمایندهٔ پارسیان هند که از سوی انجمن به ایران آمد «مانکجی لیجی هاتریا» نام داشت. او توانست رضایت ناصرالدین شاه قاجار را جلب کند تا مقررات ننگین و غیر انسانی جزیه دادن و داشتن وصله زردرنگ برلباس زرتشتیان را لغو کند، و انجمنی برای زرتشتیان بنام «انجمن ناصری زرتشتیان یزد» در سال ۱۲۷۳ هجری قمری بنیاد گذارد. او با فعالیت خستگی ناپذیر خود در سالهای بعد چندین مدرسه و مراکز عالم‌المنفعه جهت رفاه زرتشتیان در کرمان بوجود آورد وهمچنین «انجمن زرتشتیان تهران» را بنیاد گذارد. او در دوران اقامت سی و شش ساله خود در ایران همه نیروی خود را در راه بهبود وضع و موقعیت اجتماعی زرتشتیان ایران بکار برد و در تمامی این دوران از پشتیبانی انجمن بهبودی زرتشتیان هند برخوردار بود. «مانکجی لیجی هاتریا» در سال ۱۳۰۹ هجری قمری در تهران چشم از جهان فرو بست. پس از آن نیز نمایندگان دیگری برای بهبود وضع زرتشتیان به ایران آمدند و با کوشش آنان و همراهی و پشتیبانی روشنفکران ایرانی بود که هموطنان زرتشتی ما موفق شدند تا حدودی به حقوق انسانی و اخلاقی خود دست یابند. پس از انقلاب مشروطه و پایان دوران خود کامگی، اقلیت زرتشتی بمانند اقلیتهای یهودی و مسیحی در مجلس شورای ملی نماینده داشت.

در دنبالهٔ تلاش خستگی ناپذیر آنان و شور و شوق اکثر ایرانیان علاقه‌مند به فرهنگ باستانی و سنن ملی، کرسی زبانهای قدیم ایرانی بنیادگذارده شد و از شادروان استاد پور داود دعوت شد تا تدریس رشته‌های زبانشناسی و تاریخ ایران باستان را بعهده بگیرند. استادپور داود از سال ۱۳۱۶ خورشیدی

تا سال ۱۳۴۶ که جهان را بدرود گفت عهده دار تدریس این رشته‌ها در دانشگاه تهران بود.

**پژوهش در زمینه آیین زرتشتی و زبانهای قدیم ایران:**

نخستین اروپایی که برای فراگرفتن زبانهای قدیم ایران و پژوهش پیرامون دین زرتشت به هندوستان رفت «آنکتیل دو پرون» از فرانسه بود. او از سال ۱۷۵۵ تا ۱۷۶۱ میلادی در شهر سورات نزد «دستور داراب پارسی» زبان پهلوی و پارسی را آموخت و به کار بزرگ ترجمهٔ اوستا به زبان فرانسه پرداخت. ثمرهٔ این کوشش انتشار ترجمهٔ اوستا به زبان فرانسه بود که در سال ۱۷۷۱ انجام شد. این ترجمه سرآغاز رشتهٔ اوستاشناسی در اروپا گردید.

ترجمهٔ اوستا به زبان فارسی در فاصله قرن شانزده تا هجده میلادی رونق ویژه‌ای یافت. «رستم‌پور اسفندیار پارسی» جزوه «بهمن یشت» را از روی یک دستنویس پازند به فارسی برگرداند و نیز قطعاتی از اوستا را بصورت شعر به زبان فارسی سرود. این دو اثر در کتابخانهٔ «مهر راجی رانا» محفوظند.

«خورشید جی رستم کامه» که زبان اوستا را نزد خاورشناس شهیر آلمـانی «شپیگل» آموخت، در بازگشت از اروپا در بمبئی مدرسه‌ای بنیاد گذارد و دانش خود را رایگان به علاقه‌مندان می‌آموخت. یکی از شاگردان ممتاز او «هیربد کاوس جی کانگا» اوستا را در ۵ مجلد به زبان گجراتی ترجمه کرد. او همچنین فرهنگ اوستا را به زبان انگلیسی تدوین کرد که ماخذی سودمند برای پژوهندگان این رشته است. با کوشش دانشمند پرکار دیگری «دستور جاماسب جی منوچهر آسانا» فرهنگ زبان پهلوی را طرح ریزی کرد که در سال ۱۸۷۷ هزار صفحه از آن بچاپ رسید که تنها شامل چند حرف اول الفبای زبان پهلوی ست.

از قرن نوزدهم میلادی پژوهشگران نام‌آوری از پارسیان هند برخاستند که با بهره گیری از گنجینهٔ دانش خاورشناسان فرانسوی و آلمانی در زمینهٔ ایرانشناسی جایگاه والایی بدست آوردند که از آنان تنی چند را نام می‌بریم:

«ایرج جهانگیر تاراپور والا» شاگرد ممتاز «بارتولومه» خاورشناس آلمانی بود. او کتاب نغمه‌های آسمانی زرتشت، «گاتها»، را به انگلیسی ترجمه کرد که بیش از سی سال برای تهیهٔ این اثر رنج برد.

«مانکجی نوشیروان جی والا» شاگرد خاورشناس نامی امریکایی «جکسون» بود که تالیفات متعددی در زمینه‌های فرهنگ و تاریخ تمدن ایران باستان و آیین زرتشتی دارد.

«پشوتن بهرام سنجانا» و پسرش «داراب پشوتن سنجانا» که کتاب «دین کرت» و تعدادی اندرزنامه‌ها و سرودهای آیین زرتشتی را زیر نام «گنج شایگان» در ۱۹ مجلد بین سالهای ۱۸۷۴ تا ۱۹۱۹ به زبانهای انگلیسی و گجراتی بافرهنگ واژه‌های دشوار آن منتشر کردند.

«جیوان جی جمشید جی مدی»، که تالیفات او فزون بر پنجاه اثر ست. گذشته از کتابهای «آداب و رسوم زرتشتیان»، «جاماسب نامه»، «پارسیان در دربار اکبرشاه»، پژوهشهای بسیاری از او در مجلات معتبری چون «مجلهٔ انجمن آسیایی لندن» منتشر شده است.

«ملا فیروز پارسی» که در آغاز با خانوادهٔ خود در شهر «سوارت» بازرگانی می‌کرد، رهسپار ایران شد و چند سالی در یزد و کرمان نزد موبدان به تحصیل علوم دینی و اوستا پرداخت. آن گاه به اصفهان رفت و در مکتب علمای وقت در زمینه‌های حکمت و فلسفه و منطق و الهیات و زبان عربی تحصیل کرد. ملا فیروز پس از بازگشت به هند به تدریس و تالیف پرداخت و آثار چندی مانند «سفرنامه»، «خرد دین»، و پند نامه از او بجای مانده است که بصورت دستنویس و چه بصورت چاپی در کتابخانه و مرکز خاورشناسی «کامه» در بمبئی نگهداری می‌شود. ملا فیروز کوشش فراوانی در گردآوری آثار خطی بکار برد و نزدیک دو هزار نسخهٔ خطی پهلوی و فارسی و گجراتی فراهم آورد که در بخش ویژه‌ای از کتابخانهٔ «کامه» مضبوط است.

رویهمرفته باید گفت دلبستگی شدید پارسیان هند به فرهنگ قدیم ایران و آیین زرتشتی چنان بود که از قرن نوزدهم میلادی اروپاییان ــ در کنار

ارتباط بازرگانی خود با هند ـ پیوند و همبستگی نزدکتری با پارسیان هند برقرار کردند که بیشتر برای آموختن و پژوهش در بارهٔ آیین زرتشت و فرهنگ کهنسال پارسیان بود. هم اکنون در پایان سدهٔ بیستم میلادی زرتشت شناسی یکی از رشته‌های جالب توجه علمی ست و پارسیان هند نه تنها مرجع مهمی برای این دانش شمرده می‌شوند بلکه خود نیز در این زمینه نقش بسیار مهمی بعهده دارند.

**پیوند بی‌گسست پارسیان هند با ایران:**

همان گونه که گذشت، پارسیان زرتشتی از هنگام کوچ خود به هندوستان تا به امروز هیچگاه پیوندها و بستگیهای فرهنگی و قومی خود را با ایران و ایرانیان نگسسته‌اند و همواره در نگاهداری و گسترش فرهنگی دیرپا و اصیل خود کوشا بوده‌اند. با گذشت پانزده قرن دوری از زادگاه اصلی‌شان ایران، پارسیان هند همچنان به سرزمین نیاکان خود مهر می‌ورزند. جالب است دانسته شود که پارسیان هند به هنگام اجرای مراسم دینی خود برای ملت و کشور ایران نیایش بجای می‌آورند و سربلندی آن را آرزو می‌کنند. هنوز در زبان گجراتی وقتی واژهٔ ترکیبی «مادر وطن» بکار برده می‌شود مقصود ایران است که برای پارسیان هند «میهن» اصلی شمرده می‌شود. پارسیان هند زبان فارسی دری را زبان ادبی جامعه خود می‌دانند. از کتابهای مورد علاقهٔ آنان شاهنامه فردوسی‌ست که تقریباً از اواخر قرن ششم هجری قمری نزد پارسیان هند بعنوان کتاب مقدس حفظ می‌شد. شاهنامه خوانی و شاهنامه شناسی در شمار رسوم ملی این قوم بدور افتاده از وطن است. نخستین شاهنامه چاپ سنگی در هندوستان انتشار یافت و این خود نشانهٔ پیوند عمیق پارسیان هند با گذشتهٔ سرزمین و نیاکان آنان است.

نگارنده که در دو سفر فرهنگی به همراهی زنده یاد استاد پورداود از برخی از شهرهای پارسی نشین هند همچون کلکته، مدرس، و بمبئی دیدن کرده‌ام، در زاویهٔ هر سرای و کاشانهٔ هر پارسی، شاهنامهٔ فردوسی، دیوان

حافظ، گلستان سعدی، خمسهٔ نظامی و مثنوی مولوی را دیده‌ام که به زبان اصلی و یا ترجمهٔ آن زینت بخش خانه بوده است.

کتابهای گوناگونی در رابطه و پیوند با ایران و ایرانیان از سوی پارسیان هند انتشار یافته است که ذکر همهٔ آنها از حوصلهٔ این نوشته کوتاه بیرون است، اما بجاست از نوشته‌های «دینشاه زرتشتی» زیر عناوین «اخلاق و فلسفهٔ ایرانیان»، «فلسفهٔ عرفان و حکمت خسروانی پهلوی یا فهلوی» یاد شود که هردو بوسیله شادروان عبدالحسین سپنتا به فارسی برگردانده شده است. او همچنین پنجاه غزل از حافظ و برگزیده‌ای از خمسه نظامی و حکایاتی چند از مثنوی مولوی را با شرح و تفسیر به انگلیسی ترجمه کرد که سالها در دانشگاه بمبئی مورد استفاده بود.

این را شاید با جرأت بتوان گفت که در میان اقوام و مللی که در شرایط اضطراری ناچار به مهاجرت از وطن خود شده‌اند کمتر قوم و ملتی را می‌توان یافت که در حفظ پیوندهای فرهنگی با تاریخ و تمدن و سرزمین گذشتهٔ خود پایداری پارسیان هند را نشان داده باشند. جالب توجه است که این پایبندی به گذشته همراه با ویژه‌گیهای اخلاقی پارسیان هند در راستی و نیکخواهی برای آنان حیثیت و اعتبار اجتماعی خاصی فراهم آورده است.

# سرگذشت خط در ایران باستان

در متون باستانی ایران و روایات زرتشتی آمده است که ایرانیان قدیم، نگارش خط را می‌شناختند و اختراع آن را به تهمورس دیوبند منسوب نموده‌اند. بنابر همان روایات تهمورس چون در جنگ با اهریمنان پیروز شد، آنان از او خواستند که در مقابل آزادیشان به او هنری بیاموزند که تا آن زمان شناخته نبوده است. این داستان اساطیری در شاهنامهٔ فردوسی چنین آمده است:

| | |
|---|---|
| چو تهمورس آگه شد از کارشان | برآشفت و بشکست بازارشان |
| کشیدندشان خسته و بسته زار | بجان خواستند آنگهی زینهار |
| که ما را مکش تا یکی از هنر | بیاموزی از ما، کت آید به بر |
| نبشتن به خسرو بیاموختند | دلش را به دانش برافروختند |
| نبشتن یکی نه که نزدیک سی | چه رومی، چه تازی و چه پارسی |
| چه سندی، چه چینی و چه پهلوی | نگاریدن آن کجا بشنوی... |

از خطوط اولیهٔ ایرانیان قبل از دورهٔ مادها و هخامنشیان آثار تاریخی تاکنون بدست نیامده است. مادهای آریایی در حدود هزارهٔ دوم پیش از زایش مسیح به سرزمینهای وسیع غرب و شمال غربی فلات ایران آمدند و در آنجا سکونت یافتند و پس از گذار از دوران قبیله‌ای دارای حکومت

پادشاهی شدند.

در این دوران بود که خط میخی را از آشوریها فراگرفتند و با کم کردن نشانه‌ها، آن را ساده‌تر کردند و بمرور زمان در تطبیق با زبان و لهجهٔ مادی خطی بوجود آوردند که در امور تجاری، سیاسی و دینی خود بکار می‌گرفتند. خط آشوری ساخته شده از علاماتی بود شبیه به میخ که بطور افقی و عمودی از چپ به راست نگاشته می‌شد. این علامات که متجاوز از ۳۰۰۰ بود بتدریج تا ۸۰۰ نشانه کاسته شد. در زمان هخامنشیان این خط به کوتاه‌ترین و ساده‌ترین شکل آن تغییر یافت و شمارهٔ علامات آن به ۴۲ رسید. سرانجام با تغییراتی در جهت تطبیق با لهجهٔ پارسی هخامنشی خطی ایجاد شد بنام خط میخی پارسی که ایرانیان آن را برای کتیبه‌نگاری بکار می‌گرفتند.

«والتر هینز» ایرانشناس مشهور آلمانی در سخنرانی خود راجع به خط و زبان پارسی باستان در سال ۱۳۴۶ خورشیدی در دانشکده ادبیات دانشگاه پهلوی شیراز گفت: دوراندیشی و همت ایرانیان در آسان ساختن خط میخی آشوری و ایجاد خط میخی پارسی سبب شد که پس از قرنها، دانشمندان خط‌شناس موفق شوند کلید زبانها و خطها ی مشابه منطقه بین‌النهرین را که شامل تمدنهای آرامی، آشوری، سومری و فنیقی ست کشف کنند. این کار برجستهٔ ایرانیان دوران هخامنشی یکی از خدمات ارزندهٔ آنان به تمدن و فرهنگ جهان قدیم بشمار می‌آید.

ایرانیان علاوه بر خط میخی پارسی، خط دیگری از ریشهٔ خط آرامی با تغییراتی مناسب با لهجهٔ پارسی باستان بوجود آوردند که برای نامه‌نویسی بکار می‌رفت. این خط در حدود ۳۶ حرف داشت و از راست به چپ نوشته می‌شد. تاکنون بیش از ۴۰ کتیبه از خط میخی پارسی کشف شده است چون کتیبه‌های بیستون، شوش، نقش رستم، و کتیبهٔ داریوش بزرگ در کنار ترعهٔ سوئز و سرزمینهای خارج از مرزهای ایران کنونی. همچنین شمار قابل توجهی سکه‌های فلزی، الواح زرین و سیمین، نگین‌ها، سنگ ترازوها،

ظروف و مهره‌های استوانه‌ای شکل یافت شده که به زبانهای پارسی باستان و ایلامی و بابلی، با خط میخی پارسی منقوش است. در مجموع تاکنون قریب ۴۰۰ واژهٔ اصلی پارسی باستان به ثبت رسیده است.

در دوران اشکانیان علاوه بر خطوط میخی پارسی و تحریری، خط یونانی هم در ایران متداول گردید، که بتدریج تغییراتی در آن پدید آمد و به پیروی از لغات و لهجهٔ پارتی اشکانی تغییریافت، وبه نام خط میانه پهلوی اشکانی نامیده شد. نمونه‌هایی از این خط در چند قبالهٔ ملکی در اورامان کردستان، چند متن پارتی در ویرانه‌های معبد آناهیتا در کنگاور کرمانشاه و در تورفان، ترکستان چین یافت شده است.

در دوران ساسانیان در کتیبه‌نویسی حروف را مانند دوران اشکانی مقطع و برای تحریر و نامه‌نویسی بصورت مرکب با هم می‌نوشتند. بمرور زمان و در تطبیق با لهجهٔ پهلوی ساسانی و گرفتن لغات بسیاری از زبانهای آرامی و یونانی رسم‌الخط ایرانیان سادگی رسم‌الخط دوران هخامنشی را از دست داد. کتیبه‌های بسیاری از این دوران بجای مانده است، مانند کتیبه‌های نقش رستم، نقش رجب از اردشیر و شاپوراول ساسانی، کتیبهٔ شاپور یکم که تازگی در آذربایجان یافته شده، کتیبه طاق‌بستان، کتیبهٔ پایکولی بین قصرشیرین و سلیمانیه از نرسی ساسانی، کتیبهٔ حاجی‌آباد از شاپور اول ساسانی و تعدادی سکه‌ها، نگین‌ها و ظروف و آلات منقوش زرین و سیمین.

سکه‌های ساسانی منقش به تصویر و نام شاهان ساسانی با خط پهلوی میانه (ساسانی)، پس از ورود اسلام به ایران نیز تا اواخر قرن سوم هجری قمری مورد استفاده قرار داشت و فقط عبارت «بسم‌اله» را در حاشیه آن افزوده بودند. در حال حاضر غنی‌ترین مجموعه سکه‌های ساسانی در موزه دولتی «ارمیتاژ» در لنینگراد و همچنین موزهٔ دولتی تاریخ در مسکو ست.

حمزهٔ اصفهانی (مرگ ۳۵۰ تا ۳۶۵ هجری قمری) در کتاب «التنبیه علی حدوث التصحیف»، و مسعودی (مرگ ۳۴۵ هجری قمری) در «مروج الذهب»، می‌نویسند که ایرانیان قبل از اسلام، هفت گونه خط داشتند که

حرفهای الفبای آرامی و پهلوی و سغدی

| ۷ | ۶ | ۵ | ۴ | ۳ | ۲ | ۱ |
|---|---|---|---|---|---|---|
| | | | | | | ا |
| | | | | | | ب |
| | | | | | | گ |
| | | | | | | د |
| | | | | | | ه |
| | | | | | | و |
| | | | | | | ز |
| | | | | | | ح |
| | | | | | | ط |
| | | | | | | ی |
| | | | | | | ک |
| | | | | | | ل |
| | | | | | | م |
| | | | | | | ن |
| | | | | | | س |
| | | | | | | ع |
| | | | | | | ف |
| | | | | | | ص |
| | | | | | | ق |
| | | | | | | ر |
| | | | | | | ش |
| | | | | | | ت |

۱ـ خط فارسی

۲ـ آرامی جزیرة الفیل

۳ـ سنگنوشته های پهلوانیك و سکه های اشکانی

۴ـ خط قباله های اورامان

۵ـ سنگنوشته ها و سکه‌های ساسانی

۶ـ خط پهلوی کتابی

۷ـ خط سغدی

هریک را در موردی خاص بکار می‌گرفتند. مانند «دین دبیره» برای نوشتن متون دینی، «فرورده دبیره» برای نوشتن عهدنامه‌ها، «داردبیره» برای امور پزشکی، «رازدبیره» برای مکاتبات سیاسی، «شهریار دبیره» برای دربار شاهان، «ویش دبیره» برای نوشتن همگانی و «راس دبیره» که از اقسام خطوط بود برای نوشتن مسائل علمی و فلسفی.

دیگر باید از خط «هزوارش» نام برد که کلمات به خط آرامی نوشته می‌شد ولی با زبان پارسی پهلوی خوانده می‌شد. چگونگی این کار مانند شیوهٔ سیاق نویسی قدیم بود که برای حسابداری بکار برده می‌شد و اکنون متروک شده است. در سیاق مثلاً برای صد «مائه» و یا برای هزار «الف» عربی را می‌نوشتند ولی به فارسی آنرا صد یا هزار می‌خواندند.

دربارهٔ چگونگی خطِ کتابِ مقدسِ زرتشت پیامبر آریایی، یعنی «اوستا» مطالعهٔ دانشمندان این رشته به این نتیجه رسیده است که «اوستا» به زبان مادها، که آنرا «باختریان» می‌نامیدند و در سرزمینهای غرب ایران بدان تکلم می‌کردند، بوده که با خط آرامی نوشته شده بوده است، ولی هیچگونه اثری از آن در دست نیست.

بنابر روایات تاریخی، اسکندرمقدونی در حدود سال ۳۴۱ پیش از زایش مسیح پس از تجاوز به خاک ایران و آتش زدن تخت‌جمشید بسیاری از آثار گرانبهای دربار ایران و از جمله الواح زرین و سیمین و کتیبه‌ها و نوشته‌های فراوانی را به یونان فرستاد و بازمانده را به آتش کشید. نظامی گنجوی می‌گوید:

کتب خانه پارسی هرچه بود — اشارت چنان شد که آرند زود
به یونان فرستاد تا ترجمان — نبشت از زبانی به دیگر زبان
به خروارها گنج زر برگرفت — همان راه یونانش اندر گرفت

از جمله نفایس مکتوب، اوستا بود که به دستوراسکندرقسمتهای مربوط به طب، نجوم و ریاضی آن را به یونانی ترجمه کردند. آنگاه اصل نسخه را که به روایتی بر ۱۲۰۰۰ پاره پوست گاو با دست زرتشت پیامبر و جاماسب حکیم

نگاشته شده بود و در «گنج شایگان» در تخت‌جمشید نگاهداری می‌شد در آتش افکندند.

بعدها بلاش اول اشکانی در حدود سال ۵۱ میلادی به جمع‌آوری بخشهایی از اوستا که از تعرض یونانیان در امان مانده بود پرداخت. سپس در زمان اردشیر پاپکان بنیادگذار سلسلهٔ ساسانی در سالهای ۲۲۱ تا ۲۴۱ میلادی به گردآوری و تنظیم مجدد اوستا کوشیدند. در این زمان بود که متوجه شدند خط پهلوی ساسانی برای ثبت و ضبط آهنگها کافی نیست. برهمین پایه چند تن از هیربدان چون «کرتیر» و «تنسر» برمبنای الفبای پهلوی ساسانی، الفبای تازه‌ای ساختند که آنرا «دین دبیره» نامیدند که فقط برای نوشتن آثار دینی بکار می‌رفت و از کاملترین خطهای دنیای قدیم شمارده می‌شد.

شادروان ذبیح بهروز در «ایران کوده» شمارهٔ دوم، ضمن عرضهٔ مدارکی دربارهٔ تاریخ الفبا در ایران، قطعهٔ زیر را به ترجمه از کتاب «التنبیه والاشراف» از مسعودی ـ که در حدود سال ۳۴۵ هجری قمری تالیف شده است ـ می‌آورد:

«زردشت کتاب اوستای معروف خود را آورد. و عدد سوره‌های آن بیست و یک بود. و هر سوره‌ای در دویست ورق و عدد حروف و اصواتش شصت حرف و صوت، و هر حرف و صوتی شکل جداگانه‌ای داشت... این خط را زردشت احداث کرده و مجوس آن را دین دبیره می‌گویند. و زردشت خط دیگری احداث کرد که مجوس آن را «کسب دبیره» یعنی خط کلی می‌گویند. و با این خط لغات امم دیگر و صداهای حیوانات و طیور و غیره را می‌نویسند. عدد حروف و اصوات این خط ۱۶۰ حرف و صوت است و هر حرف و صوتی صورتی جداگانه دارد. در خطوط امم دیگر خطی که دارای حروفی بیشتر از این دو خط باشد نیست... فارسیان غیر از این دو خط که زردشت آن را احداث کرد پنج خط دیگر دارند. برخی از این خطها در آن کلمات نبطی داخل و در برخی داخل نمی‌شود.»

# سرگذشت
# خط در ایرانِ پس از اسلام

در ایران پس از اسلام، خط و زبان پهلوی تقریباً تا سدهٔ پنجم هجری قمری در میان ایرانیان مسلمان و غیرمسلمان رایج بود. پاره‌ای از کتیبه‌های بجای مانده گذشته از خط عربی به خط پهلوی ساسانی نیز منقوش است. بعنوان نمونه می‌توان از کتیبهٔ «برج لاجیم» در زیراب مازندران نام برد که مزار کیا ابوالفوارس شهریارست که تاریخ بنای آن در سال ۴۱۳ هجری قمری‌ست و یا «برج رِسکت و رادگان» در نزدیکی بندرگز.

در سده‌های چهارم و پنجم هجری قمری که شاهنامه‌نویسی منظوم و منثور در ایران رونق گرفت. هنوز بسیاری از ایرانیان خط و زبان پهلوی را می‌دانستند. شاهنامه‌ای ابومنصوری و دقیقی و فردوسی و برخی دیگر از آثار مشابه از پهلوی به فارسی دری ترجمه شد و ماخذ شاهنامه‌ها قرار گرفت. در اواسط سدهٔ پنجم هجری اثر عشقی «ویس و رامین» که اصل آن از دوران اشکانی بود، بوسیلهٔ فخرالدین اسعد گرگانی از متن پهلوی به شعر فارسی دری برگردانده شد.

آشنایی پاره‌ای از شاعران و نویسندگان دانشمند ایرانی با خط و زبان پهلوی و ترجمه و نقل آثاری از آن زبان به زبان پارسی و عربی حتی تا سدهٔ هفتم هجری قمری ادامه داشت. چنان که سرایندهٔ مشهور ایرانی «زردشت

بهرام پژوده» کتاب «اردا ویرافنامه» را، که یکی از آثار فلسفی زرتشتیان بود، از متن پهلوی ساسانی به شعر فارسی دری برگرداند.

ایرانیان پس از اسلام نزدیک به سیصد سال در بخشهای وسیعی از خراسان بزرگ و تبرستان از خط پهلوی استفاده می‌کردند و از آنجا که تکلم به زبان عربی برایشان دشوار می‌نمود، نماز و برخی از آیات قرآن را به فارسی برگرداندند و حتی قرآن را به خط «پیرآموز» نگاشتند که ایرانیان با خواندن آن تکلم عربی برایشان آسان‌تر گردد.

از سدهٔ چهارم هجری قمری خط و زبان عربی در امور دیوانی نفوذ کرد و ماموران سیاسی و اداری ناگزیر زبان و خط عربی را آموختند و رفته رفته خط پهلوی ساسانی که تا حدودی پیچیده‌تر از الفبای عربی بود فراموش گشت.

خط ابتدایی عربی بدان‌گونه که در آغاز دورهٔ اسلامی مورد استفاده بود، بنابر تحقیق خط شناسان در زمانی نزدیک به صد سال قبل از پیدایش اسلام از طریق حیره نزدیک کوفه آموخته شده بود. می‌دانیم که بصره و کوفه و بسیاری دیگر از شهرهای بین‌النهرین در حوزهٔ ایران بزرگ قرار داشت. خط ابتدایی اعراب که پس از ظهور اسلام تعداد انگشت شماری از قبیلهٔ قریش با آن آشنایی داشتند یک خط سریانی بود که از طریق کوفه به حجاز برده شد و مورد تعلیم قرار گرفت. با ظهور اسلام اعراب قرآن را با خط مکی و بعدها با خط کوفی نوشتند. این دو خط مأخوذ از خط «مسند» ست که خود از مشتقات خط اوستایی به نام «دین دبیره» است.

خط ابتدایی اعراب تا پایان عهد امویان تغییر چندانی نیافت. در دوران عباسیان که امور دیوانی دستگاه خلافت اسلامی با دست ایرانیان اداره می‌شد، تغییرات مهمی در زبان و خط عربی بوجود آمد. بهره‌گیری از شیوهٔ کشورداری ایرانیان در این دوره کاربرد یک رشته اصطلاحات اداری و دیوانی را ضروری می‌ساخت که زبان سادهٔ عربی فاقد آن بود. بزرگان و دانشمندان ایرانی چون عبدالحمید کاتب و روزبه ملقب به عبدالله‌بن مقفع و

پدرش دادویه و سیبویه و بدیع‌الزمان همدانی و بسیاری کسان دیگر همه دانش خود را با خلوص نیت به خدمت گسترش و پیشرفت خط و زبان و فراهم آوردن قوانین صرف و نحو عربی‌گذاردند.

در این دوره بود که شیوه‌های نگارش گوناگون یا در اصطلاح فنی آن «قلمهای مختلف» بوجود آمد، که آفرینندگان آنها بیشتر خوشنویسان ایرانی بودند. چنان که آفرینندهٔ خط «نسخ» و خط «ثلث» ابوعلی محمدبن بیضاوی شیرازی از دست پروردگان برمکیان بود. او بود که خط بدون نقطه و ابتدایی عربی را در مسیر تکامل روانه ساخت.

محمد بیضاوی شیرازی ملقب به «ابن مقله» در حدود سال ۲۷۲ هجری قمری در شهر بیضا در فارس ـ و به روایتی در بغداد ـ به دنیا آمد. پس از کسب معلومات متداول عصر با بروز نبوغ هنری‌اش به دارالخلافهٔ بغدادفراخوانده شد. این نابغهٔ ایرانی که پایه‌گذار هنر خوشنویسی در فرهنگ و تمدن جهان اسلامی می‌باشد، نخست از خط کوفی ابتدایی بر مدار دایره و سطح دو خط جدید بنامهای «نسخ» و «ثلث» آفرید و سپس قلمهای «محقق»، «توقیع» و «رقاع» را برای کاربرد در زمینه‌های گوناگون و مشخص تکمیل کرد ـ و باز به روایتی آفرید. این واضع خط «نسخ» ـ که امروزه در همهٔ کشورهای اسلامی رایج است ـ خود در علوم فقه و تفسیر ادب نیز از دانشمندان عصر خویش شمارده می‌شد.

سرنوشت تلخ و دردناک این دانشمند و هنرمند یگانهٔ ایرانی بسیار اندوهبارست. او پس از سالها خدمت و وزارت در دستگاه سه خلیفهٔ عباسی به «دست بردن در قرآن» متهم گردید. پس از عزل و تبعید و مصادرهٔ اموال در سه نوبت نخست دست راست و سپس دست چپ و آن گاه زبان او را بریدند و سرانجام در شوال سال ۳۳۰ هجری در زندان بغداد او را سر بریدند.

بد نیست دانسته شود که شش رقعه با قلمهای ثلث و رقاع بسیار خوشِ چهار دانگ و دو دانگ جلی از این هنرمند گران‌قدر در «کتابخانهٔ کاخ گلستان» موجود بود که با رقم «خط ابن مقله» مشخص گردیده‌اند.

خط نسخ که بر مبنای خط کوفی ماخوذ از خط سریانی پدید آمده است، مادر خطهای خاورمیانه خوانده می‌شود. این خط همچون تنهٔ درخت کهنسال خط است که از هر شاخهٔ آن ساقهای بسیار روییده است. قلمهای نستعلیق، شکسته، غبار، ریحانی، توامان، طاووسی، گلزار، دیوانی، همایونی، تاج و شماری دیگر بیشتر با ذوق رقیق و دستان هنرمندان ایرانی بوجود آمده‌اند. این قلمها هر یک با شیوه‌های جلی و خفی از یک تا شش دانگ ـ که معیار شناخت خط است ـ نوشته می‌شوند.

پس از محمد بیضاوی شیرازی، هنرمند خطاط دیگری در سدهٔ پنجم هجری قمری بنام ابوالحسن علاءالدین‌بن هلال مشهور به «ابن بواب» در جهت تکمیل خط گامهای موثری برداشت. علت شهرت او به «ابن‌بواب» این بود که پدر وی «دربان» [بواب] «القادر بالله» خلیفهٔ عباسی بود.

ابن بواب از شاگردان محمدابن سمسانی بود که او خود شاگرد بیضاوی بود. ابن‌بواب واضع قوانین دقیقی برای نگارش حروف نقطه‌دار ست که خوشنویسان همچنان آن قوانین را مراعات می‌کنند. ابن‌بواب که در نگارش قرآن تسلط کامل داشت و در فنون تذهیب و نگارگری نیز چیره دست و توانا بود مدتی رئیس کتابخانهٔ بهاءالدوله پسر عضدالدوله دیلمی در شیراز بود.

خط نسخ در گسترش خود در سرزمینهای پنهاور اسلامی تا مصر و الجزیره و تونس و مراکش رواج یافت و همه جا خوشنویسان برجسته‌ای آن را بکار می‌گرفتند که مشهورترین آنها یاقوت مراکشی ست که به «یاقوت مستعصمی» مشهور ست و سرآمد خوشنویسان عصر خویش بود. خط نسخ برای نوشتن نامه‌ها و خط کوفی جهت کتابت قرآن بکار می‌رفت. این خط بعدها در تزیین کتیبه‌های مساجد و اماکن متبرکه و سکه‌ها نیز مورد استفاده قرار گرفت.

در اوایل سدهٔ هشتم هجری میرعلی سلطانی تبریزی ملقب به «قدوة الکتاب» خط نستعلیق را اختراع کرد. او با ابتکار بدیع خود از ترکیب و تلفیق دو خط «نسخ» و «تعلیق» خط تازه‌ای بیافرید که تاکنون مورد استفاده است و

همچنان سادگی و زیبایی خاص خود را حفظ کرده است. قلم «نستعلیق» را «عروس» خطوط اسلامی خوانده‌اند. این خط مستقل ایرانی در نوع خود از اصول و قواعد صحیحی برخوردارست. میرعلی تبریزی آن را به فرزند خود میر عبدالله آموخت که با نشر و گسترش آن بوسیلهٔ میرعبدالله قبول عام یافت و متداول گردید.

پس از میرعلی تبریزی خوشنویسانی دیگر نیز به تکمیل و زیبایی خط نستعلیق کوشیدند که مشهورترین آنان میرمحمد ابن‌حسن سیفی قزوینی ملقب به «عمادالملک» است که با نام «میرعماد» شهرت دارد و یکی از درخشانترین چهره‌ها در میان خوشنویسان ایرانی در اوایل سدهٔ یازدهم هجری قمری بود. میرعماد شیوهٔ کتابت باباشاه اصفهانی و میرعلی هروی خوشنویسان سده‌های نهم و دهم هجری را بکار می‌برد. ولی در دهسالهٔ پایان عمر خود شیوهٔ تازه‌ای در خط نستعلیق پدید آورد که تقریباً نزدیک به چهارصد سال چندان تغییر محسوسی در آن راه نیافت.

میرعماد نیز همچون محمدبیضاوی شیرازی سرنوشت تلخ و دردناکی داشت. اما اگر محمد بیضاوی با دست کارگزاران خلیفهٔ عباسی بدان صورت فجیع کشته شد، این بار میرعماد با دست هموطنانش از پای درآمد. این بار هم باز بهانه‌ای مذهبی مطرح گردید. در دورانی که صفویان برای تحکیم موقعیت خود «شیعه» را مذهب رسمی کشور کردند، در حالی که تا آن زمان اکثر مسلمانان ایرانی سنی بودند، میرعماد متهم گردید که پیرو مذهب تسنن است و با همین اتهام او را در رجب سال ۱۰۲۴ هجری قمری در اصفهان بطرز فجیعی کشتند.

عبدالرشید دیلمی خواهرزادهٔ میرعماد که از شاگردان او بود پس از قتل خالویش میرعماد به هندوستان مهاجرت کرد. در دوران صفویه سختگیریهای مذهبی موجب شد که بسیاری از خوشنویسان، نقاشان، شاعران، موسیقیدانان و دیگر هنرمندان ایرانی به هندوستان و یا آسیای صغیر مهاجرت کنند. در پی این مهاجرت بود که هنرهای ایرانی و همچنین خط

نستعلیق در این سرزمینها پراکنده و متداول شد.

پس از میرعلی تبریزی، واضع و آفرینندهٔ خط نستعلیق، و میرعماد که آن را تکمیل کرد، باید از میرزا محمدرضا کلهر یاد شود که در اواسط دوران قاجار تحولی در خط نستعلیق بوجود آورد که خط متداول امروزی ما یادگار اوست.

جز خطوط ششگانهٔ اصلی «نسخ»، «ثلث»، «محقق»، «تعلیق»، «رقاع» و «نستعلیق» خطوط دیگری نیز با ابتکار پاره‌ای خوشنویسان بوجود آمد که بیشتر جنبهٔ تفنن داشت، که به آنها اشاره می‌شود:

«توامان» خطی بود که با ابتکار مجنون مشهدی فرزند کمال‌الدین محمود توفیقی شاعر و خوشنویس پایان سدهٔ نهم هجری قمری پدید آمد. «توامان» خطی‌ست که از ترکیب کلمات آن صورت انسان یا حیوان به هم می‌رسد. مجنون مشهدی در چپ‌نویسی نیز مهارت داشت، بدین صورت که کلمات را از چپ به راست می‌نوشت. از او رسالهٔ منظومی در حدود چهار صد بیت بجای مانده است که در آن قواعد رسم‌الخط در قالب مثنوی به نظم کشیده شده است.

دیگر از خطوط تفننی متداول خطی‌ست که از ترکیب قلمهای «رقاع» و «ثلث» بنام «شکسته نستعلیق» پدید آمده است. عبدالمجید طالقانی از خطاطان مشهور سدهٔ دوازدهم هجری قمری این شیوه را پس از استاد خود شفیعا به کمال استواری و ملاحت رسانید.

خط شکسته بویژه در دروان قاجار مورد استقبال مکاتبات دیوانی قرار گرفت. قائم‌مقام فراهانی و امیرنظام گروسی از استادان مسلم خط شکسته بودند.

خوشنویسی هنری بود که در دربار شاهان از صفویه تا قاجار در میان درباریان و خانواده‌های درباری رواج داشت. سلطان بانو دختر شاه‌اسمعیل صفوی، ام سلمه دختر فتحعلی شاه و عصمت‌الملوک و عفت‌الملوک دختران ناصرالدین شاه از خوش‌نویسان زمان خود بوده‌اند.

# سرگذشت کلیله و دمنه

کتاب کلیلک و دِمنَک یکی از کهن‌ترین مجموعه‌های ادب و حکمت و موعظت است که در هزارهٔ دوم پیش از زایش مسیح در هندوستان به فرمان «دابشلیم رای» و به همت «بیدپای برهمن» و تنی چند از برهمنان به زبان سانسکریت با نام «پنجاتَنتَره» فراهم آمده است. این کتاب در پنج باب به صورت گفت و شنود میان دو شغال با نامهای کلیله و دمنه که با هم دوستی داشتند، از زبان سایر حیوانات در معرفت قوانینِ سیاست و امور مملکت داری و آداب و زندگانی به سبک داستان‌نویسی هندوستان یعنی حکایت در حکایت سروده شده است.

در اوایل قرن ششم میلادی، خسروانوشیروان برزویهٔ مَروَزی طبیب را به طلب این کتاب به هندوستان فرستاد. برزویه پس از دست‌یابی به کتاب به ایران بازگشت و آن را به زبان پهلوی ترجمه کرد. بنابر خواهش وی و فرمان انوشیروان، بزرگمهر ماموریت یافت فصلی درباره زندگی برزویه بر آن ترجمه بیافزاید.

در مقدمهٔ کتاب، چگونگی فراهم آمدن آن چنین توصیف شده است:

«بسمع انوشیروان کسری بن قباد رسانیدند که در خزاین ملوک هند کتابی‌ست که از زبان مرغان و بهایم و وحوش و طیور جمع کرده‌اند و پادشاهان را در سیاست رعیت و بسط عدل و رافت بدان حاجت باشد و آن را کتاب کلیلک و دمنک خوانند. . . آن خسرو عادل فرمود که مردی هنرمند باید طلبید که دو زبان پارسی

و هندی بداند و اجتهاد او در علم شایع باشد، تا بدین مهم نامزد شود. . . آخر برزویه نام‌جوانی نشان یافتند که‌این‌معانی در وی جمع بود وبصناعت طب شهرتی داشت. . . آنگاه مثل داد تا روزی مسعود و طالعی میمون برای حرکت او تعیین کردند و در اختیار او پنجاه صُرّه که هر یک ده هزار دینار بود قرار دادند. . .»

برزویه زمان درازی را برای انجام این خدمت صرف کرد و در این راه از هیچ تلاشی روی نگرداند تا نوشتن کتاب بپایان رسید و با چنین رهاوردی از سفر بازگشت، و آن را به انوشیروان عرضه کرد.

«. . . انوشیروان بمشاهدت اثر رنج که در بشرهٔ برزویه بود، رِقتی هر چه تمامتر آورد و گفت قوی دل باش و بدان که خدمت تو محل مَرضی یافتست و ثَمرت و محمدّت آن متوجه شده. . . کسری بفرمود تا درهای خرائن بگشادند و برزویه را مثال داد موکد بسوگند که بی‌احتراز چندانکه مراد باشد از نقود و جواهر برداشت کند. . . برزویه گفت حسن رای و صدق عنایت پادشاه مرا از مال مستغنی گردانیده است. . . اما چون سوگند در میانست از جامه خانهٔ خاص برای تشریف و مباهات یک تخت جامه از طراز خوزستان که بابت کسوت ملوک باشد برگیرم. . . نوشیروان گفت اگر در مُلک مثلا مشارکت توقع کنی مبذولست. . . برزویه گفت اگر رای ملک قرار گیرد بزرگمهر را مثال دهد تابابی مفرد در این کتاب بنام منِ بنده مشتمل بر صفت حال من بپردازد. . . تا آن شرف من بنده را بر روی روزگار باقی و مخلد شود وصیت نیک بندگی من ملک را جاوید و موید گردد. . .»

در اجرای خواهش برزویه انوشیروان به بزرگمهر فرمان داد تا سرگذشت برزویه را در باب مخصوصی بر کتاب بیفزاید.

«. . . چون کسری این قتال را بر این اشباع بداد برزویه سجدهٔ شکر گزارد و بزرگمهر آن باب بر آن ترتیب که مثال یافته بود بپرداخت. . . و ما چون اهل پارس را دیدیم که این کتاب را از زبان هندی به پهلوی ترجمه کردند خواستیم که اهل عراق و بغداد و شام و حجاز را از آن هم نصیب باشد و به لغت تازی که زبان ایشانست ترجمه کرده آمد. . .»

برای آشنایی با زندگی برزویه طبیب قطعه کوتاهی از مقدمهٔ آن باب افزوده شده را می‌آوریم.

«...چنین گوید برزویه مقدم اطبای پارس که پدر من از لشکریان بود و مادر من از طایفه مغان و علمای دین زرتشت و اول نعمتی که ایزد بر من تازه گردانید دوستی پدر و مادر بود و شفقت ایشان بر حال من چنان که از برادران و خواهران مستثنی شدم... و چون سال عمرم به هفت رسید مرا برخواندن علم طب تحریض نمودند و چندان که اندک وقوفی افتاد و فضیلت آن بشناختم برغبت صادق و حرص غالب در تعلم آن می‌کوشیدم... که علم طب نزدیک همهٔ خردمندان و در تمامی دینها ستوده است و در کتب طب آورده‌اند که فاضلتر اطبا آن است که بر معالجت از جهت ذخیرت آخرت مواظبت نماید... بزرگان گویند از علم طب ممکن است یکی از چهار چیز را انتظار داشت: ثروت، مقام، شهرت و پاداش خیر از طرف خداوند و من پاداش خیر را بر ثروت و مقام و شهرت ترجیح دادم و هیچ گاه در صدد گردآوردن مال نبودم...»

زکریای رازی در برخی آثار خود می‌گوید که برزویه طبیب نتیجهٔ مطالعات و مشاهدات و تجربیات خود را در هند در کتابی نوشته بود که به عربی ترجمه نشد ولی اصل آن از میان رفته است.

### نکاتی دربارهٔ ترجمه‌های کلیله و دمنه

در اوایل قرن دوم هجری قمری روزبه پسر دادویه پارسی ملقب به «عبدالله مقفع» از مردم خور فارس کلیله و دمنه را از زبان پهلوی به زبان عربی برگرداند. از آن جا که اصل پهلوی کتاب از میان رفته است، ترجمهٔ عربی «عبدالله مقفع» مبنای نقل و ترجمه این کتاب به زبان فارسی و دیگر زبانها قرار گرفت. در این جا در نهایت اختصار به این ترجمه‌ها اشاره می‌شود:

● در آغاز قرن چهارم هجری قمری در زمان نصربن احمدسامانی سخنسرای بزرگ فارسی رودکی آن را به نظم فارسی دری درآورد که تنها

معدودی از ابیات آن در دست است. در «تحفة الملوک» علی‌بن محمود اصفهانی چهار بیت از کلیله و دمنه منظوم رودکی نقل شده است:

تا جهان بود از سرآدم فراز　　کس نبود از راه دانش بی‌نیاز
مردمانِ بخرد اندر هر زمان　　راهِ دانش را به هر گونه زبان
گِرد کردند و گرامی داشتند　　تا به سنگ اندر همی بنگاشتند

● در اواسط قرن ششم هجری قمری ابوالمعالی نصرالله منشی شیرازی، که دبیر بهرامشاه غزنوی بود، ترجمهٔ عربی کلیله و دمنه روزبه را به نثر فارسی درآورد که به «کلیله و دمنه بهرامشاهی» شهرت یافته است. مترجم در کار خود مقید به پیروی از اصل کتاب نبوده و سعی نموده است قدرت و مهارت خود را در نویسندگی به نمایش بگذارد. باب سرگذشت برزویه پزشک را بسیار مختصر نگاشته، ولی بابهای دیگری بمقتضای سبک متداول زمان، سرشار از عبارت‌پردازی‌ست. مترجم گذشته از افزودن اشعار و امثال فارسی و عربی، کتاب از همچنین با آیات و احادیث و روایات بسیاری در آمیخته است. این ترجمه از جهت انشاء و اسلوب کلام نثری‌ست منشیانه که یکی از نمونه‌های نخستین نثر مصنوع زبان فارسی بشمار می‌آید.

در دیباچه ترجمه نصرالله منشی به چگونگی تنظیم آن چنین اشاره شده است: «. . . همی گوید. . . نصرالله محمد عبدالحمید بوالمعالی. . . این کتاب را پس از ترجمه ابن‌المقفع و نظم رودکی ترجمها کرده‌اند و هر کس در میدان بیان براندازهٔ مجالِ خود قدمی گزارده‌اند لکن می‌نماید که مرادِ ایشان تحریر حکایت بوده است نه تفهیم حکمت و موعظت. . . چون رغبت مردمان از مطالعت کتب تازی قاصر گشته است و آن حِکَم و مواعظ مهجور مانده بود. . . بر خاطر گذشت که آن بفارسی ترجمه کرده آید. . . و آن را به آیات و اخبار و احادیث و روایات و ابیات و امثال فارسی و عربی مؤکد گردانیده شود. . . و یک باب که بر ذکر بروزیه طبیب متصور است و ببرزجمهر منسوب هرچه موجزتر پرداخته شود. . . چه بیان آن بر حکایت است و هر معنی که از پیرایه سیاست کلی در حلیت حکمت اصلی عاطل

باشد اگر کسی بخواهد که به لباس عاریتی آن را بیاراید بهیچ تکلف جمال نگیرد و هرگاه که بر ناقدان حکیم و مبرزان استاد گذرد و بزیور او التفات ننماید و هرآینه در معرض فضیحت افتد. . .»

● در قرن نهم هجری قمری ملاحسین کاشفی سبزواری به تقلید کلیله و دمنه نصرالله منشی انوار سهیلی را نگاشت.

● ترجمهٔ فارسی دیگری از ابوالفضل‌بن مبارک دَکَنی بنام «عیار دانش» وجود دارد. او در اوایل سدهٔ یازدهم هجری قمری، کلیله و دمنهٔ نصرالله منشی را به نثری ساده‌تر بازنوشت و آن را «عیار دانش» نامید.

● کلیله و دمنهٔ منظوم دیگری از قانعی توسی در دست است که در اوایل قرن نهم هجری قمری تنظیم شده است.

● در سالهای اخیر نسخهٔ دیگری از ترجمهٔ فارسی کلیله و دمنه بدست آمده است که تاکنون کمتر کسی از آن آگاهی داشت. این نسخه در کتابخانهٔ توپ قاپوسرای اسلامبول ثبت شده است که دانشمند ترک «صادق عدنان ارزی» عکس آن را به گمان من در سال ۱۳۴۲ یا ۱۳۴۳ خورشیدی به عنوان هدیهٔ فرهنگی در اختیار «بنیاد فرهنگ ایران» قرار داد. این نسخه را در سال ۵۴۱ هجری قمری محمدبن عبدالله البخاری به دستور مخدوم خود عمادالدین (پهلوان جهان اینانج قتلغ طغرل یکتن اتابک ابوالمظفرغازی بن زنگی بن اق سنقر) که از اتابکان شام بود از متن کلیله و دمنهٔ عربی روزبه عبدالله مقفع به زبان فارسی برگردانده است. کتابت این نسخه را ظفربن مسعودبن الحسن در سال ۵۴۴ هجری قمری به انجام رسانیده است. محمدبن عبدالله البخاری مترجم «کلیله و دمنه» در سبب ترجمهٔ کتاب می‌نویسد: «. . . روزی. . . در مجلس عالی. . . منعم من زبان درافشان را برگشاد و فرمان داد که این کتاب کلیله و دمنه گنجی‌ست بر حکم و مواعظ و امثال و در هر حکایتی صد هزار فواید و عواید مضمون است. . . بعضی از پیوستگان مجلس رفیع ما آرزو کرده‌اند که این کتاب از زبان تازی به زبان پارسی دری نقل کرده شود. . . که حکمت این کتاب را نفع شاملتر باشد. . . خادم بر موجب فرمان عالی منعم

اینک من مه کس مرا بخواستنی دید و نه امن پاسبان صورت قیس پدیع ان مست کین میں یک
کاس قط کس نداشتی موبذ کخطها یا بخوبا ذ و درخوان این چوبا بجا میخورد و این موبذ شاد بدی و
برون خو پاشاد که اهل باه باخوب دورنمود مسلم ایفان حیات آرگت سواه بادای ازان سواه و آمد ایا بازه دوزیون کردن ج

این ترجمه را بر عین کتاب اختصار کرده آورد. . .»

## دستنویسهای گرانبهای «کلیله و دمنه»

چندین نسخه دستنویس عربی و ترجمهٔ فارسی نصرالله منشی و انوارسهیلی متعلق به قرن هفتم تا نهم هجری قمری در گنجینهٔ کاخ گلستان محفوظ بود. این دستنویسهای مذهب، مرصع و مصور کلیله و دمنه از آثار کم مانند و نفیس آن کتابخانه است. یکی از ممتازترین آنها کلیله و دمنهٔ بایسنغری است که نمونهٔ زیبایی از هنر کتاب‌آرایی در فنون خط، تذهیب، ترصیع، تشعیر و تجلید قرن نهم هجری قمری بشمار می‌رود.

نگارنده فهرست تحقیقی و توصیفی نسخ نامبرده را جزو مجموعهٔ کتب اخلاقی و حکمت که در حدود سیصد و اندی مجلد بود تنظیم و تدوین کرده در آبان ماه سال ۱۳۵۷ بچاپ رساندم. قرار بر این بود که بر این فهرست نیز بمانند دیگر فهرستها هفتاد و پنج قطعه نمونه‌های انتخابی از عکسهای رنگین مینیاتورها، نقاشیها، تذهیبها و چند قطعه سیاه و سفید از نمونه‌های خطوط کتاب مورد نظر افزوده شود. اما این کار با اغتشاش و دگرگونی اوضاع کشورمان در بهمن ۱۳۵۷ ناانجام ماند. عکسها نزد آقای دکتر هادی شفائیه که در قسمت تهیه عکسبرداری جهت ارائه در فهرستها نهایت استادی و همکاری را بکار می‌بردند باقی ماند. صفحات چاپ شدهٔ فهرستها برای تنظیم هزار مجلد همچنان صحافی نشده در چاپخانهٔ زیبا بر روی هم انباشته بود و معلوم نیست که در این میان چه بر سر آنها آمده است.

## محتوای کلیله و دمنه

دربارهٔ محتوای کلیله و دمنه، اثری که اگر تاریخ تقریبی آن را که نزدیک به چهار هزار سال است مبالغه نپنداریم، ترجمهٔ آن به پهلوی به هزار و پانصد سال پیش باز می‌گردد، بسیار سخن گفته شده است. اما گمان می‌رود که برای آشنایی و ارزیابی آن هنوز همچنان بتوان به نوشتهٔ بزرگمهر بختگان استناد

کرد. او دراین باره چنین می‌گوید:

«. . . این کتاب کلیله و دمنه فراهم آوردهٔ علما و براهمه هند است در انواع مواعظ و ابواب حکم و امثال. . . که سخن بلیغ باتقاق بسیار از زبان بهایم و مرغان و وحوش جمع کردن و چند فایده ایشان را در آن حاصل آمد. اول آن که در سخن مجال تصرف یافتند تا در هر باب که افتتاح کرده آید به نهایت اشباع برسانیدند و دیگر آنکه پند و حکمت و لهو و هزل بهم پیوست تا حکما برای استفادت آن را مطالعت کنند و نادانان برای افسانه خوانند و احداث متعلمان بظن علم و موعظت نگرند و حفظ آن بریشان سبک خیزد... خوانندهٔ این کتاب باید که اصل وضع و غرض که در جمع و تالیف آن بوده است بشناسد، چه اگر این معنی بروی پوشیده ماند انتفاع او از آن صورت نبندد و فواید و ثمرات آن او را مهیا نباشد و اول شرطی طالب این کتاب را حسن قرائت است که اگر در خواندن فرو ماند بتفهم معنی کی تواند رسید زیرا که خط کالبد معنی است و هرگاه که در آن اشتباهی افتاد ادارک معانی ممکن نگردد. . . و بحقیقت باید دانست که فایده در فهم است نه در حفظ ... و خواندگان این کتاب را باید که همت بر تفهم معانی مقصور گردانند و وجوه استعارات را بشناسند تا از دیگر کتب و تجارب بی نیاز شوند. . .»

# سرگذشت هزار و یکشب

## شاهکار هنری دوران قاجار

بنابر مطالعات خاورشناسان کتاب هزار و یکشب در اصل مجموعه‌ای از افسانه‌های هندی بوده است، که در آنها از حکمت و سیاست کشورداری به سبک کلیله و دمنه یعنی قصه اندر قصه و اغلب از زبان حیوانات سخن می‌رفته است.

این کتاب در حدود چهار صد سال قبل از زایش مسیح به ایران آمد و از زبان سانسکریت به فرس قدیم (**هخامنشی**) برگردانده شد و بمرور زمان داستانهای حماسی و مذهبی ایرانی و سرگذشت برخی از شاهان و پهلوانان ایران به آن اضافه گشت و **هزار افسان یا هزار دستان** نامیده شد.

**یوسیفوس** مورخ **اسراییلی** معتقد ست که **هزارافسان** قبل از حمله **اسکندر مقدونی** در زمان پادشاهی «**بهمن**» **اردشیر اول** هخامنشی بتوسط دخترش همای یعنی **شهرزاد قصه‌گوی** تصنیف شد.

برخی خاورشناسان اروپایی مانند «**دگویه**» هلندی و «**اُسترُپ**» دانمارکی معتقدند که **هزارافسان** از بسیاری جهات با **استر** در **تورات** و با قسمتی از داستانهای اساطیری **شاهنامه** شباهت دارد.

**مسعودی** (مرگ ۳۴۰ هـ. ق.) صاحب **مروج الذهب** و **جهشیاری** (مرگ ۳۳۱ هـ. ق.) مصنف **الوزراء** و **ابن‌الندیم** (مرگ ۳۷۸ هـ. ق.) صاحب **الفهرست** بارها

از نام شهرزاد قصه‌گو و خواهرش «**دنیازاد**» یاد کرده‌اند.

این مورخان همه شهرزاد قصه‌گو را همان دختر اردشیر درازدست می‌دانند که از طرف پدر نوه اِستر ملکه یهودی خشایار شاه هخامنشی ست. در **تاریخ طبری** نیز از دختر اردشیراول هخامنشی هما یا **شهرزاد قصه‌گو بعنوان مصنف هزارافسان** یاد شده است.

**فردوسی** نیز در **شاهنامه هما** دختر بهمن اردشیراول را همان **شهرزاد قصه‌گوی داستانهای ایرانی هزارافسان** می‌شناسد:

یکی دختری بود نامش همای        هنرمند و با دانش و پاک رای

همی خواندندی ورا شهرزاد        ز گیتی به دیدار او بود شاد

جالب است که نخستین داستان **هزارافسان** به نام «**حکایت ملک شهریار و برادرش شاه زمان**»، با داستان اِستر در **تورات** مشابهت فوق‌العاده‌ای دارد.

در **هزارافسان، ملک شهریار** بواسطهٔ نافرمانی ملکه یا به دلیل خیانتی که از وی دید، او را بقتل می‌رساند و شهرزاد قصه‌گو را به زنی می‌گیرد. ملکه جدید با خوش‌رفتاری و پندشنوی از خواهرش «**دنیازاد**» یا «**دینارزاد**»، که مستحفظ زنان شاه بود می‌تواند از کشته شدن زنـــان و دختـــران جلوگیری کند و پدرش نیز به وزارت می‌رسد.

در داستان اِستر **خشایار شاه هخامنشی** از ملکه خود خواست که با آرایش جالبی با زینتها و گوهرهای گرانبها در جشن عمومی نوروز حاضر شود، تا مردم زیبایی و جلال او را ببینند. ملکه از این خودنمایی و ظاهرسازی امتناع کرد شاه در غضب شد و ملکه را طرد کرد یا بقتل رساند. آنگاه برادرزاده **مَرد‌ُخای یهودی** دربان قصر شاه را به زنی گرفت، و او را پس از آن که ملکه شد اِستر نامیدند. ملکه جدید با فرمانبرداری از مستحفظ زنان شاه، که بانویی دانا بود، روزبروز نزد شاه محبوب‌تر شد. در نتیجه عموی وی **مردخای** نیز صاحب نفوذ فراوان گشت و توانست از حکم قتل **قوم یهود** که به دستور «**هامان**» وزیر پادشاه صادر شده بود جلوگیری کند و هامان وزیر را برکنار سازد و خود به وزارت رسد.

آنچه مسلم است **هزارافسان** تا اواخر قرن چهارم هجری قمری وجود داشته است، زیـرا در فرهنگ جهانگیری ابیاتی از **قطران تبریزی** (مرگ ۴۴۰ هـ. ق.) آورده شده که مؤید این نظرست.

هزار و یک صفت از هفت خوان رویین تن
فرو شنیدم و خواندم من از **هزارافسان**

در دوران ساسانیان **هزارافسان** از زبان فرس قدیم به زبان پهلوی ساسانی برگردانده و افسانه‌های پهلوانی و عشقی چندی برآن افزوده شد.

پس از **هجوم** اعراب **هزارافسان هم** چون سایر نفایس دیگر به دست اعراب افتاد و در قرن سوم هجری قمری به زبان عربی برگردانـــده شـــد و **الف خرافة یا خُرافة نزهة** نام‌گذاری گردید.

از قرن چهارم هجری قمری به بعد این کتاب به فرهنگ اسلامی منتسب گشت و بتدریج حکایاتی از دوران جاهلیت اعراب و صدراسلام و دورانهای شکوفایی خلفای اموی و عباسی برآن افزوده شد و از قصه‌های هندی و ایرانی آن حذف گردید. به این ترتیب اثر اصلی با افزودن اشعار و امثال و اسامی عربی تغییر شکل محسوسی یافت. از آن پس نویسندگان عرب بخصوص در مصر و مراکش و دمشق داستانهای بیشتر بر آن افزودند.

در اواخر قرن نهم هجری قمری این کتاب به مصر رفت و با تغییرات زیادی در حدود قرن دهم هجری قمری برابر قرن شانزدهم میلادی بصورت کتاب کنونی **الف اللیلة و اللیلة** تدوین یافت. اکثر قصه‌های آن حکایاتی است که بتدریج در کشور مصر در عهد سلاطین ممالیک و از نقالان یهودی بر آن افزوده شده است.

### نخستین ترجمه «الف اللیلة و اللیلة» در غرب

از اواخر قرن هفدهم میلادی توجه بعضی از محافل ادبی کشور فرانسه به این کتاب جلب شد. برای نخستین بار «**آنتوان گالان**» استاد مدرسه زبانهای شرقی کـه بتوسط «**ژان باتیست کُلبر**» در دوران **لویی چهاردهم** درشهر **پاریس**

احداث‌گردید، حکایات **سندباد بحری** رااز آن‌کتاب به‌زبان‌فرانسه ترجمه‌کرد.

بعداً در قرن نوزدهم میلادی مستشرق انگلیسی «**ادوارد وی لین**» **حکایت چراغ جادوی علاءالدین** را ترجمه‌کرد و از آن پس تا اواسط قرن بیستم این کتاب به بیشتر زبانهای اروپایی و آسیایی برگردانده شد، و در واقع مأخذ و منبع مهمی در موضوعات مختلف تفننی و ادبی شرقی برای نویسندگان و سرایندگان اروپایی گردید.

## ترجمه «هزار و یکشب» به زبان فارسی

در مقدمه کتاب کنونی **هزار و یکشب** ذکر شده که نخستین ترجمه فارسی آن در حدود سال ۱۲۶۰ هـ. ق. (۱۸۴۰ م) بنا به اشاره **بهمن میرزا**، فرزند **عباس میرزا** ولیعهد **فتحعلیشاه** قاجار انجام شد. مترجم آن **عبداللطیف تسوجی تبریزی** از نویسندگان و مترجمان مسلط به ادب زبانهای فارسی، عربی و ترکی بود. **میرزا محمدعلی سروش اصفهانی** شاعر نیز ماموریت یافت تا بجای اشعار عربی معادل آنها را از اشعار شعرای متقدم فارسی انتخاب کند، و در صورت ضرورت ابیات مورد نیاز را خود بسراید و جانشین اشعار عربی سازد.

این ترجمهٔ فارسی برای اولین بار در سال ۱۲۶۰ هجری قمری، با چاپ سنگی بسعی و اهتمام آقا **محمدرضا باقر کاشانی** در **درالطباع آقامیر** انتشار یافت.

ترجمه منظوم **هزار و یکشب** بوسیله **ابوالفتح‌خان دهقان سامانی اصفهانی** در اوایل قرن چهاردهم هجری سروده شد. شاعر در این منظومه از ترجمه فارسی کتاب استفاده کرده و در سراسر داستانها، روزها و ماهها را به فارسی نام برده و این منظومه را به نام **هزاردستان** نامیده است.

از کتاب **هزار و یکشب** فارسی نسخه‌های متعددی چه به صورت دستنویس و احیاناً مصور و منقش و چه به صورت چاپ وجود دارد، ولی شاید بتوان گفت شش مجلد کتاب **هزار و یکشب** خطی کتابخانه **کاخ گلستان**، از نظر هنرهایی که در آفرینش بکار رفته، نسخه‌ای منحصر به فرد باشد. این شاهکار هنری سبک قاجار در **مجمع‌الصنایع** یا **دارالصنایع** یا **نقاش خانه مبارکه**،

**همایونی ناصری** که همواره پیوستگی و ارتباط با کتابخانه سلطنتی داشت آفریده شده است.

مجموعهٔ شش جلدی **هزار و یکشب** به قطع رحلی بزرگ در اوایل سلطنت **ناصرالدین شاه قاجار** طی هفت سال (۱۲۶۹ تا ۱۲۷۶ هـ. ق.) با همکاری سی و چهار تن از چهره‌پردازان، نگارگران، مُذهبان، زرافشانان، نقاشان، صحافان، جلدسازان، خوشنویسان و طلااندازان ماهر و چیره‌دست زمان بوجود آمد.

امتیاز این نسخه بر سایر نسخه‌های خطی مصور کتاب **هزار و یکشب** قدیمی و یا همزمان مربوط به مجالس نقاشی آن است که با قلم سحرنگار **میرزاابوالحسن خان صنیع الملک** استاد مسلم نقاشی و صورتگری دوران قاجار آفریده شده و یکی از بهترین نمونه‌های هنری عصر قاجار بشمار می‌رود. شایسته یادآوری ست که کاتب این نسخه **محمدحسین تهرانی** خوشنویس نیز با خامه شیوای خود در آراستگی این مجموعه سهمی بسزا دارد.

این اثر ارزشمند هنری از هنرنماییهای کتاب‌آرایی تذهیب و جلدسازی و صحافی استادان **غلامعلی مذهب باشی**، **میرزا احمد مذهب**، **میرزا جانی جلدساز**، و **میرزایوسف** صحاف و مذهب‌باشی بهره‌ای بتمام دارد. تصاویر مجالس و تجسم مناظر و طرح داستانها در نهایت مهارت انجام شده و نمایانگر آرایش لباس و طرز زندگی خانوادگی و اجتماعی و حکومتی عصر قاجارست.

این مجموعه در شش مجلد به قطع رحلی و ابعادی در حدود ۳۰ × ۴۵ سانتیمترست. کاغذ آن در متن خانبالغ و حواشی دولت آبادی آهار مهره شده نخودی رنگ است. هر صفحه سی سطر کتابت دارد که در آن رقمهای نستعلیق، رقاع، شکسته نستعلیق خفی و جلی بکار گرفته شده است.

روی جلدها: مقوای روغنی بوم مشکی منقش به گل و بوته زرین و رنگین با ترنجهای بیضی شکل مذهب است. در حواشی در میان یک کتیبه تزیینی، اشعاری در مدح **ناصرالدین شاه** بخط نستعلیق جلی با سفیداب نگاشته شده که با پیچک‌ها واسلیمیهای زرین تزیین یافته است.

توی جلدها: بوم گلی رنگ، با طرح اسلیمیهای دهن اژدری مزین و

مرصع است. در وسط ترنج دور کنگره و دو سر ترنج زمینه مشگی مزین به گل و بوته‌های رنگین و زرین است.

تمامی صفحات مجدول کمندکشی تسمه‌اندازی زرین و شنگرفی و لاجوردی ست. بین السطور تمامی صفحات کتابت طلااندازی دندان موشی با تحریر مشگی‌ست. در هر شش مجلد بر یک صفحه متن داستان نوشته شده و بر صفحه مقابل آن مجلس نقاشی مربوط به داستان است.

برخی از صفحات، سه یا چهار مجلس نقاشی دارد که با ترسیم جداول تزیینی تسمه‌ای مذهب از یکدیگر متمایز شده است.

مجموعاً در این شش مجلد ۱۱۴۴ صفحه کتابت و ۱۱۳۴ صفحه مجالس نقاشی به شرح زیر وجود دارد:

- جلد اول ـ کتابت ۲۱۸ صفحه ـ نقاشی و تصویر ۲۱۴ صفحه.
- جلد دوم ـ کتابت ۱۷۰ صفحه ـ نقاشی و تصویر ۱۷۰ صفحه.
- جلد سوم ـ کتابت ۱۶۰ صفحه ـ نقاشی و تصویر ۱۶۰ صفحه.
- جلد چهارم ـ کتابت ۲۰۸ صفحه ـ نقاشی و تصویر ۲۰۸ صفحه.
- جلد پنجم ـ کتابت ۲۲۰ صفحه ـ نقاشی و تصویر ۲۱۸ صفحه.
- جلد ششم ـ کتابت ۱۶۸ صفحه ـ نقاشی و تصویر ۱۶۸ صفحه.

فهرست تحقیقی و توصیفی این شش مجلد هزار و یکشب با ارائه هشتاد و اندی عکسهای رنگین از مجالس نقاشی و نمونه‌هایی با عکسهای سیاه و سفید از خطوط آن بوسیله نگارنده فراهم آورده شد، که ضمیمه جلد دوم فهرست دیوانهای خطی مصور و مذهب کتابخانه کاخ گلستان در اردیبهشت ماه ۱۳۵۵، در هزار مجلد در تهران بچاپ رسید.

# سرگذشت ساختن آبراهه‌ها
## و نقش آنها در روابط بازرگانی ایران باستان

ایرانیان در دوران باستان به دریانوردی و بهره‌گیری از راههای آبی اهمیت بسیار می‌دادند و نیک می‌دانستند که دریاها وسیله‌ای آسان برای رفت و آمد میان کشورها بشمار می‌آیند، و از این رو تلاش خود را برای دست‌یابی به دریا بکار می‌بردند. اسناد و مدارک تاریخی فراوانی از دوران هخامنشیان در دست است که نشان می‌دهد ایرانیان بین خلیج فارس و سواحل شرقی افریقا رفت و آمدهای تجاری داشته‌اند.

در سالهای ۵۵۰ تا ۵۲۹ پیش از زایش مسیح، کورش اول سرزمینهای وسیعی از غرب آسیا و شرق افریقا را در یک امپراطوری عظیم فراهم آورد. پس از کورش، کمبوجیه کشور مصر را نیز بر متصرفات امپراطوری ایران افزود و در اندیشهٔ تسخیر کشور حبشه برآمد. هدف او از این کار دست یافتن به سرزمینهای حاصلخیزِ کرانهٔ رود نیل بود. در این دوران ایرانیان بر نواحی شمال عربستان، سومالی، و یمن فرمانروایی داشتند.

در سالهای ۵۲۲ تا ۴۸۶ پیش از زایش مسیح در زمان داریوش اول امپراطوری ایران آنچنان گسترش یافت که از سویی تا دلتای رود نیل و دریای اِژه و از سوی دیگر تا حدود رود سند در شبه قاره هند را در بر می‌گرفت. داریوش بر آن شد که در خلیج‌فارس ناوگان جنگی و کشتیهای

تجاری را توسعه بیشتری دهد. او بهمین منظور از کشتیرانان فنیقی که کشتیرانی دریای مدیترانه (دریای مغرب یا دریای سفید) را در دست داشتند یاری خواست.

دریانوردان ایرانی که از دیرباز دریای هند و کناره‌های شرقی افریقا را در می‌نوردیدند برای رسیدن به دریای مدیترانه ناچار بودند جنوب افریقا را دور بزنند. در این زمان ایرانیان جهت تسهیل و ارتباط تجاری از راه دریا و برای بهره‌گیری بهتر و بیشتر از راههای دریایی برای بازرگانی و لشکرکشی، آبراهه‌ای میان دریای سرخ و یکی از شعب رود نیل در مصر پدید آوردند، و یا بقولی دیگر آبراهه‌ای را که در سال ۶۰۹ پیش از زایش مسیح بوسیله «یخائو» فرعون مصر ایجاد شده بود لایروبی کردند و مورد استفاده قرار دادند.

در زمینهٔ ایجاد این آبراه که از شگفتیهای عظیم فکری و تواناییهای صنعتی آن دوران است، ضمن حفاریهای منطقه‌ای در نزدیکی شهر «اسمعیلیه» در مصر کتیبه‌ای از داریوش اول به چهار زبان پارسی، ایلامی، بابِلی، و مصری و به میخی پارسی بدست آمده است که در حال حاضر در موزه شهر قاهره حفظ می‌شود. این کتیبه دارای چند بندست، که دو بند آن در زیر آورده می‌شود:

بند یکم ـ «خدای بزرگی‌ست اهورامزدا که این سرزمین را آفرید، که آن آسمان را آفرید، که به آدمی شادی داد، و داریوش را به شاهی کشوری رساند که بزرگ است و اسبان و مردان خوب دارد. . .»

بند سوم ـ من پارسی هستم، پسر ویشتاسپ هخامنشی، بهمراهی پارسیان مصر را گرفتم و فرمان دادم که این آبراهه را بکَنَند تا کشتیها از مصر به سوی دریای پارس (دریایی‌ی هچا پارس‌ای تی) روانه شوند. . .»

در لشکرکشی داریوش اول به یونان در سال ۴۹۰ پیش از زایش مسیح مهندسان نیروی دریایی ایران با کشتیها بر روی تنگهٔ بسفور پلی زدند تا

سربازان از آن بگذرند. همچنین در لشکرکشی خشایارشا به یونان در سال ۴۸۴ پیش از زایش مسیح نیروی دریایی ایران روی تنگهٔ داردانل پلی بستند و ارابه‌های جنگی و پیاده و سواره نظام ایرانی که در شمار بزرگترین ارتش جهانِ آن روز بود به آن سوی دریا رسید.

در زمان خشایارشا برای عبور ارتش ایران از آسیا به اروپا در دماغهٔ آتوس نیز آبراههٔ دیگری پدید آورده شد. دانشمند انگلیسی «بارث»، استاد تاریخ دانشگاه گلاسکو، در کتاب خود «ایرانیان و یونانیان» می‌گوید در زمینهٔ دریانوردی و مهندسی پیشرفته در راهسازی و پل سازی و ایجاد پایگاههای دریای در دوران هخامنشی، شواهد تاریخی دانش و بینش آنان را به ثبوت می‌رساند.

سه پایگاه مهم ناوگان نیرومند آن عصر عبارت بودند از پایگاه جزیرهٔ بحرین، پایگاه جزیرهٔ هرمز، و پایگاه ساحل مکران در نزدیکی رود سند. هر کدام از این پایگاهها وظایف خاص و منظمی برعهده داشتند. پایگاه جزیرهٔ بحرین امنیت جزایر و بنادر اطراف را بر عهده داشت؛ پایگاه جزیرهٔ هرمز در دهانهٔ خلیج فارس مامور حراست سواحل جنوبی ایران و کناره‌های شبه جزیرهٔ عربستان و دریای مشرف بر آن تا مدخل دریای سرخ بود، راهنمایی کشتیهایی که از باب المندب و از شرق افریقا به خلیج فارس وارد می‌شدند و حفاظت از محمولات آنها که طلا، عاج، چوبهای قیمتی، پرندگان کمیاب، و محصولات دیگر بود نیز بر عهدهٔ این پایگاه بود؛ پایگاه ساحل مکران نظارت بر اقیانوس هند از سمت مشرق و بندرهای هندوستان را بعهده داشت و همچنین مامور تهیه آب و توشه بود.

بدین قرار تمام سواحل و جزایر خلیج فارس تحت تسلط دولت ایران بود و کشتیهای ایرانی به عربستان، هندوستان، چین و افریقا رفت و آمد می‌کردند.

حمله اسکندر مقدونی در سال ۳۴۵ پیش از زایش مسیح ناوگان ایران را دچار سستی و ضعف کرد، اما پس از مدت زمانی، در دوران اشکانیان

دوباره قدرت ناوگان ایران برقرار شد. قلمرو حکومت ساسانیان پس از شاهنشاهی هخامنشیان از پهناورترین امپراتوریهای جهانِ آن دوران محسوب می‌شد. در کتیبهٔ شاپور اول دومین پادشاه ساسانی در کعبهٔ زردشت، «نقش رستم» شیراز، که به زبان پهلوی ساسانی و خط پهلوی کنده‌کاری شده است، ضمن اسامی کشورهای تابع ایران، حدود مشرق امپراتوری سرزمین ایران تا قلب هندوستان یاد شده است.

اردشیر پاپکان بنیادگذار سلسلهٔ ساسانی جزیرهٔ بحرین را که بوسیلهٔ شخصی بنام «ساترون» اشغال شده بود بازپس گرفت، و پسر خود شاپور اول را در بحرین به حکومت آن گماشت و درساحل بحرین شهری‌آباد به نام اردشیر احداث کرد. در دوران ساسانیان، رومیان بعلت رقابتهای بازرگانی کوشیدند که راههای آبی تجارت ایران را با هند و خاور دور و شرق آفریقا قطع کنند. ولی ایرانیان متوجه گشتند و قدرت دریایی و جنگی خود را در اقیانوس هند متمرکز ساختند و با نظارت مستقیم بر تمام گذرگاههای آنجا موقعیت خود را تحکیم کردند. در حقیقت در این عصر سیادت دریایی در این منطقه بطور مطلق با کشور ایران بود.

ادوارد براون در «تاریخ ادبیات ایران» از چند متن پهلوی یاد می‌کند که قراردادهای تجاری میان شاهان ساسانی، از جمله نرسی ساسانی و زنگبار در سال ۲۹۲ میلادی‌ست. «این اسناد تأیید می‌کند که در آن زمان روابط گسترده اقتصادی بین ایران و افریقا وجود داشته است.» متنهای دیگری به زبانهای پهلوی و آرامی وجود دارد که مربوط به عهد خسرو انوشیروان ساسانی در سالهای ۵۳۱ تا ۵۷۹ میلادی است و حاکی از آن است که کشور ایران در آن زمان بر سواحل جنوبی شبه جزیرهٔ عربستان مسلط بوده است.

در دوران پادشاهی انوشیروان در سال ۵۷۰ میلادی پادشاه فراری یَمَن «سیف‌بن ذی یَزَن» از او درخواست کمک کرد تا در مقابل تجاوز «اَبرَهَه» پادشاه حبشه مقاومت کند. انوشیروان عده‌ای سرباز با فرماندهی یکی از سرداران سپاه دیلم به نام «وَهرَز پسر به‌آفرید بهمن دیلمی» با چند ناوگان

۱۶۵

جنگی به کمک وی فرستاد. بدین طریق یمن و قسمتی از شمال عربستان زیر حمایت و تابعیت ایران درآمد و برای ادارهٔ آن مناطق مرزبانانی از ایران بدانجا فرستاده می‌شد. این امر حتی تا اوایل ظهور اسلام دوام داشت. گفته‌اند که پل نهروان عراق به همت همین سردار وَهرَز دیلمی و مهندسان ایرانی ساخته شده است.

اشارات و روایات اساطیری و تاریخی نشان می‌دهد که سرزمین یمن یا «حمیریا»، که یونانیان بعلت مواهب طبیعت آن را «عربستان خوشبخت» می‌نامیدند، از دیرباز در زیر سلطهٔ شاهان هخامنشی بود، و در تاریخ اساطیری ما از یمن به نام دشت «هاماوران» یاده شده است که فردوسی در شاهنامه داستان شیفتگی کاوس را به سودابه، دختر پادشاه هاماوران، سروده است.

از آثار باقی مانده از دوران تسلط ایران بر سرزمین یمن سدّی‌ست که مهندسان ایرانی برای رفع نیاز مصرف آب سپاهیان خود در تنگه‌ای میان دو کوه احداث کردند. این سدبندی دارای پنج استخر بزرگ است. بین استخرها دریچه‌هایی تعبیه شده که یکی پس از دیگری از آب باران پر می‌شده است. این منبع آب هنوز پا برجاست و آب درون آن مورد استفادهٔ مردم عَدَن است. در سالهای اخیر که آب آشامیدنی شهر با لوله کشی تامین شده است، از آب آن استخرهای قدیمی برای آبیاری مزارع و مراتع استفاده می‌شود.

«اسپنسر ترمنگهام» مورخ امریکایی و کارشناس آفریقا در کتاب «اسلام در شرق افریقا» می‌نویسد که در خلال پنج سدهٔ اول میلادی ایرانیان سیادت چشمگیری بر آبهای دریایی تا شرق افریقا داشتند، و در قرن ششم میلادی بسیاری از دریانوردان ایرانی در سواحل شرقی افریقا رفت و آمد می‌کردند، و پایگاه معظمی در جنوب شهر «کلوا» بوجود آوردند که تاکنون آثار آن باقی‌ست.

در حفریات علمی این منطقه مقدار زیادی ظروف سفالین و الواح فلزی و اسلحه یافت شده است که دارای نشانه‌ها و نقش و نگارهای ایرانی ست.

تمدن و فرهنگ ایرانیان باستان آثار عمیق و پیوستگی‌های محکم اخلاقی و انسانی در شرق افریقا از خود برجای نهاده است، که نشانه‌ای از تاثیر پیوندهای اقتصادی و روابط درازمدت تاریخی ایرانیان بر زندگی مردمان این خطه از افریقاست.

«ژان ژاک پرینی» مؤلف کتاب «خلیج فارس» بر پایهٔ وجود چنین قدرت دریایی می‌نویسد: این نام از امپراتوری کهنسال و با عظمت پارسیان گرفته شده است.

نام خلیج فارس یکی از قدیمی‌ترین اسامی جغرافیایی جهان است این دریا با وجود سپری شدن چند هزار سال و دگرگونیهای عظیمی که در مرزها و اسامی کشورها و سواحل دریا در سراسر جهان روی داده است، همواره با نام «خلیج فارس» خوانده شده است.

از هنگام پیدایش خط، در کتیبه‌ها و الواح سفالین و فلزی با خطوط میخی آشوری، مادی، پارسی و همچنین در مدارک و اسناد باقی مانده از اقوام یونانی، رومی، ارمنی، یهودی، هندی و عرب همه از دریای جنوب ایران با نام خلیج‌فارس یا دریای فارس یا آبگیرفارس و یا بحر فارسی یاد شده است.

در دوران ساسانیان در قلمرو گستردهٔ ایران گذرگاه تجاری دیگری نیز وجود داشت که به «جاده ابریشم» شهرت داشت. این گذرگاه از لحاظ امنیت و سرعت در مقیاس آن روز چشم و چراغ جاده‌ها دنیای قدیم بود. این راه کاروان رو از کشورهای چین و هند شروع می‌شد و به ونیز و کشورهای منطقهٔ اورپا ختم می‌شده است. بخش مهمی از جاده طولانی ابریشم که متجاوز از دوازده هزار کیلومتر طول آن بوده است از سرزمین پهناور ایران می‌گذشته، که بیشتر راههای کوهستانی، بیابانها و ریگزارهای خراسان بزرگ و دامنهٔ رشته جبال البرز و قسمتی از آسیای صغیر را در بر می‌گرفت. همهٔ کالاهای تجاری و محصولات صنعتی آسیا از گیاهان، عصاره‌های معطر، ادویه، قالی، ابریشم، پارچه‌های نخی و کنفی، سنگهای قیمتی، مروارید، اسب و دیگر کالاها از همین راه به غرب حمل می‌شده است.

# سرگذشت
# مُهرها و نگینها و نقشهای آنها
# (سجع امهار)

یکی از راههای دست یافتن به مجهولات دورانهای کهن و شناسایی بیشتر چگونگی روزگاران باستان، بررسی و پژوهش در شعارهای کنده کاری شده روی مهرها و سکه‌هاست. هنرکنده کاری و نَقر نوشته و نشانه روی مهرهایی از خشتها، سنگها، تنۀ درختان، استخوان حیوانات، فلزات، شیشه، سنگهای قیمتی و غیره، حکایتگر راز و رمز آداب و رسوم و سنتهای باستانی اقوام گذشتۀ پیش از پیدایش فن خطنویسی ست. این کنده کاریها که شمه‌ای از اوضاع و احوال اجتماعی و باورهای مردمان پیش از تاریخ را می‌نمایاند در حقیقت مقدمۀ اختراع خط شمارده می‌شود.

هزاران سال پیش از دورۀ تاریخی در فلات گستردۀ ایران مردمان بومی صاحب تمدنی ساکن بودند که شهرهای آباد و بزرگی بنا کردند. بقایای آن شهرها در حوالی نهاوند، استخر، پازارگاد، «پارسکده» شوش، سیلک کاشان، تپه مارلیکِ قزوین و بسیاری از جاهای دیگر کشف شده است. این مردمان بخصوص در ساختن ظروف سفالین منقوش و کنده کاری برجسته بر مهرها و نگینها استعداد شایسته‌ای داشتند. آثار باقیمانده از این دوران شهادت

می‌دهد که انگیزهٔ زیباپسندی و هنر از آغاز تمدن الهام‌بخش آنان بوده است.
مهرهای بدست آمده از حفاریهای علمی بر دو گونه‌اند:
۱ ـ **مهرهای مخروطی و گنبدی شکل**: این مهرها در حدود هزارهٔ ششم پیش از زایش مسیح از گل رُس و سنگ و همچنین از مس ساخته شده که بر قاعدهٔ‌مسطح آن نقشها و نشانه‌هایی ابتدایی حک شده است. در رأس این مهره‌ها سوراخی جهت گذراندن ریسمان تعبیه شده که آن را به اشیاء و ظروفی مانند کوزه یا خمره می‌بستند تا در امور داد و ستد کالا امر مالکیت را بثبوت برساند.
۲ ـ **مهرهای استوانه‌ای و یا لوله‌ای شکل دسته‌دار**: که از انواع عقیق و سنگ مرمر و سنگهای قیمتی دیگر ساخته شده و کنده کاری و نوشته‌های روی بدنهٔ آن در نهایت ظرافت و دقت است.

## نقش مهرها

نقش و نگار مهرها، همانند نقش و نگار سفالهای دوران پیش از تاریخ، بازتاب رسوم و آداب زندگی و باورهای ساکنان بومی سرزمین فلات ایران و اورارتو، کاسی‌ها، عیلامی‌ها، و تیره‌های دیگر بوده است و شباهتهای درخور توجهی میان این نقش و نگارها با خطوط اولیهٔ مصری وجود دارد.

باستان‌شناسان در پژوهشها و بررسیهای خود تطور و تکامل مهرها را در هزاره‌ها و دورانها تقسیم‌بندی کرده‌اند که در زیر به آنها اشاره می‌شود:

در هزارهٔ چهارم پیش از زایش مسیح مهرها به شکل مکعب و یا دگمه‌ای ساخته می‌شده که بر سطح آن کنده کاریهای ساده‌ای مشاهده می‌شود. شکل این مهرها بمروز زمان از مکعب تا استوانه‌ای تغییر یافت که با خطوط افقی، عمودی و موجدار نشانه گذاری شده است. این نشانه گذاریهای ابتدایی بتدریج با درهم آمیختن با همان خطوط ساده بصورت اشکال هندسی چون مربع، مثلث، دایره و غیره درآمد که هر یک بیان‌کننده موضوع و معانی خاصی بوده است، مثلاً مربع نشانهٔ زمین مزروعی،مثلث نشانهٔ کوه و خطوط

موجدار نشانهٔ آب بود.

در هزارهٔ سوم نقش و نگار مهرهها بمرور پیچیده‌تر و اشکال آن کاملتر و زیباتر می‌شود. دراین دوران بر روی مهرهای سنگی تصاویری از حیواناتی نقش می‌شمردند و زندگی خود را مدیون آنها می‌دانسته‌اند، مانند گاو وحشی، بزکوهی، اسب، سگ و برخی از پرندگان. گهگاه سر جانوری با بدن جانور دیگری پیوند داده شده چون اسب بالدار، گاو بالدار و موجودی افسانه‌ای بوجود آمده است.

در هزارهٔ دوم مهرها بیشتر به شکل استوانه‌ای ورویآن از مظاهر طبیعت کنده‌کاری ست. مانند نقش خورشید و پرتوهای نورانی آن که مظهر روشنایی و منشاء گرما و فروغ مقدس شناخته شده بود. همچنین نقشهایی از باورهای اقوام مهاجر آریایی مانند هلال ماه و ستارگان و درخت مقدس و کوزهٔ آب کنده‌کاری شده است. برروی برخی از مهرهای سنگی بدست آمده از تپه‌های سیلک کاشان که از قدیمیترین مهرهای دوران باستان بشمار است، نقش‌مار به معنای مظهرآبهای زیر زمینی بصورت نیمی انسان و نیمی مار کنده‌کاری شده است.

بر مهرهای استوانه‌ای شکل اقوام کاسی در اطراف بحرخزر، اشکال پیشه‌های متداول مانند صحنه‌های شکار، گله و رمه، کوزه‌گری، تنور، شخم‌زدن، بافندگی و از این قبیل کنده‌کاری شده است.

مهرهای بدست آمده از عیلامی‌ها که تقریباً مربوط به هزارهٔ چهارم پیش از زایش مسیح است، نقش شبانی را نشان می‌دهد که در حال راندن گلهٔ بز به سوی آغل است. در هزارهٔ اول پیش از زایش مسیح در دوران مادها، مهرهایی از انواع سنگهای عقیق و یشم و لاجورد بدست آمده است که مناظری از جدال انسان با حیواناتی چون شیر و گراز و موجودهای افسانه‌ای چون اسب بالدار را نشان می‌دهد. در حاشیه و کنارهٔ مهرهای این دوران نوشته‌هایی با خط میخی مادی که متأثر از خط آشوریها بوده منقوش است. نقش و نگار مهرها از این زمان در زندگی فردی و اجتماعی و اقتصادی

بصورتی موثر و کارگشا وارد شد و در کارهای حکومتی و مذهبی و نیز در امور داد و ستد اثر مهر رسمیت یافت.

با اختراع خط در بیشتر از مهرها نوشته‌های از اوراد و دعا منقوش است که بمنزلۀ طلسمی برای حفاظت از شرآفات و بلیات و ارواح شریر نامرئی بکار می‌رفته است.

## دوران هخامنشیان

در این دوران گذشته از سنگهای قیمتی مانند عقیق و لعل، از نقره و طلا هم مهرهایی ساخته شده است، و هنرکنده‌کاری روی مهرهای استوانه‌ای و یا لوله‌ای گسترش یافت، و حکاکی برکنگرۀ کاخهای سنگی، صخره ها، پیشانی آرامگاهها و پرستشگاهها و دیوارۀ جامهای سنگی یا فلزی و الواح سیمین و زرین و سکه‌ها را نیز در برگرفت. در مسیر تکامل و زیبایی هنرکنده کاری پیوسته از اصول یکنواختی پیروی شده است. در حقیقت وحدت اصولی این هنر بر مبنای نقش چهره‌های ایزدان، شاهان، موبدان و آتشگاهها استوار بوده است. در دوران هخامنشی از مظاهر مهم و متداول هنرکنده کاری نقش شیر در نماد نیرومندی و شاهین (هما) در نماد تیزهوشی و تیزبینی بوده است. نقش شاهین با شهپرگشاده مظهری از اهورامزدا شناخته شده بود.

از دوران هخامنشی مهرهای نفیس بسیاری با اشکال استوانه‌ای، مخروطی، انگشتری بیضی بدست آمده که در حال حاضر در موزه‌های هنری جهان نگهداری می‌شود.

یکی از نفیس‌ترین مهرها که در موزۀ لندن قرار دارد مهر داریوش اول هخامنشی ست. بر سطح این مهر استوانه‌ای نقش داریوش با تاج و زیورآلات و اسلحۀ شهریاری حکاکی شده، داریوش کمانی در دست دارد و در داخل گردونه‌ای با دو اسب ایستاده که بوسیله گردونه ران هدایت می‌شود. داریوش با تیر و کمان شیر قوی هیکلی را هدف قرار داده است. در قسمت زیرین مهر در زیرپای اسبان گردونه، لاشۀ یک شیر شکار شده افتاده

و در پشت گردونه نقش شاخه‌های جوان و تازهٔ درخت انار «برسم» دیده می‌شود. در بالای این مهر تصویر نیم تنهٔ اهورامزدا است و نام داریوش بخط میخی پارسی با دو زبان بابلی و عیلامی کنده کاری شده است.

## دوره اشکانیان

مهرهای استوانه‌ای شکلی که در گذشته برای زدن روی لوح گلی بکار می‌رفت، در این دوران منسوخ شد و بجای آن مهرهای مخروطی و گنبدی شکل یا نیم کره‌ای از سنگهای قیمتی بکار می‌رفت که با مهارت و ظرافت بصورت مجسمه‌های کوچک ساخته می‌شدند.

اخیراً در مناطق «ترمذ» محل باستانی کیقباد شاه در پانزده کیلومتری قبادیان سمرقند ـ زادگاه و آرامگاه ناصر خسرو قبادیانی ـ و همچنین در ناحیهٔ سغد و خوارزم و در شهر نسا یکی از پایتختهای اشکانیان در هیجده کیلومتری مرز خراسان، و در اورامان کردستان و معبد آناهیتا در کنگاور کرمانشاه، و تورفان در ترکستان آثاری بدست آمده است که متعلق به دوران اشکانیان است. این آثار که شامل نمونه‌های پرارزشی از معماری و حجاری و سکه‌ها و مهرهاست می‌تواند تاریخ تاریک آن عصر را تا حدودی روشن سازد.

جزو مهرهای بدست آمده از دوران اشکانیان تصاویر تمام‌تنه یا نیم‌تنه شاهان با نمایش دقیق و جامعی از پوشاک و زیورآلات و اسلحه در صحنهٔ شکار و یا میدان نبرد کنده کاری شده است. در حاشیهٔ این مهرها نقش و نگار آتشدان با آتش شعله‌ور و مظاهری از ماه و ستارگان دیده می‌شود و بر بالای آن تصویر اهورامزدا و آناهیتا کنده کاری شده است. در آن دوران ماه و ستارگان نگهبانان ستوران و پرورندگان گیاه و رستنی شناخته می‌شده است. نقش جانوران در دوران اشکانیان شامل مرغ افسانه‌ای، شیر، گاو کوهان‌دار، قوچ، آهو، اسب و مار بود و بر بدنهٔ استوانه‌ای یا مخروطی شکل مهرها نام اشخاص به زبانهای پهلوی اشکانی و یونانی کنده کاری شده است.

۱۷۲

## دوران ساسانیان

هنر مهرسازی و کنده‌کاری این دوران با تکیه بر سنتهای هنری گستردهٔ گذشته و به دلیل پیوندهای طبیعی و باورهای مذهبی و رشد و ذوق هنری هنرمندان زمان دنبال گردید و نفوذش تا دور دستهای خارج از مرز و بوم ایران بزرگ پراکنده گشت.

در حقیقت مُهر در این زمان برای افراد جامعه از لوازم زندگی و بمنزلهٔ شناسنامه، مایهٔ شخصیت و اعتبار بود. مهرهای این دوران از صورت استوانه‌ای و مکعب به اشکال نیمکره و بیضی و بیشتر شکل انگشتری درآمد. جنس آنها از سنگهای قیمتی و زر و سیم بود که با تصاویر و مطالبی متضمن نام و عنوان صاحب مهر و گاهی نام شهر به زبانهای پهلوی ساسانی (فارسی میانه) و آرامی کنده کاری شده است.

حیوانات در مهرهای ساسانی بیشتر شامل نقش شتر، گاو کوهاندار، گوزن، آهو، اسب، سگ، پرندگان گوناگون، ماهی و عقرب می‌باشد. کنده کاری حاشیه مهرها اکثراً شاخه و برگ و گل نیلوفر است. بطور کلی بنظر می‌رسد که مضمون حکاکی مهرها بیشتر از هر چیز تصویرهای آتشگاه، ایزد شاه و نوشته است.

آتشگاه به شکل ستونی ست دارای چند پایهٔ عمودی که آتشدان بر آنها قرار می‌گیرد و پایه‌های آن بشکل پنجهٔ شیرست.

در بسیاری از مهرهای این دوران منظرهٔ نبرد شاهان با جانورانی چون شیر و گراز کنده کاری شده است. در مجموع نقشهای مهرهای اوایل دوران ساسانی همانند مهرهای دوران اشکانی‌ست.

ساسانیان و پاپک که هر دو پریستار پرستشگاه آناهیتا در استخر فارس بودند در بعضی از مهرها برابر آتشدان بحال نیایش ایستاده‌اند که این نشانه‌ای از مقام روحانی آنان است. در مهرهای پاپک پدر اردشیر یکم ساسانی که شهردار پارس بود نشان هلال ماه با یک ستاره حک شده است.

چندین مهر از اردشیر یکم ساسانی وجود دارد که او را با زره سنگین

فلزی یک پارچه و بلند بر تن، و کلاه خودی که بر آن سر شیر نصب شده بر سر، و نیزه‌ای در دست نشان می‌دهد در حالی که اردوان پنجم اشکانی را از روی زین اسب بر زمین افکنده است. این مهرها متعلق به سال ۲۲۷ میلادی‌ست.

در مهر دیگری در وسط نقش اردشیر یکم ساسانی تصویر شده که در زیر سم اسب او تصویر گوردیانوس سوم امپراطور روم دیده می‌شود، که متعلق به سال ۲۴۲ میلادی‌ست. از روزگار شاپور یکم ساسانی آثار هنری گوناگون و زیباتری از قلمزنی و کنده‌کاری بر فلزات و سنگهای قیمتی در دست است. بر نگین این مهرها با خطوط باستانی و نقش و نگارهای شاخه و برگ و گل نیلوفر و تصویرهای اهورامزدا، آناهیتا و میترا کنده‌کاری شده است.

در مهری دیگر بهرام چهارم ساسانی در حال ایستاده با نیزه‌ای بلند تصویر شده است که بطور دقیق و کامل، با تاج و زیورآلات گوناگون شهریاری نشان داده شده است. در بیشتر مهرهای بدست آمده از این دوران، تصاویر شاهان و ملکه‌ها تمام رخ یا نیمرخ با افسر کنگره‌دار و نشانه‌های ویژهٔ شهریاری و آتشدان و زبانه‌های شعلهٔ آتش با ظرافت و مهارت کنده‌کاری شده است. شمار درخور توجهی از این مهرهای نفیس در موزه‌های گوناگون جهان وجود دارد.

مهرهایی نیز با نامها و تصویرهای از شهبانو «دینک» همسر اردشیر اول بنیادگذار سلسله ساسانی، و شهبانو «روتک» همسر پاپک مادر اردشیر یکم، و شهبانو «آذرناهید» یا «آتورآناهیت» همسر بهرام ساسانی یافته شده است. در مهرهای بهرام دوم ساسانی نقش همسر وی شهبانو «شاپور دختک» حکاکی شده است. مهری نیز از نیم تنه شهبانو «پوپک» همسر یزدگرد سوم ساسانی به شکل انگشتری بیضی است که چهره‌ای زیبا و متناسب با گیسوانی بلند و انبوه و تاجی مرصع و گوشوارهایی بلند با گردن بند بر آن کنده‌کاری شده است.

از دوران ساسانی مهرهایی نیز بدست آمده که متعلق به شخصیتهای درباری‌ست، مانند موبد موبدان (آموزگار دینی شاه)، هیربد (مفسر اوستا)، سپاه بُد، دبیربد، فرمذار (خزانه‌دار)، هزاربد (فرمانده گارد شاهی)، وستریوش بد (رئیس کشاورزان)، خرتوش‌بد (رئیس پیشه‌وران)، نخجیربد، اسب‌مدار، شمشیردار، سراخترشمار، رایزن بانوی بانوان (رئیس حرم شاهی)، پیشگو، شراب‌کش و دیگران. مهرهای بدست آمده با کنده‌کاریهای ظریف و دلفریب آن نه تنها جزو آثار هنری ایران بلکه برخی از آنها در ردیف شاهکارهای هنری جهان بشمار می‌آید.

## مُهر در ایران بعد از اسلام

تا اواسط قرن سوم هجری قمری، مهرها هم چون سکه‌های مانده از دوران ساسانی مورد استفاده بود که تنها عبارت «بسم‌الله» در حاشیه بر آن افزوده شده بود. از قرن سوم هجری قمری ببعد مهرها چون سکه‌های اسلامی بدون تصویر با ذکرنام خدا و پیغمبر و آیاتی از قرآن و نام و القاب شخصی ساخته می‌شد. در این دوران هیچ نوشته‌ای چون فرمانها، قباله‌ها، طومارها، عقدنامه‌ها، وقف‌نامه‌ها، و دیگر اسناد بدون مهر سندیت و اعتبار نداشت. بتدریج از اوایل قرن پنجم هجری قمری مهرها کوچکتر و بصورت انگشتری مدور یا بیضی و یا بادامی شکل از عقیق یا لعل ساخته می‌شد که کم و بیش با نقش اسلیمی و گل و برگهای ساده کنده کاری شده است و این روال چندین سده تا دوران صفویه ادامه یافت.

از زمان صفویه تا دوران قاجار مفاهیم نقش مهرها با اصطلاحات و استعارات و عبارات موزون و مقفا و اشعار شعارگونه حاکی از اعتقادات دینی و نامهای دوازده امام با خطی خوش و زیبا بر روی سنگهای قیمتی، طلا، نقره و برنج و بلور حکاکی شده است که از این زمان آن را «سجع مهر» می‌نامیدند. برخی از مهرها بشکل بادام و به سه جزء تقسیم می‌شد. در پیشانی مهر نام خداوند، در دور یا حاشیه مهر آیاتی از قرآن با ذکر نام ائمه و در متن

مهر نام شخص و تاریخ کنده کاری می‌شد.

هنر کنده کاری توام با هنر خوش‌نویسی و تذهیب و تزیین مهرها باب تازه‌ای را در این فن گشود که نمونه‌های بارز آن در احکام و اسناد مالکیت در موزه‌ها و مجموعه‌های هنری جهان حفظ می‌شود.

قدیمترین اثر مستند دربارهٔ مهر انگشتری و مختصات و توصیفات آن در رسالهٔ نوروزنامه منتسب به حکیم عمرخیام نیشابوری‌ست: «انگشتری زینتی‌ست سخت نیکو و بایسته. نخستین کسی که انگشتری کرد و به انگشت درآورد جمشید بود و چنین گفته‌اند که جمشید نامه‌ها که فرستادی به هر ناحیتی به مهر فرستادی. سبب آن بود که نامهٔ بی‌مهر چون سر بی‌کلاه بُوَد، و سر بی کلاه انجمن را نشاید. و خردمندان گفته‌اند که تیغ و قلم هر دو خادمان انگشتری‌اند. و چنین گویند که انگشتری که حضرت سلیمان داشته و بر آن اسم اعظم کنده بود و تمام جن و پری و جانورها مطیع او بودند از جمشید بود، و ایرانیان مسلمان به جهت تجلیل دینی جمشید شاه باستانی را با سلیمان پیغمبر یک شخص می‌دانند و مهر جم را همان مهر سلیمانی می‌دانند.»

کلمهٔ مهر با ضم اول در زبان پهلوی «مُدر»، و در آوستا «مُدرا» و در زبان سانسکریت «مُدرا» نامیده می‌شود.

کلمات آل، تمغا، تمغاچی، آل تمغا مأخوذ از ترکی و مغولی به معنای مهر است که در فارسی «نگین» و «نشان» خوانده می‌شود.

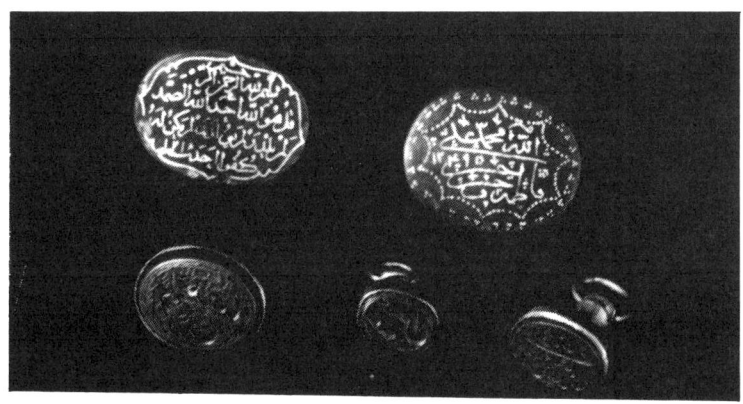

# سرگذشت مرقع گلشن

## یکی از زیباترین آثار فن کتابسازی

مرقع بخشی از فن کتابسازی ست که به معنای گردآوری («رقعه») با ابعاد و اشکال گوناگون اعم از دستنویسها، قطعات مذّهَب، صفحات تزیینی و یا اوراق نقاشی و خطوط است که بهم پیوسته و شیرازه بسته و به صورت کتاب یا بیاض جلد شده باشد تا از پراکندگی محفوظ بماند. ساختن و پرداختن مرقع هنر ویژه‌ای در فن کتابسازی‌ست که قطاعی، وصّالی، صحافی، حاشیه‌بندی متن و حاشیه و بخشهایی دیگر را شامل می‌شود.

«مرقع گلشن» که از نفیس‌ترین آثار کتابخانهٔ کاخ گلستان است، مجموعهٔ کم نظیری از هنرهای نقاشی، مینیاتور، خوشنویسی، تذهیب، تشعیر، ترصیع، غبارافشانی و طلاکاری‌ست. این اثر که جلوگاه هنر و ذوق هنرمندان ایرانی و هندی‌ست به دستور شاهان هنر دوست و فارسی‌دان سلسلهٔ گورکانی هندوستان، مانند جهانگیر شاه غفاری و شاه جهان در سالهای ۱۰۴۱ تا ۱۳۰۹ هجری قمری (۱۵۹۴ تا ۱۶۱۹ میلادی) بوجود آمد.

گرایش شاهان گورکانی هند و همچنین جانشینان چنگیز و ایلخانیان مغول به امور ادبی و هنری نشانه‌ای از تأثیر شدید و عمیق فرهنگ ایرانی‌ست که در دوران تسلط بر سرزمین گستردهٔ ایران بر روی آنان گذارده شده است. همین تأثیر فرهنگی بود که طبع خشن آنان را لطیف کرد، تا بدان‌جا که دربار

بسیاری از شاهان آنان مرکز تجمع هنرمندان آن روزگار گردید. شگفت آن‌جاست که دربار شاهانی که به خشونت شهرت داشتند، مأمنی برای هنرمندان شد که بتوانند بی‌اعتنا به قیودات مذهبی در جهت پیشبرد و بالندگی هنر خود گام بردارند.

پادشاهان تیموری هندوستان نیز که از نوادگان آنان بودند علاقهٔ فراوانی به زبان و ادب فارسی و ایجاد کتابخانه‌ها و نگارخانه‌ها نشان می‌دادند. بسیاری از زیباترین آثار هنری در زمینه‌های خوشنویسی و کتاب‌آرایی محصول همان کتابخانه‌ها و نگارخانه‌هاست.

## چگونگی بوجود آمدن مکتب هنری هند و ایرانی

بین سالهای ۹۴۸تا۹۵۱ هجری قمری (۱۵۲۸تا۱۵۳۱ میلادی)، همایونشاه، فرزند بابُرشاه تیموری که مادرش ایرانی و از نواده‌های شیخ جام احمد ژنده‌پیل بود، به هنگام آشفتگی دربار هند مجبور به ترک وطن گردید و به دربار شاه تهماسب اول پناهنده شد، تا سرانجام با کمک شاه تهماسب توانست تاج و تخت از دست رفته را دوباره بدست آورد.

همایونشاه در دوران اقامت خود در ایران و دیدار از مراکز و کارگاههای هنری دربار صفوی شیفته هنرهای ایرانی گشت. از این رو به هنگام بازگشت به هندوستان از شاه تهماسب درخواست کرد که اجازه یابد عده‌ای از هنرمندان ایرانی را با خود به همراه ببرد. از میان آن هنرمندان می‌توان میرسیدعلی تبریزی و عبدالصمد شیرازی را نام برد که در فنون تصویر و نگارش و طراحی استادانی چیره دست بودند که سبک نقاشی ایران را با خود به هندوستان بردند.

پس از همایونشاه، فرزندش اکبرشاه که او نیز از مادر ایرانی از همان خاندان شیخ جام احمدژنده‌پیل بود، از تشویق و پشتیبانی هنرمندان ایرانی دریغ نگفت. این پشتیبانی در دوران سلطنت جهانگیر شاه و همچنین شاه جهان جانشینان اکبرشاه نیز ادامه یافت و در این دوران گروه تازه‌ای از

هنرمندان ایرانی نیز به دربار آنان رفتند.

حضور این هنرمندان ایرانی و ترکیب سبک آنان با مایه‌های بومی هنرمندان هندی، مکتب نقاشی مختلط هند و ایرانی را پدید آورد که آثار بسیار ارزندهٔ هنری از آن بجای مانده است.

## گردآوری «مرقع گلشن»

جهانگیر شاه که در مدت ولایتعهدی خویش شاه سلیم نامیده می‌شد به پیروی از شیوهٔ نیاکانش به امور هنری توجه داشت. او ضمن حمایت از هنرمندان در پدیدآوردن آثار هنری، نگارخانهٔ سلطنتی مجهزی در شهر «اگره» بوجود آورده بود. در این نگارخانه با دستور وی آثار ارزشمند استادان گذشته را در هر جا که می‌یافتند گرد می‌آوردند تا با سبک و شیوه جدیدی آنها را بصورت مجموعه‌هایی در کنار هم تنظیم و جلد کنند. همین مجموعه‌هاست که مرقع نامیده شد.

از آن جا که این اوراق پراکنده با قطع و اندازه‌های گوناگون بود، فراهم آوردن آنها در یک مجلد مستلزم یکنواخت کردن اندازه‌های آنها بود که با شیوه‌های هنرمندانه قطاعی، وصالی، حاشیه‌بندی انجام می‌شد. در تکمیل زیبایی هر مرقع حاشیه‌هایی بر آن افزوده می‌شد و با نقوش و طرحهای تازه‌ای مصور می‌گردید. در این حاشیه‌ها تصاویر مستندی از چهره و اندام پاره‌ای رجال دربار هند، نمونه‌هایی از پوشاک آن دوران، و نیز پاره‌ای از مشاغل و پیشه‌های آن زمان ثبت و ضبط شده است.

«مرقع گلشن» یکی از زیباترین و نفیس‌ترین پدیده‌های این هنرست که در آن با ظرافت و دقت رشته‌های گوناگون تذهیب، ترصیع، تشعیر، تحریر، تصویر، و تجلید با بهره‌گیری از طلا و نقره و رنگهای اصیل لاجورد و شنگرف بکار برده شده است. این اثر مجموعه‌ای‌ست که بهترین آثار نقاشان و خوشنویسان و نگارگران مکتب هند و ایرانی را در یکجا فراهم آورده است.

برای نمونه نام چند تن از هنرمندان نقاش و مینیاتورساز و خوشنویس ایرانی و هندی که آثارشان در مرقع گلشن است ذکر می‌شود: استادان ایرانی کمال‌الدین بهزاد، محمود مذهب، لطف‌الله مذهب، فرخ حسین مصور، عبدالصمد شیرازی مشهور به شیرین قلم، میرعلی هروی، سلطان علی مشهدی، سلطان محمد نور، اظهر کاتب تبریزی و جعفر بایسنغری تبریزی؛ از استادان هندی آچهه، بالچند، بسادن، بشنواس و عده‌ای دیگر.

## چگونگی انتقال «مرقع گلشن به ایران»

مرقع گلشن جزو نفایس دیگر، بوسیلهٔ نادرشاه افشار در سال ۱۱۵۲ هجری قمری (۱۷۳۲ میلادی) از هندوستان به ایران آمده و در قلعهٔ «کلات نادری» نگهداری می‌شد. پس از کشته شدن نادرشاه قسمتی از آن گنجینه از جمله «مرقع گلشن» در تصرف شاهرخ میرزا نوه نادرشاه درآمد و بین ورثه او باقی ماند.

در سال ۱۲۶۳ هجری قمری (۱۸۴۳ میلادی) ناصرالدین میرزا ولیعهد قاجار «مرقع گلشن» را از ورثهٔ نادرشاه افشار خرید و در کتابخانهٔ سلطنتی محفوظ داشت. چنانچه در حاشیهٔ متصل به متن قطعهٔ ۹۱ «مرقع گلشن» چنین آمده است: «این مرقع مال ناصرالدین محمد شاه غازی خلدالله ملکه و دولته ان‌شاءالله تعالی غرهٔ جمادی الاخر سال ۱۲۶۳»، همچنین در حاشیهٔ قطعهٔ ۱۱۳ نیز سجع مهر ولیعهدی و پادشاهی ناصرالدین شاه قاجار با عناوین «ولیعهد» و «هو شاه شاهان ناصرالدین» دیده می‌شود.

بجاست دانسته شود که «مرقع گلشن»، مجموعهٔ موجود در کتابخانهٔ کاخ گلستان از دو بخش تشکیل شده است. بخش اول شامل ۹۰ قطعه به قطع رحلی باندازه‌های ۲۵/۱ × ۴۰/۶ سانتیمتر و بخش دوم شامل ۴۳ قعطه به قطع رحلی و با اندازه‌های ۲۶/۴ × ۴۲/۲ سانتیمتر. این احتمال وجود دارد که بخش دوم از مرقع دیگری به نام «مرقع گلستان» باشد که به «مرقع گلشن» افزوده شده است. به هر حال اگرچه بخش دوم از حیث قطع و اندازه با بخش

اول اختلاف دارد، ولی از لحاظ سبک نقاشی و هنری با آن مشابهت کامل دارد.

کاغذ قطعات مرقع خانبالغ ضخیم دولا، متن و حاشیه جدول‌کشی زرین و رنگین است. روی جلد کنونی این مرقع چرم ساغری مشکی رنگ، یک ترنج در وسط و چهار لچک درگوشه‌ها طلاپوش تزیینی است. اندرون جلد چرم عنابی با ترنجهای تزیینی طلایی.

شرح مفصل تزیینات و تصاویر و مجالس نقاشی «مرقع گلشن» با ذکر نام و تراجم احوال نقاشان، خطاطان و مذهَبان آن بوسیله نگارنده جزو فهرست مرقعات دیگر کتابخانه کاخ گلستان در مهرماه سال ۱۳۵۳ بچاپ رسیده است.

این مجموعه گرانبها در سال ۱۳۲۳ خورشیدی در نمایشگاه صنایع شرقی در لندن به نمایش گذارده شد.

# سرگذشت

## کتاب و کتابخانه‌های ایران پیش از اسلام

از ادوار گذشتهٔ ایران باستان حکایتها و نشانه‌های ارزنده و گویایی از ثبت وقایع بر روی سنگها و صخره‌ها و الواح گلین و فلزی و یا بر پوست درختان و پوست حیوانات و غیره در نقاط مختلف ایران و سرزمینهای متصرفی ایران آن روز چون بین‌النهرین، مصر، قسمتهای وسیعی از هندوستان و پاکستان و افغانستان فعلی و بخشهای گسترده‌ای از سرزمینهای آسیایی کشور شوروی ضمن حفاریهای علمی بدست آمده است که هم اکنون زینت‌بخش موزه‌ها و غرفه‌های فرهنگی جهان است.

کشف متجاوز از سی هزار لوح گلین منقور و منقوش نوشته به خط میخی پارسی در ویرانه‌های **تخت‌جمشید** در سال ۱۳۱۲ خورشیدی شاهدی‌ست که ایرانیان باستان پس از اختراع خطوط تصویری و نگارش، اخبار و روایات و قراردادهای تجاری و امور بازرگانی خود را ثبت نموده و در اماکن خاصی نگهداری می‌کردند.

*حمزهٔ اصفهانی* صاحب‌*کتاب التنبیه* در قرن چهار هجری می‌نویسد:

«ایرانیان باستان را رسم چنان بود که مجموعه‌ای از وقایع زندگانی و جنگهای شهریاران و پهلوانان خود را افسانه سرایی کرده بصورت تومار و الواح تدوین کنند و در خزانه‌های کتابخانهٔ شاهان ضبط نموده در روزهای نوروز و مهرگان حماسه

خوانان به بانگ خوش بخوانند».

در زبان و ادب پارسی از ازمنهٔ کهن داستان‌پردازی و داستان‌گویی منظوم و منثور حرمت خاصی داشت. افسانه‌سرایان به یاری اندیشه و با شیوه‌های جالب وجاذب وقایع و حوادث زمان را با راز و رمزها و نیازهای روحی مردم در سیمای قهرمانان حکایات بزمی و رزمی و عشقی تصویر و مجسم می‌کردند که به صورت مدون یا شفاهی بوسیلهٔ سخنگویان شیرین زبان بیان می‌شد و سبب رواج زبان و ادب و تاریخ ایران و هم آرام‌بخش دل و جان افسانه پسندان می‌گردید.

سرنوشت کتاب وکتابخانه‌های ایران از زمانهای بسیار دور دارای سوابق دیرینهٔ درخشان و افتخارآمیز بوده است ولی بعلت موقعیت خاص جغرافیایی گنجینه‌های نفیس ایران هر از چندگاهی دستخوش شبیخون تاراجگرانه و تجاوزات اقوام بیگانه‌ای از سرزمینهای دور چون یونان، حجاز و مغولستان قرار گرفته است. دردناک‌تر آن که گاهی از جهالت و بیدادگری خودیها و داخلیها نیز صدمه دیده است وبویژه در دورانهای استبدادهای حکومتی دینی وتعصبات مذهبی که دشمن اصلی و دیرینهٔ رواج علم ودانش و بیداری و هشیاری مردم هر جامعه است این گنجینه‌های ارزشمند نابود شده است.

نتیجهٔ تهاجمات و تجاوزات داخلی و خارجی، با کتاب سوزاندن به آب بستن و به آتش کشیدن کتابخانه‌ها و مراکز علمی و فرهنگی زمان گسیختگی پیوندها و پلهای ارتباطی فرهنگی و بر باد رفتن حقوق ومتعلقات علمی و معنوی و سرمایه‌های انسانی و ملی ما در پنجهٔ تقدیر تاریخ بوده است.

روال عادی چند هزار سالهٔ تاریخ و حکومت ما بویژه در این هزار و پانصدسالهٔ اخیر چنین بوده است که هیچگاه تداوم فرهنگی ما از یکصد تا دویست سال تجاوز نکرده است و ناچار پس از هر دگرگونی دوباره از صفر شروع شده است. بی‌شک این گسستگیها در تداوم واستمرار فرهنگ وتمدن ایرانی تأثیرات نامطلوبی در زمینه‌های پیشرفت علوم و فنون برجای گذارده است.

یک‌طرف تاراج گلچین یک‌طرف غوغای زاغ
حیف برگلهای رنگین وای بر مرغان باغ

بنابر شواهد و مدارک تاریخی مخازن چندی از تومارها و گنجینه‌های نفیس الواح گلین و زرین و سیمین منقوش و منقور در ایران باستان وجود داشته از جمله مخازن **تخت جمشید**، مخازن شوش، مخازن اکباتان، مخازن شهر استخر و غیره. هنگامی که اسکندر مقدونی بسال ۳۲۰ پیش از زایش مسیح به کاخ **تخت جمشید** دست یافت، گنجینه‌های نفیس تومارها و الواح نوشتهٔ آن را که از نظر علمی در آن دوران کمال اهمیت را داشت به یونان فرستاد از جمله مجموعهٔ قطعات ***اوستا*** بود که بنابر روایت طبری و مسعودی بر روی دوازده هزار قطعه پوست گاو به خط اوستایی وبه آب زر نگاشته شده بود و در گنجینهٔ **گنج شایگان** یا **شاپیکان** در شهر استخر نگاهداری می‌شد.

به فرمان اسکندر بخشهای مربوط به علوم طب و نجوم آن را به یونان فرستادند و بقیه را طعمه آتش ساختند.

می‌دانیم که مجموعهٔ **اوستا** مشروحی دقیق دربارهٔ حیات مادی و معنوی و اجتماعی ایرانیان باستان را در اختیار ما می‌گذارد و بویژهٔ بخش گاتهای آن از قدیمترین نوشته‌های قوم ایرانی و سرودهای ادبی و تراوشات ذوقی و نیز تصویری از زندگی و تعلیمات انسانی و اخلاقی از زردشت پیامبر ایرانی است که در چند هزار سال پیش پایه و مایه آیین خود را بر **پندار نیک** و **گفتار نیک** و **کردار نیک** متکی کرد.

دیگر کتاب **هزار افسان** یا **هزار دستان** که در ادبیات شرق و غرب جهان مشهورست و از معدود کتب باستانی‌ست که از کیفیت لطایف زندگانی هندیان و ایرانیان باستان حکایتها داشت. این کتاب در آغاز پیش از تشکیل دولت هخامنشی در هندوستان به ظهور رسید ودر سیصدو پنجاه سال پیش از حملهٔ اسکندر مقدونی در زمان پادشاهی بهمن اردشیر هخامنشی ملقب به ***اردشیر دراز دست*** از هند به ایران آمد. آنگاه از زبان سانسکریت به پارسی باستان برگردانده شد و بوسیلهٔ همای یا شهرزاد دختر اردشیر هخامنشی که در

*اوستا* نامبرده شده است افسانه‌ها و داستانهای اسطوره‌ای و پهلوانی برآن افزوده گشت و *هزار افسان* نامیده شد.

شواهد و مدارک این ادعا کلام فردوسی در *شاهنامه* و کلام **مسعودی** در *مروج‌الذهب* و کلام **ابن‌الندیم** در *الفهرست* در قرن چهارم هجری‌ست. شواهدی هم از خاورشناسان خارجی بویژه از پروفسور دگویه هلندی و پروفسور استروپ دانمارکی که هر دو تحقیقات عمیقی در مورد این کتاب کرده‌اند در دست است. آنان معتقدند که کتاب **هزار افسان** و بخشهای بسیاری از **شاهنامه فردوسی** از یک سرچشمه آب خورده‌اند و از بسیاری جهات، مطالب با یکدیگر ارتباط کامل دارند.

کتاب **هزار افسان** تا اواخر دوران ساسانیان جزو کتب ادبی و تفننی در ایران حفظ می‌شد و بمرور زمان افسانه‌ها و داستانهای اساطیری و تاریخی برآن افزوده گشت.

پس از ورود اسلام به ایران در قرن سوم هجری هنگامی که کتب علمی و ادبی از زبان سرزمینهای متصرفی اسلام در بغداد توسط مترجمان ایرانی و غیر ایرانی ترجمه و نقل می‌شد، کتاب **هزار افسان** هم چون سایر کتب غنیمتی لباس عربی پوشید و جزو تملکات ادبی عرب درآمد.

در قرن چهارم هجری این کتاب به کشور مصر منتقل شد و در قاهره به دست قصه سرایان و نقالان مصری افتاد. در عهد سلاطین ممالیک مصری تعداد بسیاری از افسانه‌ها و داستانهای فلسفی هندی و اسطوره‌ای و پهلوانی و تاریخی کهن ایرانی آن حذف شد و قصه‌های مصری که بیشتر از ماخذ یهود بود برآن افزوده گشت.

در قرن دهم هجری برابر قرن شانزدهم میلادی کتب مذکور جمع‌آوری و تدوین شد و به نام کتاب *الف لیله و لیله* نامیده شد. اصل کتاب یعنی *هزار افسان* تا اواخر قرن پنجم هجری در گوشه و کنار شهرهای دور افتادهٔ ایران وجود داشت چنان که از **قطران تبریزی** ملقب به **فخرالشعرا** متوفی بسال ۴۴۰ هجری ابیاتی در فرهنگ جهانگیری ثبت است که در بیتی گفته است:

هزار و یک صفت از هفت خوان رویین تن
فرو شنیدم و خواندم من از هزار افسان

کتاب *الف لیله و لیله* در قرن هیجدهم میلادی بوسیله آنتوان کلان فرانسوی ترجمه و به اروپا معرفی شد و صدها داستان و تمثیل و سناریوی فیلم از آن اقتباس گشت.

و بالاخره در سال ۱۲۶۰ هجری برابر ۱۸۴۰ میلادی این کتاب به اشاره **بهمن‌میرزا** پسر عباس میرزا ولیعهد فتحعلیشاه‌قاجار توسط **عبداللطیف‌تسوجی تبریزی** از نویسندگان و مترجمان مسلط به زبان و ادب فارسی، ترکی و عربی به نثری شیرین و روان ترجمه شد. میرزا **محمدعلی سروش اصفهانی** شاعر نیز مأموریت یافت تا بجای اشعار عربی معادل آن را از اشعار متقدم فارسی انتخاب کند و در صورت ضرورت ابیات مورد نظر را خود بسراید و جانشین اشعار عربی سازد.

این ترجمۀ فارسی برای نخستین بار در سال ۱۲۶۰ هجری بصورت چاپ سنگی به نام کتاب هزار و یک شب انتشار یافت که در مقدمۀ آن ذکر شده است.

بنابر تحقیقات و مطالعات و کاوشهای علمی خاورشناسان و ایران‌شناسان جهان که از قرن نوزدهم میلادی برای روشن ساختن تصویر روشنی از تاریخ و فرهنگ دوران حکومت پانصد سالۀ اشکانیان یا پارتها صورت پذیرفته است ما امروز قادر هستیم که بیاری آن آثار تاریخی بدست آمده از نقاط مختلف به تجزیه و تحلیل خصوصیات جوامع از دست رفته و تمدنهای خاموش پی ببریم.

در دوران *اشکانیان* هم طبق رسوم و آداب ایران باستان مراکز مخصوصی بویژه در مراکز فرماندهی و پایتختهای متعدد آنان چون شهرهای **تیسفون**، **اکباتان**، **صد دروازه** یا **هکاتوم پولیس** یعنی دامغان فعلی و شهر **نسای اشک آباد** که جزو متصرفات کشور شوروی گذشته است گنجینه‌های نفیس از مخازن تومارها و مکتوبات و رسالات وجود داشت.

۱۸۸

در سدۀ یکم پیش از زایش مسیح در دوران پادشاهی *بلاش اول اشکانی* برای نخستین بار جهت گردآوری بقایای کتبی که بدست اسکندر مقدونی پراکنده گشته بود تلاشهای سودمندی انجام گرفت از جمله قطعات متفرق اوستا بود که جمع‌آوری و از نو تدوین یافت و قسمتهایی از تفسیر آن وارد متن اوستا گردید.

یکی از قدیمی‌ترین مکتوبات ادبی دوران اشکانی منظومه‌ای‌ست به نام *درخت آسوریک* شامل مناظرۀ ادبی میان حیوان کوهستانی بز و درخت خرما که بخشی از آن را شادروان استاد *ملک‌الشعرای بهار* به فارسی امروز برگرداندند و در جلد اول کتاب **سبک‌شناسی** به چاپ رساندند.

دیگر اصل داستان *سندبادنامه* از دوران اشکانیان است.

دیگر منظومۀ عشقی **ویس و رامین** در قرن پنجم **هجری** ست که توسط *فخرالدین اسعد گرگانی* از دفتری به زبان پهلوی اقتباس گردید و به فارسی دری سروده شد.

می‌دانیم که آشنایی و آگاهی نویسندگان و شاعران ایرانی به متون پهلوی و ترجمه و نقل آن به زبانهای فارسی دری و عربی تا اواخر قرن پنجم هجری ادامه داشت، چنان که شاهنامه‌های منظوم و منثور *مسعودی مروَزی و ابوالمؤید بلخی، ابومنصوری، دقیقی و فردوسی* جملگی از دفاتری به متن پهلوی اقتباس گردیده و به زبان فارسی دری سروده شده است.

در زمینه علوم عقلی، ایرانیان پیش از ورود اسلام در دوران ساسانی از پیشرفتها و ترقیات چشمگیری در علوم چون طب، ریاضی، نجوم، فلسفه و موسیقی برخوردار بودند و نهضت فرهنگی بزرگی پدید آوردند.

پرفسور آرتور پوپ ایرانشناس مشهور در بخش بررسی ادوار تاریخی ایران پیش از اسلام می‌نویسد:

ایرانیان فرهنگی عظیم و انسانی متکی بر آیین و سنتهای ملی ایرانی را پایه‌گذاری کردند.

در آن دوران کتب پزشکی و فلسفی و ریاضی از زبانهای سریانی و یونانی و

هندی ترجمه می‌شد و در کتابخانه‌ها حفظ می‌گردید. از کتابخانه‌های معتبر آن زمان کتابخانهٔ *ارگان* یا *ارجان* یا *ارغان* در بهبهان کنونی بود. کتابخانهٔ بیت اردشیر یا ریو اردشیر یا ریشهر در خوزستان، کتابخانهٔ سارویه در شهر جی یعنی اصفهان، کتابخانه‌های آتشکده‌ها و دیرها، کتابخانهٔ اکباتان، کتابخانه شوش، کتابخانهٔ تخت جمشید، کتابخانهٔ استخر، کتابخانهٔ تیسفون، کتابخانهٔ دانشگاه جندی شاپور و غیره بود.

نفوذ علوم عقلی و اختلاط و آمیزش فلسفهٔ ایران یا حکمت خسروانی با مکاتب فلسفهٔ سقراط و افلاطون و بحث و تحقیق در اصول و عقاید حکمای ایرانی با حکمای یونانی در آن دوران بشدت و قوت رواج داشت و در اکثر شهرهای ایران مراکز تعلیمی ایجاد شده بود.

صاعد آندُلسی صاحب کتاب ***طبقات‌الاُمم*** می‌نویسد «از خصایص ایرانیان باستان توجه و علاقهٔ آنان به علوم طب و احکام نجوم و علم کواکب بود و با وجود داشتن زیجهای معتبری چون زیج شهریار، زیج مرو، زیج بلخ، زیج نیشابور، زیج آتروپاتن یعنی آذربایجان و با استفاده از کتاب صورت درجات فلک از زردشت و کتاب نجوم جاماسپ حکیم ایرانیان گاهنامه‌ای تنظیم کردند که صحیحترین و دقیقترین تقویمی‌ست که عرب آن را سنّی العالم و علمای عهد ما آن را سنی اهل فارس می‌نامند.»

دانشگاه و بیمارستان و ***کتابخانهٔ جندی شاپور*** بین سالهای ۲۴۱ تا ۲۵۵ میلادی در خوزستان جای دهکدهٔ شاه‌آباد کنونی تاسیس شد که علاوه بر پزشکان و دانشمندان ایرانی، از پزشکان یونانی، سریانی، هندی و مصری و کتب علمی و طبی آنان برای تعلیم علم طب استفاده می‌گردید.

در کتابخانهٔ دانشگاه جندی شاپور تعدادی کتب طبی و دارویی به خطی از متفرعات خط پهلوی ساسانی که برای دانشهای‌عقلی بکارگرفته‌می‌شد به نام «نیم‌گستج یا نیم گشتگ» تحریر شده بود.

دانشگاه وبیمارستان وکتابخانهٔ جندی‌شاپور یکی از بزرگترین و معتبرترین مراکز تجمع دانشمندان و پزشکان ایرانی و دانشمندان و پزشکان ملل متمدن

زمان بشمار می‌رفت، و از لحاظ مرکزیت علمی به پایهٔ شهرتی رسیده بود که جامعهٔ پزشکی بیمارستان جندی شاپور جزو پیشروان و پیشگامان جامعهٔ پزشکی دنیای آن عصر بحساب می‌آمدند. حوزهٔ علمی دانشگاه و بیمارستان و کتابخانهٔ جندی شاپور تا کوتاه مدتی پس از ورود اسلام بکار خود ادامه داد و از آن پس تشکیلات عظیم آن مؤسسهٔ علمی از جندی شاپور به بغداد نقل مکان کرد و مقام خود را از دست داد و ویران گردید.

روابط و جوش خروشهای سیاسی و اقتصادی و فرهنگی و هنری که از روزگار باستان در میان اقوام داخل قلمرو هخامنشیان با مرزهای نزدیک و دور دست ملل متمدن زمان نیز برقرار بود در دوران ساسانیان هم ادامه یافت چنانچه هیأتی تحت سرپرستی برزویهٔ پزشک به هندوستان گسیل شد که کتب طبی، دارویی و فلسفی از جمله کتاب معروف به بیدپای هندی یا **کلیلک** و **دمنک** و **کتاب السموم**، کتاب **مادیگان چترنگ** و کتاب **سرگذشت بودا** از هند به ایران آمد و از زبان سانسکریت به پهلوی ساسانی برگردانده شد. کتب و رسالات ایرانی شامل رسالهٔ اختراع نرد توسط بزرگمهر حکیم و رسالات حکمت خسروانی، کتاب جاودان خرد، کتاب **صورت درجات فلک از زردشت**، کتاب **نجوم جاماسب حکیم**، و رسالاتی در علوم طب و کیمیا از ایران به هندوستان رفت و از زبان پهلوی به سانسکریت برگردانده شد.

همچنین منتخباتی از کتب علمی و ادبی بنام (گزیده) ترجمه و تدوین می‌شد و در کتابخانه‌ها جای می‌گرفت. مانند تفسیری از بزرگمهر حکیم که از کتاب (فالیس رومی) در علم نجوم بود، که پس از ورود اسلام بتوسط روزبه فارسی مترجم کلیله و دمنه به عربی برگردانده شد و در الفهرست ابن‌الندیم به نام (البزیدج) ثبت شده است.

در آن دوران برای نوشتن علاوه بر قطعات پوست و انواع کاغذ از پارچه‌های حریرمانند هم استفاده می‌شدکه با وسایل خاصی آنان را به مشک و عنبر و بوهای خوش می‌آمیختند که در طول زمان از عفونت و پوسیدگی در امان باشد.

بنابر شواهد و مدارک تاریخی می توان گفت که صنعت کتاب آرایی در ایران سابقه‌ای دیرینه دارد یعنی به دنبالهٔ ریزه کاریهای هنری و تزئینات معماریهای ایرانیان باستان که در اسلوب نمای سنگ نگاره‌ها و کنگره‌ها و حاشیه‌های آرایشی سر ستونهای کاخها بکار می‌گرفتند، برای نخستین بار توسط *مانویان* بر روی قطعات پوست و انواع کاغذ شکل گرفت و منتقل شد و از آن پس صنعت کتاب آرایی رواج گرفت.

تزیینات کتب مصور و منقش و تجلیدهای زیبا و صحافی و نوشتن عناوین کتاب بر پشت جلد ومصرف مرکبهای سبز و سرخ و مزین کردن خطوط به اکلیل و یا آب زر بویژه آمیختن آنان به بوی خوش از هنرمانویهاست. در اینجا از کتب *مانی* و *مانویان* هم یادآوری می‌شود.

تولد *مانی* متفکر نقاش و بنیانگزار آیین *مانوی* در سال ۲۱۷ و قتل وی در سال ۲۷۵ میلادی اتفاق افتاد. ابن‌الندیم در الفهرست از هفت کتاب مانی که به زبان مادریش یعنی پهلوی اشکانی نگاشته بود نام برده است. از جمله انجیل زنده، گنج زندگی، پیمانها، رسالات، رازها، غولها، سرودهاو دعاها. او از کتاب دیگری یاد کرده است بنام شاپورگان یا **ارژنگ** و یا **ارتنگ** که مانی شعایر مذهبی و تعالیم و عقاید دینی و فلسفی خود را همراه با تفسیرها و تصاویر و نقاشیهای رنگین از کیهان به زبان فارسی میانه یا پهلوی جنوبی نگاشته و در سال ۲۵۳ میلادی در کاخ تیسفون به شاپور اول ساسانی هدیه داده بود.

او از رساله‌ای بنام **کفالایا** یا **کفالایه** یعنی سخنرانیهای *مانی* که پس از قتل وی گردآوری شده و علاوه برآن نام **هفتاد و پنج رساله از مانویان** را ذکر کرده است. این آثار در همان نخستین سالهای ورود اسلام به ایران توسط مترجمان ایرانی به زبان عربی برگردانده شد که تا اواخر قرن پنجم هجری شهرت بسیار داشته است چنانکه دانشمندان بزرگی چون *زکریای رازی*، *فارابی*، *ابوریحان بیرونی* اعتراف کرده‌اند که آن کتب را در تملک خود داشته، مطالعه کرده و از آنها استفاده‌ها برده اند.

در حال حاضر قطعاتی پراکنده از آثار مانویان که بر روی قطعات پوست به سه زبان ایرانی یعنی فارسی میانه و پهلوی اشکانی و سغدی با تذهیب و نقش و نگارهای الوان نگاشته شده در زیر شنها مدفون شده بود در کاوشهای علمی شهرهای سغد و سمرقند و تورفان در صومعه‌های مانویان توسط حفاریهای علمی بدست آمده است. اوراقی از مانی در موزهٔ شهر غزنین نگهداری می‌شود که به نام *انجیل مانی* شهرت دارد. بخشهای بیشتری از نوشته‌های مانویان ایرانی که بوسیلهٔ هیأت اکتشافی آلمانی کشف شده است در موزهٔ شهر برلین نگهداری می‌شود.

نکتهٔ قابل دقت و یادآوری آن است که همگی می‌دانیم سرود خواندن به آواز خوش توام با حرکات موزون یعنی رقص از آداب سنتی دیرینه نیایشها و ستایشهای ایرانیان باستان بود که پیش از ظهور زردشت در دورانهای اساطیری زروانی و میترایی در برابر نماد باورهایشان چون خورشید و ماه و دیگر عناصر طبیعت طی مراسم خاصی اجرا می‌شد.

این آداب و رسوم برای نخستین بار توسط مانویان به صورت ساز و آواز و رقص یعنی سماع درآمد و جزو اعمال دینی در محافل مذهبی مانویان قرار گرفت. این آداب پس از گذشت قرنها و دگرگون شدن اوضاع سیاسی و دینی ایرانیان در آغاز قرن چهارم هجری ابتدا در بعضی از خانقاههای نیشاپور توسط تنی چند از عرفای بلند پایه چون *ابوسعید ابوالخیر*، *ابومحمد نیشابوری* و نظایر آنان زنده شد و به صورت مشرب سماع اغانی و رقصهای عاشقانهٔ روحانی کهن با تغییراتی جزو مراسم حلقهٔ ذکر عارفان و راز ونیاز محضر غنای صوفیان گردید. دنبالهٔ آن در قرن هفتم هجری بتوسط *مولانا جلال‌الدین بلخی* به نهایت درجهٔ ذوق و شوق و جذبات روحانی اوج گرفت.

# سرگذشت

## کتابخانه‌های ایران پس از اسلام

پس از حمله اعراب و شکست نهایی ایرانیان در نهاوند در سال ۶۴۲ میلادی برابر ۲۱ هجری کتابخانه‌های آتشکده‌ها و دیرها و مراکز علمی و فرهنگی ایران که معدن علم و دانش دنیای آن عصر بشمار می‌رفت با دست مهاجمان محو و نابود و طعمهٔ آب و آتش گردید. آن چنان که مدت دویست سال رابطه و پیوندهای علمی و فرهنگی ایرانیان با گذشته خود قطع شد و فضای علم و دانش در تاریکی و خموشی فرو نشست و تمدن و فرهنگ ایرانی زایندگی و سازندگی خود را از دست داد. پس از دویست سال خاموشی از قرن سوم هجری به‌بعد رفته رفته فرهنگ ایرانی تجدید حیات نمود و قدر و مقام تازه‌ای حاصل کرد و بتدریج نقش اساسی و مهمی را در بوجود آوردن فرهنگ و تمدن بر عهده گرفت.

بنابر شواهد تاریخی در حقیقت معماران و پایه گذاران اولیهٔ تمدن اسلامی، ایرانیان دانشمند و متفکران آزاداندیش بودند. سیبویه شیرازی، ابن مقله شیرازی، ابن مسکویه، کسایی پارسی، زادویه و ماهویهٔ اصفهانی، رستم کوهی، ابوالوفا نیشابوری، ابوسعید سیستانی، ابن خردادبه، عبدالرحمن صوفی، موسی خوارزمی، سهل بن تَبَری، دادویه و روزبه فارسی، نوبخت، فرازی و نظایر آنان که مظهر علم و دانش بشری زمان خود بشمار می‌رفتند، در نهضت ترجمه و نقل علوم به فرهنگ اسلامی از بقایای مکتوبات و میراثی که از دوران ساسانی بجا مانده بود نقش مؤثر و

سهمی بسزا داشتند و خالق آثار گرانبهای علمی و ادبی در زبان عرب بودند.

ابن الندیم در الفهرست نام هشتاد وپنج رسالۀ دوران ساسانی را ذکر کرده است که در همان سالهای نخستین ورود اسلام به ایران بوسیله مترجمان ایرانی به زبان عربی برگردانده شد که محتوا و مطالب آن جملگی از آثار ایران پیش از ورود اسلام است.

این رسالات شامل علوم و فنون مختلفی بودند مانند طب، بیطاری، نجوم، موسیقی، فلسفه و عرفان، اندرزنامه‌های اخلاقی، فنون جنگی و چوگان بازی، پرورش اسب، گیاه شناسی، جواهر شناسی، سیاست و مملکتداری، اسلوب نامه نگاری، ترتیب ازدواج، تعلیم و تربیت کودکان، ادبیات منثور، تاریخ، داستانهای رزمی و بزمی و عشقی و غیره. نام و نشان بسیاری از آنها را در مآخذ قدیم عربی می‌توان یافت.

از قرن سوم هجری لهجۀ دری که زبان اهل مشرق ایران زمین و دنباله لهجۀ پهلوی اشکانی یا پهلوی شمالی بود بر اثر تحول و تکامل طبیعی و اختلاط و آمیزش با زبان عربی به نام فارسی دری به صورت زبان رسمی ایران در آمد. تا اواخر قرن پنجم هجری کتب معتبری مانند تاریخ و تفسیر تبری، ترجمه کلیله و دمنه، حماسه سراییهای منظوم و منثور شاهنامه‌ها و تألیفات کتب طبی، دارویی، فلسفی، ریاضی و نجوم، ادبی و تاریخی به زبانهای فارسی دری و عربی توسط دانشمندان بزرگی چون محمد سرخسی، فخر رازی، منصور هروی، ابوجعفر خراسانی، فردوسی، احمد همدانی، زکریای رازی، اسحق نیشابوری، خیام نیشابوری، ابوبکر خوارزمی، بیرونی، فارابی، رودکی، ابوعلی سینا، و دهها تن نظیر آنان بظهور رسید.

دو قرن چهارم و پنجم هجری در تاریخ ایران چه از حیث سیاسی و اقتصادی و چه از لحاظ فرهنگی و علمی از ادوار درخشان و حائز اهمیت و ارزش است. زیرا نتیجه نهضتها و قیامهای خونین پی در پی ایرانیان در دو سدۀ دوم و سوم هجری برای بدست آوردن آزادی و رهایی از تسلط بیگانه در این دوران به ثمر نشست. این دورۀ پر شکوه و جلال حکومتهای ایرانی عرصۀ ظهور دانشمندان و حکما و شعرای بزرگ و تألیف و تصنیف کتب

یادگار جشن هزاره ابوعلی سینا
رساله نفس
تصنیف
شیخ رئیس ابوعلی سینا
با مقدمه و حواشی و تصحیح
سلسله انتشارات انجمن آثار ملی
«۱۰»
یادگار جشن هزاره ابوعلی سینا
رساله جودیه
تصنیف
شیخ رئیس ابوعلی سینا
با مقدمه و حواشی و تصحیح
دکتر محمود نجم آبادی
سلسله انتشارات انجمن آثار ملی
یادگار جشن هزاره ابوعلی سینا
معیار العقول
تصنیف
شیخ رئیس ابوعلی سینا
با مقدمه و حواشی و تصحیح
جلال الدین همائی
یادگار جشن هزاره ابوعلی سینا
سلسله انتشارات انجمن آثار ملی
رساله
در حقیقت و کیفیت سلسله موجودات و تسلسل اسباب و مسببات
تصنیف
پنج رساله
شیخ رئیس ابوعلی سینا
دکتر احسان یارشاطر

علمی و ادبی بشمار می‌رود.

در این دو قرن بازار تهیه، تألیف و تدوین کتاب گرم و رایج گردید و مراکزی به نام بازار وراقان یا کتابفروشان در بیشتر شهرهای ایران ایجاد شد، که جایگاه تمرکز انواع کتب و مرکز تجمع دانشمندان برای بحث و مبادلهٔ نظر در مسائل علمی و فلسفی محسوب می‌شد و مراکز تعلیمی نیز چون مدارس مساجد و کتابخانه‌ها و خانقاهها تأسیس گردید.

در دو قرن چهارم و پنجم هجری کتاب‌خوانی و کتاب‌دوستی رواج عظیم گرفت و کتابخانه‌های متعددی توسط شاهان ایرانی و وزرای دانشمند و علما و فقهای دینی و مردمان فاضل ادب‌دوست و اهل ذوق طبق سلیقه وبرای نیاز شخصی وخرسندی خاطر در قلمرو حکومت و زندگیشان در شهرهای بزرگ و شهرستانهای کوچک ایجاد شد.

در دو قرن چهارم و پنجم هجری دارا بودن کتابخانهٔ بزرگ یا خزانة الکتب و گنجینه‌های نفیس کتب مزین و خطوط خوش، نشانه‌ای از اعتبار و منزلت و وسیله‌ای برای تجلی‌شأن و مقام محسوب می‌شد. کتبی که در زوایای کتابخانه‌های خانقاهها، دیرها، قرائت‌خانه‌ها، مدارس، مساجد، مزارات، و بُقاع متبرکه نگهداری می‌شد، برای استفاده رایگان جهت طلاب علم و معارف وقف شمارده می‌شد.

اما آن دوران طلایی و عصر پر شکوه و جلال رونق و شکوفایی فرهنگ ایرانی دیری نپایید و از قرن ششم هجری به بعد تامدت چهارصد سال متوالی ایران در آتش بیدادگرانهٔ اقوام بیگانه غُزان و مغولان و تیموریان می‌سوخت. تجاوزات آنان شامل کشتارهای فجیع فرزانگان و فرهمندان و دانشمندان زمان و سوزاندن و به آب بستن و تاراج کتابخانه‌ها و مراکز علمی و فرهنگی بود. بسیاری از سرمایه‌های علمی و معنوی و انسانی بخشهای بزرگی از فلات پهناور ایران دچار زوال و نابودی گردید و آثار شوم انحطاط وتنزل اخلاقی وفرهنگی آن سالهای وحشت‌زا از قرن هشتم به بعد در حیاب معنوی ایرانیان آشکارگردید.

از شگفتیهای روزگار آن که در آن دوران دهشتناک بزرگترین و نام آورترین متفکران و شاعران ایرانی چون سعدی و مولوی و حافظ بوجود آمدندکه آثارشان جاودانه در تارک ادب ایران وجهان می‌درخشد.

اینک نمونه‌ای از اسامی کتابخانه‌هایی را که در آن روزگاران طعمه آب و آتش و دچار غارت گردید بر مبنای ثبت در تذکره‌ها و تواریخ فهرست‌وار یاد می‌کنیم.

تاریخ یمینی می‌نویسد کتابخانه‌های امیر خلف‌بن‌احمد و ابوجعفر نوادگان یعقوب لیث صفار و آخرین فرمانروایان سیستان متجاوز از ده هزار مجلد کتاب علمی و ادبی به دست ترکان غُز در اوایل قرن ششم هجری به آتش کشیده شد.

یاقوت حموی صاحب کتاب معجم‌البلدان در قرن ششم هجری می‌نویسد که کتابخانه‌های وقفی شهر مرو که به دارالملک خراسان مشهور بود و متجاوز از بیست و پنج کتابخانه با نامهای عزیزیه، کمالیه، سعیدیه، خیریه، سمعانی و غیره وجود داشت که در هر کدام متجاوز هزارها مجلد کتب علمی و ادبی وقف بر طلاب علوم بود که بدون وثیقه یا اشکالی در دسترس مراجعه کنندگان قرار می‌گرفت که در حمله ترکان غُز به آتش کشیده شد.

سامانیان که مردمی علم پرور و ادب دوست بودند در قلمرو حکومتشان کتابخانه‌های متعددی ایجاد کردند که جملگی به دست ترکان غُز سوخته شد. یکی از کتابخانه‌های معتبر آن زمان کتابخانه امیر نوح بن سامانی بود که از حیث انواع و تعدد کتب شهرت بسیار داشته، چنان که حکیم ابوعلی سینا هم از آن کتابخانه یاد کرده است. ظاهراً این کتابخانه نیز گرفتار آتش‌سوزی شد.

دیگر کتابخانه‌های وقفی مدارس و مساجد و خانقاهها و کتابخانه‌های شخصی دانشمندان و سرشناسان شهر شیراز و رامهرمز در دوران عضدالدوله دیلمی‌ست. مقدسی می‌نویسد که کتابخانه شخصی عضدالدوله دیلمی کتب مربوط به هر یک از انواع علوم در اتاقهای بسیار بزرگ و معینی جمع آمده و هر کدام فهرستهایی داشته که متجاوز از چهل و چهار دفتر قطور بوده است.

و به فرمان عضدوالدوله برای مراجعه کنندگان به کتابخانه‌های وقفی حتی مقداری هم مقرری وضع شده بود که جملگی آن مراکز علمی و فرهنگی در اثر تعصبات مذهبی بدست محمود غزنوی به آتش کشیده شد.

گذشته از کتابخانه‌های وقفی مدارس باید از کتابخانه‌های متعدد شاهان دیلمی و سرشناسان و وزرای دانشمندان آل بویه چون صاحب بن عباد و ابوالفضل بن عمید و دهها تن نظیر آن بزرگان در شهر ری نام برد. می‌دانیم که در قرن چهارم هجری شهر ری یکی از شهرهای بزرگ و آباد و پر جمعیت ایران و پایتخت دیالمه محسوب می‌شد.

مقدسی دو کتابخانهٔ وقفی شهر ری را نام برده که در هر کدام متجاوز از پنجاه هزار مجلد کتب علمی و ادبی وقف بر طلاب علوم بود. یکی دارالکتب در محله روده فروشان و دیگری دارالکتب در بازار میوه فروشان. چنانچه وقتی محمود غزنوی ری را تصاحب کرد از آن همه کتابخانه‌ها و مراکز علمی و فرهنگی تنها قرآنها را به غزنین فرستاد و مابقی را که کتب علمی و فلسفی بود به مدت چندین شبانه روز به آتش کشید.

همچنین باید از کتابخانه‌های وقفی مدارس و مساجد و خانقاهها و دیرها و کتابخانه‌های علما و دانشمندان شهر نیشابور که دارالعلم خراسان محسوب می‌شد یاد کرد. از جمله کتابخانهٔ مدرسهٔ نظامیه، بیهقیه، مهد عراق، خاتون، صابونی و کتابخانه‌های وقفی مسجد جامع منیعی، عقیلی، ابومسلم خراسانی و غیره. چنانچه در تاریخ حافظ ابرو آمده است پانزده کتابخانه وقفی اهل سنت و دوازده کتابخانهٔ وقفی اصحاب حنفی و دوازده کتابخانه وقفی اصحاب شافعی و هشت کتابخانه وقفی اصحاب خلفا که شامل چند هزار جلد کتب از انواع علوم وقف بر طلاب بود. قسمتی از آن در جنگهای داخلی چندین ساله بین فرقه‌های مختلف مسلمانان تاراج شد وازبین رفت که آن جنگها را شه جنگ می‌نامیدند. بقیه هم به دست ترکان غُز به آتش کشیده شد. بار دیگر در قرن هفتم هجری بقایای کتابخانه‌ها و مراکز علمی و فرهنگی شهر تاریخی و علمی نیشابور که سرزمینی آباد و سکنهٔ آن از میلیون متجاوز بود

بدست مغولان به آب و آتش بسته شد.

کتابخانه‌های وقفی مدارس و مساجد و کتابخانه‌های علما و دانشمندان و کتابدوستان سرشناس شهر اصفهان که یکبار بدست مغولان و بار دیگر در تجاوزات افغانها نابود شد و از بین رفت. همانگونه که کتابخانهٔ وقفی مسجد جامع شهر ساوه که در قرن چهارم هجری یکی از بزرگترین و معروفترین کتابخانه‌های ایران محسوب می‌شد به دست مغولان سوخته شد.

دیگر کتابخانه‌های فرقه اسمعیلیه که بوسیله حسن صباح و جانشینانش در دژهای آنان تأسیس شده بود از جمله کتابخانه دژ الموت، کتابخانه دژهای استخر و ارجان در فارس، کتابخانهٔ دژ لمسر در رودبار، کتابخانهٔ شاه دژ لنجان در اصفهان، کتابخانه دژ شمکوه در ابهر، کتابخانه دژهای زوزن و خور و خوسف درکهستان یا قهستان و کتابخانهٔ معتبر ناصرالدین محتشم رئیس فرقه اسماعیلیه کهستان که جملگی به دست هلاکوی مغول بسال ۶۵۴ هجری به آتش کشیده شد.

دیگر کتابخانه وقفی مدارس و مساجد و خانقاههای احداث شده توسط خواجه رشیدالدین فضل‌الله همدانی طبیب، مورخ و نویسنده و وزیر سه شاه مغول در قرن هشتم هجری در شهرهای سلطانیه، همدان و تبریز. مستوفی و قزوینی می‌نویسند که تنها کتابخانه وقفی شهر تبریز در ربع رشیدی متجاوز از شصت هزار کتاب علمی و ادبی و دو هزار قرآن به خط خوشنویسان زمان، وقف بر طلاب علوم بود که پس از معزول و مقتول شدن خواجه رشیدالدین فضل‌الله و فرزندانش به دست شاه مغول کلیه آن مراکز علمی و فرهنگی به آتش کشیده شد.

دیگر کتابخانه‌های وقفی مساجد و مدارس و کتابخانهٔ سلطنتی و کتابخانهٔ رصدخانه و آلات و ادوات علمی رصد خانه شهر مراغه که بدست مغولان سوخته شد.

دیگر کتابخانه‌های خانقاه ومقبره اجدادشاهان صفوی در شهر اردبیل که در جنگ بین ایران و روس تزاری در سال ۱۸۲۸ میلادی در زمان فتحعلیشاه

قاجار پس از شکست ایرانیان بکلی به یغما رفت. در آن خانقاه ومقبره علاوه بر ظروف واشیاءِ نفیس و کتابهای قدیمی گرانبها مجموعه‌ای از منشآت یعنی نامه‌ها و فرمانها و رسالات دوران سلجوقی و خوارزمشاهی و مغول به انشا و خط دبیران دانشمند زمان چون جوینی، رشیدی وطواط، ابوالفضل منشی، ابونصرمشکان، عبدالواسع جبلی و نظایر آنان جمع آوری شده بودکه به‌تاراج رفت و در حال حاضر در موزه آسیایی لنینگراد در روسیه موجودست.

اینها نمونه‌ای بود. البته تعداد بسیار زیادی دیگر هم هست که ذکر اسامی کلیه آن‌ها در این نوشته مقدورنیست. در نظر داشته باشیم که تعداد بیشماری کتابخانه‌های شخصی دانشمندان وکتاب دوستانی که درگوشه وکنار شهرهای ایران برای نیاز خصوصی ایجاد شده بود نیز در حوادث ناگوار تاریخی از بین رفته است که حتی نامی هم از آنان باقی نمانده است.

از اواخر قرن دهم هجری بتدریج آرامش وامنیت نسبی در فضای سیاسی و داخلی ایران به علت بوجود آمدن یک حکومت واحد وایجاد وحدت ملی به صورت یک ایران مستقل در محدودهٔ جغرافیایی و فرهنگی دوران صفوی پدید آمد. یعنی در واقع پس از هزار سال تسلط و چیرگی و قتل و غارت و کشتارهای فیجع اقوام بیگانه بر ایران بار دیگر مرکزیت و تمامیت ارضی ایران احیا شد. ایرانی با مرزهای تقریباً همسان مرزهای امپراطوری ساسانی و دولتی توأم با حکومت مطلق دینی که از دیگرکشورهای اسلامی بطور قطع متمایز و مشخص گردید و از لحاظ سیاسی و نظامی یکی از ادوار بسیار مهم تاریخ ایران بشمارست.

ولی از لحاظ کیفیت علمی و ادبی و دانشهای عقلی، دوران صفوی دوران انحطاط و تنزل و انتقال آن بوسیلهٔ مهاجرت بسیاری از متفکران و دانشمندان و شعرا و پزشکان ایرانی به کشورهای مجاورست، تألیفات و تصنیفات دوران صفوی را از لحاظ کیفیت علمی نمی‌توان با تالیفات و تصنیفات دو قرن چهارم و پنجم هجری برابر دانست. زیرا در دوران صفوی براثر جدال علم با مذهب و رواج افکار قشری و خرافی مذهبی در فضایی محدود و

محصور با تعصبات دینی، عصر نوینی از تنزل فکری و علمی و ادبی در محیط فرهنگی ایران پی ریزی شد. زبان فارسی دری که از شروع تهاجمات پی در پی اقوام بیگانه دچار آمیختگیها و آشفتگیهای فراوانی گردیده بود در این دوران بشدت رسیده و از شیوایی و رسائی و پاکیزگی خود باز ماند که بحثی ست جداگانه. . .

ولی بهر حال از لحاظ ایجاد کارهای هنری بویژه صنعت کتاب آرایی همزمان با رونق یافتن خوشنویسی که عنوان مادر علوم وفنون راداشت و از اواخر دوران تیموری در شهر هرات رواج داشت دوباره تجدید شد، و مراکز هنری و کتابخانه‌های متعددی در شهرهای اصفهان، شیراز، مشهد، قزوین، بویژه شهر تبریز که به عنوان پایتخت و مرکز سیاست و گذرگاه اصلی راه ابریشم شناخته شده بود ایجادگردید. براثر تلفیق و امتزاج دو مکتب هنری تبریز وهرات مکتب خاص صفوی بوجود آمدکه بنیانگذارآن استادکمال‌الدین بهزاد بود. کتبی که در آن دوران در شهرهای اصفهان و تبریز بتوسط هنرمندان آراسته شده در شمارنفیس ترین و زیباترین آثارهنر ایرانی عصر صفوی ست.

پس از انقراض دولت صفوی باردیگر شهرهای ایران بویژه شهر اصفهان که مدتی بعنوان پایتخت ومرکز سیاست و در شمار یکی از غنی‌ترین و زیباترین شهرها توصیف شده بود در اثر تجاوزات و فتنهٔ افغانها دچار تاراج شد. گنجیه‌های نفیس از مخازن اسناد و کتب و اشیای گرانبهای آن به یغما رفت. در اثر هرج و مرجهای پی در پی و ناآرامیهای متوالی حکومتها مدتی نزدیک به یک قرن در سده دوازدهم هجری در دوران حکومتهای کوتاه مدت دوخاندان افشار و زند فرصت و قدرت ایجاد کارهای علمی و هنری از مردم ایران سلب گردید و امور فرهنگی راکد و خاموش ماند. تا شکل گرفتن حکومت قاجارکه پس‌از یک سلسله‌قتل وغارتهاروکشتارهای‌فجیع‌خانمانسوز در اوایل قرن سیزده هجری بتدریج آرامش و امنیتی نسبی با تشکیل حکومت مستقل قاجار بوجود آمد. تألیفات و تصنیفاتی هم بظهور رسید که

از لحاظ هنری و علمی وادبی بهمان سبک و شیوه دوران صفوی در سطحی پایینتر و در مداری بسته ادامه داشت تا نهضت مشروطیت که با همه فراز و نشیبهایش، دگرگونیهای سودمند و پر باری در زبان و ادب فارسی پدید آورد که خود بحثی است جداگانه.

ولی بهرحال در آن دوران کمابیش در شهرهای ایران منجمله شهر تهران که برای نخستین بار بعنوان پایتخت و مرکز سیاست انتخاب شده بود مراکز تعلیمی چون مدارس، مساجد وکتابخانه‌ها تأسیس گردید. یکی از آن کتابخانه‌ها کتابخانهٔ کاخ گلستان بود که تاریخچه و سرگذشت آن را بر مبنای سالها سابقه خدمتگزاریم در آن زاویه علمی و فرهنگی با ذکر مدارک و اسناد موجود فراهم آورده و نگاشته‌ام.

در پایان این نکته را یادآور شوم که در گذشته‌ها اقوامی بادیه‌نشین و بیابانگرد و بی‌بهره از دانش و فرهنگ با نیروی شمشیر بر ایران مسلط گشتند. ولی ایرانیان توانستند با نیروی معنوی و فرهنگی ریشه دار خود نه تنها سمندروار از زیر خاکستر بلاها به صورتی زیباتر وکاملتر بیرون آمده و جلوه نمایند بلکه هر بار موفق شدند که آن عوامل مخرب بیگانه را در خود حل نموده و فرهنگ اصیل وکهنسال خود را بر آن متجاوزان و مهاجران شمشیر زن بقبولانند و آنان را در شمار هواخواهان و مروجان تمدن و فرهنگ ایرانی بیاورند.

ولی امروز... امروز فرهنگ و تمدن وسیع و فریبندهٔ مغرب زمین است که ایرانی را تهدید می‌کند و بگفته شادروان استاد خلیل‌الله خلیلی افغانی: فرهنگ فتنه‌زای جهان می‌برد کنون   ما را کشان کشان به دیار سراب‌ها
در این برهه از زمان برای حفظ زبان و میراثهای ارزشمند فرهنگی خود می‌باید چاره‌ای خردمندانه و طرحی نو براندازیم و به دنبال این اندیشه واین راه حل باشیم که چگونه فاصله‌های علمی و فرهنگی را پر کنیم تا هویت و موجودیت زبان وفرهنگ ایرانی و سابقه هزاران سالهٔ خدماتش به تمدن و فرهنگ بشری زنده و سازنده و سرافراز بماند.

# سرگذشت
# بزرگترین قرآن جهان[1]

بزرگترین قرآن دستنویس جهان بوسیله بایسنغر میرزا (۸۰۲ تا ۸۷۳ هجری قمری) فرزند شاهرخ میرزا نوادۀ امیرتیمور گورکانی نگاشته شده است و از این رو به «قرآن بایسنغری» شهرت یافته است. و این از طرفه‌های روزگارست که نوادۀ امیرتیمور گورکانی، آن کتابسوز بیدادگر، یکی از بنیانگذاران مکتب کتابسازی و از موجدان و راهگشایان تجدید حیات هنری پس از حملات و یغماگریهای مغولان و تیموریان طی قریب سه قرن در ایران بوده است. آثار گرانقدری از نسخ خطی مصور و دلفریب از دوران بایسنغر میرزا به یادگار مانده است که امروز زیب و زیور موزه‌های بزرگ جهان است.

بایسنغر میرزا نه تنها اهل ادب و هنر را سخت نیکو و گرامی می‌داشت، بلکه خود نیز از شمار خوشنویسان برجسته عصر بود. بنابر گفتۀ مورخان و تذکره‌نویسان در نگارخانه و کتابخانۀ معظم وی پیوسته بیش از چهل تن از

---

۱. در ماه نوامبر ۱۹۸۸ یکی از صفحات قرآن دستنویس بایسنغری در لندن به حراج گذارده شد. صفحات این اثر که بزرگترین قرآن جهان شناخته شده است باگذشت زمان در موزه‌ها، کتابخانه‌ها و مجموعه‌های خصوصی بطور پراکنده موجود است.

از آنجا که طی سالهای پس از انقلاب آثار گرانبهای بسیاری از کشور ما خارج شده است بجا دانستیم که اطلاعات دقیقتری درباره این اثر در اختیار خوانندگان گذارده شود.

خوشنویسان، مصوران، مذهبان، نقاشان، مجلدان، وصالان، قطاعان، زرافشانان و دیگر هنرمندان کتاب‌آرا زیر سرپرستی جعفربن‌علی تبریزی ـ که بعداً بایسنغری لقب گرفت ـ به آفریدن نسخه‌های نفیس و دل‌انگیز هنری می‌پرداختند.

بر پایهٔ نوشته‌های تاریخی آن دوران، هنرمندان نام‌آور زیر در دوران بایسنغرمیرزا درخشیدند:

حافظ علی هروی، محمدبن سلطان محمد استرآبادی، شوقی یزدی، شمس‌الدین محمد کاشی متخلص به نوایی، میرصفی نیشابوری، حافظ باباجان تربتی و برادرش فیضی، عبدالله قزوینی، نازکی مکتب‌دار، ابراهیم تبریزی، دوست محمد کوشوانی، شیرعلی، خواجه محمود استرآبادی، سیمی نیشابوری، سیدجلال بن‌عضد، شهابی، آیتی تبریزی، ابراهیم شعار تبریزی، اسماعیل نجاتی، محبعلی نابی هروی، ملاجان کاشی، محمد کاتبی ترشیزی، امیر شاهی سبزواری، و دیگران...

چنانچه از نام‌های این هنرمندان برمی‌آید، آنان از گوشه و کنار ایران، از هرات تا تبریز برخاسته بودند.

شمس‌الدین محمدبن حسام هروی و جعفربن علی تبریزی که سمت استادی بایسنغر میرزا را داشتند، هر دو لقب بایسنغری گرفتند. بایسنغر میرزا در خطوط اصول ششگانه نسخ، ثلث، تعلیق، ریحان، و رقاع شاگرد شمس‌الدین محمدبن حسام هروی بود که در قلم‌های محقق و ثلث از استادان ممتاز زمان بشمار می‌رفت.

کتیبه پیش طاق «مسجد گوهرشاد» در مشهد به خط ثلث بایسنغر میرزاست که در بیست و شش سالگی آن را نگاشته است، و در ردیف یکی از ممتازترین خطوط ثلث شمرده می‌شود. از دیگر آثار ارزنده و مشهور وی بزرگترین قرآن جهان است که با قلم «محقق» نگاشته شده و هنوز قطعاتی از آن به طور پراکنده موجود ست.

این قرآن که احتمالاً بیش از ۳۰۰۰ قطعه بوده است، در اصل در سمرقند

در مزار امیرتیمور نگاهداری می‌شده است. نادرشاه افشار در حدود سال ۱۱۵۱ هجری قمری آن را به خراسان آورد، و برای تبرک و پیروزی در جنگها همیشه آن را با احترام و مراسم خاصی پیشاپیش لشکر خود همراه می‌داشت. پس از قتل نادرشاه افشار و پراکندگی و تاراج آثار نفیس خزانه او، بعضی اوراق این قرآن در امامزاده سلطان ابراهیم بن‌علی بن‌موسی الرضا در قوچان نگاهداری می‌شد.

در اولین سفر ناصرالدین شاه به خراسان، چند قطعه از آنها برای تزیین تالار موزه و کتابخانه سلطنتی که تازه ایجاد شده بود، به تهران آورده شد. پس از قتل ناصرالدین‌شاه و حیف و میلهای فراوانی که در کتابخانهٔ کاخ گلستان روی داد، قطعاتی از آنها از کتابخانه خارج شد. در حال حاضر ـ اگر آنچه در ایران موجود ست در نظر گرفته شود ـ قطعاتی از آن در موزهٔ آستان قدس رضوی در مشهد، کتابخانهٔ مَلِک در تهران و احتمالاً در بعضی از مجموعه‌های خصوصی ایرانی موجودست.

قطعاتی از آن نیز جزو کتب و قطعات و مرقعات از گنجینه کتابخانه کاخ گلستان در حدود سال ۱۳۱۵ خورشیدی به‌کتابخانه ملی و موزه ایران باستان ـ که تازه بنیانگذاری شده بود ـ انتقال یافت.

چهار قطعه از این قرآن ـ تا پیش از انقلاب بهمن ۱۳۵۷ ـ در کتابخانهٔ کاخ گلستان باقی بود که جزو قرآنهای خطی کتابخانه ـ که در امرداد سال ۱۳۵۱ فهرست‌نگاری شد به چاپ رسید ـ از آنها یاد شده است. مشخصات و ممیزات آن قطعات که در دفاتر کتابخانه شماره و ثبت شده‌اند چنین است:

کاغذ آن چهار قطعه سمرقندی‌ست که روی مقوا الصاق شده و در قاب گردویی قهوه‌ای رنگ حفاظت می‌شود. ابعاد این قطعات ۱۸۳ سانتیمتر در ۱۱۸ سانتیمترست. هر قطعه هفت سطر کتابت دارد که به قلم محقق ممتاز با اِعراب نگاشته شده است. فاصلهٔ میان سطرها در حدود پانزده سانتیمترست و شامل آیه‌هایی از سوره‌های «والسماء»، «الطارق»، «العنکبوت» می‌باشد. ختم آیه‌ها و سوره‌ها در مستطیلهای مجدول زرین با نقش اسلیمی‌های بند رومی

مشگی به آب زر و زاج تحریر نگاشته شده و اِعراب آن به رنگ لاجوردست.

بایسنغر میرزا در سی و پنج سالگی و سنین جوانی در سال ۸۳۷ هجری قمری در شهر هرات چشم از جهان پوشید، ولی در همان زندگانی کوتاه مدت، به همت وی نسخه‌های نفیس متعدد و در عین حال منحصر به فردی با همکاری هنرمندان وقت در کارگاه کتابسازی و نگارخانه او در هرات بوجود آمد، که امروز در بسیاری از کتابخانه‌ها و موزه‌های معتبر جهان، پاره‌ای از آن آثار به عنوان مظهر تجلی هنر خوشنویسی و کتاب‌آرایی در دورانی از تاریخ ما نگهداری می‌شود.

شاید بیجا نباشد که به یکی از شاهکارهای آن دوران که به دستور و همت بایسنغر میرزا آفریده شده است اشاره شود. این اثر گرانقدر، شاهنامه بایسنغری‌ست با مقدمۀ جدیدی افزوده بر مقدمۀ شاهنامه ابومنصوری. این شاهنامه به قلم نستعلیق خفی و عناوین آن به قلم کوفی تزیینی و برخی نیم دو دانگ رقاع بسیار خوش و عالی اثر هنرمندانه جعفربن علی تبریزی بایسنغری‌ست که در واقع می‌توان آن را یکی از نمونه‌های تفننی فنون تذهیب، ترصیع، تشعیر، تصویر، و تجلید ایرانی شمرد.

اصل این شاهکار کتاب‌آرایی در کمال پاکیزگی و سلامت در گنجینۀ کتابخانه کاخ گلستان مضبوط بود که در سال ۱۳۵۰ خورشیدی از آن عکسبرداری شد و تعداد کمی به چاپ رسید. شرح مشخصات آن با ارائه نمونه‌هایی از مجالس رنگین مینیاتورها و خطوط آن از سوی نگارنده در جلد دوم فهرستهای دواوین خطی کتابخانه کاخ گلستان در اردیبهشت ماه سال ۱۳۵۵ منتشر گردید.

# سرگذشت
# دو نسخهٔ دستنویسِ مصور
## گلستان و بوستان سعدی

گلستان و بوستان سعدی که در اواخر سدهٔ ششم هجری قمری تصنیف شده است، در جهان ادب مقام و منزلتی والا دارد و از همان روزگاران تصنیف آن، نسخه‌های بسیاری بوسیلهٔ خوشنویسان، نقاشان، مذّهبان، و مصوران مشهور زمان نگاشته و آراسته شده است. این دو اثر پس از بوجود آمدن صنعت چاپ بارها چاپ و منتشر شده و همچنین از اواخر سدهٔ هیجدهم میلادی به زبانهای مختلف جهان ترجمه گردیده است.

دراین جا از دو نسخهٔ دستنویس مصور نفیس گلستان و بوستان یاد می‌شود که در اوان سلطنت شاه جهان تیموری در شهر «اگره» پایتخت شاهان مغولی هندوستان بوسیلهٔ خوشنویسی ایرانی مشهور به حکیم رکنا مسعود کاشانی نوشته شده است واز شاهکارهای هنر نقاشی و خوشنویسی دوران مغول محسوب می‌شود. کتابت این دو نسخه ازماه جمادی‌الاول ۱۰۳۸ آغاز و در ربیع‌الاول ۱۰۳۹ پایان یافته است. در کتاب گلستان نه تصویر و در بوستان ده تصویر مناسب با مطالب کتاب نقاشی شده‌است که کار نقاشان

ایرانی و هندی در دربار هندوستان است، ولی ذکری از نام آنان نرفته است. مجالس نقاشیها بخوبی بیانگر آن است که چگونه نقاشی عهد مغولی تحت تأثیر آداب و رسوم و فرهنگ و زبان فارسی و شیوهٔ نقاشی ایرانی بوده است. امتیاز این دونسخه دراین است که نقاشان برای مصور ساختن مجالس خود از مطالب و حکایات گلستان و بوستان استفاده کرده‌اند.

در نسخهٔ گلستان با خط شاه جهان پادشاه هندوستان چنین آمده است: «الله اکبر. بتاریخ ۱۷ شهر صفر ختم بالخیر و الظفر مطابق سنهٔ ۱۰۴۸ هجری این نسخهٔ نفیسهٔ گلستان را که بانی گلشن رضوان و بخط زیبای نادرالزمان مولانا حکیم رکنا است برسبیل تحفه و ارمغان بجهت اعلیحضرت کیوان حشمت ذیجاه عزت و رفعت جایگاه پادشاه ممالک انگلستان ارسال نمود. حرره شهاب‌الدین محمد شاه جهان پادشاه ابن نورالدین جهانگیر پادشاه ابن جلال‌الدین محمد اکبر پادشاه.»

ازاین نوشته پیداست که این نسخه گلستان دستنویس مصور به چارلز اول پادشاه انگلستان هدیه شده است. این اثر نزدیک به دویست سال در کتابخانهٔ سلطنتی دربار انگلیس محفوظ بود تا آن که ژرژ چهارم پادشاه انگلستان آن را در سال ۱۲۴۲ هجری قمری (۱۸۲۶ میلادی) به فتحعلیشاه قاجار هدیه کرد.

فتحعلیشاه دستور داد که هدیهٔ پادشاه انگلستان در شمار «کتابهای خاصهٔ همایونی» ضبط گردد. این امر در خود کتاب در قطعه‌ای بخط نستعلیق خوش چنین نوشته شده است: «حسب‌الامر اعلیحضرت شاهنشاه جمجاه سپهر دستگاه السلطان ابوالنصر و الفتح فتحعلیشاه خلدالله ملکه و ابددولته این کتاب گلستان را که در هندوستان نوشته‌اند و اعلیحضرت قوی شوکت ژرژ پادشاه انگلیس بوسیلهٔ ایلچی مخصوص بیادگاری فرستاده‌اند سرکار جلالت مدار حاج محمد حسن خان نظام‌الدوله در جزو کتابهای خاصهٔ همایونی ضبط نمود. تحریر فی شهر جمادی‌الثانیه ۱۲۴۲.»

هفده سال بعد، این گلستان به کتابخانهٔ بهمن میرزا فرزند عباس میرزا

# گلستان

## سعدی

بخط

یاقوت مستعصمی

بکوشش

بدری آتابای - معاون کتابخانه سلطنتی

(چاپ آبان - تهران، ۱۳۴۶)

انتقال یافت. دراین زمینه در همین کتاب در قطعهٔ دیگری با خط نستعلیق جلی چنین ذکر شده است: «این گلستان بتاریخ هزار و دویست و پنجاه و نه داخل کتابخانهٔ نواب شاهزاده کامیاب بهمن میرزا بهین خلف ولیعهد مغفور مبرور عباس میرزا شد و در ماه شعبان ۱۲۵۹ هجری تقدیم گردیده است.»

اما نسخهٔ دستنویس مصور بوستان: این نسخه جزو کتب و هدایایی بوده است که در سفر هندوستان به نادرشاه افشار تقدیم شده بود.

در حدود سال ۱۸۱۰ میلادی هنگامی که «سرجان ملکم» در لباس یک درویش قلندر در کرمانشاه سفر می‌کرد این بوستان را از یک شاهزادهٔ خانوادهٔ زند خریداری کرد و به انگلستان فرستاد.

سرجان ملکم که در سال ۱۷۶۱ میلادی در اسکاتلند متولد گردیده و پس از پایان تحصیلاتش به خدمت کمپانی هند شرقی درآمده بود، برای انجام خدمات خود ناچار بود با زبان وادب فارسی آشنا گردد که درآن دوران بر جامعهٔ هندوستان چیره بود. همین آشنایی با زبان وادب فارسی موجب شد که بعدها بعنوان سفارت به دربار فتحعلیشاه قاجار فرستاده شود. بعدها سرجان ملکم نتیجهٔ سفر خود را که جنبهٔ سیاسی داشت درکتابی بنام «تاریخ ایران» در دو جلد در سال ۱۸۱۵ میلادی انتشار داد. او در مدت اقامت خود در ایران نسخه‌ها و دستنویسهای نفیسی مانند تاریخ طبری، تاریخ وصاف، روضةالصفا، شاهنامه، بوستان وگلستان و کلیات سعدی، حافظ، پنج گنج حکیم نظامی، و آثار دیگری را جمع آوری کرده به انگلستان فرستاد.

در پایان کتاب بوستان که ملکم درکرمانشاه خرید آمده است:

«این بوستان در اگره بقلم این حقیر رکن‌الدین مشهور به حکیم رکنا پایان یافت که خدا نگاهدارد او را از بلاها و خدا ببخشد نویسندهٔ او را بحق محمد علیه افضل الصلوات آمین یارب العالمین که بخیر و سعادت تمام شد. بیست و ششم شهر ربیع‌الاول ۱۰۳۹ هجری.»

* * *

اما بد نیست دانسته شود که کاتب اصلی این دو اثر که بوده است.
حکیم رکن‌الدین مسعود مشهور به حکیم رکنا پسر نظام‌الدین علی کاشانی از زمان شاه تهماسب تا اواخر دوران شاه عباس صفوی زندگی کرد. علت این که او را حکیم می‌نامند چنین بوده است که وی در جوانی طبابت می‌کرد و کتاب «ضابطة العلاج» از آثار وی است. حکیم رکنا علاوه بر علم طب علاقهٔ خاصی به سرودن شعر داشت و در اشعار خود مسیحی تخلص می‌کرد. او همچنین در خوشنویسی نیز مهارت داشت. حکیم رکنا دربارهٔ خویش گفته است:

چو بقراط اندر طبابت نخست      فصولش به تقلید من شد درست
گر از شعر پرسی سنایی فنم      غلط گفتم آخر سنایی منم
ور از خط بپرسی خفی و جلی      نویسم که العهد سلطان علی

بدین قرار حکیم رکنا از نظر علم طب خود را پیرو بقراط می‌دانسته و از نظر هنر شعر شیوهٔ سنایی را پذیرفته و در فن خوشنویسی خاصه نستعلیق خفی و جلی خود را مرید و مقلد سلطان علی معرفی کرده است.

حکیم رکنا در غیبت شاه عباس اول که به شهر بلخ سفر کرده بود به اتفاق خانوادهٔ خود به هندوستان مهاجرت کرد و در پایان سلطنت اکبرشاه به دربار تیموریان در هند راه یافت و در دوران سلطنت جهانگیر شاه و شاه جهان دارای مقام و منزلتی رفیع گردید.

هنگامی که در مراسم و جشنهای دربار هندوستان شاه جهان به «ابوالمظفر شهاب‌الدین محمد شاه جهان صاحب قران ثانی» ملقب شد، شعرای دربار قصایدی سرودند. از جمله حکیم رکنا هم بنابر مراسم متداول قصیده‌ای ساخت بدین عنوان که مورد توجه واقع شد:

پادشاه زمانه شاه جهان         خرم و شاد کام آن باشد
حکم او بر خلایق عالم          همچو حکم قضا روان باشد
بهر سال جلوس شه گفتم       در جهان باد تا جهان باشد....

ملکهٔ هندوستان ممتازالزمانی از همان زمان مبلغ بیست و چهار هزار روپیه مقرری سالانه برای حکیم رکنا تعیین کرد.

حکیم رکنا در پایان عمر خود بعنوان زیارت مشهد به وطن بازگشت و پس از آن که به فرمان شاه صفی دوبار به شیراز و اصفهان رفت، سرانجام به زادگاهش شهر کاشان بازگشت و در سال ۱۰۶۶ هجری پس از برخورداری از یک عمر طولانی وفات یافت و در همان جا مدفون گردید.

# سرگذشت شاهنامهٔ تهماسبی

مؤسسهٔ حراج «کریستی ـ لندن» در اکتبر سال گذشته (۱۹۸۸) ۱۴ صفحه از مینیاتورهای «شاهنامهٔ تهماسبی» را به حراج گذارد و فروخت. بد نیست دانسته شود که تنها برای یکی از آنها مبلغی بیش از ۲۵۰۰۰۰ لیرهٔ انگلیس پرداخت شد. سه سال پیش از انقلاب بهمن ۱۳۵۷ نیز هفت قطعهٔ دیگر از این شاهنامه بوسیلهٔ همین مؤسسه فروخته شد.

روزنامهٔ «تایمز» لندن در ۱۲ اکتبر گذشته نوشت که مؤسسهٔ «کریستی» طی نامه‌ای نخست این آثار را به دولت جمهوری اسلامی عرضه کرده است ولی سفارت جمهوری اسلامی علاقه‌ای به این امر نشان نداده است. بنا بر نوشتهٔ آخرین شمارهٔ مجلهٔ «فصل کتاب» چاپ لندن، یک بار هم در دوران رژیم گذشته بخشی از این آثار به دولت ایران عرضه شده بوده است که گویا در آن زمان نیز با بی‌توجهی از آن موقعیت گذشته‌اند.

در این جا یادآوری این نکته ضروری بنظر می‌رسد که در تمامی دورانی که نگارنده مسؤولیت کتابخانهٔ کاخ گلستان را بعهده داشتم ـ یعنی از ۱۳۴۸ تا اواسط ۱۳۵۸ خورشیدی ـ هرگز از وجود چنین پیشنهادی آگاهی نیافتم. در حالی که تصور می‌رود در صورت وقوع چنین امری از مسیر رسمی و اداری، بی‌شک می‌بایست در جریان چنین پیشنهادی قرار می‌گرفتم، مگر آن که

پیشنهاد  از طریق غیر رسمی و بوسیلهٔ دلالان بین‌المللی و کانالهای ویژه  انجام پذیرفته باشد که طبیعی ست من از آن اطلاعی ندارم.

اما گذشته از بی‌توجهی اولیای امور در گذشته و حال، آنچه مایهٔ تأسف است تاراج آثار هنری ارزنده یعنی میراث فرهنگی پرارزش ماست، که هر از گاهی این جا و آن جا در بازارهای جهانی عرضه می‌شود. شنیدن و دیدن چنین وقایعی بسیار غم‌انگیز ست و دل آنانی را که احساس ملی خود را از دست نداده‌اند به درد می‌آورد.

گرچه آشنایی با سرگذشت غم‌افزای این اثر بزرگ، سرباری بر انبوه غمهای غربت ما خواهد بود ولی از طرف دیگر می‌تواند یادآوری عظمت فرهنگ غرورانگیزمان بر مقاومت و بردباریمان بیفزاید.

\* \* \*

پس از آن که در سال ۹۰۲ هجری قمری بزرگ خاندان صفوی اسماعیل با کمک طوایف قزلباش توانست سلسلهٔ آق‌قویونلو را که در باختر ایران حکومت می‌کردند براندازد، مقدمات ایجاد یک حکومت مرکزی مقتدر در ایران فراهم آمد و سلسلهٔ صفوی بنیاد گذارده شد. سلطنت شاه‌اسماعیل اعلام گردید و تبریز که بر سر راه ابریشم و گذرگاه کالاهای چین و هندوستان  به اروپا بود، پایتخت کشور شناخته شد.

تبریز در آن زمان از مراکز اجتماع هنرمندان مختلف عصر شمارده می‌شد. خاصه آن که در دوران تسلط تیموریان هنر نقاشی در آن جا رواج کامل داشت. پس از تسلط شاه‌اسماعیل بر ترکمانان و ازبکان، تبریز بعنوان پایتخت حالت تثبیت شده‌تری یافت و با جذبهٔ بیشتری هنرمندان شهرهای دیگر را به سوی خود کشید. از آن جا که تبریز طی سالیان دراز با هجوم قبایل مختلف مغول، تاتار، ترکمانان و ترکان عثمانی روبرو بود و پیوسته تحت تأثیر محیط ناآرام و پرآشوب جنگی قرار داشت، در اکثر نقاشیهای

این شهر تصاویر رزمی مختلف، صور گوناگون سیمرغ و اژدها و اشکال افسانه‌ای جن و انس جلوه می‌یافت.

جالب است که در همان دوران در شهر هرات که مرکز اجتماع دیگری از هنرمندان شمارده می‌شد، تحت تأثیر محیط نسبةً آرام و شاهزادگان تلطیف یافته و تربیت شدهٔ تیموری چون شاهرخ میرزا، سلطان حسین بایقرا و بایسنغر میرزا، سبک نقاشی ظریف، آرام و دور از خشونتهای جنگی بود.

پس از شکست تیموریان بوسیلهٔ شاه اسماعیل، بسیاری از هنرمندان هرات به تبریز فراخوانده شدند و این امر موجب تزویج و تلفیق دو مکتب هرات و تبریز شد که بعدها بعنوان مکتب صفوی شهرت یافت. از بنیاد گذاران بزرگ داخلی این مکتب می‌توان کمال‌الدین بهزاد را نام برد.

شاه اسماعیل پس از فتح هرات و دست یافتن به گنجینه‌های معتبر نسخ خطی و مصور تیموریان و جلایریان یک کتابخانه سلطنتی در تبریز بنیاد گذارد و استاد کمال‌الدین بهزاد را به ریاست آن گمارد.

بنابر روایت صاحب مناقب هنروران، شاه اسماعیل به دلیل علاقه به هنر خطاطی و نقاشی، اکثر اوقات خود را ـ در دوران صلح ـ در کارگاه نقاشی و خطاطی کتابخانهٔ سلطنتی در مصاحبت بهزاد و شاگردانش و استاد خوشنویس شاه محمود نیشابوری می‌گذرانید. علاقه‌مندی شاه‌اسماعیل به این هنرمندان چنان بود که گفته می‌شود در جنگ چالدران به دستور شاه اسماعیل استاد بهزاد و شاه محمود نیشابوری را در غاری پنهان ساختند که در صورت شکست به دست ترکان عثمانی نیفتند، و پس از پایان جنگ آن دو را با اکرام و احترام تمام در دربار خود پذیرا شدند.

در این کارگاه هنری علاوه بر شاهنامه‌های متعدد، کلیات سعدی، دیوان حافظ، هفت اورنگ جامی، گشتاسبنامه، و خمسهٔ نظامی را با خطوطی خوش، مصور، مذهب، و منقش بوجود آوردند، که اکثر آنها امروز در گوشه و کنار جهان زیب و زیور موزه‌ها و گنجینه‌های هنری‌ست.

شاهنامهٔ تهماسبی را شاه‌اسماعیل در زمان حیات خود برای ولیعهد ده

ساله‌اش تهماسب که در هرات می‌زیست تدارک دید. تهیهٔ شاهنامه تهماسبی بیست سال بطول انجامید و گروهی از برجسته‌ترین هنرمندان خطاط و نقاش و نگارگر زمان در آفرینش این شاهکار شرکت داشتند.

هنگامی که شاه‌اسماعیل در سال ۹۳۰ هجری قمری مرد، هنوز شاهنامهٔ تهماسبی پایان نیافته بود و اتمام آن در دوران سلطنت شاه تهماسب بود، که خود در خوشنویسی و نقاشی دست داشت و برکار هنرمندان مستقیماً نظارت می‌کرد. این شاهکار هنگامی که پایان یافت شامل ۷۵۹ صفحه و ۲۵۸ مجلس با شکوه مینیاتور بود.

در سال ۹۷۶ هجری قمری به هنگام برتخت نشستن سلطان سلیم دوم پادشاه عثمانی، شاه تهماسب این اثر نفیس و گرانبها را به همراه هدایای دیگر برای سلطان سلیم فرستاد که از آن پس در خزانهٔ دربار عثمانی قرار گرفت. بنابر نوشتهٔ دکتر حشمت مؤید ـ در «ایران نامه»، سال چهارم، شمارهٔ ۳ ـ این اثر تا «اواخر قرن نوزدهم یا آغاز قرن حاضر» در خزائن دولت ترکیه بوده است. نخستین بار در سال ۱۹۰۳ میلادی چند برگ از این اثر در نمایشگاه هنر پاریس به معرض تماشا گذارده شد و معلوم گردید که این اثر به نحوی به تصرف ثروتمند مشهور «روتشیلد» که بزرگترین بانکدار آن زمان محسوب می‌شد درآمده است. پس از نمایش کوتاه‌مدت چند صفحه از این اثر، بار دیگر برای بیش از نیم قرن کسی از این مجموعه خبر نداشت تا در سال ۱۹۵۹ یک ثروتمند امریکایی از ایالت ماسوچوست به نام «آرتور هاتن» آن را خرید.

آرتور هاتن که در دانشگاه هاروارد کتابخانه‌ای به نام خود ترتیب داده بود در سال ۱۹۶۲ اطاقی را ویژهٔ نگهداری این اثر کرد و نظارت بر آن را بر عهدهٔ رئیس بخش اسلامی موزهٔ فاگ در هاروارد «استورات ولش» گذارد. ولش که خود از سرشناسترین صاحبنظران هنر مینیاتورست و در این زمینه آثاری نوشته است از آقایان دکتر بنانی و دکتر مؤید دعوت کرد تا این اثر را مورد بررسی قرار دهند و همهٔ کتیبه‌ها، امضاها و هر آنچه را خواندنی‌ست

ثبت کنند.

ده سال بعد در سال ۱۹۷۲ موزهٔ متروپولیتن نیویورک ۸۷ قطعه از مینیاتورهای این اثر را به نمایش گذارد و در این هنگام کتابی که آقای ولش دربارهٔ این قطعات تنظیم کرده بود انتشار یافت. در سال ۱۹۸۱ یک اثر دو جلدی دیگر با کوشش مشترک آقایان ولش و مارتین دیکسون استاد فارسی دانشگاه پرینستون و پشتیبانی دانشگاه هاروارد درباره این اثر انتشار یافت، که در یک جلد ۲۵۸ صحنه مینیاتور بصورت سیاه ـ سفید آمده و در جلد دیگر بطور کاملاً دقیقی همه جزییات هر اثر توصیف شده است.

از قرار، با مرگ آقای «آرتور هاتن»، این اثر در میان بازماندگان او تقسیم شده است و از آن پس هر چند سال قطعاتی از آن در مراکز بزرگ حراج آثار کمیاب هنری عرضه می‌شود. در این باره دکتر حشمت مؤید طی مطلبی که در سال ۱۹۸۵ نوشت بدرستی یاد کرده بود که:

«بدین ترتیب این گنجینهٔ هنر یا موزهٔ متحرک که تاکنون سالم و کامل مانده بوده است اینک در معرض دستبرد غارتگران محترم عالم درآمده است و شاید دیری نگذرد که اوراق آن زینت بخش دیوار اطاق خواب فلان میلیونر اروپایی یا شیخ عرب یا بانکدار ژاپنی شده، پاره‌های آن در گوشه‌های گمنام جهان پراکنده گردد. . . ملت ایران می‌بایست حکایت این جنایت را به گوش همهٔ اهل عالم برساند و شکایت آن را به دادگاهها و مراجع صالح بین‌المللی عرضه بدارد. هنرمندان بزرگی که طی بیست سال با خون چشم و آب زر این شاهکار را مو به مو و ذره به ذره کشیده، نگارخانه‌ای بیمانند آفریدند، از قبیل دوست محمد و سلطان محمد و میر سیدعلی و میرمنصور و آقا میرک و عبدالصمد و شیخ محمد و بسیاری دیگر، در استخدام آقای هاتن و وارثان او و مالکان بعدی تکه پاره‌های آن نبوده‌اند. آنان این اثر را نه به شوق مال و در طلب نام، بلکه از سرعشق به هنر شریف خویش، از سر مهر به میهن خود ایران و تاریخ آن، از سر شیفتگی به شاهنامهٔ ابدی و تعظیم به درگاه خالق آن فردوسی، و برای اطاعت و احترام

نسبت به مخدوم صوفی خویش پدید آوردند. خانوادهٔ هاتن می‌بایست حرمت تاریخ و تمدن را و حتی برای حفظ آبرو و شرف خودشان هم که باشد مانع اوراق شدن این کتاب عظیم گردند. آنها اگر اندکی معرفت تاریخ داشتند و در بند فرهنگ یک قوم کهنسال و احترام به سنتهای انسانی می‌بودند این نسخه را تماماً، ولو به نام مبارک هاتن، به همان موزهٔ متروپولیتن می‌سپردند تا از تصرف افراد زرپرست محفوظ بماند و به چنگ و منقار کرکسان بازار داد و ستدهای بین‌المللی دریده نشود و برای همهٔ نوع انسان و همهٔ نسلهای آینده پایدار بماند.»

# A KING'S BOOK OF KINGS

## THE SHAH-NAMEH OF SHAH TAHMASP

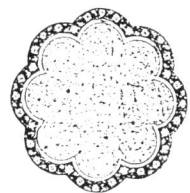

BY STUART CARY WELCH

THE METROPOLITAN MUSEUM OF ART, NEW YORK

# سرگذشت حکیم ابوالقاسم فردوسی

### موقعیت خانوادگی

ابوالقاسم منصوربن حسن بن شرفشاه فرّخ که بعدها تخلص «فردوسی» را برگزید، حدود سال ۳۲۹ هجری قمری در دهکدهٔ باژ از ناحیهٔ تابران توس در خراسان بدنیا آمد.

خانوادهٔ فردوسی از دهقانان صاحب ملک و مکنت بود، و او هنگامی که به سن رشد رسید، چون از حیث معاش زندگی آسوده خاطر بود، به تحصیل پرداخت و پس از فراگرفتن علوم معمول به مطالعهٔ کتب و توسعهٔ معلومات خویش مشغول گردید. او در جوانی بر زبان و ادب فارسی و تازی احاطهٔ کامل یافت و با علاقهٔ سرشاری که به داستانهای کهن و تاریخ ایران داشت به گردآوری اسناد و مدارک معتبری از تاریخ گذشتهٔ ایران پرداخت. سرانجام با استعداد و قریحهٔ ذاتی که در سرودن شعر داشت به تنظیم آنها در قالب مثنوی همت گمارد.

بسی رنج بردم بسی نامه خواندم     ز گفتار تازی و هم پهلوانی

فردوسی در زندگی خانوادگی مردی نیکبخت بود و بنا برگفتهٔ نظامی عروضی و اشارات مختصری که در شاهنامه آمده است، فردوسی همسری نیکخو و مهربان داشت که در تنظیم داستانها و خواندن نسخه‌ها و دفترهای

قدیمی وی را یاری می‌داد. چنانچه فردوسی داستان بیژن و منیژه را بخاطر همسرش سروده است. اما در آغاز دوران کهولت، همسر مهربان و پس از مدتی یگانه پسر جوان فردوسی دیده از جهان فرو بستند. این دو ضربت جانسوز رنج و اندوه فراوانی برای فردوسی ببار آورد و مرثیه‌ای که دراین مورد سروده است یکی از شاهکارهای ادب و زبان فارسی ست.

## شرایط اجتماعی دوران فردوسی

از اواخر قرن سوم هجری در راستای رهایی از چیرگی فرهنگی اجتماعی اعراب بتدریج نوشتن و بیادآوردن دلاوریها و پیروزیهای پهلوانان و شاهان گذشته ایران متداول گشت. این امر در پی یک دوران طولانی رخ می‌داد که بار سنگین شکستهای دردآور، ایرانیان را در اندوه و رنجی عمیق غرقه ساخته بود. شاهنامه نویسی به نظم یا نثر در شرح عظمت و قدرت دوران گذشته نظر عده‌ای از دانشمندان و شاعران ایرانی را بویژه درسمت شرق ایران یعنی خراسان بزرگ به خود معطوف ساخت. درحقیقت می‌توان گفت که سده‌های چهارم و پنجم هجری مهمترین دورهٔ حماسه سرایی درایران است و بزرگترین آثار حماسیِ زبان وادب فارسی دراین دو قرن بوجود آمده است.

## شاهنامه

واژهٔ شاهنامه ریشه‌ای باستانی دارد و ترجمهٔ «خوتای نامک» یا «خسروان نامک» در زبان پهلوی ست که در عربی نیز به «سیرالملوک الفرس» ترجمه شده است، که شامل شرح احوال شاهان باستانی از ابتدای پادشاهی کیومرث تا اواخر دوران یزدگرد سوم آخرین شاه ساسانی بوده است. بنابرگفته فردوسی همین گونه آثار مبنع و مأخذ اصلی و اساسی شاهنامهٔ فردوسی بوده است:

یکی نامه بود از گه باستان    فراوان بدو اندرون داستان

پراکنده در دست هر موبدی / از اوبهره‌ای برده هر بخردی
به شهرم یکی مهربان دوست بود / تو گفتی که با من یکی پوست بود
نبشته من این نامهٔ پهلوی / به پیش تو آرم مگر نغنوی
چو آورد این نامه نزدیک من / برافروخت این جان تاریک من
دل من به گفتار او رام شد / روانم بدین شاد و پدرام شد
که این نامه را دست پیش آورم / ز دفترِ به گفتار خویش آورم

این دوست یک دل و مهربانِ فردوسی، محمد لشکری بود که چند اثر به زبان پهلوی ونسخه‌ای از شاهنامهٔ ابومنصور فرخ را به فردوسی داد. مقدمهٔ نثر همین شاهنامهٔ ابومنصوری ـ جز دو صفحهٔ آخر آن ـ از قدیمترین یادگارهای نثر زبان فارسی دری ست که تا کنون باقی مانده و در مقدمهٔ شاهنامهٔ بایسنغری آورده شده است. فردوسی با در دست داشتن مجموعه‌ای از آن آثار و روایات نقل شده از دهقانان، پس از سی و پنج سال صرف نقد جوانی وایثار ثروت شخصی وخانوادگی خویش شاهنامه را پرداخت؛ و در چند هزار بیت رسا و دلپذیر، با مایه‌هایی سرشار از حکمت، ضمن آوردن داستانهای حماسی و اساطیری و تاریخی، مضامین فلسفی و اخلاقی و انسانی را بعنوان گنجینهٔ زبان و ادب فارسی و شجره‌نامهٔ کهنسال ملت ایران را فراهم آورد.

### شاهنامه: آیینهٔ اجتماعی

فردوسی دراین اثر جاودانی تنها به تجلیل و ستایش ازگذشتهٔ ایران نپرداخته، بلکه ضمن شرح اسطوره‌ها و حماسه‌ها معایب و کاستیها را هم نمایانده است، چنان که در پایان شاهنامه اوضاع آشفته و نابسامان اواخر عصر ساسانی و چگونگی انقراض دولت و حکومت چهارصد و چهل سالهٔ آنان را شرح می‌دهد که چگونه ایرانیان از شاهراه آیینِ خرد و داد و مهر بدور افتاده وبه بیراههٔ خواری و حقارت درافتاده‌اند.

شاهنامه با گزارش قهرمانی دلاوران و سرداران گذشته روحیهٔ پهلوانی و شور ملی را در وجود ایرانی زنده و تابنده ساخت وبا زبانی ساده شعلهٔ این امید را در دلها برافروخت که می‌توان با نیروی خرد وکوشش پیگیر شکستها را جبران کرد و ایرانی نیرومند ساخت و به آزادی مطلوب رسید.

جهان پر ز بدخواه و پر دشمن است     همه مرزها جای اهریمن است
نه هنگام آرام و آسایش است     نه روز درنگ است و آرایش است
دریغ است ایران که ویران شود     کنام پلنگان و شیران شود
اگر سر بسر تن به کشتن دهیم     از آن به که کشور به دشمن دهیم

فردوسی فضیلتهای انسانی و آیین خرد و مردمی را در قالب داستانها باز می‌گوید و ... هنگامی که از یک پهلوان یا شاهی سخن می‌راند، نه تنها زور بازو و توانایی روحی، بلکه همچنین نکات مثبت انسانی آنان را برای ما به تماشا می‌گذارد و جنبه‌های منفی را نکوهش می‌کند:

چو خسرو به بیداد کارد درخت     بگردد از او پادشاهی و بخت
نگر تا نیاری به بیداد دست     نگردانی ایوان آباد پست
که چون شاه را سر بپیچد ز راه     کند چرخ منشور او را سیاه

فردوسی همه جا تکیهٔ خاصی بر یکی از ارکان مهم دین و آیین باستانی ایران می‌کند و اولین آفریدهٔ جهان را خرد می‌شناسد:

نخست آفرینش خرد را شناس
نگهبان جان است و آنِ سه‌پاس
سه‌پاس تو گوش است و چشم و زبان
کزینت رسد نیک و بد بی‌گمان
خرد رهنمای و خرد دلگشای
خرد دست گیرد به هر دو سرای

## زن در شاهنامه

یکی از نکات قابل توجه در شاهنامه دیدگاه فردوسی‌ست در مورد زنان که در بیشتر موارد آنان را موجودی موثر و با اراده‌ای استوار نشان داده است. زنان در شاهنامه، در هر مقام و مکانی، با استقلال رای و هشیاری و فداکاری به جهات مختلف زندگی نگریسته‌اند و قدرت سازندگی و کوشندگی کامل در امور مشکل اجتماع و خانواده از خود بروز داده‌اند.

قهرمانان زن در فضای داستانهای اسطوره‌ای و حماسی و تاریخی شاهنامه شخصیتهایی تربیت یافته‌اند، در شاهنامه به کرات از زنان سلحشور دلاور و مادران سرافراز و فرزانه یاد شده است. در داستان رزمی سهراب با گردآفرید:

زنی بود بر سان گردی سوار      همیشه به جنگ اندرون نامدار
کجا نام او بود گردآفرید        که چون او به جنگ اندرون کس ندید

در سرگذشت حماسی فریدون مادر وی:

زنی بود آرایش روزگار         درختی کزو فرشاهی به بار
فرانک بُدش نام و فرخنده بود    به مهر فریدون دل آکنده بود

در زناشویی سیاوش با فرنگیس:

فرشته به خوی و چو عنبر به بوی   به دل مهربان و به جان مهرجوی
نبود اندرو نیز یک چیز زشت     تو گفتی مگر حور بود از بهشت

در داستان بهمن، معروف به اردشیر دراز دست و هما معروف به شهرزاد:

یکی دختری بود نامش همای       هنرمند و با دانش و پاک رای
همی خواندندی ورا شهرزاد       که گیتی بدیدار او بود شاد

در سرگذشتهای عاشقانهٔ رستم و تهمینه و در بیان دلدادگی منیژه و بیژن و شیفتگی رودابه و زال و دیگر داستانهای عشقی، بیشتر زنانند که در انتخاب همسر پیشقدم می‌شوند و برای سازندگی آیندهٔ خود استقلال رأی نشان می‌دهند.

## عامل سرودن شاهنامه

از مطالعه و تحقیق در تواریخ و تذکره‌ها چنین برمی‌آید که فردوسی تقریباً از سی و پنج سالگی در سال ۳۶۵ هجری قمری با عزمی راسخ و دستی پرمایه از اسناد و مدارک تاریخی کهن به تصنیف شاهنامه پرداخت و در حدود سال ۴۰۰ هجری آن را بپایان رسانید که خود در شاهنامه اشاره کرده است.

بنا بر تحقیق و گفتهٔ شادروان استاد پورداود، فردوسی هرگز به امر و دلخواه سلطان محمود غزنوی شاهنامه را نسروده است که در فرجام آن را با طلا معامله کند. بنا بر اسناد معتبر تاریخی، سلطنت سلطان محمود غزنوی درابتدای سال ۳۸۹ هجری قمری آغاز شد، یعنی در حدود بیست و چهار سال پس از شروع شاهنامه. از سوی دیگر سلطان محمود غزنوی در سال ۳۶۰ هجری بدنیا آمده و با این حساب روشن فردوسی وقتی سرودن شاهنامه را آغاز کرد، سلطان محمود طفلی پنج ساله بوده است. به این ترتیب چگونه می‌توان قبول کرد در بعضی از تذکره‌ها آمده است فردوسی بنا بر تشویق و یا امر سلطان محمود غزنوی شاهنامه را سروده است؟ همانند سایر دانشمندان و شاعران ایرانی که قبل از وی شاهنامه‌هایی با نظم و نثر فراهم آورده بودند، تنها مشوق فردوسی دراین کار بزرگ عشق به ایران و علاقهٔ به تاریخ گذشتهٔ ایران و زبان و ادب فارسی بوده است و دراین راه نظری به دریافت پاداش نداشته است.

## اختلافات نژادی و مذهبی

فردوسی پس از پایان شاهنامه به علت کهولت و وضع نامطلوب زندگی،

به تشویق و ترغیب دوستانش بویژه ابوالعباس فضل بن احمد اسفراینی وزیر دانشمند و ایران دوست محمود غزنوی از شهر توس به غزنین روانه شد تا شاهنامه را به دربار سلطان محمود معرفی کند. ولی دیری نپایید که در سال ۴۰۱ هجری قمری ابوالعباس احمد اسفراینی مغضوب شد و ابوالقاسم احمد بن حسن میمندی به وزارت رسید. در حالی که احمد اسفراینی زبان و ادب فارسی را در دربار و دیوان سلطان محمود رسمی کرد، احمد میمندی که از منشیان مشهور زبان و ادب عرب بود زبان عربی را زبان رسمی دربار قرار داد و در نتیجهٔ این اختلاف و اختلافات دیگری بر سر مسائل نژادی و مذهبی، حسادتها و توطئه‌های رایج درباری رنجش و آزردگی شدیدی بین سلطان محمود و فردوسی بوجود آمد، بویژه آن که سلطان محمود به قصاید مدح آمیز شاعران بیش ار تاریخ و فرهنگ ایران علاقه داشت.

این اختلافات سرانجام موجب شد که فردوسی مورد غضب سلطان محمود واقع شد و بناچار مدت زمانی را در شهرهای هرات، ری و تبرستان با وحشت و بیم در حال آوارگی و تنگدستی متواری بود، تابالاخره خود را به خراسان و به شهر زادگاهش رساند وبین سالهای ۴۱۱ ـ ۴۱۶ هجری در نهایت ناتوانی و آزردگی، در حالی که سنوات عمرش از هشتادگذشته بود از جهان چشم پوشید.

بنابر گفتهٔ نظامی عروضی، احمد بن میمندی وزیر سلطان محمود غزنوی بعدها از سعایت و حسادتی که نسبت به فردوسی روا داشته بود پشیمان شد و در صدد برآمد که نزد سلطان محمود شفاعت فردوسی را نماید. سرانجام در یکی از سفرهای هند به این کار توفیق یافت و سلطان را واداشت تا هنگام ورود به غزنین پاداشی شایسته برای فردوسی بفرستد. گفته می‌شود این پاداش موقعی رسید که جنازهٔ فردوسی را از دروازهٔ رزان شهر تابران خارج می‌کردند و بخشش سلطان محمود از دروازهٔ رودبار شهر تابران داخل شهر می‌شد و تنها بازماندهٔ فردوسی، دختر بلند نظرش با مناعت ذاتی خویش آن را قبول نکرد. گفته شده است دختر فردوسی را خواستند به عقد ازدواج

سلطان محمود درآورند و وی را نزد او ببرند، قبول نکرد و گفت او را لازم ندارم.

نکته قابل تأسف در مرگ فردوسی این بود که رهبر مذهبی شهر توس فتوی داد که چون فردوسی رافضی‌ست، جنازه‌اش را نمی‌توان در قبرستان مسلمانان دفن‌کرد. ناچار تنی چند از دوستان فردوسی شبانه و مخفیانه کالبد بیجان او را به باغی خارج از شهر که ملک خود او بود بردند و به خاک سپردند.

اما شگفت‌تر آن است که این کار زشت در دوران خود مانیز تکرار شد و آن به هنگام مرگ شادروان استاد ابراهیم پورداود در سال ۱۳۴۶ خورشیدی نیز رخ داد. پس از مرگ زنده‌یاد پورداود، بخاطر دلبستگی شدید او به تاریخ و فرهنگ ایران باستان با تحریک دو تن از استادان صاحب نفوذ دانشگاه تهران برای به خاک سپردن جنازهٔ او طبق آیین اسلام در قبرستان مسلمانان ایجاد اشکال شد و تا این که پس از چند روز بلاتکلیفی دو نفر از شاگردان پورداود، شبانه جنازهٔ وی را به رشت بردند و در سرزمین زادگاهش دفن کردند. با تحریک و تشویق آن دو استاد در همان روزها تنی چند از دانشجویان قصیده‌ای را که طعن و لعن پورداود زیر عنوان «پیر گبر» ساخته شده بود در فضای باز محوطهٔ دانشکدهٔ حقوق در جلوی مسجد دانشگاه می‌خواندند و شعار می‌دادند و به این کار زمانی پایان داده شد که شادروان استاد محمد سنگلجی استاد دانشکدهٔ حقوق به این کار ناپسند در مورد شادروان پورداود شدیداً اعتراض کرد و به بدگویی و دشنام دادن به آن استاد و دانشمند محقق ایران شناس پایان داد و آن قصیدهٔ لعن و نفرین راگرفته و پاره پاره کرد.

# سرگذشت حکیم نظامی گنجوی

جمال‌الدین الیاس نظامی فرزند یوسف بود. اجدادش زکی و مؤید نام داشتند و مادرش بانام رئیسه زنی از تبارکردان بود. یگانه فرزند اومحمد نظامی در سنِ جوانی درگذشت.

حکیم نظامی سه بار ازدواج کرد و هر سه همسر وی قبل از مرگ شاعر درگذشتند و چنین بود که او دوران کهولت را درتنهایی و انزوا سپری کرد.

نه سایه‌ای ست زنخلم، نه میوه‌ای کس را
که تند باد حوادث بریخت برگ و بَرم

نظامی در چند مورد به عشق و علاقهٔ شدید خود به آفاق همسر اول و مادر فرزندش محمد اشاره کرده است. به روایت خود وی آفاق زیبارویی هنرمند و نیکوسیرت از ترکان قبچاق بود که فخرالدین بهرامشاه سلجوقی او را به نظامی هدیه داده بود.

منظومهٔ عشقی خسرو و شیرین را نظامی در دوران عشق همین همسر سرود. او در پایان این منظومه در رثای مرگ شیرین، از درگذشت نابهنگام زن جوان خود با حسرت یاد می‌کند و می‌گوید که این افسانه نیست بلکه عشق و محبتی واقعی میان او و آفاق وجود داشته است:

به حکم آن که آن کم زندگانی
چو گل برباد شد روز جوانی
سبک رو چون بت قبچاق من بود
گمان افتاد کاو آفاق من بود

تاریخ ولادت و وفات نظامی به صورتهای گوناگون در تذکره‌ها ذکر شده است که تولد او به سال ۵۳۰ و وفات به سال ۶۱۴ هجری قمری پذیرفتنی‌تر بنظر می‌رسد. مدفن نظامی در جوار مزار مهستی گنجوی و ابوالعلای گنجوی و تنی چند از پارسی سرایان دیگر در قشلاق محدان در هفت فرسنگی شهر گنجه است. گنجه یکی از شهرهای آباد و بزرگ قفقاز بود که در زمان شاه عباس اول در سال ۱۰۱۰ هجری قمری بطرز زیبایی دوباره سازی و آبادتر گردید.

نظامی در روزگار جوانی در گنجه ادب فارسی و عرب را فراگرفت و در طب و نجوم هم مهارت حاصل کرد. از آن جا که او در ردیف بزرگان علوم دینی و حکمت و فلسفه به تدریس می‌پرداخت او را حکیم می‌نامند. گفته‌اند که تأمین معاش وی از طریق برزگری و دهقانی می‌گذشت.

در آن زمان، یعنی سدۀ ششم هجری در دوران اتابکان و شروانشاه عامۀ مردم پیرو طریقۀ سنت و جماعت بودند. نظامی علاوه بر پای بندی به اصول و مبانی دین اسلام، به مسائل فلسفی نیز توجه داشت و از پیشوایان طریقت و عرفان بشمار می‌رفت. دولتشاه سمرقندی حکیم نظامی را از مریدان پیر طریقت زمان «اخی فَرَج زنجانی» یاد کرده است. او همچون دیگر شاعران عارف مسلک مانند سنائی، خاقانی، و ناصرخسرو پس از دورانی از زندگانی با بی‌خیالی و بی‌خبری، راه حقیقت جویی پیش گرفت و زندگی خود را با پرهیزکاری و مردم دوستی و مناعت طبع سرمشق دیگران قرار داد.

من که قانع شدم به دانۀ خویش
سَروَرم چون صدف به خانۀ خویش
سروری به که کار من باشد

سرپرستی چه کار من باشد
نانی از خوان خود دهی به کسان
به که حلوا خوری ز خوان خسان

نظامی شاعری داستانسراست. از ویژگیهای داستان پردازی در ادب ایران پیش از اسلام می‌توان صراحت و صداقت و آزاد بودن از پیرایه‌های صنایع لفظی و مبالغات و مشابهات و مترادفات را نام برد. ادب ایران پیش از اسلام روان و ساده با جملاتی کوتاه و در عین حال موزون و فصیح بوده است. نمونهٔ آن گاتهای زرتشت و پس از آن کتیبه‌های مانده از دوران هخامنشی و سرانجام سروده‌های دوران ساسانیان است.

در واپسین سده‌های پیش از اسلام این آثار ادبی که فهلویات نامیده شد با تغییراتی نخست به صورت منظوم در قالب دو بیتی ظاهر شد. زیباترین دوبیتی‌ها منسوب به باباطاهرست. پس از آن رایج‌ترین قالب شعر مثنوی بود. شاهنامه‌های مسعودی، دقیقی و فردوسی، ویس و رامین فخرالدین اسعد گرگانی و خمسهٔ نظامی همه در قالب مثنوی در اوزان مختلف سروده شده‌اند.

در این دوران تا سده ششم هجری داستانهای اساطیری، حماسی و تاریخی و همچنین داستانهای عشقی ایران پیش از اسلام به شعر فارسی دری درآمد. پس از تجاوز و تسلط حکومتهای مغول و ترک‌تبار آسیای میانه بر ایران؛ از رونق و اعتبار این گونه داستانسرایی کاسته شد. از قرن هفتم هجری، اکثر شاعران به سرودن شرح جنگهای پیشوایان دینی پرداختند و منظومه‌هایی چون غزوهٔ اسیری، شاهنامهٔ حیرتی و حملهٔ حیدری بوجود آوردند که اکثراً فاقد ارزش تاریخی و ادبی‌ست. به همین ترتیب فن نقالی نیز که نوعی ادبیات شفاهی بود به مرور زمان به مناقب خوانی یعنی روضه خوانی و تعزیه گردانی مبدل شد که از دوران حکومت صفویه تا اواسط قرن چهاردهم هجری قمری و جنبش مشروطیت ادامه داشت.

در اواسط قرن ششم هجری که داستانسرایی منظوم در ادب فارسی به حد کمال زیبایی رسیده بود، نظامی شیوهٔ خاصی در آن ایجاد کرد. او خود بدین نکته اشاره می‌کند:

من که سرایندهٔ این نوگلم
باغ تو را نغمه سرا بلبلم
عاریت کس نپذیرفته‌ام
آنچه دلم گفت بگو گفته‌ام
شعبدهٔ تازه برانگیختم
هیکلی از قالب نو ریختم

با آن که نظامی در آفرینش موضوع منظومه‌هایش مبتکر نبوده است، ولی با ذوق و سلیقهٔ خویش تغییرات و تصرفاتی در آنها داده که داستانها را جذاب‌تر و دلفریب‌تر ساخته است. خود او می‌گوید:

ز هر نسخه برداشتم مایه‌ها
بر او بستم از نظم پیرایه‌ها
زیادت ز تاریخ‌های نوی
یهودی و نصرانی و پهلوی
گزیدم ز هر نامه‌ای نغز او
ز هر پوست پرداختم مغز او
در آن پرده گر راستی یافتم
سخن را سر زلف برتافتم

نظامی که از بهترین داستانسرایان ادب فارسی‌ست، شیفتهٔ زیباییهای انسانی و اخلاقی بود و به برکتِ این ظرافت طبع و زیباپرستی‌ست که او با انتخاب کلمات مناسب در بیان مضامین نو در نمایش حالات روحی و جذبات عشقی و همچنین در توصیف جلوه‌های طبیعت استادی توانا بشمار می‌رود. نکتهٔ

قابل دقت این است که نظامی سخت دیندار بود و در ردیف پیشوایان دینی با پرهیزکاری و تقوا می‌زیسته است. با این وجود در توصیف سرگذشتهای سرشار از عشق و تجسم مجالس بزمی و سرمستیهای شراب وشوریدگیهای جوانی هنرمندی چیره دست است.

تسلط نظامی بر علوم عصر خویش بویژه آن جا آشکار می‌گردد که او اصطلاحات نجومی و علمی و فلسفی را در اشعار خود فراوان بکار گرفته است. در واقع آثار نظامی مجموعه‌ای‌ست از علوم و اطلاعات عصر وی که در عین حال از لحاظ گستردگی واژه‌های فارسی و تنوع دامنهٔ شعر تمثیلی و استعاره از آثار ممتاز ادب فارسی بشمار می‌رود.

سبک سروده‌های نظامی در شاعران بعد از وی تأثیر گذاشته است. چنان که ساقی‌نامه و مغنی‌نامهٔ وی بر حافظ و بعضی دیگر از شاعران و مضامین اندرز و او را بر سروده‌های سعدی تأثیر داشته است.

از قرن هفتم هجری به بعد مثنویهای پنج گنج او مورد تقلید عده‌ای از شاعران مانند امیرخسرو دهلوی، خواجوی کرمانی، عبدالرحمن جامی، وحشی بافقی، عرفی شیرازی، مکتبی، فیضی فیاض، و اشرف مراغی قرار گرفت. پنج گنج یا خمسهٔ نظامی عبارت از پنج بخش مستقل است:

«مخزن الاسرار» در ۲۲۶۰ بیت، در سال ۵۷۰ هجری قمری سروده شده است و در مسائل عرفانی و اخلاقی و اندرزهای حکیمانه است در بیست مقاله.

«خسرو و شیرین» در ۶۵۰۰ بیت، در سال ۵۷۶ سروده شده، از داستانهای تاریخی دوران ساسانی‌ست. در این منظومه نظامی در وصف حالات درونی و جذبات عشقی توام با عفت کلام، مانندنقاش چیره دستی با یاری قلم و کلمات غنایی تصاویری ساخته که هرگز کهنه نمی‌شود.

«لیلی و مجنون» در ۱۷۰۰ بیت، در سال ۵۸۴ سروده شده، در شرح دلدادگی دو عاشق ناکام است که در اصل از افسانه‌های عشقی سامی ست.

«بهرام نامه» یا «هفت پیکر» در ۵۱۳۶ بیت، در سال ۵۹۳ سروده شده

است. این منظومه از داستانهای تاریخی دوران ساسانی‌ست و در آن از به پادشاهی رسیدن بهرام پنجم ساسانی و جنگهای وی با خاقان چین و دلاوریهای او در صحنهٔ شکار و غفلتهایش در مملکت داری سخن رفته است. در این اثر چگونگی قصر خورنق و هفت بنای زیبا یا هفت گنبد به هفت رنگ توصیف شده است، که در هر کدام شاهزاده خانمی از هفت اقلیم جهان عروس حصاری بهرام بودند. بالاخره فرجام کار بهرام که از عیش و عشرت دست می‌کشد و هفت گنبد را به هفت موبد می‌سپارد تا به هفت معبد تبدیل شود.

«اسکندر نامه» در ۱۰۵۰۰ بیت، در سال ۵۹۵ سروده شده است. نظامی در حقیقت کار فردوسی را دنبال گرفته است چنان که خود وی می‌گوید:

سخن‌گوی پیشینه، دانای توس
که آراست روی سخن چون عروس
در آن نامه کان گوهر سفته راند
بسی گفتنیهای ناگفته ماند


اسکندرنامه دو قسمت است. نخست شرح جنگهای اسکندر مقدونی با ایران و مرگ دارای سوم هخامنشی و جنگهای دیگر اسکندر با چینیان و رومیان و هندیان است. قسمت دوم از به ظلمات رفتن اسکندر جهت یافتن آب حیات سخن رفته است.

بدون شک نظامی از فن موسیقی هم بهره داشته است. در دوران او هنوز رابطه‌ای تنگاتنگ میان موسیقی و شعر وجود داشت که می‌توان آن را ادامهٔ سنتهای دیرینه در سرودن نواها و ترانه‌های آهنگین ایران پیش از اسلام دانست. می‌دانیم که در قدیم سرایندگان اشعار خود را با آهنگی که برای آن ساخته می‌شد می‌خواندند و اگر شاعری آواز خوش نداشت ناچار بود برای ارائه شعر خود، کسی را بیابد که آن را با آوای خوش بخواند. نظامی برای مثنویهای خود اوزان خوش آهنگ و متنوعی را انتخاب می‌کرد، چنان که

اکثر اشعار بزمی وی را در زمان حیاتش به آهنگ و سرود می‌خواندند. او خود بدین نکته اشاره کرده است:

سماعم ساقیان را کرده مدهوش | مغنی را شده دستان فراموش
گهی چون ابرشان گریه گشادم | گهی چون گل نشاط خنده دادم
غزلهای نظامی را غزالان | زده بر زخمهای چنگ نالان
خروش ارغنون و نالهٔ چنگ | رسانیده به چرخ زهره آهنگ
نواها مختلف در پرده‌سازی | نوازش متفق در جان نوازی
نوای نظم من خوشتر ز رودست | سراسر قولهای من سرودست

در آن زمان سازهای زهی با رشته‌های ابریشم نازک تافته ساخته می‌شد که صدای سازکوتاهتر ولی باحالتر و لطیف تر از سیم بود که بعدها جای آن راگرفت. نظامی در چندین جا به ابریشم رشته‌های تار اشاره دارد:

چو بر زخمه فکند ابریشم ساز | برآورد آفرینش را به آواز

یا:

بریشم نواز آن مُغَنی سرود | به گردون برآورد آواز رود
چنان بستم ابریشم ساز او | که از زهره شد خوشتر آواز او

یا:

بریشم زن نواها برکشیده | بریشم پوش پیراهن دریده

نظامی همچنین در نواختن نواها و پرده‌های متنوع چنگ و رود و رباب و ارغنون نکیسا و باربد ابیاتی پرداخته که در آنها از سی لحن باربد نام برده است:

درآمد باربد چون بلبل مست | گرفته بربطی چون آب در دست
زصد دستان که او را بود درساز | گزیده کرد سی لحن خوش آواز
زبی لحنی بدان سی لحن چون نوش | گهی دل دادی و گه بستدی هوش

آن‌گاه اسامی سی لحن باربد را در آن ابیات آورده که چنین است: گنج

بادآورده، گنج سوخته، گنج گاو، مروارید، تخت طاقدیس، ناقوسی، اورنگی، نیمروز، جقهٔ کاووس، ماه‌بَر کوهان، مُشک دانه، آرایش خورشید، سبز در سبز، قفل رومی، سروستان، سروسهی، نوشین باده، رامش جان، نازنوروز، مشگویه، مهرگانی، مروای نیک، شبدیز، شب فرخ، فرخ روز، غنچه کبک دری، نخجیرگان، کین سیاوش، کین ایرج، و باغ شیرین.

در پنج گنج نظامی بیش از هشتاد زن حضور دارند. نخستین آن مادر نظامی بنام رئیسه کُرد ست که نظامی به احترام ونیکی از او یاد کرده است. پس از او نخستین همسر وی و مادر یگانه فرزندش محمد نظامی ست، که او را به زیبارویی وهنرمندی و نیکوسیرتی ستوده است. جای دیگر پیرزن ستم کشیده‌ای‌ست که با جسارت و شجاعت راه بر سلطان سنجر می‌بندد و دادخواهی می‌کند. دیگر مهین بانو پادشاه ارمنستان و ولیعهدش شیرین است که بعداً ملکه خسرو پرویز ساسانی شد. نظامی از آنان به پاکدامنی و شجاعت و نیک‌نفسی یاد کرده‌است. همچنین از ده دختر خوش بیان افسانه گو و هفتاد دختر چابک سوار چوگان باز شکارچی هنرمند و توانا از یاران و ندیمان شیرین سخن می‌رود که نظامی آنان را زنانی لایق و متکی به نفس جلوه داده است.

نظامی در نهایت ظرافت و استادی جلوه‌هایی از مسابقات جنگاوری و فنون سوارکاری و چوگان‌بازی توام با آزاداندیشی به صورتهای گونه گون نمایش داده است. زنانی که در عین آزادی در نشست و برخاست با مردان خود پاسدار حرمت و عفت خویشند.قهرمانان زن در فضای پنج گنج نظامی علاوه بر زیبایی صورت به نیکی سیرت هم آراسته‌اند و از شجاعت، عفت و بردباری و وفاداری و هوشمندی برخوردارند. این زنان اعم از مادر، همسر، خواهر، دختر و معشوقه بصورت نمونه‌هایی سرشار از اعتماد به‌نفس و کاردان جلوه گرند.

نظامی در اسکندرنامه از ملکهٔ نوشابه، ملکهٔ سرزمینی همجوار ارمنستان بنام بَرَدع یا بردعه نام می‌برد که این زن در مقابل قدرت و جهانگشایی

اسکندر مقدونی ایستادگی می‌کند و او را مغلوب تدبیر خود می‌سازد و سرزمین خود را حفظ می‌کند. نظامی در وصف وی سروده است:

قوی رای و روشندل و نغزگوی        فرشته منش بلکه فرزانه خوی
زنی از بسی مرد چالاکتر             به گوهر ز دریا بسی پاکتر
قوی رای و روشندل و سرفراز        بهنگام سختی رعیت نواز

این ملکه در جواب درخواست ظالمانهٔ اسکندر می‌گوید:

منم شیرزن گر تویی شیرمرد       چه ماده چه نر، شیر وقت نبرد
چو بر جوشم از خشم چون تند میغ   در آب آتش انگیزم از دود تیغ

در فضای پنج گنج تنها در یک مورد آنهم در منظومهٔ لیلی و مجنون است که نظامی بر طبق سنت و آداب زندگی جامعهٔ لیلی وی را به صورت محبوسی در حصار آهنین نظام مردسالاری و حکومت خشونت آمیز جامعهٔ بدوی، همانند اسیری محکوم و برده‌ای ذلیل چون سایر همجنسانش نمایانده است. آثار دستنویس و مصوری که از نظام گنجوی در کتابخانه کاخ گلستان موجود بود: هفده مجلد پنج گنج یا خمسهٔ کامل، پنج مجلد اسکندرنامه، سه مجلد مخزن‌الاسرار، دو جلد لیلی و مجنون، دو جلد خسرو و شیرین، یک مجلد منتخبی از اشعار پنج گنج، همهٔ این آثار با خط خوشنویسان و مجالس متعدد مینیاتور و نقاشی و تذهیب و ترصیع با کاغذهای مرغوب و جلدهای تزیینی از آثار نفیس قرن هشتم تا اواسط قرن چهاردهم هجری قمری بشمار می‌روند.

نگارنده فهرست تحقیقی و توصیفی آنها را با ارائه نمونه‌های رنگی از مینیاتورها و نقاشیها و نمونه‌های سیاه و سفید از خطوط آن در جلد دوم فهرست دیوانهای خطی کتابخانه کاخ گلستان در اردیبهشت ماه سال ۱۳۵۵ در تهران بچاپ رساند.

# سرگذشت

## حکیم عمر خیام نیشابوری

### خاستگاه خیام

زادگاه و آرامگاه خیام متوفی در سال ۵۱۷ هجری، شهر تاریخی و علمی نیشابور بود که به دارالعلم خراسان شهرت داشت. بنابر نوشتهٔ حاکم محمد نیشابوری صاحب تاریخ نیشابور متوفی در سال ۴۰۵ هجری بنای اولیهٔ این شهر بنام کُهندِژ به تهمورث دیوبند منتسب است که آن را بر سنگ سفیدی عظیم و مدوّر بنا نهاد. تا دوران فریدون و ایرج شاهان پیشدادی، کُهندِژ و مناطق وسیع و آباد اطراف آن چند بار بر اثر زلزله و سوانح طبیعی ویران و آباد گردید که جنبهٔ اساطیری دارد. بنابر اشارات تاریخی بانی نیشابور جدید اَبَر شهر در حوالی کُهندِژ قدیم، شاپور اول ساسانی بود. این شهر در آن دوران نقش مهمی در امور تجاری و معاملات بازرگانی و صنعتی داشت نیشابور علاوه بر آنکه یکی از گذرگاههای راه ابریشم و پایگاه معتبر تجاری بشمار می‌رفت، در صنایع شمشیرسازی، شراب‌سازی، سفال‌گری، کیمیاگری و تولید پارچه‌های نخی و ابریشمین خوش نقش و نگار و نیز معادن فیروزه و نمک آن شهرت خاصی داشت. همچنین یکی از آتشکده‌های قدیمی به نام «پورجان مهر» در آن شهر بنا شده بود که تا اواخر قرن پنجم میلادی کانون مسیحیان فرقهٔ نسطوری بشمار می‌رفت.

نیشابور پس از ورود اسلام به ایران شاهد نهضتهای دلاورانهٔ سردارانی چون ابومسلم، بهافرید، اسپهبد فیروز، سُنباد، استاذسیس و نظایر آنان بود و در دوران حکومتهای طاهریان، صفاریان، سامانیان و سلجوقیان تا پیش از حملهٔ مغول در قرن هفتم هجری به عنوان پایتخت و مرکز فرماندهی سیاسی و نظامی و اقتصادی خراسان بزرگ محسوب می‌شد. از برکت همین دوران طلایی با مردمی صنعتگر و اهل علم و با ظهور برجسته‌ترین متفکران و دانشمندان و نوابغ شعر و ادب و فرهنگ ایرانی ومعارف اسلامی، نیشابور چون کانون علمی معتبری در برابر بغداد خلفای عباسی قد برافراشته بود.

مورخانی چون تَبَری و ثعالبی نیشابور را خزانهٔ پر برکت و نعمت و عروس شهرهای خراسان توصیف کرده‌اندکه حدود جغرافیایی‌خراسان درآن روزگار که به سرزمین خورشید طالع یا سرزمین برآمدن آفتاب مشهور بود از دامغان آغاز و تا آنسوی سواحل سیحون و جیحون یا آمودریا و سرزمینهای گستردهٔ ماوراءالنهر ادامه داشت. خیام در چنین شهر معتبر و دلپذیری می‌زیست.

## شخصیت علمی و ادبی خیام

خیام، منجم، متفکر، ریاضی‌دان، پزشک، ادیب، هواشناس، مفسر، مخترع نوعی ترازوی آبی، اصلاح کنندهٔ گاهنامهٔ جلالی و بطور کلی جامع علوم بود. او بر محیط علم و معرفت عصر خویش تفوقی بارز داشت. در حکمت همتراز ابن‌سینا بود و در فقه و لغت و تاریخ استادی مسلم بشمار می‌رفت.

خیام به آثار و عقاید ابن‌سینا تعلق خاطری بسیار داشت و از مدافعان و هواداران مکتب حکمت و فلسفه وی بود و در مقام شاگردی و مریدی ابن‌سینا بر خود می‌بالید، و همچون ابن‌سینا پیرایه‌های مذهبی را فاقد اعتبار علمی می‌شناخت. او در سال ۴۷۲ هجری در شهر اصفهان خطبهٔ معروف ابن‌سینا را در توحید ترجمه کرد.

خیام با همکاری چند تن از ریاضی‌دانان و منجمان زمان چون منصور

خازنی، حاتم اسفرازی، و نجیب واسطی و دیگران بنیان‌گذار دو رصدخانهٔ ملکشاهی مرکز مطالعات ستاره‌شناسی در شهرهای اصفهان و نیشابور بود که خود سرپرستی آنهارا بر عهده داشت. او حدود سال ۴۹۲ هجری با همکاری آن دانشمندان گاهنامهٔ جلالی را بوجود آورد و نوروز باستانی را که بواسطهٔ اشتباه محاسبه در سالهای کبیسه به عقب افتاده بود به آغاز بهار برگرداند و طول دقیق سال شمسی را تعیین نمود.

آثار باقی مانده خیام رسالاتی‌ست به زبانهای فارسی و عربی پیرامون طبیعیات، ریاضیات، حکمت، حقیقت وجود، جبر و مقابله، رساله‌ای در بیان زیج ملکشاهی، رسالهٔ نوروزنامه که منتسب به وی است و از نمونه‌های زیبای نثر فارسی‌ست. همچنین چند قطعه شعر از وی به زبان عربی باقی مانده است، ولی رباعیات فلسفی و نجومی وی به زبان فارسی شهرت عالمگیر دارد و از جمله معروفترین آثار منظوم ادب فارسی بشمار می‌رود.

جهان‌بینی منطقی وواقع‌گرایی خیام، همانند جهان‌بینی شعرای آزاداندیش متقدم چون شهید بلخی، رودکی و فردوسی، که در شمار نخستین سرایندگان بی‌ثباتی و ناهمواری گیتی در زبان فارسی دری بودند، از یک مایهٔ مشترک بهره‌مندست، و در کنار مطالعات و تحقیقات ریاضی و نجوم اندیشه‌های فلسفی اندوهبار و حیرانیِ ملال‌انگیز خود را از ناآگاهی اسرار نهفتهٔ جهان با سرودن چند رباعی فلسفی تصویر کرده است.

ترانه‌های انگشت شمار خیام، زاده و پرورده تفکرات فلسفی وی است. خیام سیمای شاعرانه نداشت و به‌همین‌جهت در زمان‌حیاتش شهرت شاعری پیدا نکرد. او حکیم و فیلسوفی بود که به تعلیم علوم یونانی اشتغال داشت و وی را به نام حجة‌الحق امام خراسان می‌شناختند، اما بعدها ترانه‌های معدود و لطیف و فیلسوفانهٔ وی شهرتی حاصل کرد و مکتب خاصی بوجود آورد که مورد تقلید و پیروی بسیاری از شاعران قرار گرفت.

مقام علمی خیام در عصر حاضر هنگامی بر جهانیان معلوم گردید که رسالات جبر و مقابلهٔ او نخستین بار بـه زبان فرانسه ترجمه و در پاریس به

چاپ رسید و معلوم شد که خیام دانش ریاضی را بخصوص در جبر و مقابله و حل معادلات رو به کمال برده و ترقی داده است.

خیام دانشمند و ادیبی منطقی بود و به ارزشهای معنوی چون دانایی، نیکوکاری، نیکنامی و خردمندی اعتقاد داشت و پایبند بود و آن را مفهوم و منظور زندگی می‌شناخت. طبعاً ترانه‌هایی که از تراوش تفکرات و تاثرات چنین شخصیت خردمندی بوجود آمده صرفاً احساسی حاکی از وصف باده و دعوت به‌میخوارگی نبوده و سطحی و بی‌مغز نیست، بلکه برعکس در برگیرندهٔ افکاری پخته و تجربه شده است. بنا به عقیده و تصدیق خیام شناسان زبان و بیان خیام از شخصیت علمی و معنوی و نظام خاص ذهنی او جدا نیست. عقیدهٔ منطقی خیام بر دو محور اساسی حیات می‌چرخد: یکی حقیقت جویی و جهان‌شناسی برای کشف مجهولات و اسرار نهفتهٔ جهان، و دیگری حس زیبایی دوستی و درک مظاهر جمال طبیعت و حسن ترکیب آن به هر شکلی که متجلی‌ست.

کلام خیام با علم و منطق و استدلال همراه است و مسائل و معماهای پیچیدهٔ آفرینش را در یک رباعی در نهایت فصاحت و صراحت بیان می‌کند. او تجلیات و شاهکارهای شگفت‌آور عالم هستی را با دیدهٔ اعجاب و تحسین می‌نگرد و می‌کوشد که راز خلقت و بقا و فنای خویش را در آینهٔ پندار دریابد. او در پی کشف گوهر حقیقت می‌کوشد پرده‌های حجاب را از مجهولات به یکسو افکند، ولی در آخر خسته و درمانده از تلاش و تکاپو در جهان تفکرات و تصورات، سرانجام به عجز خود اعتراف می‌کند.

دوری که در او آمدن و رفتن ماست    آن را نه‌بدایت نه نهایت پیداست
کس می‌نزند دمی در این معنی راست   کاین آمدن از کجا و رفتن به کجاست

کنجکاوی عالمانهٔ خیام، این جویندهٔ ناآرام به حل مسائل لاینحل آغاز و انجام جهان، به جایی نمی‌رسد و مفهوم نمی‌شود:

آنان که محیط فضل و آداب شدند    در جمع کمال شمع اصحاب شدند
ره زین شب تاریک نبردند برون    گفتند فسانه‌ای و در خواب شدند

خیام از نابرابریها و عدم تساوی در زندگی افراد بشر بر عرصهٔ این گیتی رنج می‌برد و می‌خروشید:

گر بر فلکم دست بدی چون یزدان     برداشتمی من این فلک را ز میان
وز نو فلکی دگر چنان ساختمی     کآزاده به کام دل رسیدی آسان

و این اعتراف خیام در زمانی ست که بحران خشونتها و تعصبات نژادی و اختلافات عقیدتی اصحاب مذاهب و ستیز بین علوم عقلی و معارف دین با شدت وحدت تمام جریان داشت، دورانی که اکثر فقها و علمای دینی بر هرچه به فکر و فلسفه مربوط می‌شد قلم بطلان می‌کشیدند، و تا آنجا که نفوذشان مؤثر بود از آموزش و ترویج علوم عقلی چون ریاضی، هندسه، فلسفه، نجوم، و موسیقی جلوگیری به عمل می‌آوردند. آنان برخلاف دستور پیامبر اکرم که فرمود دانش را بجوی اگرچه در چین باشد، لفظ علم را تنها به روایات و احادیث و قرآن و اصول و فروع دین اطلاق می‌نمودند.

## شرایط اجتماعی عصر خیام

با توجه به اوضاع اجتماعی و سیاسی و دینی سرزمینهای پهناور متصرفی اسلام از قرون دوم و سوم هجری، نهضتهای مذهبی پیاپی و مستمری بوجود آمد که با غلبهٔ یکی بر دیگری نفوذ و قدرت فقها و علمای غالب بر مغلوب افزایش می‌یافت و به موازات آن بازار تهمت و افترا رواجی عظیم داشت. چنانچه فقهای مذهب اشعری حتی مامون خلیفهٔ مقتدر عباسی را از بابت توجه و علاقهٔ به علم و دانش به کفر و بدبینی متهم نمودند.

در سرزمین ایران هم بویژه در شرق از قرن پنجم هجری به بعد با شیوع تعصبات دینی و سیاست مذهبی در دستگاههای حکومتی و دولتی، دخالت در عقاید و آرای مردم و سختگیریهای شدید نسبت به فرقه‌ها و مذاهبی که مخالف عقاید آنان بود آغاز گردید. توجه حکومتها به جلب رضایت علما و فقهایی که با آنان نظر مساعدی داشتند معطوف شد و بر تعداد حوزه‌ها و مدارس علوم دینی و تعلم و تعلیم در محدودهٔ روایات و احادیث و مناقشات

وبحث وجَدل افزوده گشت. جهت نگهداری این نوع مدارس و تامین احتیاجات استادان و شاگردان با امتیازاتی چشم‌گیر موقوفات فراوانی بوجود آمد و رفته رفته آن آزادی عقاید و اشتیاقی که پیش از قرن پنجم هجری در ایران به آموزش و ترویج علوم عقلی و استدلالی رواج داشت از میان رفت. توجه و اشتیاق شاگردان فراگرفتن علوم دینی سبب ضعف علوم عقلی گشت و بتدریج از حوزه‌ها و مراکز تعلیم و تعلم در موضوعات ریاضی و نجوم و علوم استدلالی کاسته شد.

مدارس متعددی که در سال ۴۵۹ هجری برابر ۱۰۶۶ میلادی توسط حتی خواجه‌نظام‌الملک توسی در بغداد و نیشابور و دیگر شهرهای بزرگ ایران به نام نظامیه احداث شده بود صرفاً به عنوان پایگاه مذهب اهل سنت در برابر مدرسهٔ جامع الازهر قاهره بود که کانون عقاید و ترویج مذهب اسماعیلیه بشمار می‌رفت. برنامهٔ تحصیل علم در مدارس نظامیه احتراز از تعلیم و تعلم علوم عقلی و فلسفی بود. تنها ادبیات و علوم مذهبی آنهم در چارچوب محدود و محصور مذهب اهل سُنت تدریس می‌شد و لاغیر.

یکی از مراکز مهم تعصبات مذهبی در آن دوران شهر نیشابور بود. در این شهر اختلافات عقیدتی اصحاب مذاهب بویژه بین فقهای فرقه معتزله و فرقه اشعری اهل حدیث و مشایخ صوفیه و علمای مذاهب شیعه و اسماعیلیه به جایی رسیده بود که به آزار مخالفان و زد و خوردهای خونین و قتل و غارتها و تفتیش منازل و سوزاندن کتابها و کتابخانه‌ها و تخریب مدارس و حوزه‌های علمی منجر شده بود که شرح مفصل آن در تواریخ و تذکره‌ها یاد شده است.

بطور کلی انحطاط و تنزل علوم عقلی و استدلالی از قرن پنجم هجری به بعد در سرزمینهای گسترده متصرفی اسلام آغاز گردید. یکی از عوامل مهم آن تعصبات و سختگیریهای شدید فقها و علمای دینی نسبت به آرا و عقاید فلاسفه و ریاضی‌دانان دانشمند بود که آنان را به کفر و بد دینی متهم نموده حتی واحب القتل می‌شمردند. این عِناد و ستیز سبب خاموشی و فرونشستن شعله‌های ذوقی و استعدادهای علمی مسلمانان از جمله ایرانیان گردید. علوم

عقلی و استدلالی که در سده‌های نخستین هجری با شکوه و جلال خاصی به عنوان تمدن و فرهنگ اسلامی در سرزمینهای متمدن متصرفی اسلام چون دو امپراتوری بزرگ ایران و روم پذیرفته شده بود دچار سیر نزولی شد و مقدمهٔ انحطاط تمدن و فرهنگ ایران اسلامی را فراهم آورد که نتیجهٔ آن دورماندگی چندین نسل ایرانی از علوم عقلی و استدلالی بود.

در چنین عصری با چنین حال و هوایی با مدار بسته و محدود، که هر نوع آزادی و آموزش و ترویج علوم عقلی و دانش را حرام و ممنوع می‌دانستند، خیام با وجود ایمان به توحید و اخلاص به دین اسلام در همهٔ عقاید و آرای آن فقیهان و زاهدان شک می‌کرد و تعالیم و تقالید آنان را اوهام می‌دانست. او مجادلات لفظی کفر و دین و شک و یقین و مناقشات کلامی آنان را افسانه‌ای می‌پنداشت و پرندهٔ خیالش تنها با پر و بال گرانباری از شک و تردید به پرواز در می‌آمد و اوج می‌گرفت و در میان قیل و قال و مباحثات متعصبانهٔ آنان با تهور فکری و شهامت بیانی می‌گفت.

قومی متفکرند در مذهب و دین

قومی متحیرنـد در شک و یقیـن

نـاگاه منادیی درآمـد ز کمین

کای بی‌خبران راه نه آن است و نه این

## دیدگاههای مشترک و متضاد خیام و غزالی

از مشهورترین فقها و زاهدان اهل کلام و صاحب نفوذ هم عصر با خیام حجةالاسلام محمد غزالی توسی بود که افکار و آرای فلاسفه و ریاضیدانان بزرگی را چون سقراط، فیثاغورث، افلاطون، ارسطو، ابن‌سینا، خیام، ابوالوفا نیشابوری، ابوزید بلخی، رستم کوهی، فارابی و نظایر آنان را سُست بنیاد و واهی و مذموم و آفت دین می‌شناخت. او با صدور حکم قاطعی متفکران و ریاضیدانان زمانه را سرکوب می‌کرد. او با حکمت خاصی که داشت از درِ عناد و ستیز با فلاسفه و ریاضیدانان در می‌آمد. چنانچه در کتاب «تهافة

الفلاسفه» خود به ویرانی فلسفه پرداخت و در کتاب «فاتحة العلوم» دقایق علوم ریاضی و نجوم را تحریم کرد و آن را موجب فساد دین معرفی نمود.

محمد غزالی توسی متوفی در سال ۵۰۵ هجری استاد دو دانشگاه نظامیهٔ بغداد و نظامیهٔ نیشابور از بزرگان تراز اول عالم تسنن در جهان اسلام بود و در فقه و حکمت و کلام سرآمد روزگار خود بشمار می‌رفت.

غزالی هم در همان عصر بحرانی خیام می‌زیست، او هم ناظر مناظرات و ستیزه‌ها و عصیانهای دینی و فلسفی بود. سرانجام او هم دچار شک و تردید شد و آرامش روحانیش به پریشانی و بیقراری بدل گردید و در فرجام آن بیقراری و نگرانی از مقامات دنیوی دست برداشت. غزالی از سال ۴۸۷ هجری تا مدت ده سال در حالت مبارزه با تناقضات باطنی خویش در شهرهای شام و حجاز به سیر و سلوک و ریاضت دل سپرد و سرانجام به راه تصوف پیوست. او با اینکه سر از گریبان تصوف و عرفان بدر آورد ولی نتوانست خویشتن را از دایرهٔ تنگ و محدود فقاهت رها سازد و نگران بود که اندیشه و آرای فلاسفه و ریاضیدانان سبب پریشانی دنیای اسلام گردد.

از شگفتیهای روزگار آنکه غزالی پس از بازگشت از سفر ده ساله و انتخاب زاویه‌نشینی که مقارن با وقوع اغتشاشات و هرج و مرجهای پیاپی و عمومی در خراسان بود با انشای مقالات جدید و ارائه اندیشه‌های خود که حال و هوای عرفانی و آزاداندیشی به خود گرفته بود دچار حملات و سختگیریهای متعصبانه اکثر فقها و علمای دینی گردید و به کفر و بد دینی متهم شد.

بنابر عقیدهٔ محققان باریک‌بین و نکته‌سنج چنانچه غزالی به ویرانی فلسفه نپرداخته و اندیشه و آرای فلاسفهٔ متقدم و معاصر خود را ردّ و تحقیر نمی‌کرد و رسالاتی در آبادانی فلسفه چه یونانی مشرب و چه عرفانی مکتب می‌نگاشت احتمالاً فلسفه در کشورهای اسلامی از جمله ایران مطرود و متروک و وامانده نمی‌شد.

### خیام و اندیشه‌های مذهبی

خیام قراردادها و پیرایه‌های مذهبی را فاقد اعتبار علمی می‌شناخت و محدود و محصورکردن تصورات و تفکرات انسانی را در موضوعات عقلی و استدلالی سبب فقر و جمود فکری و رنجوری پیکر و روح انسانی می‌دانست. او همراه با فعالیتهای ذهنی و تحقیقی خود و مطالعهٔ مدام در علوم ریاضی و نجوم، گاهی با سرودن یک یا دو رباعی فلسفی که زاده و پروردهٔ افکار وی در آن جامعهٔ تعصب‌آلود بود، کنجکاویها و اندیشه‌های منطقی خود را، به خصوص در مورد اسرار ازل و ابد که به بن‌بست فلسفی رسیده بود تسکین می‌داد:

کس مشکل اسرار ازل را نگشاد

کس یک قدم از دایره بیرون ننهاد

چون می‌نگرم زمبتدی تا استاد

عجزست به دست هر که از مادرزاد

خیام از فناپذیری ایام و عجز عقل بشری در شکافتن و دریافتن اسرار نهفته جهان متاثر و ناامید می‌شد و در حیرت ملال‌انگیز و ظلمت تردید و ابهام سرگشته می‌گشت:

این بحر وجود آمده بیرون ز نهفت

کس نیست که از گوهر تحقیق بسفت

هرکس سخنی از سر سودا گفته است

زان روی که هست کسی نمی‌داند گفت

تصورات فلسفی خیام در مورد معاد جسمانی همانند تصورات و تفکرات اکثر فلاسفه و ریاضی‌دانان بزرگ جهان با شک و تردید توام است:

از جملهٔ رفتگان این راه دراز      باز آمده‌ای کو که به ما گوید راز؟

و یا در این بیت:

زنهار به کس مگو تو این راز نهفت

هر لاله که پژمرد نخواهد بشکفت

خیام با اشارات و کنایات صریح و لطیفی در کار جهان چون و چرا کرده است. او می‌پرسد چرا می‌آفریند و آنگاه به دست فنایش می‌سپارد؟ و منظور از این ساختن و ویران کردن چیست؟

دارنده چو ترکیب طبایع آراست

باز از چه سبب فکندش اندرکم و کاست

گر نیک آمد شکستن از بهر چه بود

ور نیک نیامد این صور عیب کراست؟

خیام، این اندیشمند کمال پرست اهل منطق، ریا و عوام‌فریبی را مظهر بی‌ایمانی و بی‌حقیقتی و گناهی نابخشودنی می‌داند و با استادی حکیمانه و رندانه‌ای، با تظاهر به می‌پرستی و تأکید به شادی، به نبرد با مکتب تعصب‌آلود اصحاب مذاهب و فرقه‌های مذهبی، که مخالف با علوم عقلی و استدلالی و اهل تحقیق بودند، برمی‌خیزد:

فصل گل و طرف جویبار و لب کشت

با یک دو سه اهل ولعبتی حور سرشت

پیش آر قدح که باده نوشان صبوح

آسوده ز مسجدند و فارغ ز کنشت

از ویژگیهای جهان‌بینی منطقی و واقع‌گرایی خیام آن که جهان را زیبا و زندگی را دوست داشتنی می‌داند و به تمامی تجلیات حیات ارج می‌نهد. تدبیر فلسفی و جهان‌بینی و پیام منطقی خیام، در برابر بازیهای ناخوشایند روزگار و ناپایداری و بی‌اعتباری زندگی، که هر دو سوی آن مجهول و مشکوک و مرموز بنظر می‌رسد، اغتنام فرصت از طریق خردمندی، هشیار بودن، نیکی کردن، آزاده و سبکبار بودن، غنیمت شمردن نقد عمر، و بهره گرفتن از زیباییها و مواهب پاکیزهٔ زندگی ست. یعنی از وقت موجود به نحو شایسته و بایسته‌ای نصیب بردن و آن فرصتی را که نامش زندگی‌ست گرامی داشتن و غمها و ناملایمات زمانه را سزاوار اعتنا ندانستن، که فرهنگ واقعی فرهنگ شادی و محبت است:

ای دل غم این جهان فرسوده مخور
بیهوده نه‌ای غمان بیهوده مخور
چون بوده گذشت و نیست نابوده پدید
خوش باش و غم بوده و نابوده مخور

روشن‌بینی منطقی خیام معرفت بر خودشناسایی و خودآگاهی خردمندانهٔ گوهر خویشتن است که در دسترس ما و از آن ماست:

مائیم که اصل شادی و کان غمیم — سرمایهٔ دادیم و نهاد ستمیم
پستیم وبلندیم و کمالیم و کمیم — آیینهٔ زنگ خورده و جام جمیم

خیام در نوروزنامه آداب و سنتهای ایرانیان باستان را، بویژه جشنهای شادآفرین و زندگی‌ساز طبیعی آنان را با عظمت و حرمت بسیار تجلیل نموده و علت نوروز باستانی را در عصر جمشید از طریق علم نجوم بیان کرده است. او فصلی را در نوروزنامه بر وصف زیبایی و جمال اختصاص داده و مظاهر دلفریب طبیعت را با بیانی ساده و روان ترسیم کرده است:

بر چهرهٔ گل نسیم نوروز خوش است
در طرف چمن روی دل افروز خوش است
از دی که گذشت هرچه گویی خوش نیست
خوش باش و ز دی مگو که امروز خوش است

خیام بدون واهمه و هراس از تعصبات مذهبی زمان و بی‌پروا از غوغای اهل شرع، همانند رودکی و فردوسی که پیشوا و پیش کسوت او بودند، در مورد شراب ارغوانی و شاهد و شمع و ساغر و می و ساقی که در ادب و شعر فارسی به نحو استعاری و اشاره به معنای آسودگی خاطر گفته می‌شود، اشاراتی دارد. او در ترانه‌هایش از جام باده‌ای که مایه‌ای شفابخش و زدایندهٔ غم و داروی فراموشی و کیمیای نشاط باشد یاد کرده است و زیباترین اسطوره‌ها و افسانه‌ها را در مورد چگونگی پیدایش شراب نقل کرده است که در نوع خود از آثار کم نظیر ادب فارسی‌ست. با اینهمه خیام هم چه در زمان حیات و چه پس از مرگ همانند اکثر متفکران و آزاداندیشانی چون حکیم

ناصرخسرو و قبادیانی، منصور حلاج، شهاب‌الدین سهروردی، عین‌القضات همدانی، زکریای رازی، فردوسی توسی، شهید بلخی و نظایر آن بزرگواران از طعن و لعن و آزار تاریک‌اندیشان فقیه مشرب در امان نماند. چنانچه شیخ نجم‌الدین رازی صاحب کتاب «مرصاد العباد» مکتب فلسفی و استدلالی آنان را مکتب دهَری سرگشته و بیچاره می‌نامید.

قِفطی صاحب کتاب «اخبار الحکما» در وصف روزگار خیام می‌نویسد:

«معاصران، زبان به قَدحِ او گشودند و در دین و اعتقاداتش سخن گفتن آغازیدند چندانکه خیام عنان زبان و قلم خود بگرفت ولی به عزم حج از شهر نیشابور بُرون رفت و پس از آنکه از کعبه بازآمد در کِتمان اسَرار خویش اصرار ورزید».

## کلامی از خیام‌شناسان جهان

از قرن نوزدهم میلادی جمعی از خاورشناسان اروپایی چون والانتین ژوکوفسکی روسی، فریدریک روِزن آلمانی، آرتورکریستن سِن دانمارکی، پی‌یرپاسکال فرانسوی و دانشمندانی نظیر آنان متوجه و شیفته ترانه‌های خیام گشته رسالات تحقیقی و توصیفی در تراجم احوال و مُشرب خیام نگاشتند. مهمتر آنکه آنان تا حدودی بر یکی از مشکلات پیچیدهٔ ادب فارسی که همانا شناسایی ترانه‌های اصیل از نااصیل خیام است فائق آمدند و در تمیز و تشخیص آن دقت و اهتمامی بسزا انجام دادند. حاصل مطالعات و پژوهشهای عالمانهٔ آنان ترانه‌های انگشت شمار خیام است که شاید از شانزده ترانه تجاوز نمی‌کند، و مابقی را که متجاوز از پانصد ترانه است از شعرای متقدم و متاخر خیام دانسته‌اند به نام ترانه‌های خیام‌وار یا ترانه‌های مکتب خیام و ترانه‌های تقلیدی و ترانه‌های متفرقه نام نهاده‌اند.

در اواسط قرن نوزدهم میلادی ادوارد فیتز جرالد محقق، شاعر و ادیب ایرلندی پس از ترجمهٔ منظومه «سلامان وابسال» سروده عبدالرحمن جامی در سال ۱۸۵۹ با ترجمهٔ آزاد یکصد و یک رباعی منسوب به خیام و صرف

عمری متجاوز از بیست سال منظومهٔ بسیار شیوایی تنظیم کرد که متضمن روح شرقی رؤیایی و خیال‌انگیزست ودر شمار مشهورترین ترجمه‌هایی‌ست که از یک اثر شرقی بعمل آمده است.

این مجموعه یکی از شاهکارهای جاوید ادب انگلیسی ست که از ادب فارسی سرچشمه و الهام گرفته است و از این رهگذر سبب شناسایی بیشتر سیمای خیام در عرصهٔ پهناور ادب جهان گردیده است. از آن زمان تاکنون بنابر تحقیقات و مطالعات خیام شناسان جهان شاید بعد از انجیل مقدس هیچ کتابی در غرب باندازهٔ ترانه‌های خیام افکار و انظار جهانیان را به‌خود معطوف نساخته است و این ترجمه بارها و بارها به زبانهای زندهٔ دنیا برگردانده شده است.

در ایران این منظومه زیبا توسط شاعر، محقق و مترجم دانشمند شادروان استاد مسعود فرزاد به نثر فارسی برگردانده شده است. در اینجا نمونه‌ای از آن یاد می‌شود:

ترانه

از جرم حضیض خاک تا اوج زُحل    کردم همه مشکلات گردون را حل
بگشادم بندهای مشکل به حِیل    هر بند گشاده شد مگر بند اَجل

ترجمه

از مرکز زمین برخاستم از هفتمین دروازه گذشته بر روی تخت زُحل‌نشستم و در ضمن این سیر چه بسیارگره‌ها راگشودم، با اینهمه ازگشودن شاه گِرِه سرنوشت عاجز ماندم.

ترانه

آن ماه که قابل صُورهاست به ذات    گاهی حیوان می‌شود و گاه نبات
تا ظَن‌نبری که نیست گردد هیهات    موصوف‌به‌ذات‌است‌اگرنیست‌صفات

ترجمه

صاحب گنج همه جا حاضر ولی از نظر پنهان است، زیبق آسا در میان همهٔ رگهای آفرینش سیرمی‌کند ولی زحمات تو از پی کشف او بی‌نتیجه می‌ماند، وی همهٔ شکلها را از ماه تا ماهی به خود می‌گیرد همهٔ این اشکال تغییر می‌یابد و تبدیل می‌شود ولی او به بقای خویش ادامه می‌دهد.

ناگفته نماند که محققان دانشمند صاحب‌نظر ایرانی شادروانان صادق هدایت، سعید نفیسی، محمدعلی فروغی، دکتر قاسم غنی، عباس اقبال آشتیانی، جلال‌الدین همائی، حسین پژمان، مسعود فرزاد، علی دشتی و محمد مهدی فولادوند بین سالهای ۱۳۱۳ تا ۱۳۵۰ خورشیدی رسالات تحقیقی و توصیفی بسیار ارزنده و مفیدی پیرامون شخصیت علمی و ادبی حکیم عمر خیام نیشابوری از خود به یادگار گذارده‌اند که قابل بسی دقت و توجه است.

## شمه‌ای از زندگی ادوارد فیتزجرالد

در مقدمهٔ جامع کتاب رباعیات خیام چاپ نیویورک بوسیله بارس و هاپکینز در سال ۱۹۱۷ اشاره شده است که ادوارد فیتزجرالد با غروری افتخارآمیز پدر و مادر و خانواده خود را «اِرین» بمعنای ایرلندزاده یا زادهٔ ایرلندمی‌خواند. او در جهان تفکرات و تصورات شاعرانهٔ خویش بین واژه‌های «اِرین و ایران» وجه تشابهی از لحاظ لغوی یافته آن را از یک ریشه و سر چشمه می‌دانست که به دو صورت درآمده است. از رهگذر این پیوند رویایی و خیال‌انگیز در همان سالهای جوانی تحصیل در دانشگاه کمبریج لندن، علاوه بر یادگیری چند زبان اروپایی به آموختن زبان و ادب فارسی همت گمارد. او با عشق و علاقهٔ وافری به مطالعه و تحقیق در غزلهای حافظ، گلستان سعدی و هفت‌پیکر نظامی پرداخت و به‌ترجمهٔ دو منظومهٔ منطق‌الطیر از عطار نیشابوری و سلامان و اَبسال از عبدالرحمن جامی مبادرت ورزید.

در سال ۱۸۵۷ میلادی دوست دانشمند وی ادوارد، بی، کویل استاد زبانهای سانسکریت و فارسی در دانشگاه کمبریج لندن نسخه‌ای دستنویس شامل ۵۰۰ رباعی منسوب به خیام را که از کتابخانه بزرگ کلکته بدست آورده بود به ادوارد فیتزجرالد هدیه داد. همزمان با آن نسخهٔ دستنویس دیگری متضمن ۱۵۸ رباعی منسوب به خیام متعلق به کتابخانهٔ بودلیان دانشگاه اکسفرد لندن به نظر ادوارد فیتز جرالد می‌رسد. مطالعه و تأمل در این دو نسخهٔ دستنویس توجه او را به ترانه‌های خیام برانگیخت و سرچشمهٔ الهام وی قرار گرفت چنانچه از آن زمان خاطر وی در بحر تفکرات و تصورات خیام غرقه گشت و با عشق و دلباختگی فراوان تا آخرین لحظهٔ زندگی خویش از مطالعه و ترجمهٔ آزاد سروده‌های خیام با شیوایی و فصاحت به زبان انگلیسی بازنایستاد و شاهکار جاویدی از یک اثر فلسفی شرقی در ادب منظوم انگلیسی بوجود آورد که سبب بازشناسایی و شهرت عالمگیر حکیم عمرخیام نیشابوری گردید.

ادوارد فیتز جرالد محقق و شاعر و ادیب ایرلندی در روز ۱۴ جولای سال ۱۸۸۳ میلادی در حدود هفتاد و چهار سالگی جهان را بدرود گفت.

در پایان به روایتی دلپذیر از استاد گرامی دکتر عزت‌الله همایونفر اشاره می‌شود.

در حدود سال ۱۸۹۲ میلادی حدود صد سال پیش جمعی از شاعران انگلیسی که شیفته ترانه‌های خیام بودند کلوپی در شهر لندن دایر کردند به نام کلوپ خیام. روز افتتاح آن اعضای کلوپ به آرامگاه ادوارد فیتز جرالد مترجم ترانه‌های خیام رفتند و با احترام و تشریفات خاصی شاخه گل سرخی را بر مزار وی نهادند.

اما سرگذشت این شاخه گل خود بسیار جالب است مدتی پیش از تأسیس این انجمن، یکی از دوستداران ترانه‌های خیام به نام ویلیام سیمپسون William Simpson برحسب تصادف مأموریتی برای ایران دریافت می‌کند. او

ضمن انجام ماموریت خود، با اشتیاق فراوان برای دیدار زادگاه و آرامگاه خیام به نیشابور می‌رود، که با کمال تاسف با ویرانی محل و بی‌تفاوتی و بی‌اعتنایی همشهریهای خیام نسبت به آن بزرگمرد علم و ادب ایران و نگهداری آرامگاهش برخورد می‌کند. ضمن گشت و گذار در بنای نیمه مخروبه و متروک امامزاده محروق و فضای مزار خیام، بوته گل سرخی را می‌بیند که در میان علفزاری زرد و پژمرده با چند گل پلاسیده و افسرده خودنمایی می‌کند.

فکری به خاطر آن مرد انگلیسی می‌رسد. بادقت و حوصله دانه‌های گل را از بوته جدا کرده با وسیله‌ای مطمئن به «کیو گاردن» (Kew Garden) لندن می‌فرستد و برای چند تن از هواخواهان انجمن خیام می‌نویسد که آن دانه‌ها را بکارند و مواظبت کنند.

پس از چندی از آن دانه‌ها بوته‌ای شاداب و با طراوت ببار می‌آید و به گل می‌نشیند و آن شاخهٔ گلی که روز افتتاح کلوپ خیام در لندن برمزار ادوارد فیتز جرالد مترجم ترانه‌های خیام نهاده شد، گل سرخی بود که ریشه‌اش از ایران و از مزار خیام بوجود آمده بود و آن را گل نیشابور خواندند.

# سرگذشت

## سعدی و مکتب عشق او

### اوضاع اجتماعی دوران سعدی

قرن هفتم‌هجری برابر با قرن‌سیزدهم میلادی از تاریکترین و دهشتناکترین دوران تاریخ پرفراز و نشیب ایران محسوب می‌شود. فساد و ستمگریهای دولت خوارزمشاهیان در شرق ایران، کینه‌توزیها و انتقامجوییهای خلفای عباسی در غرب‌ایران، وهجوم وتجاوزات‌اقوام نیمه‌وحشی مغول به‌فرماندهی چنگیز یا تموچین از مغولستان و صحرای گُبی از سوی شمال ایران سایه‌ای شوم و پر هراس بر سراسر زندگی ایرانیان افکنده بود.

در چنین حال و هوایی آشفته و پریشان، سعدی نابغه‌ای بزرگ و بی‌نظیر در عرصهٔ ادب منظوم و منثور زبان فارسی در اقلیم نسبتاً آرام پارس، در شهر شیراز، از میان خانواده‌ای اهل علم ظهور کرد و پرچم انسانیت و اخلاق را در پهنه ادب و زبان فارسی بر افراشت که جاودانه بر تارک فرهنگ انسانی جهان می‌درخشد.

شعر و ادب سعدی با جنبه‌های والای انسانی و اخلاقی آن گنجینهٔ گرانبهایی‌ست که به فرهنگ و تمدن بشری ارمغان شده است. در حقیقت تاریخ را تنها پیشوایان سیاسی و رهبران نظامی ملتها نمی‌سازند. بلکه این متفکران و پیام‌آوران و خردمندان هستند که جامعهٔ بشری را بسوی کمالات

معنوی و فضائل والای انسانی رهنمون می‌شوند. آنانند که دریچه‌های حقیقت‌بینی و طریق رستگاری را به روی انسانها می‌گشایند تا در پناه عقل و ایمان و بشر دوستی، شیوهٔ بهتر زیستن و راه کمال پیمودن را بیاموزند.

میراث فرهنگی این آموزگاران اخلاق به عنوان نیرویی سازنده و جهت دهنده، در کنار و همتراز با علم، بشریت را در راه پرفراز و نشیب زندگی یاری می‌بخشد و رهنمون می‌گردد. فرهنگ درخشان ایرانی یکی از این پدیده‌های والای انسانی‌ست. این فرهنگ از دورانهای بسیار دور به زبان اوستایی کهن و گویشهای پارسی باستان، پارسی پارتی، و پارسی میانه آغاز شده است. پس از ورود اسلام به ایران، از آغاز عصر رودکی و سرودن نظم و نثر به زبان پارسی دری تا به امروز، تداوم همان فرهنگ است که رشته و پیوند استمرار حیات و هویت ملی ما را حفظ کرده است. فرهنگی که بخش در خور توجهی از فرهنگ انسانی را در مقیاس جهانی عرضه کرده است.

## جهان بینی سعدی

بنی آدم اعضای یکدیگرند    که در آفرینش ز یک گوهرند
چو عضوی به درد آورد روزگار    دگر عضوها را نماند قرار
تو کز محنت دیگران بیغمی    نشاید که نامت نهند آدمی

چنین اندیشه‌ای سر لوحهٔ مکتب انسانی و اخلاقی سعدی‌ست. اندیشه‌ای که الهام‌بخش شجاعت، قوت نفس و حقگویی در برابر زورگویان و گردنکشان مقتدر زمان بود. سعدی چنین اندیشه‌ای را در روزگار تسلط خونخوران مغول و دوران حکومت بیدادگرانهٔ آنان بر سرزمین ایران سروده و با رشادت از بشر دوستی و نیکوکاری سخن گفته است.

دلیر آمدی سعدیا در سُخُن    چو تیغت به‌دست است فتحی بکن
بگو آنچه دانی که حق گفته به    نه رشوت ستانی و نه عشره ده
کمربند و دفتر ز حکمت بشوی    طمع بگسل و هرچه دانی بگوی

سعدی با جهان‌بینی ویژه خود راهبر انسانی بسوی کمال است.

اگر این درنده خویی ز طبیعتت بمیرد
همه عمر زنده باشی به روان آدمیت
طیران مرغ دیدی، تو زپای بند شهوت
به درآی تا ببینی طیران آدمیت
رسد آدمی به جایی که به جز خدا نبیند
بنگر که تا چه حدست مکان آدمیت

بینش عرفانی سعدی همچون اندیشه‌های عرفانی عرفای بزرگی مانند سنایی، فریدالدین عطار، محی‌الدین اعرابی، مولانا جلال‌الدین، حافظ و دیگران عالیترین شیوهٔ تفکر انسانی‌ست. شیوهٔ تفکری که کمال انسان را در شناخت حقیقت می‌داند، خداوند را مظهر محبت و بخشایش می‌شناسد و جهان هستی را جلوه‌گاه زیباییها و خوبیها می‌بیند. انسان عارف با مظاهر هستی و جهان وجود در همه حال در صلح و صفاست. عارف با ایثار عشق و محبت نسبت به همنوع خود و رهایی از خودپرستی به سر منزل عشق روحانی می‌رسد. انسان عارف روح و روان را از قید بندگی و اسارت تن آزاد می‌سازد، تن را به اطاعت و فرمانبرداری از روان وا می‌دارد و از طریق دانش به بینش دست می‌یابد.

اگر مرد عشقی سر خویش گیر       وگرنه ره عافیت پیش‌گیر
تو را با حق آن آشنایی دهد       که از دست خویشت رهایی دهد

سعدی رابطه و پیوند انسان را با خداوند، رابطه عاشق و معشوق می‌شناسد نه ارباب جبار و ستمگر و رعیت مظلوم،

خداوند بخشنده و دستگیر       کریم خطابخش پوزش‌پذیر

او مهمترین تکلیف آدمی را پس از خودشناسی و خداشناسی، خدمت به خلق می‌داند:

عبادت به جز خدمت خلق نیست       به تسبیح و سجاده و دلق نیست

سعدی فراز و نشیب زندگی را خوب می‌شناخت و در سفرهای فراوان زندگی خود به احوال افراد جامعه وقوف یافته بود. او که در درون جامعه

می‌زیست از غم و رنج دردمندان آگاه بود و همپایشان می‌نالید

من از بی‌نوایی نِیَم دردمند　　　غم دردمندان رخم زرد کرد

سروده‌های سعدی سرشار از نکته‌های اجتماعی‌ست که بسیاری از آنها امروزه از لحاظ دانش روانشناسی و جامعه‌شناسی تایید شدنی‌ست. در هر بابی از آثار منظوم و منثور سعدی، طرفه‌هایی به مضمونهایی تازه و لطیف یافت می‌شود که با زندگی ارتباطی استوار و پیوندی عمیق دارد.

دل پیش تو و دیده به‌جای دگرستم　　　تا خصم نداند که به‌تو می‌نگرستم

المنة لله که دلم صید غمی شد　　　کز خوردن غمهای پراکنده برستم

روزی بدرآیم من‌ازین‌پردهٔ ناموس　　　هرجا که بتی چون تو ببینم بپرستم

سعدی در آفرینش بوستان یا سعدی‌نامه در سال ۶۵۵ هجری قمری و سپس نگارش گلستان در سال ۶۵۶، دو شاهکار منظوم و منثور در ادب و زبان پارسی بوجود آورد. در این دو اثر، سخنوری و روانی، موزونی و موسیقای کلام در بیان اندیشه‌های اخلاقی و عرفانی به حد کمال رسیده است، که شاهکاری در میان آثار ادبی جهان بشمار می‌رود.

تراوشهای اندیشه سعدی در آثار وی خود شاهدی‌ست گویا که او انسانی عارف، شاعر، نویسنده و صاحبدلی خداپرست و حقیقت‌جو، مردم‌دوست، زیباپسند، واقع‌بین و معتدل و میانه‌رو بوده است. سعدی شیفتهٔ نقوش بدیع جمال طبیعت و استاد واقعی نثر زبان فارسی بود.

نمونه‌ای از نثر گلستان را بیاد بیاوریم:

شبی یاد دارم که یار عزیزم از دَر درآمد. چنان بیخود از جای برجَستم که چراغم به آستین کُشته شد. شگفت آمد از بختم که این دولت از کجاست؟ بنشست، و عتاب آغاز کرد که در حال مرا بدیدی چرا چراغ بکُشتی این به چه معنا؟ گفتم بدان معنا که گمان بردم که آفتاب برآمد.

ایضاً:

در خاطر داشتم که چون به درخت گُل رسم دامنی پُر کنم هدیه اصحاب را. چون برسیدم بوی گُلم چنان مَست کرد که دامنم از دست برفت.

سعدی آزادگی و آزادمنشی را از والاترین فضائل کمالات انسانی می‌دانست و خویشتن را «آزادهٔ افتاده» می‌خواند. و در طلب آزادی و کمال سالهای زیادی به جهانگردی و سیر و سیاحت پرداخت و چنان شیفتهٔ آزادی بود که آن را بر وطن‌پرستی مقدم می‌شمرد.

سعدیا حُب وطن گرچه حدیثی‌ست شریف
نتوان مرد به سختی که در اینجا زادم

سعدی عاشق پیشه حتی در راه عشق و عشقبازی هم آزادی خود را فدا نمی‌کرد.

به هیچ یار مده خاطر و به هیچ دیار
که برّ و بحر فراخ است و آدمی بسیار

سعدی پس از نزدیک به چهل سال سیاحت و سفر در سرزمینهای خارج از ایران با اندوخته‌ای گرانبها از مشاهدات و مطالعات و افزودن علوم و دانش زمان برآنچه می‌دانست در مقام دانشمندی جهاندیده در حدود سال ۶۵۴ هجری قمری به موطن خود شیراز بازگشت، و به آفرینش آثار خود پرداخت که از شاهکارهای مسلم زبان و ادب‌فارسی محسوب می‌شوند.

سعدی اینک به‌قَدم رفت و به سَر باز آمد
همچنان با سفر تن به حَضَر باز آمد
تا بدانی که بدل نقطهٔ پا برجا بود
که چو پرگار بگردید و به سَر باز آمد
خاک شیراز همیشه گُل خوشبوی دهد
لاجرم بلبل خوشگوی دگر باز آمد

یا در این بیت:

خاک شیراز چو دیبای منقش دیدم
و آن همه صورت زیبا که بر آن دیبا بود

این صاحبدل عاشق پیشه که چندین سال در دانشگاه نظامیه بغداد تحصیل علم کرده به مقام فقاهت نایل گشته بود، با اینهمه در سراسر آثار منظوم و منثور خود بکار بستن احسان، فتوت، نیکوکاری، بشر دوستی و ایثار عشق و محبت نسبت به همنوع را بر هزار رکعت نماز برتری داده است.

به احسانی آسوده کردن دلی　　　به از اَلف رکعت به هر منزلی

یا در این بیت:

هرچه نفس خویش را خواهی حرامت سعدیا
گر نخواهی همچنان بیگانه را و خویش را

سعدی به زاهدان و فقیهان متعصب و قشرگرا خطاب می‌کند:

برو ای فقیه دانا به خدای بخش ما را
تو و زهد و پارسایی، من و عاشقی و مستی

مرز شهرت سخن سرایی سعدی تنها به ایران و قلمرو زبان پارسی پایان نمی‌پذیرد. بلکه بسیاری از آثار ارزندهٔ وی مورد تقلید و تقدیر بسیاری از متفکران و دانشمندان نامی جهان بوده است.

## سعدی در مقام عشق

سعدی در باب عشق و جوانی در دو کتاب گلستان و بوستان مدارج محبت شدید را به عشق و شور و مستی تعبیر نموده است. او جذبات عشق را در بوستان ضمن یک مقدمهٔ منظوم و بیست و سه حکایت دلپسند و روان نمایانده است. او جذبهٔ سَماع را که در اصطلاح عُرفّا آهنگ و نوای خوش بویژه نوای نی است، نغمه‌ای سرشار از وجَد و حال روحانی می‌داند که آدمی را به حقیقت متوجه و از دنیای مادی منقطع می‌سازد.

پریشان شود گُل به باد سَحَر　　　نه هیزم که نشکافدش چون تَبَر
سَماع ای برادر نگویم که چیست　　　مگرَ مُستَمع را بدانم که کیست
گر از برج معنا پَرد طیر او　　　فرشته فروماند از سِیر او

سعدی در کار عشق و عشقبازی از پیشتازان طایفه عشاق بشمار می‌رفت.

در سروده‌های او وجَد و حال عاشقانه و سوز و گداز فراق آنچنان نمایانده شده است که امروزه پس از گذشت نزدیک به هشت قرن هنوز مضامین آن تازه و دلفریب می‌نُماید.

چنان به موی تو آشفته‌ام به بوی تو مست
که نیستم خبر از هرچه در دو عالم هست
مجال خواب نمی‌باشدم ز دستِ خیال
درِ سَرای نشاید بر آشنایان بَست

خُرم آن لحظه که چون گُل به چمن باز آیی
یا زبستان به در حُجرهٔ من بازآیی
گُلبن عشق من آن روز شگفتن گیرد
که تو چون سرَو خرامان به بَرم بازآیی

در این غزل:

ببند یک نَفس ای آسمان دریچهٔ صبح
بر آفتاب که امشب خوش است با قمرم
بدین دو دیده که امشب تو را همی بینم
دریغ باد که فردا به دیگری نگرم
یک امشبی که در آغوش شاهد شِکرم
گرم چو عود بر آتش نهند غم نخورم
سخن بگوی! که بیگانه پیش ما کس نیست
به غیر شمع و همین ساعتش زبان بُبرَم
میان ما و تو جز پیرهن نخواهد ماند
وگر حجاب شود تا به دامنش بِدَرم

بنابر اشارات مکرر در گلستان و بوستان و غزلیات، سعدی خود مراحل گوناگون عشق را طی کرده و به سَرزمین ملتهب عشق گام گذارده و شهر عشق را با همهٔ راز و نیازها و پیچ و خمهایش پیموده است. سعدی که عشق را در کلیهٔ ارکان کاینات ساری و جاری می‌داند، ـ با آن همه ذوق و شوق و

احساسات پاک احسان، مروت، فتوت، جوانمردی و شفقت نسبت به همهٔ موجودات ـ محال است که خود عاشق نبوده باشد.

شواهد گویای آن، مجموعهٔ غزلیات عاشقانهٔ روح نواز و خیال‌انگیز اوست. غزلیات قدیم، طیبات، خواتیم و بدایع او با انتخاب مضامین دلنشین و واژه‌های خوش‌آهنگ و تعبیرات گوش‌نواز بیان احساس عاشقی پاک باخته را می‌رساند.

آمدی وَه که چه مشتاق و پریشان بودم
چون برفتی ز بَرم صورت بی‌جان بودم
سعدی از جور فراقت همه روز این می‌گفت
عهد بشکستی و من بر سَر پیمان بودم
خُرّم آن روز که بازآیی و سعدی گوید
آمدی وَه که چه مشتاق و پریشان بودم

در این غزل:

با دوست کُنج فقر بهشت است و بوستان
بی‌دوست خاک بر سرَ جاه و توانگری
تا دوست در کنار نباشد به کام دل
از هیچ نعمتی نتوانی که بَرخوری

در غزَل معروف ای ساربان آهسته‌ران صحنه‌های دقایق هجران به زبان شعر چنان زیبا و دلربا آفریده شده است که چون مرواریدی درخشان جاودانه بر تارک زبان و ادب فارسی می‌درخشد.

ای ساربان آهسته‌ران کآرام جانم می‌رود
وان دل که با خود داشتم با دلستانم می‌رود
من مانده‌ام مهجور از او بیچاره و رنجور از او
گویی که نیشی دور از او بر استخوانم می‌رود
در رفتن جان از بدن گویند هر نوعی سخن
من خود به چشم خویشتن دیدم که جانم می‌رود.

سعدی در باب عشق و جوانی در کتاب گلستان و بوستان با ارائه داستانها و حکایات تمثیلی عشقهای طبیعی و عرفانی را به رشته نظم و نثری ممتاز و روان درکشیده است که از لحاظ رسایی و شیوایی کلام در ادب فارسی بی‌همتاست و تجلی‌گاه روح نیک‌اندیشی و نیکوکاری و انسانیت است.

حکایت منظوم جوانی که با یارش در سفر دریا گرفتار گرداب می‌گردد.

| | |
|---|---|
| جوانی پاکباز و پاک رو بود | که با پاکیزه رویی در گرو بود |
| چنین خواندم که در دریای اعظم | به گردابی در افتادند با هم |
| چو ملاّح آمدش تا دست گیرد | مبادا کاندران حالت بمیرد |
| همی‌گفت از میان موج و تشویر | مرا بگذار و دست یار من گیر |
| در این گفتن جهان بر وی برآشفت | شنیدندش که جان می‌داد و می‌گفت |
| حدیث عشق از آن بطّال می‌پوش | که در سختی کند یاری فراموش |

## تجلی عشق عرفانی

بنابر اعتقاد عرفای نیک‌اندیش جهان، منظور از درک عشق و مفهوم و معنای حقیقی آن که مظهر نظام جهان است و راز آفرینش در آن نهفته است عشق به انسان، عشق به همنوع و اُنس به بشریت است. در آیین محبت و معنویت و در مکتب عطوفت و شفقت که حدّ والای کمال آن، عشق به تمام هستی به عنوان یک حقیقت واحد نامتناهی، و توجه به منشاء و مبداء ازلی کاینات است. این سِیر متعالی عشقی، انسان عاشق و عارف را برای پیوستن به سراپردۀ کمال انسانی آماده می‌سازد، تا به جهانی برتر و والاتر دست یابد و مجموعۀ مظاهر هستی و جهان وجود را به زیبایی و فریبایی نظاره کند. همچنان که سعدی می‌گوید:

به جهان خُرّم از آنم که جهان خرّم ازوست

عاشقم بر همه عالم که همۀ عالم ازوست

به حلاوت بخورم زهر که شاهد ساقی‌ست

به ارادت بِبَرم درد که درمان هم ازوست

تصویر استاد سخن سعدی شیرازی از روی قدیمترین منابع موجوده
بافتخار افتتاح آرامگاه. تهران ۱۳۳۰

غم و شادی بَر عارف چه تفاوت دارد
ساقیا باده بِده شادی آن کاین غم ازوست.

هر انسانی که پای به دایرهٔ زندگی می‌گذارد، محاط عوامل طبیعی بیشماری‌ست که خواهی نخواهی با آنان ارتباط پیدا می‌کند، مانند آب، هوا، زمین، نباتات، حیوانات و غیره. کمابیش عوامل طبیعی و جوّی محیط برانسان است و منطق و فلسفهٔ عشق عرفانی شامل بیان و دستور کیفیت سلوک و همکاری انسان با این عوامل طبیعی‌ست که مهمترین باب آن عشق به همنوع و همدمی و مونسی با انسان است.

تجلی عشق عرفانی در آثار سعدی و عرفای دیگر از چند جهت مورد بحث و شامل درجاتی گوناگون است.

عارف و متفکر بلند پایه «روزبهان فسایی» از مردم فسای فارس متوفی در سال ۶۰۴ هجری قمری در کتاب «عبهرالعاشقین» می‌گوید:

«عشق جاذبه‌ای‌ست نهانی چون مغناطیس که موجب می‌شود کسی به طرف کس دیگر کشیده و مجذوب شود. عشق ستون اصلی آفرینش و در کلیهٔ ارکان کاینات ساری و جاری‌ست که برای انواع آن حد و مرزی نمی‌توان قایل شد. با این حال از لحاظ تشریح مطلب چهار نوع مهم آن بدین قرار است»

**عشق بهیمی یا مجازی**

**عشق طبیعی**

**عشق روحانی**

**عشق عرفانی یا الهی.**

**عشق بهیمی** عشقی است زودگذر و کاذب که مبداء و منشاء آن هوا و هوس است و شعله‌های آن در اندک زمانی به خاموشی می‌گراید و ناپدید می‌شود. پایان این گونه عشقها آمیخته با حرمان و ندامت است.

عشقهایی کز پی رنگی بود
عشق نبود عاقبت ننگی بود

**عشق طبیعی** عشقی ست که در بین همهٔ موجودات جهان موجب بقای نسل و حفظ اجتماع است و از تناسب بین دو موجود این جذبهٔ نهایی بوجود می‌آید که دو دوستدار عاشق یکی می‌شوند و هرکدام نیمی از یک وجود را تشکیل می‌دهند و انیس و مونس یکدیگر گشته بار سنگین مشکلات زندگی را با هم بر دوش می‌کشند.

عشق طبیعی شامل انواع متعددست که شریفترین و مقدس‌ترین آن عشق بی‌قید و شرط مادری‌ست دیگر مهر پدری، مهر خواهر و برادری که از ترکیب مهر مادر و مهر پدر بوجود می‌آید و سرچشمه می‌گیرد. عشق همسری و زناشویی، عشق به خود برای بهبود سلامت جسمی و روحی و کسب کمالات و فضایل عالیه انسانی، عشق به زندگی، عشق به زیبایی، عشق به هنر و فرهنگ، عشق به موسیقی، عشق به گُل و غیره.

**عشق روحانی** عشقی ست که عاشق برای رضامندی و خشنودی معشوق می‌کوشد و از خود قصد و اراده‌ای ندارد. آنچه را معشوق می‌خواهد او هم همان را می‌خواهد. شدت اشتیاق و محبت در این عشق چندان است که عاشق خود را از یاد می‌برد. در این عشق نشانی از عقل نیست و روح عاشق در چنگال عشق معشوق در بند اسارت است و به عقیدهٔ عرفا این عشق بدایت عشق عرفانی‌ست.

رَه عقل جز پیچ در پیچ نیست     برَ عاشقان جز خدا هیچ نیست
توان گفتن این با حقیقت‌شناس     ولی خرده گیرند اهل قیاس

در اینجا معنای عرفانی عشق راه است و عقل چراغ راه، چراغ راه موجب رسیدن به مقصد نیست بلکه این با پیمودن راه است که انسان به مقصد می‌رسد یعنی این عشق است که می‌گوید گام بردار تا به مطلوب و معشوق خود برسی.

**عشق عرفانی** یا الهی عشقی ست در حدّ کمال مقامات عارفانه که اهل شهود و توحید از آن نصیبی دارند. این عشق در عالم توجه و تفکر پدید می‌آید یعنی با بهره گیری از کیمیای تأمل و تفکر در آثار حق چه در عالم نفس خویشتن و چه در عالم کاینات. پس از مشاهده و درک تجلاّی عظمت کاینات و جلوات گوناگون قلم صُنع الهی، عشق عرفانی ظاهر می‌گردد که در دلهای بندگان خواص چون عنایتی‌ست الهی. عشق عرفانی بزرگترین و نامحدودترین عشق‌هاست یعنی عشق به تمامی آثار خلقت.

به عقیده عرفا عشقهای طبیعی و روحانی هر دو از خواص انسان است و هر دو گذرگاهی‌ست برای رسیدن به عشق الهی. در بعضی از طبایع پاکیزه، نفس سوختن و پخته شدن در تنور سوزان، همین عشقهای طبیعی و یا روحانی پاک و بی‌آلایش، که مرحلهٔ کمال و عالی آن پیوستن به عشق عرفانی‌ست. این تبدیل عشق از عنایات خاص خداوندی‌ست که نصیب هر کس نمی‌شود.

سعدیا عشق نیامیزد و شهوت با هم
پیش تسبیح ملایک نرود دیو رجیم

یا در این بیت:

آن نه خال است و زنخدان و سَر زلف پریشان
که دلِ اهلِ نظر بُرد که سرّی‌ست خدایی

صدرالدین شیرازی متفکر و عارف بزرگ قرن یازدهم هجری قمری در رسالهٔ «واردات القلبیه» می‌گوید:

«عشق مانند سایر وجدانیات در مرحلهٔ وجود آشکارست ولی در مرحلهٔ حقیقت پنهان. همه می‌دانیم عشق چیست و آن را احساس می‌کنیم ولی حقیقت نهانی آن را نمی‌دانیم کدام است»

صدرالدین «ملاصدرا» در این رساله از دو نوع عشق نام برده است یکی عشق الهی و دیگری عشق غیرالهی. عشق الهی ناشی از پرتو ذات حق است و

عنایتی الهی‌ست. عشق غیرالهی محبت و توجه به یکی از آثار خلقت است که معمولاً این گونه عشقها در همان مرحلهٔ ابتدایی خود باقی می‌مانند.

ابن‌سینا در کتاب «الاشارات والتنبیهات» عشقهای طبیعی و روحانی را از خواص انسان می‌داند و از آنان با عشقهای عفیف نام برده است که چون نردبانی بلند پایه، مرحلهٔ کمال و والای آن پیوستن به عشق عرفانی‌ست. او معتقدست که عشق پاداش رستگاری و هدیه‌ای‌ست ایزدی که در تن و جان فرود می‌آید و مبتلای به عشق را از مرگ در زندگی می‌رهاند.

ابن سینا می‌گوید عشق به منزلهٔ حرکتی‌ست بسوی زیبایی که با نیکویی و حقیقت یکی دانسته شده است. عشق چون نورست که همه آن را می‌بینند و خاصیت آن را احساس می‌کنند ولی وصف حقیقت نهانی آن را نتوانند گفت. او معتقدست عرفای بزرگ که در ضمیرشان عشق عرفانی یا الهی می‌درخشد، دلی چون شیر دارند که هیچ بیم و هراسی از کسی و هیچ غم و رنجی از فقدان چیزی در روح آنان راه ندارد.

مولانا جلال‌الدین محمد عارف و عاشق بزرگ و بلند پایه جهان می‌گوید عشق نیروی فعاله و قدرت سازندگی‌ست. او جوهر انسان را از اتحاد عشق و ایثار به هم آمیخته می‌داند که بزرگترین و مرموزترین اسرار آفرینش است.

هرچه گویم عشق را شرح و بیان
چون به عشق آیم خجل باشم از آن

گرچه تفسیر زبان روشنگرست
لیک عشق بی‌زبان روشن‌ترست

هرچه گویم عشق از آن بالاتر ست
از محیط فهم انسان برتر ست

عشق‌شناس و صاحبدل زیباپسند عاشق پیشه حافظ بزرگوار می‌سراید:

در اَزَل پرتو حُسنت ز تجلی دم زَد
عشق پیدا شد و آتش به هم عالم زد

در این ابیات:

منم که شُهره شَهرم به عشق ورزیدن
منم که دیده نیالوده‌ام به بدَ دیدن
وفا کنیم و ملامت کشیم و خوش باشیم
که در طریقت ما کافریست رنجیدن

حکیم نظامی گنجوی شاعر عشق‌آفرین معتقدست:

کسی کز عشق شد خالی فسرده‌ست
گرش صَد جان بود بی‌عشق مرده‌ست

رابعه قزداری بلخی عارف و عاشق قرن چهارم هجری سروده است:

عشق او باز اندر آوردم به بند — کوشش بسیار نامد سودمند
عشق دریایی کرانه ناپدید — کی توان کردن شنا ای هوشمند
عشق را خواهی که تا پایان بَری — بَس که بپسندید باید ناپسند
زشت باید دید و انگارید خوب — زهر باید خورد و انگارید قند
توسَنی کردم ندانستم همی — کز کشیدن تنگ‌تر گردد کمند

در ادب فارسی زبانان از این شواهد لطیفِ عارفانه بسیارست. سعدی که خود عارف بزرگی‌ست در غَزل عرفانی زیر به توصیف خویش می‌پردازد:

ساقیا می‌ده که ما دُردی کشِ میخانه‌ایم
با خرابات آشناییم از خِرد بیگانه‌ایم
خویشتن سوزیم و جان بر سَر نهاده شمع‌وار
هر کجا در مجلسی شمع است ما پروانه‌ایم
گرچه قومی را صلاح و نیکنامی ظاهر ست
ما به قلاّشی و رِندی در جهان افسانه‌ایم
اهل دانش را در این گفتار با ما کار نیست
عاقلان را کِی زیان دارد که ما دیوانه‌ایم
از بیابان عَدم دی آمده فردا شده
کمتر از عیشی یک امشب کاندرین کاشانه‌ایم

اندرین راه ار بدانی هر دو بر یک جاده‌ایم
و ندرین کوی ار ببینی هر دو از یک خانه‌ایم
سعدیا گر بادهٔ صافیت باید بازگو
ساقیا می‌ده که ما دُردی کشِ میخانه‌ایم

سعدی هم چون دیگر عرفا در زمینهٔ عشق معتقدست که بَشر دارای دو نوع استعدادست یکی مشترک با دیگر موجودات و دیگری قابلیتی خاص انسان است که آن را فیض بی‌واسطه خوانند و در هر بَشری یافت نمی‌شود.

هر کسَی را نتوان گفت که صاحب‌نظرست
عشقبازی دگر و نَفس پرستی دِگرست
آدمی صورت اگر رفع کند شهوت نفس
آدمی خوی شود ورنه همان جانورست

سعدی عشق طبیعی و عشق عرفانی را مقایسه کرده و می‌فرماید:

تو را عشق همچون خودی ز آب و گِل — رباید همی صبر و آرامِ دِل
گَرَت جان بخواهد به لب بر نهی — ورت تیغ بر سَر نهد سَر نهی
چو عشقی که بنیاد او بر هواست — چنین فتنه‌انگیز و فرمانرواست
عجب داری از سالکان طریق — که هستند در بَحر معنا غریق

سعدی در داستان تمثیلی شمع و پروانه عشق عرفانی را در زبان شمع و پروانه بیان کرده است:

شبی یاد دارم که چشمم نخفت — شنیدم که پروانه با شمع گفت
که من عاشقم گر بسوزم رواست — ترا گریه و سوز و زاری چراست
بگفت ای هوادار مسکین من — برفت انگبین یار شیرین من
چو شیرینی از من به دَر می‌رَود — چو فرهادم آتش به سَر می‌رَود
همی گفت و هر لحظه سیلاب درد — فرو می‌دویدش به رخسار زرد
که ای مدعی عشق کار تو نیست — که نه صبر داری نه یارای ایست
تو بگریزی از پیش یک شعله خام — من اِستاده‌ام تا بسوزم تمام

تو را آتش عشق اگر پَر بسوخت　　مرا بین که از پای تا سَر بسوخت

این داستان نمایانگر همت عارفانه و فنا شدن عاشق در راه معشوق است، پروانه پر و بال در راه معشوق خود شمع می‌سوزاند و شمع از جدایی یار خود انگبین اشک می‌ریزد و فنا می‌شود.

سعدی در مقدمه بوستان دربارهٔ عشق عرفانی می‌گوید:

خوشا وقت شوریدگان غَمش　　اگر زخم بینند وگر مرهمش
نه اندیشه از کس که رسوا شوی　　نه قوّت که یکدم شکیبا شوی
دمادَم شراب اِلَم در کشند　　وگر تلخ بینند دَم در کشند
به یاد حق از خلق بگریخته　　چنان مست ساقی که می ریخته

در غزل دیگر:

همه عمر بَر ندارم سَر از این خمار مستی
که هنوز من نبودم که تو در دلم نشستی
تو نه مثل آفتابی که حضور و غیبت افتد
دگران روند و آیند و تو همچنان که هستی

## عشق از دیدگاه علم

از نظر علمی امروزه اکثر از دانشمندان و پژوهشگران و روانشناسان والاترین جنبه‌های اسرارآمیز عواطف عالیهٔ انسانی و حالات وجَد و نشاط روحانی و معنوی را از پرتو تابش و روشنایی عشق می‌دانند که همهٔ نیکیها و خوبیها از این منبع عظیم عشق سرچشمه می‌گیرد.

زیگموند فروید عشق را با غریزهٔ جنسی مرتبط دانسته است. در حالی که درمکاتب روانشناسی دیگرتمایل جنسی تنها یکی از مظاهر نیاز عشق و پیوند و یگانگی‌ست وکشش و جاذبه جنسی عشق نیست.

دانشمندان معتقدند که عوامل مختلف پزشکی و روانی و احساسات و هیجانات مثبت و منفی در ترکیبات شیمیایی بدن و سلامتی و بیماری انسان موثر ست. یعنی همانطور که اندوه و پریشانی و اضطراب وکینه و حسد و

سایر احساسات منفی سبب دگرگونی و اختلال مزاج می‌گردد، احساسات منیت هم مانند عشق، مهروزی، نیک‌اندیشی و عواطف لطیف و عالیه سبب سلامتی و نشاط در وجود انسان می‌شوند.

عشقهای حقیقی و عفیف امید، ایمان، سرور و شادمانی بوجود می‌آورد و ایجادکنندهٔ افکار مثبت و نیروی سازندگی و بشر دوستی و مهر ورزیدن است که از پرتو آن سلامت جسم و روح حاصل می‌گردد، خواه عارف عاشقی که به سبک کُهن به ریاضت می‌نشست و تحمل محرومیتهای نفسانی و جسمانی می‌کرد و خواه عاشق اندیشمند و عالِمی که امروزه بنا به اقتضای زمان در لابراتوارها و مراکز تحقیقاتی پزشکی، داروشناسی، زیست‌شناسی، فضایی، مهندسی و دیگر علوم و فنون به ریاضت می‌نشیند و جوانی و عمر خود را در کاوش و پژوهش در راه علم صرف می‌کند تا بر مبنا و شالودهٔ علمی سعادت بهتر زیستن را برای انسانها فراهم سازد. این همه و همه از منبع عظیم و فیّاض عشق سرچشمه می‌گیرد.

شادروان استاد نظام وفا شاعر دانشمند معاصر می‌گوید:

مهر آموختنی‌ست انسان اگر مهر بدارد و مهر بورزد مهر می‌بیند و اگر آینهٔ دل با صیقل مهر و صفا صاف و بی‌کدورت نشود، گرد و غبار بی‌مهری آن را از جلوه و جلا می‌اندازد و دیگر نور خدایی و ملکوتی عشق بر آن نمی‌تابد.

به گفتهٔ تولستوی :

«زیبایی عشق را بوجود نمی‌آورد، بلکه این عشق است که زیبایی می‌آفریند»

# سرگذشت کلیسا و موزهٔ جلفای اصفهان

در اوایل سدهٔ هفدهم میلادی در جنوب زاینده‌رود شالودهٔ قصبه‌ای نوبنیاد بنام «جلفای نو» ریخته شد. ساکنان این منطقه ارمنیانی بودند که شاه عباس اول صفوی آنها را ضمن جنگ با عثمانیان در سال ۱۶۰۵ میلادی از نواحی ارمنستان و جلفای نخجوان واقع در کرانهٔ چپ رود ارس به ایران کوچ داده بود. این گروه پس از جایگزین شدن در جلفای اصفهان برای خود در آغاز یک بنای مذهبی موقتی ترتیب دادند.

در سال ۱۶۵۵ میلادی یعنی پنجاه سال بعد از ورودشان به اصفهان با همت خلیفه «داوید» پیشوای روحانی و خودیاری ارمنیان در محل نمازخانهٔ موقت، کلیسای مجلل کنونی را همانند کلیسای جلفای قدیم با نام «کلیسای وانک» بنا نهادند. بنای این کلیسا نُه سال بطول انجامید. بر سردر سمت غربی کلیسا کتیبه‌ای با خط ارمنی بعنوان یادبود نگاشته شده است که مضمون آن چنین است:

«معبد کلیسا وانک بسال ۱۶۵۵ میلادی در عهد سلطنت شاه عباس ثانی و در زمان خلافت «پیلوس کانوغی گوس» به همت خلیفه داوید و استعانت مردم

جلفا شروع شد و به سال ۱۶۶۴ میلادی باتمام رسید.»

تمامی سطح داخلی دیوارهای کلیسا تا زیر گنبد با تصاویر رنگ و روغنی و مطلاّ از داستانهای کتاب عهد قدیم و عهد جدید از خلقت آدم تا صلیب کشیدن مسیح توسط نقاشان ارمنی نقاشی شده است. از این هنرمندان «هوانس دکوز»، «استپانوس» و «میناس» را می‌توان نام برد. دیوارها و کف صحن کلیسا با کاشیهای رنگین و مصوّر پوشیده شده است.

نام یکی از قدسیان «هوسپ هارماتزی» برای نمازخانه انتخاب شده است که استخوانهای دستش در جوف یک دست مصنوعی فلزی در آن جا نگاهداری می‌شود.

در محوطهٔ کلیسا بر جایگاه ناقوس ـ که برج مربع مستطیل مخصوص ساعت و معبد و محراب است و از نظر هنر معماری و تزئینی قابل توجه است، ساختمانهای دیگری نیز وجود دارد که شامل موزه، کتابخانه، چاپخانه و غیره است.

## چاپخانهٔ کلیسای وانک

مؤسس چاپخانهٔ کلیسای وانک و ناشر نخستین کتاب چاپی در ایران خلیفه «خاچاطور وارتاپت گیسارتسی» بود که در حدود سال ۱۶۳۸ آن را تأسیس کرد. نخستین کتاب چاپ شده درکلیسای‌وانک بازبان ارمنی و به نام «ساقموس داوید» است. گفته می‌شود شاید تنها یک جلد از آن در جهان یافت می‌شود که در کتابخانهٔ «باد لیان» در آکسفورد انگلستان است. دومین کتاب چاپ شده در کلیسای وانک بنام «هارانس دارک» است که حروفی چند از آن هنوز در موزهٔ کلیسای جلفای اصفهان حفظ می‌شود. خلیفه «خاچاطور وارتاپت گیسارتسی» دراین کتاب یادآور شده است که: «ما دراین چاپخانه کلیهٔ وسائل مورد نیاز چاپ را خودمان تهیه می‌کنیم، یکی کاغذ را فراهم می‌کند، دیگری حروف می‌سازد، دیگری حروف را می‌چیند، و دیگری تصحیح می‌نماید.» مدفن خلیفه «گیسارتسی» در زیر محراب

نمازخانه در صدر معبد کلیسای وانک است.

## موزهٔ کلیسای وانک:

این موزه دراصل کتابخانه بوده و در سال ۱۹۰۵ میلادی به پیشنهاد نقاش ارمنی «سرکیس خاچاطوریان» و شورای خلیفه‌گری ارمنیان جلفا به موزه اختصاص داده شد. بعدها با همت «استبان هانانیان» و «ماردیروس آبکاریان» و چند تن دیگر اشیاء و آثار گرانبها و کتب نفیس و تابلوهای رنگ روغنی را از گوشه و کنار نمازخانه‌های ارمنیان درایران دراین موزه گردآوری کردند.

موزهٔ کلیسای ارامنه با داشتن متجاوز از هفتصد جلد نسخه‌های دستنویس مصوّر و پانصد قطعه اشیای گرانبها یکی از موزه‌های غنی ارمنیان است. در بین نسخه‌های دستنویس آن چند مکتوب دستنویس از سدهٔ دهم تا هیجدهم میلادی وجود دارد که بر روی پوست نگاشته شده است و یک جلد ترجمهٔ قرآن به زبان ارمنی که در قرن هیجدهم میلادی دستنویس شده است.

تابلوهای متعددی از تصاویر شاهان از جمله شاه عباس اول، شاه صفی، شاه سلیمان، نادر شاه افشار، کریم خان زند، فتحعلیشاه، ناصرالدین شاه و بعضی از شاهزادگان قاجار دراین موزه وجود دارد که بوسیلهٔ هنرمندان ارمنی و مسلمان ایرانی ترسیم شده است. همچنین تابلوی نفیس «مریم» از نقاشان معروف ایتالیا در قرن هفده میلادی و طراحی از نقش «ابراهیم» اثر رامبراند در سدهٔ هفده میلادی و تابلوی بزرگی بنام «دفن مسیح در شب» از «آنیبال کاراستی» در سدهٔ شانزدهم میلادی و تابلوهای نفیس دیگر در آن موزه نگهداری می‌شود.

## فرمانهای شاهان:

تعداد زیادی فرمان به قلمهای نستعلیق خفی و جلی و شکسته و شکسته نستعلیق با حواشی تزیینی و طرحهایی از نقاشیها و تذهیبها و مینیاتورهای زیبا

و ظریف در موزهٔ جلفای اصفهان به یادگار مانده است که آشنایی و آگاهی به متن هر یک نمایانگر اوضاع اجتماعی ارامنهٔ مهاجر ایران است که برای نمونه از چند تای آن یاد می‌شود:

«حکم جهان مطاع شد آن که وزارت رفعت پناه شمس‌الوزاره و الرفعه میرزا محمد وزیر دارالسلطنه اصفهان بداند که عرضه داشتی که درینولا در باب جنگ جماعت ارامنه جولاه و مردم ماربانان نوشته بود رسید و مضامین آن معلوم گردید بارک‌الله روی ایشان سفید فی‌الواقع قاعده مهمان نگاه داشتن همین باشد جمعی که بجهة خاطر ما از وطن چندین هزار سالهٔ خود جلا شده باشد و خروار خروار زر و ابریشم راگذاشته بخانه شما آمده باشند گنجایش دارد که بجهة چند خربزه و چند من انگور وکلوزه باایشان جنگ کنید، در جولاه‌خانه بود که دوهزار تومان خرج آن کرده بودند آن را خراب نموده کوچ خود را بردوش بدان جا آمده‌اند با ایشان این عمل می‌باید کرد بسیار بسیار بد کرده‌اید از تو بغایت الغایت عجیب بوده که قتل مردم ماربانان نکرده است ایشان را از مردم مورچه خورت پنداشتند که با مهمانان بد برمی‌خوردند آن برسر ایشان آوردیم که دیدی بهر حال خاطرجویی مردم جولاه نموده نوعی نمای که تسلی و راضی شوند و دراین زمستان از صاحبان باغ پلاسان یا ماربانان ایشان را جا دهید آنچه ملک ما بوده باشد ایشان را جا دهید و تتمه که بماند خانهای رعیت راکرایه کرده بجهة ایشان جا تعیین نمای که ان شاءالله تعالی دراین ده بجهة خود خانه سازند می‌باید که جمعی که با ایشان نزاع کرده‌اند تنبیه بلیغ نمای فی شهر ربیع‌الثانی ۱۰۱۴.»

این فرمان به قطع ۲۱ × ۳۵ سانتی‌متر ست و دارای نُه سطر کتابت و به مهر وزیر شاه ممهور ست. در سال ۱۰۲۸ هجری قمری برابر ۱۶۱۸ میلادی شاه عباس اول فرمان دیگری در هفت سطر برای بخشیدن زمینهای ساحل و جنوب زاینده رود را به ارامنه صادر کرد و دستور داد که آن اراضی را در دفاتر دولتی بنام ارامنه ثبت کنند.

پس از فوت شاه عباس اول موقعیت اجتماعی ارامنه در شهر اصفهان وخارج از محدودهٔ اصفهان از طرف بعضی از مردم و حتی مقامات دولتی متزلزل شده مورد خشونت ونفرت قرار گرفته، خانه‌ها و اموالشان به فتوای بعضی از علمای دینی مسلمان تصاحب می‌شد ودر این زمان چند فرمان از طرف شاه صفی به سالهای ۱۰۳۸ تا ۱۰۴۳ هجری قمری صادر شد مبنی بر موقوف شدن اخّاذی وتصرف اموال ارامنه و تعیین مجازاتهای شدید برای کسانی که ارامنه را مورد اذیت و اهانت قرار می‌دهند. این فرمانها در حدود پانزده سطر کتابت به خط شکسته وسیاق دارد و بقطع ۱۹/۵ × ۵۱ سانتی‌مترست که مهر شاه صفی در بالای صفحه منقوش است وبا طراحیهای ظریف و زیبایی زینت یافته است.

در سال ۱۰۷۹ هجری قمری برابر ۱۶۶۸ میلادی از شاه سلیمان فرمانی صادر شد مبنی بر حمایت از ارامنه و اهدای یک دست لباس زربفت به خواجه سرافراز(شاه فراز) کلانتر ارامنهٔ جلفای اصفهان. دراین فرمان شاه سلیمان دستور اکید صادر کرد جهت منع مداخلات حکمرانان محلی در امور مذهبی ارامنه به حکومتهای لنجان، فریدن و چارمحال. این فرمان به قطع ۲۰× ۳۳/۵ سانتی‌متر و دارای هشت سطر کتابت بخط شکسته است و مهر شاه سلیمان در پیشانی صفحه منقوش است با تزیینات بسیار جالب توجه.

در سال ۱۱۱۹ هجری قمری برابر ۱۷۰۷ میلادی فرمانی از طرف شاه‌سلطان حسین صفوی صادر شد مبنی بر منع اخذ مالیات از کلیساهای ارامنه در جلفا و فریدن.

در اواخر دوران صفویه بعلت ضعف دستگاه حکومت و هجوم افغانها روزگار ارامنه در ایران هر روز رو به سختی وپریشانی می‌رفت وبناچار گروه کثیری از آنان به نقاط دیگر بویژه هندوستان مهاجرت کردند.

در زمان نادرشاه افشار چند فرمان صادر شد. در سال ۱۱۵۶ هجری قمری برابر ۱۷۴۳ میلادی مبنی بر منع اخذ اضافه حقوق گمرکی از تجار ارمنی خطاب به مأموران دولتی و راهدارها و حکمرانانی که با بازرگانان ارامنه با

خشونت و سختگیری رفتار می‌کردند.

در فرمانی دیگر در همین زمان تأکید شده است که مأموران دولت کالاهایی راکه تجار ارمنی در دسترس ندارند از آنها مطالبه نشود ومسلمانان تجار ارمنی را وادار نکنند که بعضی ازکالاهارا با قیمتهای گزاف از دیگران خریداری کرده وبه قیمت ارزان به آنها بفروشند.

این فرمان بقطع ۲۸ × ۴۴ سانتی‌متر ودارای شش سطر کتابت است با تزیینات و طراحیهایی پست تر از دوران صفویه.

در زمان کریم خان زند ماموران دولتی به تحریک بعضی از عالِم نماهای مذهبی به عناوین مختلف مالیاتهای سنگین بخاطر کشت گندم و یا تجارت و شراب سازی از ارامنه اخاذی می‌کردند و آسایش و آرامش نسبی از آنان سلب شده بود. کریم خان زند طی فرمانی در سال ۱۱۶۶ هجری قمری برابر ۱۷۵۲ میلادی تاکید می‌کند که از مزاحمتهای ارامنه جلوگیری شود و دراین مورد دستورات قاطعی صادر کرد و تأیید کرده است که ارامنه مورد لطف وتوجه خاص او هستند. این فرمان به قطع ۲۸ × ۴۹ سانتی‌متر و دارای شش سطر کتابت است.

پس از فوت کریم خان زند، علی مردان خان زند هم چند فرمان در سال ۱۱۹۴ هجری قمری برابر ۱۷۸۰ میلادی در مورد منع خشونت از جانب حکام و علمای مذهبی نسبت به ارامنه و موقوف شدن اخذ اضافه حقوق گمرکی از تجار ارامنه و حفاظت جان و مال و ناموس ارامنه صادر شده است. این فرمانها به قطع ۲۲ × ۳۱ سانتی‌متر در چهار سطر کتابت دارد.

# سرگذشت
# رشیدالدین فضل‌الله
## مورخ، طبیب، و نویسندهٔ قرن هشتم هجری

خواجه رشیدالدین فضل‌الله پسر عمادالدوله ابوالخیر از نوادگان موفق‌الدولهٔ همدانی بود. موفق‌الدوله که زمانی چند با خواجه نصیرالدین توسی در دژ الموت فرقهٔ اسماعیلیه پسر می‌برد، پس از پیروزی هلاکوی مغول بر آن فرقه در سال ۶۵۴ هجری به خدمت دیوانی مغولان درآمد. فرزندان وی که تا سال ۷۳۶ هجری در دربار مغولان بودند به وزارت رسیدند و قدرت یافتند. آنان تاآن جا که می‌توانستند در راه احیاء و اعتلای دانش و فرهنگ ایران و ترمیم ویرانگریهای قوم مهاجم مغول خدمت کردند و با کوششهای آنان آثار و بناهای جدید و متعدد عام‌المنفعه‌ای در ایران و متصرفات مغولان ایجاد گردید. عمادوالدوله ابوالخیر همدانی پدر رشیدالدین‌فضل‌الله طبیبی حاذق و داروسازی نام آور بود. رشیدالدین دوران جوانی را در آموختن علوم و فنون متداول بویژه طب صرف کرد و بر ادب و زبانهای فارسی و عربی و ترکی جغتایی احاطه یافت.

طباطبایی در «اولاد اطهار» می‌نویسد «جد رشیدالدین از یهودان قلعهٔ خیبر

بود و با دست حضرت علی مسلمان شد و اجدادش در شهر همدان توطن اختیار کردند.» او می‌نویسد «رشیدالدین در هوش و استعداد کسب علوم بی‌نظیر بود و خطوط را خوش می‌نوشت و شعر بسیار خوب می‌سرود و پنجاه و دو رساله از مصنفات و تألیفات علمی و ادبی او را در مدارسی که خود وی احداث کرده بود مدرسین درس می‌گفتند او کتاب تورات را ترجمه کرد و طبیب و داروسازی حاذق و ماهر بود.»

رشیدالدین فضل‌الله (تولد ۶۴۸ مرگ ۷۱۸ هجری قمری) در سال ۶۹۸ بعنوان پزشک به دربار آباقاخان ایلخان خوانده شد و او در اثر کفایت و درایت بتدریج در امور اداری و دیوانی نفوذ و تسلط کافی یافت. او در دوران سلطنت غازان خان پس از آن که صدرالدین احمد زنجانی با اتهام تخلف در امور مالی از وزارت معزول گردید و کشته شد، مقام صاحبدیوانی به سعدالدین محمد مستوفی ساوجی و نیابت آن به رشیدالدین فضل‌الله واگذار شد. رشیدالدین هشت سال تا پایان سلطنت غازان خان بر این مقام بماند.

در سال ۷۱۱ هجری در زمان سلطنت الجایتو خدابنده سعدالدین محمد مستوفی ساوجی با اتهام تصرف در امور مالیاتی معزول ومقتول گردید. در این زمان مقرر شد که امور دیوانی بر عهدهٔ تاج‌الدین علیشاه تبریزی و امور مملکت با رشیدالدین باشد. از این تاریخ رشیدالدین در منصب وزارت و صاحب دیوانی مقام اول را یافت و تا دوران سلطنت الجایتو خدابنده و آغاز سلطنت ابوسعید بهادر در سال ۷۱۸ هجری در این مقام باقی بود.

رشیدالدین فضل‌الله در دوران خدمت و وزارت خود در دستگاه مغولان یک سلسله مسجد، مدرسه، کتابخانه، خانقاه و بیمارستان برای تعلیم و تعلم و تحقیق و تألیف در انواع علوم و فنون متداول در بسیاری از نواحی ایران و متصرفات مغولان بویژه در همدان و سلطانیه و تبریز احداث کرد. مهمترین آن به نام خود وی به رَبع رشیدی معروف گردید. در این مراکز تعلیمی و تحقیقی چون دیگر دارالعلومهای نظامیهٔ بغداد و نظامیهٔ نیشابور که بانی آن

نظام‌الملک توسی در قرن پنجم هجری بود مقدمات تحصیل و تدریس و تصنیف از مسکن و مدرسه و کتابخانه، تا گرمابه و طبیب و دارو و همچنین مقرری ماهیانه برای طالبان علم و مدرسان از محل موقوفات و خیرات اموال وی و مردمان ثروتمند نیکوکار فراهم می‌شد.

## رَبع رشیدی یا رشیدیه

تشکیلات عظیم ربع رشیدی که بمناسبت وسعت آن را شهرستان رشیدی می‌نامیدند در محلهٔ ششکلان تبریز بود که به محلهٔ باغمیشه و ولیان کوه منتهی می‌شد و از سمت چپ در دامنهٔ کوه سرخاب قرار داشت که از نقاط خوش آب وهوا و نیکو منظر شهر تبریز بشمار می‌رود.

دولتشاه سمرقندی می‌نویسد «پنج قریهٔ بزرگ در محل ربع‌رشیدی با دست رشیدالدین فضل‌الله وزیر با تدابیر احداث و آباد گردیده بود که به یکدیگر متصل و حصاری حصین به دور آن کشیده شده بود و دارای برج و بارویی استوار و مستحکم بود. عماراتی که در آن بنا گردیده بود شامل کاروانسراها، خانه‌ها، دکانها، گرمابه‌ها، باغهای باصفا، آسیاها، کارخانهٔ شعربافی، کارخانهٔ کاغذسازی، دارالضرب (ضرابخانه)، رنگ‌خانه (صباغی)، مساجد، مدارس، قرائت خانه، خانقاه، رصدخانه، دارالشفا(بیمارستان)، کتابخانه، نقاشخانه (نگارخانه) و گنبدی بسیار زیبا و وسیع برای مقبرهٔ بانی ساخته شده بود. جهت حفظ و نگهداری این مجموعهٔ عظیم موقوفات فراوان از املاک و مستغلات و ماکیان و گله و رمه و باغات برقرار شده بود که از آن عالیتر عمارتی در عالم نشان نمی‌دهند که بر کتیبهٔ آن عمارت نوشته که همانا ویران کردن این عمارت از ساختن آن مشکلتر باشد.»

حمدالله مستوفی می‌نویسد «در بالای شهر وزیر سعید خواجه رشیدالدین طاب ثراه به موضع ولیان کوه داخل باروی غازانی شهرچهٔ دیگر ساخته و آن را ربع رشیدی نام کرده و در او عمارات فراوان و عالی برآورده و پسرش وزیر غیاث‌الدین امیر محمد رشیدی طاب‌ثراه برآن عمارات بسیار افزود».

رشیدالدین در یکی از نامه‌های خود به پسرش خواجه جلال‌الدین حاکم روم در این باره نوشته‌است: «هزار طالب علم را در رشیدیه در محله‌ای که آن را محلهٔ طلبه خوانند نشاندیم و شش هزار طالب علم دیگر که از مملکت اسلام به امید تربیت ما آمده بودند در دارالسلطنهٔ تبریز ساکن گردانیدیم و فرمودیم که مخارج ایشان را از حاصل جزیهٔ روم و قسطنطنیه کبری و جزیهٔ هند بدهند و معین داشتیم که هرچند طالب علم پیش کدام مدرس تحصیل کنند و دیدیم که ذهن هر طالب علمی طالب کدام علم است از اصول و فروع و نقلی و عقلی به خواندن آن علم بفرمودیم وگفتیم که هر روز از این طلبه که در ربع رشیدی و بلدهٔ تبریز ساکن‌اند همه به مدارس ما و نزد ما در رفت و آمد باشند. دیگر آن که پنجاه طبیب حاذق که از اقصای بلاد هند و مصر و چین و شام و دیگر ولایت آمده بودند گفتیم که هرروز در دارالشفا(بیمارستان) تردد نمایند و پیش هر طبیب ده کس از طالب علمان مستعد نصب کردیم تا به این فن شریف مشغول گردند. دیگر آن که کحالان و جراحان و مجربان را که در درالشفای ما هستند محلی به قرب باغ رشیدآباد که آن را (معالجهٔ معالجان) خوانند بنیاد فرمودیم، دیگر آن که اهل صناع و حِرَف را که از ممالک آورده بودیم هر یک را در کوچه‌ای ساکن گردانیدیم.

غرض از نوشتن این مکتوب آن است که پنجاه نفر صوف‌باف از ملک نوفل بن سحابیل طلب کنند تا از قبرس روانهٔ دارالسلطنه تبریز کنند، دیگر آن که چهل نفر غلام و کنیز رومی جهت عمل کشت و زرع ربع رشیدی اعزام دارند تا در یکی از مراکز کوشک که در ربع رشیدی احداث نموده ساکن شوند چون ربع رشیدی محلی وسیع است پنج قریه در آن احداث کرده‌ایم و اکنون چهار قریه آباد شده است از این رو در هر یک از قراءِ زنگبان و گرجیان و معروبان و حبشیان چهل نفر ذکور و اناث مسکن دارند قریهٔ دیگر که از رعیت خالی و از عمارت عاری مانده است می‌خواهیم که قریهٔ رومیان باشد توقع که چهل غلام و کنیزک رومی به دارالسلطنه تبریز فرستید که در

۲۸۱

قریهٔ مذکور ساکن و به عمارت مشغول شوند.»

در نامه‌ای دیگر به پسر دیگرش خواجه‌عمادالدین در هند نوشته که برای دارالشفای ربع رشیدی بعضی از روغنهای طبی را به تناسب پنج من و ده من و صد من بفرستد.

## کتابخانه ربع رشیدی

بنا بر نوشته‌های دولتشاه سمرقندی و تاریخ ملاحشری در کتابخانهٔ عظیم ربع رشیدی متجاوز از شصت هزار جلد کتاب در انواع علوم و تواریخ واشعار و دوهزارمصحف به خط یاقوت و اکابرخوشنویسان مذهب و مزین وقف بود که با شرایطی سهل و آسان به طالبان علم امانت داده می‌شد.

علاوه بر آن کلیهٔ تألیفات رشیدالدین استنساخ شده با نقاشیها و تصاویر لازم ترتیب داده به نام «جامع تصانیف رشیدی» یا «المجموعة‌الرشیدیه» در آن کتابخانه مضبوط و وقف بود.

## خانقاه ربع رشیدی

از جمله بناهای ربع رشیدی خانقاه و ضیافتخانه‌ای بوده که صوفیان نوآموز در حلقهٔ درس مشایخ صوفیه مبانی و آداب سیر و سلوک را می‌آموختند و اکابر و مرشدان فرقه به ذکر و ریاضت و رقص و سماع نیز می‌پرداختند.

ابن‌بزار در «صفوة‌الصفا» حکایت آمدن و چله نشستن بزرگان اهل تصوف از جمله شیخ صفی‌الدین اردبیلی جد خاندان صفوی را به خانقاه رشیدیه مکرر یاد کرده است.

اوحدی مراغه‌ای (مرگ ۷۳۳ هجری) شاعر معروف آذربایجان که خود از بزرگان اهل تصوف و صاحب منظومهٔ عرفانی «جام جم» است در وصف خانقاه و تأسیسات رفیع ربع رشیدی اشعاری سروده است که در چند بیت آن چنین آمده است:

ای همایون بنای فرخنده — که شد از رونقت طرب زنده
طاق کسری ز دفترت کسری ست — هشت جنت زگلشنت قصری‌ست
ای در علم و خانهٔ دستور — چشم بد دوز آستان تو دور
شد سعادت طلایه بر تبریز — تا فکندی تو سایه بر تبریز

## تألیفات رشیدالدین

از رشیدالدین متجاوز از پنجاه تصنیف به زبانهای فارسی و عربی و ترکی جغتایی در مسائل مختلفی از قبیل مباحث دینی و تفسیر و کلام و طب و گیاه شناسی و فلاحت و دارو شناسی و تاریخ واشعار یاد شده است. او در زمان حیات خود مقرر داشت تا آثار فارسی او را به زبانهای عربی و ترکی و بالعکس ترجمه و تحریر کردند و از کلیهٔ آثار خود به هر یک از کتابخانه‌های شهرهای ممالک اسلامی و علما و دانشمندان هدایتی داد. این نسخه‌ها به بهترین و زیباترین خط و کاغذ و با عالیترین تذهیبها و تجلیدها با تصاویر و نقاشیهای سبک چینی و مکتب بغداد آراسته بود، اکثر تألیفات رشیدالدین پس از شهادت او و پسرانش به یغما رفت.

مجموعهٔ منشآت و مکاتبات وی که بیشتر به زبان فارسی در مسائل سیاسی و امور مالیاتی و فرمانهایی خطاب به پسرانش و مامورینی که در دستگاه وزارت با وی همکاری داشتند بوسیلهٔ منشی مخصوص وی محمد اَبَرقوهی جمع‌آوری شده است. از تألیفات رشیدالدین گذشته از رسالهٔ «دستورالحکمة» یا آیین کشورداری که در تاریخ وصاف به آن اشاره شده می‌توان رسالهٔ «بیان‌الحقایق» مشتمل بر هفده مبحث در مسائل طبی، رسالهٔ «لطائف‌الحقایق» مشتمل بر چهارده مبحث در مسائل کلامی و عرفانی، رسالهٔ «توضیحات رشیدیه» شامل‌نوزده مبحث دربارهٔ مسائل‌کلامی ودینی وعرفانی، و «الاحیاءالمآثر» در بیان امراض نباتات و امور کشاورزی ومعادن که به زبان عربی ست؛ و همچنین «تاریخ اصل وتبار چنگیز مغول» به زبان ترکی جغتایی را نام برد، اما بهترین اثر بازماندهٔ او «جامع‌التواریخ رشیدی» ست.

«جامع‌التواریخ رشیدی» در چهار مجلد بزرگ شامل تاریخ عمومی عالم و تاریخ مغول به زبان فارسی ست. تألیف این کتاب چنین بود که غازان خان رشیدالدین را مامور کرد تاریخی از قوم مغول و طرز حکومت و قانون آنان تألیف کند. قسمت اصلی و جلد اول جامع التواریخ که «تاریخ مبارک غازانی» نام دارد شامل اطلاعات و اخباری دربارهٔ طوایف متعدد قوم مغول و تاتار و عشایر آن است. تألیف این کتاب پس از مرگ غازان خان در زمان سلطنت الجایتو خدابنده در سال ۷۱۰ هجری پایان یافت.

جامع‌التواریخ شامل یک مقدمه در ذکر احوال حضرت آدم و فرزندان اوست در دو قسمت. قسمت اول در بیان ملوک فرس از زبان پادشاهی کیومرث تا عهد یزدگرد شهریار ساسانی و قسمت دوم در ذکر پیامبر اسلام تا پایان دوران خلافت عباسی ست. کتاب دوم حاوی شرح تاریخ سلسله‌های غزنوی، سلجوقی، خوارزمشاهیان، سلاطین چین و ماچین، تاریخ بنی‌اسرائیل، تاریخ افرنج (فرنگ) و سلاطین هندست.

در حال حاضر آنچه از «جامع التواریخ رشیدی» موجودست، بصورت دو مجلد می‌باشد که می‌توان گفت جامعترین و پاکیزه‌ترین نسخ آن دو نسخه‌ای‌ست که در گنجینهٔ کتابخانهٔ کاخ گلستان حفظ می‌شد، و در ردیف نسخه‌های نفیس وممتاز بشمار می‌رفت.

نگارنده فهرست تحقیقی و توصیفی آن را با ارائه نمونه‌هایی از عکسهای رنگین از نقاشیها و تذهیبها با عکسهایی نیز از خطوط آن در جلد پنجم فهرستهای کتابخانهٔ کاخ گلستان در تیرماه سال ۱۳۵۶ بچاپ رساند.

## نثر فارسی رشیدالدین

نثر فارسی و شیوهٔ انشای رشیدالدین به سبک مقیّد و مصنوع قرون هفتم و هشتم هجری، که سرشار از صنایع لفظی و آیات و اخبار و اشعار فارسی و عربی‌ست. ولی نثر جامع‌التواریخ کمابیش متنوع است. در بخشهای مربوط به تاریخ مغول از کلمات و اصطلاحات مغولی بسیار استفاده شده ودر قسمتهای

مربوط به غزنویان، سلجوقیان، خوارزمشاهیان و بیان احوال فرقۀ اسماعیلیه و نظایر آن نثری ساده‌تر و روان‌تر بکار گرفته شده است.

## فرجام دردناک رشیدالدین فضل‌الله و ربع رشیدی

بر اثر سعایت بعضی از همکاران و توطئۀ امرای مغول که مرسوم دربار مغولان بود رشیدالدین و فرزند جوان وی عزالدین با اتهام مسموم‌ساختن الجایتو خدابنده در سال ۷۱۷ هجری از وزارت معزول و گرفتار زندان و مصادرۀ اموال شدند. در هیجدهم جمادی‌الاولی ۷۱۸، به دستور سلطان ابوسعید بهادر ایلخانی در قریۀ ابهر زنجان، نخست عزالدین را برابر چشمان پدر کشتند و سپس رشیدالدین را قطعه قطعه کردند و هر قطعه را به گوشه‌ای از ایران فرستادند. سر وی به تبریز برده شد و در گنبد مسجد ربع رشیدی که از بناهای احداثی وی بود به خاک سپرده شد. پس از این جنایت فجیع آثار منقول و غیر منقول وی غارت شد.

اما کینۀ سلطان ابوسعید چندان عمیق بود که هجده سال بعد در ۲۱ رمضان ۷۳۶ فرزند دیگر رشیدالدین خواجه غیاث‌الدین امیرمحمد را کشتند و از آن زمان بود که عمارات ربع رشیدی و سایر بناهای خیریۀ احداثی این خاندان در ایران و خارج از ایران ویران گشت و تألیفات و آثار این خاندان تاراج شد. اما سرنوشت تلخ رشیدالدین باز هم پایان نیافت. از شگفتیهای تاسف انگیز روزگاران که پس از گذشت یک قرن واندی از شهادت او، در دوران میرانشاه پسر امیر تیمور گورکانی، بار دیگر رشیدالدین مورد اتهام قرار گرفت. این بار با اتهام یهودی بودن قبر او را شکافتند و استخوانهای او را از مسجد ربع رشیدی بیرون آورده و در گورستان یهودیان به خاک سپردند.

# سرگذشت تلاش نادرشاه افشار

## برای رفع اختلافات مذهبی

ایران در پایان حکومت دویست و چهل سالهٔ صفوی (۱۱۴۸ ـ ۹۰۷ هجری قمری) با هجوم افغانها و تاخت و تاز ازبکها و ترکان عثمانی بشدت ضعیف شده بود و شورشهای داخلی و گرفتاریهای متعدد ناشی از تعصبات مذهبی و عقیدتی شیرازهٔ استقلال و امنیت ایران را از هم گسیخته بود.

در چنین شرایطی، چوپان‌زاده و یا پسر پوستین‌دوزی بنام «نَدرَ قلی» (نادر قلی) از مردم خراسان به نیروی شمشیر و قدرت تدبیر در مدتی کوتاه تمامی سرزمینهایی را که از ایران جدا شده بود به سرزمین مادر برگرداند و امپراطوری وسیع ایران قبل از اسلام را در زیر فرمان آورد.

امام قلی، پدر ندرقلی، فردی گمنام از قبیلهٔ «قَرّخَلو» از تیره‌های ایل افشار بود که چون مردم عادی ایل به رسم دیرین ایرانی به ییلاق و قشلاق در اطراف «درگز» کوچ می‌کرد.

ندرقلی در ناحیهٔ دستگرد از توابع درگز به سال ۱۱۰۰ هجری قمری متولد شد. او در هفده سالگی با مادرش اسیر ازبکان گردید و در این اسارت مادرش را از دست داد.

چهار سال بعد از اسارت ازبکان گریخت و به خدمت حکمران ابیورد «باباعلی بیک کوسه‌لوی افشار» درآمد. پس از چندی علی بیک با مشاهدهٔ

کاردانی و لیاقت وی دختر خود را به عقد وی درآورد. رضاقلی میرزا ولیعهد که بعدها بوسیلهٔ پدر کور شد از این مادر بود. ندرقلی پس از مرگ باباعلی بیک از ابیورد به مشهد رفت و جزوملازمان ملک محمود سیستانی حاکم مشهد درآمد، و بزودی با شهرت و آوازه‌ای که بدست آورد به دربار شاه تهماسب صفوی راه یافت. در دربار شاه تهماسب با توانایی که در دفع افغانها از تهران و بیرون راندن عثمانیها از آذربایجان نشان داد به تهماسب قلی‌خان ملقب گردید. از همین زمان بود که خط سیر زندگی نادر عوض شد، تا به سپهسالاری و نیابت سلطنت رسید.

در آغاز سال ۱۱۴۸ هجری قمری (۱۷۳۵ میلادی) نادر با سمت نیابت سلطنت و سپهسالاری سپاه ایران فرستادگانی به ولایات و ایالات ایران گسیل داشت و از تمام طبقات مردم و سران قبایل دعوت کرد که نماینده‌ای به دشت مغان بفرستند تا سرنوشت ایران را تعیین کنند. این امر ظاهراً یک مراجعه به آراءعمومی بود که می‌بایست با حضور سران لشگری و کشوری انجام پذیرد.

نادر در آن انجمن بزرگ، سه شرط برای پذیرفتن رهبری کشور ایران پیشنهاد کرد:

۱ ـ سبّ (توهین و اهانت) به سه خلیفهٔ اول یعنی ابوبکر و عمر و عثمان متروک شود و مذهب شیعه جعفری پس از مذاهب چهارگانهٔ اهل سنت (شافعی، حنفی، حنبلی و مالکی) شاخهٔ پنجم محسوب شود.

۲ ـ سلطنت در خانوادهٔ او موروثی گردد.

۳ ـ هیچ گونه مساعدتی به اعضاءِ خانوادهٔ صفوی برای رسیدن مجدد به تخت و تاج نشود.

از همان ابتدای امر روحانیا ن و در صدر آنها «میرمحمد حسین ملاباشی» که در گردهمایی دشت‌مغان شرکت کرده بودند از شرط نخستین نادر ناراضی بودند. آنان او را متهم به بیدینی نمودند و با تفویض سلطنت به او مخالفت کردند و شایع ساختند که نادر سعی دارد مذهب شیعه را تضعیف کند.

دلیل دیگر آزردگی علما و روحانیان از نادر آن بود که نادر درآمدهای اوقاف کشور را از حیطه تسلط روحانیان بدر آورد و مقداری را برای هزینه سربازان و خانواده‌های آنان در نظر گرفت و مقداری را هم جزو خالصهٔ دولت بحساب آورد.

ژان لوتر فرستادهٔ دربار لویی پانزدهم، پادشاه فرانسه، که از سال ۱۱۵۴ تا ۱۱۶۳ هجری قمری (۱۷۵۰ - ۱۷۱۴ م.) مدت نه سال در کشور ایران اقامت داشت دربارهٔ آخرین روزهای سلطنت صفویه و سالهای نخستین سلطنت نادرشاه افشار یادداشتهایی گردآوری کرد که بصورت سفرنامه منتشر شده است. در یادداشتهای او آمده است که نادرشاه در ابتدای سلطنت از روحانیان بعنوان داوطلب برای خدمت در سپاه دعوت کرد و پس از مدتی مردان سالم و نیرومند و جوان روحانی را مجبور به سپاهیگری کرد و فعالیت این گروه را در سپاه خود ضروری ساخت. بقول لورنس راکهارت نویسنده کتاب انقراض صفویه هنگامی که نادر بر اصفهان پیروز شد و افغانها را شکست داد تعداد هفتاد هزار طلبه که از زمان صفوی از دولت ایران مقرری می‌گرفتند، نادر مقرری آنان را قطع کرد. روسای طلاب استدلال می‌کردند که اینها لشگر دعا هستند، سلطان نباید نان آنها را قطع و موقوفات آنها را ضبط کند. در برابر این ادعای علما، استدلال نادر این بود که «وقتی شش هزار افغانی بی سر و پا بر ایران و پایتخت آن غالب شدند، دو کرور مخلوق اصفهان و صدهزار رأس طلاب علوم چرا جواب شش هزار افغانی را ندادند؟ و شما روحانیانی که می‌باید مردم را به دفاع از خاک وطنشان تشویق کنید در همان وقت در مدرسه چهارباغ گرد می‌آمدید و درباره روایتهای مجلسی و حوریان و غلمانان بهشت و اغذیه و اشربه بهشتی بحث می‌کردید.»

شخصیت نادر ازجهات مختلف مورد توجه مورخان و پژوهشگران قرار گرفته است بسیاری نادر را در هنر رزم‌آوری و استقامت و قدرت در راه‌پیمایی و ابتکارات در طراحی نقشه‌های دقیق جنگی، و مسائل نظامی همپایه سرداران و جنگجویان بنام تاریخ چون سزار، اسکندر، ناپلئون

دانسته‌اند و حتی معتقدند که در فنون پیکار و عملیات سوق‌الجیشی از اغلب نام‌آوران گذشته تاریخی برتر بوده است. این سردار سخت کوش علاوه بر استعداد و لیاقت ذاتی در فنون سربازی، در زمینه‌های اجتماعی نیز اندیشه‌های نوینی داشت که جنبه اخلاقی و فلسفی آن پژوهنده را مجذوب می‌کند.

نادرشاه افشار با آن‌که ازخانواده‌ای شیعی مذهب برخاسته بود به مناسبت ضروریات اجتماعی و سیاسی با سایر پیروان ادیان مختلف اعم از زردشتی، یهودی، مسیحی، و اهل سنت با مهربانی و سازگاری رفتار می‌کرد. او نسبت به شعب مختلف ادیان فوق احترام داشت و با دیدی وسیع پیروان این مذاهب را مورد مرحمت قرار می‌داد.

این پادشاه مقتدر و دلیر علاقه و دلبستگی شدیدی به جلب رضایت و حمایت سپاهیان و جنگجویانی داشت که از اطراف و اکناف کشور ایران در سپاه عظیمش گردآمده و در همه حال آماده فداکاری و جانفشانی بودند. او با قدرت و آگاهی کامل سعی می‌کرد اختلافات عقیده و سلیقه آنها را در مورد مسائل دینی با مسالمت و موافقت حل و فصل کند و بهبود بخشد.

آثار نفیس و یادگارهای گرانقدر نادر در تعمیرات و تزئینات اماکن متبرکه و اسلامی، معابد زردشتیان یزد و کرمان و کلیساهای معروف ارامنه در تفلیس و اوچ میادزین و وانک جلفای اصفهان گواه بر سعه صدر او در زمینه تساهل مذهبی ست. به فرمان نادرشاه همه ساله مبلغ قابل توجهی از نقدینه و جنس در اختیار شیوخ مسلمان، موبدان زردشتی، خاخامهای یهودی و خلفای ارامنه مسیحی قرار می‌گرفت که به مصرف تعمیر و تزیین مساجد، معابد، کنیسه‌ها و کلیساهای مختلف ایران برسد. دستخطهای احکام و فرمانهای متعددی با امضاء و مهر نادرشاه افشار مبنی بر دلجویی و حمایت و تخصیص مقرری برای پیشوایان ادیان مختلف ایرانی بصورتی بسیار زیبا، منقش و مرصع به تزیینات و تذهیبات نفیس در بخش اسناد کتابخانه کاخ گلستان وجود دارد.

در مهرماه سال ۱۳۵۳ تعدادی از آنها شماره‌گذاری و مشخصات ممیزاتشان فهرست‌نگاری گردید که همراه معدودی از آنها بصورت عکسبرداری جهت نمونه در جلد پنجم فهرستهای تحقیقی و توصیفی کتب خطی مصور و مذهب کتابخانه کاخ گلستان بوسیلهٔ این جانب بچاپ رسانیده شد.

یکی از مهمترین ابتکارات نادرشاه افشار در زمینه ادیان، اندیشه اتحاد مذاهب بود که با مقتضیات عصر او وفق نمی‌داد، و احتمالاً جان خود را در راه این اندیشه باخت. اندیشه نادر پس از گذشت نزدیک به دو قرن و نیم و با وجود نوسانات و فراز و نشیبهای زمان و ترقیات و تحولات بزرگ روزافزون کنونی هنوز مایهٔ اعجاب و شگفتی‌ست.

با این که در آن روزگاران عمر دوره‌های صلح و آرامش کوتاه بود و جنگ و خونریزی جهت حفظ امنیت و استحکام مرزهای ایران اجتناب‌ناپذیر می‌نمود معذالک نادرشاه افشار برآن شد که براندیشه خود در این زمینه جامه عمل بپوشاند. «لورنس لاکهارت» ایران‌شناس و نویسندهٔ معروف انگلیسی که سالها نماینده شرکت هند شرقی در بندرعباس بوده است در زمینه کوششهای نادر در جهت اصلاحات مذاهب تحقیقات جالبی دارد. احمد کسروی در کتاب «درّه نادری» که در مرداد ۱۳۴۴ بچاپ رسانده است بخشی از یک سخنرانی لاکهارت را در انجمن سلطنتی آسیایی لندن نقل می‌کند که در خور توجه است.

«نادرشاه پس از تصرف بغداد و کربلا و نجف علمای مذهبی ایران و افغانستان و ترکستان را که شامل ایران بزرگ بود وادار نمود که سیاست شدید و بغض‌آلود دینی را نسبت به مذهب اهل تشیع و تسنن تقبیح کنند و از بدگویی خلفا دست بردارند و در عین حال مذهب جعفری هم یکی از مذاهب اهل تسنن شناخته شود.»

«احمد پاشا والی بین‌النهرین از در صلح درآمد و مواد این عهدنامه را که قطعنامه علمای مذهبی هم جزو آن بود در ماه دسامبر سال ۱۷۳۹ برای تصویب به اسلامبول فرستاد که مورد قبول خلیفه عثمانی قرار گرفت. هفتم

صفر سال ۱۱۵۲».

نادر همچنین به منشی خود میرزا مهدی‌خان استرابادی و عده‌ای از فقها و علمای طراز اول فرمان داد کتب مقدس چهارگانه زبور، تورات، انجیل و قرآن را به زبان فارسی ترجمه کنند.

در تعقیب همین فرمان در سال ۱۱۵۲ هجری قمری هنگامی که در هندوستان مشغول امور جنگی بود به هیأتهای مذهبی یهودی و مسیحی ایران دستور داد تا کتب دینی خود را به زبان فارسی ترجمه کنند وبه نظروی برسانند. او هنگام بازگشت به ایران در دارالسلطنه اصفهان اجرای این امریه را خواستار شد با این که اختلافات شدیدی میان هیأتهای مذهبی و شعب مختلف مسیحیت وجود داشت بالاخره با مساعی و سرپرستی میرزا مهدی خان استرابادی منشی و عبدالکریم کشمیری این امر اجرا شد.

زمانی که نادرشاه افشار از سفر خوارزم بازگشت و مدت کوتاهی در شهر قزوین اقامت گزید، ترجمه‌های مورد نظر که با همت پیشوایان مذهبی و سرپرستی میرزامهدی‌خان استرابادی باتمام رسیده بود توسط اسقف کاتولیک و چهار کشیش ارمنی با نمایندگان یهودی و فقهای مسلمان به او تسلیم شد.

نادرشاه افشار دستور داد هزینه سفر هیأتهای مذهبی پرداخت گردد و از آنان پذیرایی شایانی بعمل آید. اما بحث در پیرامون این مهم بعلت سفری که نادرشاه در پیش داشت موقةً به تعویق افتاد. نادرشاه دردنباله تلاش خود برای رفع اختلافات میان مذاهب سنی و شیعه در سال ۱۱۵۶ هجری قمری (۱۷۴۳ م.) فرمان داد تا علما و فقهای برجسته ایرانی گردآیند و به همراهی شیخ‌الاسلام عثمانی عبدالله سُوَیدی مجلس بحث و فحصی در بغداد تشکیل دهند و در این باره شور کنند و نتیجه مذاکرات را با میرزا مهدی‌خان استرابادی در میان گذارند. نادرشاه قصد داشت جهان اسلامی آن روز را که در پناه دو قدرت شیعه در ایران و سنی در عثمانی قرار داشت با یکدیگر متحد کند. او قصد داشت نهضتی‌عظیم از اتحاد این دو مذهب‌که دارای یک

ریشه و اساس است بوجود آورد و آن دشمنیهای خانمانسوز و تنفر و کینه شدیدی‌که باسیاست خاص زمامداران صفوی بین‌ایرانیان و سایر ملل مسلمان برافروخته شده بود خاموش سازد و جداییها و نفاقها را از میان بردارد.

این سردار رشید که در اندک زمانی ایران ملوک‌الطوایفی پریشان را زیر لوای یک حکومت مرکزی مقتدر فراهم آورد و توانست مرزهای ایران را به وسعت قبل‌از اسلام برساند ضمن سرکوب دشمنان‌خارجی همه‌کوشش خود را مصروف برطرف کردن اختلافات‌داخلی بخصوص‌اختلاف‌نظرهای‌مذهبی می‌کرد. برای آن که خوانندگان به اهمیت کار نادر در ترجمه کتب مقدس چهارگانه به زبان فارسی پی ببرند مقدمه‌کوتاه هر یک از آنها را می‌آوریم.

سرآغاز ترجمهٔ قرآن که توسط فقها و علمای ایرانی باسرپرستی میرزا مهدی‌خان استرابادی در شهر اصفهان به فارسی برگردانده شد چنین است:

«نادرشاه افشار دستور فرمود که این ذره خاکسار بی‌وجود کتب اربعه سماویه راکه عبارت از تورات، زبور، انجیل و قرآن مجید باشد به لغت فارسی و الفاظ طاهره و عبارات واضحه بهمان ترتیب اصل بی زیاده و نقصان وبی‌شرح و تفصیل نقل نماید. . .»

آغاز ترجمه زبور:

«زبور را چون بعضی از مشاهیر علمای نصاری به لغت عبری و لاتینی نقل و ترجمه نموده و سخنهای متعدد از آنها در میان مسلمین و نصاری متداول گشته و اختلاف بسیار در آنها با زبور اصل که به لغت عبری در نزد یهود محفوظ است می‌باشد برای کشف حقیقت حال و دفع قیل و قال لازم و واجب نمود که ثانیاً اصل هر یک از این کتاب را بهمان لغت عبری که بر آن نازل شده کلمه به کلمه نقل، و ضبط و ترجمه هر کلمه را در تحت آن ثبت نمایند. . .»

آغاز ترجمهٔ تورات:

«از روی نسخه معتبره و مصححه مسلمه یهود بتقریر و تفسیر و استصواب جمعی از علما و دانشمندان ایشان تمامی پنج سفر تورات را از لغت عبریه بزبان فارسی

بهمان ترتیب که به لغت عبریه خوانده می‌شود و به خط عبری مسطورست نقل نمود با حضور علمای یهود و نصاری»

آغاز ترجمهٔ انجیل:
در دارالسلطنهٔ اصفهان بمعیت علمای یهود و نصاری باکتابهای معتبرهٔ ایشان جمع وکتب اربعه سماویه راکه عبارت از تورات، زبور، انجیل و قرآن مجید باشد به لغت فارسی و الفاظ طاهره و عبارات واضحه بهمان ترتیب اصل بی‌زیاده و نقصان محترز از اطناب و تطویل و شرح و تفصیل نقل نماید با حضور علمای یهود و نصاری»

در نگارش تاریخ وقایع دوران نادر به این کوشش انسانی که وسعت فکری و روشن اندیشی او راگواهی می‌دهد کمتر توجه شده است. اما بدبینی‌های شدید و عکس‌العمل‌های خشن او بخصوص در سالهای آخر سلطنت، موجب شد که نزدیکان و اطرافیانش او را به قتل برسانند و افکار او در زمینه بر طرف کردن اختلافات مذهبی به جایی نرسد.

آنچه مسلم است قصد نادر از ترجمه کتابهای مقدس چهارگانه این بود که بتواند آشکارا نشان بدهد که از نظر اصول اخلاقی و انسانی میان این ادیان اختلافی وجود ندارد و هر کس با داشتن مذهب خود بدون کینه‌ورزی نسبت به مذاهب دیگر می‌تواند با دیگران در صلح و صفا زندگی کند. اما درست هنگامی که مراحل مقدماتی اقدامات او نزدیک به پایان بود قتل او موجب شد که نادرشاه نتواند باین منظور قلبی خویش که برای آن بسیار پافشاری می‌کرد دست بیابد. در آن زمان در غیبت نادرشاه برادرش ابراهیم‌خان در گرجستان به قتل رسید. نادرشاه برای تادیب وگرفتن انتقام از قاتلان برادرش عزم سفر کرد. در حوالی تپه فتح‌آباد در قوچان در نیمه شب چهاردهم جمادی الثانی ۱۱۶۰ هجری قمری (۱۷۴۷ م.) عده‌ای از نگهبانان او به رهبری «قوچه بیک‌افشار ارمَوی»، «محمدبیک قاجار ایروانی»، «صالح بیک افشار»، و «موسی بیک افشار» به خوابگاه او حمله کردند او و همسر سوگلی

۲۹۴

او «ستاره» را که عیسوی بود کشتند.

پس از این واقعه علیقلی میرزا برادر نادرشاه که محرک اصلی قتل نادر بود با نام عادلشاه بر تخت سلطنت نشست. او بلافاصله به قلعه کلات رفت تا به «گنج ثابت» نادرشاه دست یابد. معروف است که نادرشاه دو گنج داشت «گنج ثابت» که در قلعه طبیعی کلات بود و «گنج متحرک» که در سفر و حضر با نادر بود. گنج متحرک شامل چندین صندوق جواهرات و خیمه‌های نفیس و گوهرهایی که نادر بر کلاه و پوشاک خود نصب می‌کرد و ظروف زرین و سیمین آشپزخانه و آبدارخانه و وسایل سواری جواهرنشان بود. این گنج متحرک در همان شب قتل بین قاتلانش تقسیم شد و پس از آن نوبت به گنج ثابت در قلعه کلات رسید که سهم عادل شاه افشار بیشتر و مهمتر بشود. از قاتلان نادرشاه «صالح بیک افشار» در همان شب واقعه با دست ستاره همسر نادرشاه کشته شد که سهم او به ورثه او داده شد. «موسی‌بیک افشار» و «قوچه بیک افشار» با سهم خود به زادگاهشان «خمسه» زنجان رفتند. «محمدبیک قاجار ایروانی» تنها کسی که از ایل افشار نبود از بیم جان با اموال و خانواده به روسیه رفت و قسمتی از آن سهمیه را هم به کشور عثمانی منتقل کرد.

عمارات زیبا و باغهای معروفی که «محمدبیک قاجار» در مسکو برای خود ساخته بود با همه اثاثیه گرانبهای آن در زمان انقلاب روسیه مصادره شد که هنوز برجای خود باقی‌ست و بعنوان تفرجگاه و موزه مورد استفاده عموم قرار می‌گیرد. آن قسمت از اموال و دارایی «محمدبیک قاجار» که به کشور عثمانی منتقل گردید در جزیره (قبرس و رودس) بجای مانده است.

بنا به گفته لورنس لاکهارت میرزا مهدی‌خان استرابادی علاوه بر آن که منشی خصوصی نادرشاه افشار بود، سمت آموزگاری وی را هم داشت و زبان و خط فارسی را به نادر ـ که خواندن و نوشتن نمی‌دانست ـ می‌آموخت و چون نادر نمی‌توانست مانند کودکان تعلیم بگیرد، میرزامهدی‌خان بوسیله تمرین از طریق شنیدن و دیدن، حروف و کلمات را باو یاد می‌داد. یعنی او در آن زمان شیوه آموزش سمعی ـ بصری را بکار برده است.

# سرگذشت

## گوشه‌هایی از شهر نیشابور و برخی چهره‌های درخشان آن در گذرگاه تاریخ

**بازگو از نجد و از یاران نجد**
**تا در و دیوار را آری بوجد**

مولانا محمد بدخشانی از عرفای بلندپایه می‌گوید :
«خاک شو، خاک شو، اما خاککی بیخته و آبکی دور ریخته، نه زیر پای را از آن دردی و نه پشت پای را از آن گردی»
منظور آن است که در پیشگاه عظمت و مقام علم و دانش و معرفت باید خاک شد، باید خاک شد و پایمال گشت تا بلکه شاید بشود گردی از خرمن فرهنگها و گنجینهٔ دانشها بر روی آدمی بنشیند.

### تاریخ اسطوره‌ای نیشابور

به نقل از تاریخ تبری و تاریخ محمد حاکم نیشابوری، نخستین کسی که قسمتهایی از صفحات شرق ایران را آباد ساخت، انوش نوادهٔ حضرت آدم

بود. او «کُهندژ» را در آن منطقه بنا کرد که پایه‌های دژ بر روی سنگی سفید و مدور و بسی عظیم استوار بود. دومین بار تهمورث دیو بند کهندژ و حوالی آن را وسیعتر و آبادتر ساخت که پس از سالیان، بر اثر توفان و زلزله‌های سهمناک به حالت ویرانی افتاد. تا دوران ایرج پسر فریدون پادشاه پیشدادی.

سپس در جنگ افراسیاب تورانی در منطقهٔ شرق ایران، کهندژ و حوالی وسیع و کوههای خوش منظر و چشمه‌سارهای آن مورد توجه افراسیاب قرار گرفت، ویرانیها ترمیم شد و شارستانهایی در اطراف آن ایجاد گردید.

بهرحال نیشابور در شمار یکی از قدیمی‌ترین شهرهای ایران است که روزگاری باشکوه و جلال تمام جلوه‌گر بوده و در دورانهای دیگر خوفناک‌ترین مصیبتها را تحمل کرده است. واژه کهندژ پس از ورود اسلام به ایران به قهندژ تبدیل شد و نخستین مسجد اسلامی در نیشابور بر پایه‌های همین دِژ بنا شد.

ایران شناسان و خاورشناسان بنام اروپایی چون «تئودور نولدکه» و «هینز» آلمانی و «کریستن سن» دانمارکی و «دِمرگان» فرانسوی و جمعی دیگر مطالعات ارزنده‌ای در آثار و اسناد و مدارک تاریخی بدست آمده از کاوشهای علمی در نقاط مختلف ایران کرده‌اند. بر پایهٔ این پژوهشها قدمت پاره‌ای شهرها مانند نیشابور یا نیسابه، شوش، استخر، کاشان یا کاسان، همدان یا هکمتانه یا اکباتان، ارومیه یا چی چست، ری یا رگیانا و کرمانشاهان یا گامبادن به بیش از پنجهزار سال پیش از زایش مسیح می‌رسد. بخشهایی از سواحل خلیج فارس که مهد تمدن‌های خاموش دنیای کهن محسوب می‌شود دارای سابقه‌ای پیش از آمدن آریایی‌ها به فلات ایران می‌باشد.

بنابر اسناد و مدارک تاریخی قراردادهای تجاری و تعهدات بازرگانی میان کشور چین در دوران سلطنت «هون‌ها» و کشور ایران در زمان سلطنت مهرداد دوم اشکانی در سدهٔ دوم پیش از زایش مسیح وجود داشته است. چنین اسنادی در حفاریهای علمی سالهای اخیر در مسیر جادهٔ ابریشم در شهر تورفان ترکستان چین بدست آمده است که بر روی چند قطعه پوست به

زبانهای پهلوی اشکانی، ایلامی، یونانی و با رسم‌الخط میخی پارسی نگاشته شده است.

نیشابور در آن دوران یکی از پایگاههای مهم تجاری و انبارگاه امتعهٔ بازرگانی بشمار می‌رفت.

شاهراه کاروان رو ابریشم از کشور چین و هندوستان آغاز می‌شد و در سرزمین پهناور ایران به چند رشته اصلی و شاخه‌های فرعی منشعب می‌گشت. یکی از رشته‌های اصلی عبور آن از بلخ و پیشاور و قندهار و تنگ ابریشم سیستان به نیشابور می‌رسید.

جادهٔ ابریشم از آنجا به دامغان شهر صد دروازه رفته به‌طرف تیسفون که یکی از پایتخت‌های اشکانیان بود می‌پیوست و از آنجا از راه دریایی به ونیز و از راه صحرا به سوریه و سایر کشورها می‌رفت.

از این شاهراههای کاروان رو علاوه بر ابریشم کالاهای بسیاری از دستاوردهای طبیعی و صنعتی از شرق به غرب جهان آن روز حمل می‌گردید: مانند ابریشم، مس، نقره، سرب، آهن، لاجورد، نفت، قیر، باروت، فشفشه، قالی، گلیم، جاجیم، اسب‌های ممتاز، مروارید، صدف، فیروزه، پارچه‌های ابریشمین منقش، پارچه‌های نخی و کنفی، شمشیر و کمان و زره، نباتات طبی، عصاره‌های معطر، ادویه و انواع و اقسام محصولات قابل حمل و نقل.

از واردات مورد نیاز پر مصرف کشور چین در آن دوران وسمه و حنا و رنگ و روناس برای خانواده سلطنتی و اعیان و اشراف چین بود که از شهر کرمان به آنجا حمل می‌شد.

در دوران اشکانیان یعنی در سده‌های سوم و چهارم پیش از زایش مسیح راه تجارت سرتاسری شرق به غرب جهان آن روز از سرزمینهای پهناور کشور ایران می‌گذشت.

در آن دوران از رود فرات تا دریای سیحون و از خلیج فارس تا دریای مغرب یعنی مدیترانه در اختیار و کنترل کشور ایران بود که برای توسعه

بازرگانی و حفظ امنیت و آسایش و راحتی کاروانیان در مسیر راهها، پلها، کاریزها، آب‌انبارها، کاروانسراها، چاپارخانه‌ها، مهمانسراها، پاسگاههای نظامی یعنی دژها یا قلعه‌ها ایجاد شده بود و از این راه عواید سرشاری نصیب کشور ایران می‌گردید.

این شاهراه ابریشم کاروان‌رو تا اواخر دوران صفویه در ایران مورد استفاده بود از آن پس براثر تحولات و تغییرات اقتصادی اوضاع جهان و شرایط بازرگانی و ایجاد راههای جدید رفته‌رفته شاهراه ابریشم و آوازهٔ آن به فراموشی سپرده شد.

می‌دانیم که فلات ایران پلی بوده است که قسمتهای شرق و غرب جهان قدیم را بایکدیگر اتصال می‌داده وچون در ازمنه قدیم دریانوردی و راههای تجاری دریایی آسان نبود فلات ایران یگانه راه ارتباط شمرده می‌شد.

## نیشابور در دوران ساسانیان

در حدود سدهٔ دوم پیش از زایش مسیح در زمان سلطنت شاپور اول ساسانی کهندژ و آتشکدهٔ آن و حوالی وسیع اطرافش آبادتر و شهری نو بر پایه‌های شهر قدیم ایجاد گردید که نیشابور خوانده شد.

فردوسی در شاهنامه می‌گوید :

کهن دِژ به شهر نشابور کرد　　　که گویند باداد شاپور کرد

نیشابور در روزگاران پیشین بنام «اَبَر شهر» نامیده می‌شد زیرا می‌پنداشتند آن منطقه بلندترین نقطه خراسان است. به‌قول فخرالدین اسعد گرگانی شاعر قرن پنجم هجری «خراسان آن بود کز وی خورآسد» خور به معنای خورشید و آسد به معنای آید یعنی سرزمین برآمدن آفتاب.

نیشابور در زمان‌ساسانیان یکی‌ازشهرهای‌بزرگ وآباد وپرجمعیت خراسان بشمار می‌رفت و از نظر وضع تجاری موقعیت حسّاسی داشت. ضمناً این شهر تا اواخر سدهٔ پنجم میلادی مرکز و پایتخت مسیحیان فرقه نسطوری بود.

حمدالله مستونی صاحب تاریخ گزیده می‌نویسد «در درِ دروازهٔ کشمِرَ یا کاشمر نیشابور درخت سروی‌ست که در عالم هیچ درختی از آن تنومندتر و بلندتر نمی‌توان یافت.»

فردوسی در شاهنامه می‌گوید این درخت سرو را زرتشت پیامبر ایرانی بر درِ دروازهٔ کاشمر کاشت :

یکی شاخ سرو آورید از بهشت        به پیش درِ کشمر اندر بِکِشت

این درخت سرو را که هزاران سال مورد اعتقاد و احترام شگرف ایرانیان بود به فرمان المتوکل خلیفه عباسی در حدود سال ۵۵۰ هجری قطعه‌قطعه کردند و به بغداد بردند.

## نیشابور پس از ورود اسلام به ایران

نیشابور به مدت ده سال در برابر تجاوزات و حملات اعراب مقاومت کرد ولی سرانجام چون سایر شهرهای خراسان به تصرف مسلمانان عرب درآمد. از آن پس نیشابور جولانگاه مبارزات خونین ایرانیان در برابر ظلم و ستم تازیان بود و مردان بلند همتی چون ابومسلم خراسانی، سندباد، به‌آفرید، اسپهبد پیروز، استاذسیس نیشابوری و ده‌ها تن نظیر آن سرداران قیام کردند و برای رهایی و بدست آوردن استقلال از دست رفتهٔ ایران جان خود و خانوادهٔ خود را نثار کردند.

نیشابور از قرن چهارم هجری با ایجاد حکومتهای ایرانی چون طاهریان، صفاریان و سامانیان به‌عنوان مرکز فرماندهی و پایتخت شناخته شده و به‌تدریج آشفتگیها و ویرانیهای ناشی از حملات اعراب در آن شهر ترمیم یافت و یکی از مراکز علمی و تجاری و صنعتی شهرهای خراسان بزرگ گردید.

بیاد بیاوریم که خراسان بزرگ علاوه بر مشرق خراسان که امروزه کشور افغانستان نامیده می‌شود، جمهوریهای آسیایی شوروی گذشته را نیز در بر

می‌گرفت. در آن زمان ازبکستان، ترکمنستان، قرقیزستان، قزاقستان و تاجیکستان نیز جزو خراسان بزرگ محسوب می‌شد و متعلق به ایران بود.

این مناطق زرخیز و پر آب و حاصلخیز در زمان سلطنت قاجاریه در اواسط قرن نوزدهم میلادی در جنگهای بین ایران و روسیه تزاری از ایران جدا گشت.

نیشابور تا پیش از حملهٔ مغول یکی از مراکز مهم علمی، صنعتی و تجاری جهان اسلام بشمار می‌رفت و دارالعلم شهرت داشت. شهر نیشابور نخستین شهر در جهان اسلام بود که به داشتن مدارس و کتابخانه‌های بزرگ و متعدد شناخته شده بود و پیش از آنکه خواجه نظام‌الملک توسی پا به جهان هستی بگذارد مدارس بیهقی، اسفراینی، عقیلی، منیعی و بسیاری دیگر در نیشابور بنیاد یافته بود.

در دوران نظام‌الملک و به همت وی در حدود نهصد و اندی سال پیش، تعداد قابل توجهی مدارس، مساجد، کتابخانه‌ها، خانقاهها، و بیمارستانها و نیز آموزشگاههای شبانه‌روزی به نام نظامیه در اکثر شهرهای ایران از جمله در نیشابور ایجاد گردید.

خواجه‌نظام‌الملک توسی درآن سال‌های دور، نهضت جدیدی درتأسیس مدارس بوجود آورد و چنین ترتیب داد که آن‌ها بصورت آموزشگاههای مرتب شبانه‌روزی اداره می‌شد، و وسایل زندگانی و معاش و تحصیل استادان و دانش‌آموزان از بسیاری جهات در آن مراکز فرهنگی فراهم بود.

نیشابور در آن دوران از لحاظ وسعت و آبادانی و زیبایی و جمعیت به عروس شهرهای خراسان معروف بود. باغهای میوه و بستانها و تاکستانها و کشتزارهای سرسبز و خرم نیشابور و حومهٔ آن و نسترن‌ها و ارغوانها و شقایقهای رنگارنگ کوهساران آن و چشمه‌سارهای زلال و مصفای نیشابور شهرت خاصی داشت. بویژه میوه‌های متنوع و شاداب و انگبین و شراب نیشابور به خوبی و فراوانی معروف بود. شراب نیشابور که از تاکستانهای شهر و خارج نیشابور در خمخانه‌های آنجا بدست می‌آمد ممتاز و مرغوبیت

خاصّی داشت.

روایت است که در روزگاران پیشین جامهای شراب را در آنجا به هفت خط تقسیم‌بندی می‌کردند که هر نوشنده‌ای به اندازهٔ ظرفیت خود از آن بنوشد و هرکدام از آن خطوط برای خود نامی داشت.

هفت خط داشت جام جمشیدی    هر یکی در صفا چو آیینه
جور و بغداد و بصره و ازرق    اشک و کاسه‌گرو فرودینه.

گویا این هفت خط جام رابطه و پیوندهای معنوی با هفت وادی عشق و مراحل سیر و سلوک صوفیان داشته تا در جمع صوفیان در مراسم جام گردانی هر صوفی در حدود سیر عرفانی و معنوی خویش از آن بنوشد. جامها از مس سرخ و منقش به نقش و نگار و دوازده برج نجومی بوده است.

**سازمان آموزش فرقه اسمعیلیه**

نیشابور یکی از مراکز مهم برخوردها و پاگرفتن نهضتهای پیاپی بازمانده از ادیان پیش از اسلام و همچنین فرقه‌های متعدد اسلامی از سدهٔ اول تا سدهٔ پنجم هجری قمری بود. یکی از علل حضور این نهضتها در سرزمین نیشابور و اطراف آن وجود دژهای مستحکمی بود که در این نقاط وجود داشت.

بنابر اشارات تاریخی نخستین بنیان‌گذاران دژها در ایران آریاییهای مهاجر بودند که درگیر و دار جنگ با بومیان برای حفظ و حراست خود و احشام خود در برابر حملات ناگهانی به ایجاد دژهای بلند و استوار در ارتفاعات پرداختند. همواره آتشی بر فراز این دژها زبانه می‌کشید و هنگام خطر حملهٔ دشمنان نگهبانان با افزودن بر شدت آتش اهالی دژ را برای دفاع آگاه می‌ساختند. دژها از یک فضای مرکزی با دیوار و برج و باروها برای حصار و خندقی در بیرون آن تشکیل می‌شد. بیشتر آبادیها و شهرهای اولیه نیز در اطراف همین دژها بوجود آمده است. در شاهنامهٔ فردوسی از پاره‌ای دژهای باستانی یاد شده است.

از اواخر سدهٔ دوم هجری نیشابور و اطراف آن یکی از پایگاههای عمدهٔ فرقه اسمعیلیه گردید.

بزرگان اهل باطن برای تسلط بر آن نواحی گسترده دژهای قدیمی خالی از سکنه را که بر ستیغ کوهها و مشرف بر پرتگاهها بنا شده بود مرکز تعلیمات و تربیت فداییان فرقه قرار دادند. مشهورترین دژها در تَبَس، تون، قائن، زَوزَن، خور و خوسف بود. این دژها کانون مقاومت‌های نظامی در برابر مخالفان مذهب باطنی بشمار می‌رفت.

حکیم ناصر خسرو قبادبانی شاعر، نویسنده، متفکر و جهانگرد بزرگ ایرانی در قرن پنجم هجری که به مقام حجت خراسان بزرگ برای دعوت مردم به این فرقه دست یافته بود مدتی در نیشابور با پیروان باطنیه رفت و آمد داشته است.

روایت است که روزی حکیم ناصرخسرو در بازار نیشابور پای افزار خود را برای تعمیر به کفشگری سپرد. ناگهان هیاهویی برخاست و آشفتگی پدیدار شد. ناصرخسرو علت را از کفشگر جویا شد او گفت یکی از پیروان امام حجت خراسان را به قتلگاه می‌برند. ناصرخسرو پای افزار ندوخته را از کفشگر پس گرفت و گفت در شهری که حتی یک اهل باطن زندگی کند اقامت نمی‌کنم و با این تمهید از شهر خارج شد.

در سال ۴۲۹ هجری طغرل سلجوقی در نیشابور بر تخت سلطنت نشست، در دوران سلجوقیان این شهر با مردمان صنعتگر و توانا به یکی از مراکز عمدهٔ علمی، صنعتی و تجاری و همچنین یکی از پایگاههای عمدهٔ نظامی تبدیل شد. نیشابور مانند دیگر شهرهای خراسان بزرگ از سه قسمت تشکیل می‌شد. قسمت مرکزی که کهندژ یعنی ارک شارستان بود، سپس شهر، و آنگاه بیرون و حومهٔ شهر که رَبض خوانده می‌شد که بین آن و شهر خندق عمیقی وجود داشت که در واقع حایل شهر بود.

در سدهٔ پنجم هجری نیشابور در نتیجه رونق تجارت و ترقی صنعت چنان توسعه یافت که به حومه متصل گردید. در تاریخ نیشابوری آمده است که

نیشابور مانند عرصهٔ شطرنج به شصت و چهار کوی یا محله تقسیم می‌شد که یک کوی متوسط آن به نام «جولاهگان» از سیصد کوچه بیشتر داشت و این کویها همگی مشجر و به صورت کوچه باغ بودند و نامهای فارسی داشتند مانند : باغک، شادیاخ، کنارنگ، شادراه، اسفریس، شاپور، سرپل، خشانه، بوی‌آباد، کَدکن و دیگر نامها. در شهر نیشابور چند یخدان یا یخچال در نقاط مختلف بنا شده بود که از برف زمستان ذخیره می‌شد و در فصل تابستان به بیماران و تهیدستان رایگان داده می‌شد.

استخری مورخ می‌نویسد که پارچه‌های نخی و ابریشمین خوش نقش و نگار نیشابور به ممالک اسلامی صادر می‌شد.

## رَصَدخانهٔ نیشابور

در سدهٔ پنجم هجری قمری به دستور سلطان ملکشاه جلال‌الدین سلجوقی رصدخانه‌هایی در شهر نیشابور و اصفهان به سرپرستی حکیم عمرخیام نیشابوری و با همکاری جمعی از ستاره‌شناسان و ریاضی‌دانان زمان چون عبدالرحمن خازنی، میمون بن‌نجیب واسطی و چند تن دیگر ایجاد شد. این دانشمندان گاهنامهٔ اوستایی سال و ماه ایرانی را موافق قواعد و اصول نجومی و ریاضی تنظیم کردند که گاهنامهٔ جلالی نامیده شد و تا امروز مورد استفادهٔ ما ایرانیان است.

## معادن نیشابور

از معادن نیشابور و حومهٔ آن مس، آهن، نقره، سرب، نمک و فیروزه بدست می‌آمد و صادر می‌شد. از هنرمندی صنعتگران ماهری چون فیروزه‌کاران، کیمیاگران، شمشیرسازان، کاسه‌گران، کوزه‌گران، چیت‌گران و شیشه‌گران نیشابوری حکایتهای جالبی منقول است.

## سوانح نیشابور

نیشابور در منطقه‌ای زلزله خیز قرار گرفته و در طول تاریخ کهن خود بارها

و بارها دچار زلزله‌های هولناک گردیده است. به همین علت هم چندین بار این شهر جابجا شده است بطوریکه هم‌اکنون نیشابور اصلی در خارج شهر کنونی به صورت دشتی گسترده با تپه‌ها و کشتزارها و گورستانهای وسیع به چشم می‌خورد.

نیشابور علاوه بر سوانح طبیعی در معرض حملات و تجاوزات اقوام نیمه وحشی چون غُزان، مغولان و تیموریان قرار گرفته است. شکل کنونی آن هم از حیث وسعت و آبادانی و زیبایی و هم از لحاظ نفوس و جمعیت با نیشابوری که تا قرن هفتم هجری پایتخت خراسان و یکی از مراکز مهم علمی و صنعتی و تجاری جهان اسلامی بشمار می‌رفت و به دارالعلم شهرت داشت بکلی فرق کرده است.

در سال ۶۱۸ هجری پنجاه سال پس از تجاوزات و خونریزیهای طایفه نیمه وحشی غزان به نیشابور قوم مغول از مغولستان به سرزمین ایران سرازیر گشت و زیانهای مادی و معنوی غیر قابل جبرانی ببار آورد. در حملهٔ مغولان اهالی نیشابور دلیرانه به مقاومت و دفاع از شهر پرداختند، تغاجار داماد چنگیز در این مبارزات کشته شد و این شهر مورد انتقام شدید مغولان قرار گرفت و به کینهٔ تغاجار فرمان قتل عام از طرف چنگیز صادر شد.

سپاهیان چنگیز به فرماندهی همسر تغاجار یعنی دختر چنگیز یک میلیون و نیم جمعیت نیشابور را هلاک کردند و جمعی را به اسارت بردند و هیچ جانداری را در آن شهر عظیم زنده نگذاشتند. کلیهٔ ساختمانها و بناهای این شهر را اعم از منازل، مدارس، کتابخانه‌ها، مساجد، خانقاهها، مراکز تعلیم و تعلم، بازارها، دروازه‌ها، کاریزها، آب‌انبارها، گرمابه‌ها، خمخانه‌ها، کوشکهای حسنکی و قصرها را ویران کردند و هفت شبانه روز بر ویرانه‌های آن شهر آب بستند و پس از هفت شبانه‌روز در سراسر زمینهای هموار و مسطح آن شهر ویران جو کاشتند، شرح این مصیبت بزرگ و فتنهٔ عظیم در تواریخ و تذکره‌ها به تفصیل آمده است.

نیشابور پس از تجاوزات و حملات اقوام نیمه‌وحشی مذکور چنان ویران

و پریشان گشت که دیگر به شوکت و منزلت دیرینهٔ خود دست نیافت و به سرزمینی فلاکت‌زده و دیاری خاموش مبدل گردید و در شمار یکی از شهرهای کوچک ایران درآمد.

شهر نیشابور هم مانند سایر شهرهای ایران در طول تاریخ دراز مدت خود فرزندان شایسته و باکفایتی در رشته‌های مختلف علوم و فنون و دانش و پهلوانی و دلاوری در دامان خود پرورانیده است.

## عرفای نیشابور

از قرن سوم هجری خراسان بزرگ یکی از مراکز مهم فرقه تصوف بشمار می‌رفت. در این عصر مشاهیر بزرگی از عرفا از نیشابور برخاستند و در خانقاههای متعدد نیشابور همواره گروهی از اهل ذوق و طریقت در حلقهٔ درس مشایخ به تعلیم و تعلم و ارشاد خلق می‌پرداختند.

از عرفای بلندپایه و پیشقدم نیشابور در قرن سوم هجری ابوحفص نیشابوری، ابودقاق نیشابوری، حمدان نیشابوری، عثمان نیشابوری، عبدالرحمن نیشابوری وکسانی دیگر را می‌توان نام برد که اکثراً در حملات وحشیانهٔ مغولان و غزان کشته شدند.

درکتاب اسرارالتوحید نام چند خانقاه نیشابور ذکر شده است که در آنها مردمان اهل سیر و سلوك به راهبری و ارشاد مردم و خدمت به خلق می‌پرداختند. بر اثر زهد و تقوا و نیکوکاری عرفا و نظم و ترتیب خانقاهها عامّه مردم توجه و عنایت خاصی نسبت به این فرقه داشتند و درگرفتاریها و نامرادیهای زندگی به کمک و هدایت آنان امیدوار بودند.

روایت است که شیخ الرئیس ابوعلی سینا در سفری که به نیشابور کرد، در خانقاهی با ابوسعید ابوالخیر عارف مشهور زمان ملاقات داشت. پس از این ملاقات ابن سینا درکتاب «الاشارات و التنبیهات» طی بحث دقیقی در اصول عقاید عرفا و تعریف زاهد و عارف کیفیت اتصال و اتحاد عرفا را به حقایق معنوی از طریق عشق و مراحل کمال یاد کرده است.

از قرن سوم هجری در بعضی از خانقاههای نیشابور برای نخستین بار پس از گذشت چند قرن، به‌تدریج سَماع، اَغانی صوفیانه و رقصهای عاشقانهٔ عارفانه به تقلید و پیروی از اعمال مذهبی مانویان ایران باستان که با رقص و آواز و سرود خوانی انجام می‌شد رواج پیدا کرد و بعدها مولانا جلال‌الدین محمد بلخی در قرن هفتم هجری این مراسم کهن زیبا و روح‌افزای ایران باستان را به اوج روحانیت و معنویت رسانید. مولانا سَماع صوفیانه و نغمهٔ نی را رمزی مقدس و نشان و ندایی روحانی از عشق و توجه به مقام باریتعالی معرفی کرده و دراین زمینه با ظرافت و لطافت عارفانه‌ای به زبان زیبای شعر نغمه‌سرایی کرده است.

بشنو از نی چون حکایت می‌کند — از جدایی‌ها شکایت می‌کند
از نیستان تا مرا ببریده‌اند — از نفیرم مرد و زن نالیده‌اند

## زنان برجستهٔ نیشابور

در کتاب «الانساب» سَمعانی از فقها و علمای قرن پنجم هجری که در علم حدیث و روایت و اخبار مشهور و مُدرّس مدرسه شهر مَرو به نام شافعیه بود می‌نویسد : برای تکمیل علوم از شهر مَرو به نیشابور که شهر علم است رفته و در آنجا نزد چند زن عارف مجتهد دانشمند ایرانی که همگی نامهای خالص ایرانی داشتند به تکمیل علوم پرداخته و اجازهٔ روایت و حدیث و اخبار را از آن زنان عارف مجتهد دانشمند ایرانی دریافت کرده است.

فاطمهٔ نیشابوری از عرفای مشهور قرن چهارم هجری بود. عبدالرحمن جامی در کتاب «نفحات الانس» خود می‌نویسد فاطمهٔ نیشابوری در مقامات عارفانه و کمالاتِ اهل یقین هم‌تراز و تالی رابعه بوده است.

دیگر از فرزندان لایق نیشابور فاطمه خاتون نیشابوری را می‌توان نام برد که به هنگام حملهٔ مغول جزو زنان اسیر به مغولستان فرستاده شد و در ردیف خدمتگزاران خاص دستگاه سلطنت مغولان درآمد.

در آن زمان «توراکنیا» خاتون همسر اوکتای قاآن پسر چنگیز نیابت

سلطنت مغولان را در شهر قراقروم پایتخت مغولان در دست داشت.

فاطمه خاتون نیشابوری در اثر هوش و کاردانی خود خیلی زود توانست به‌عنوان ندیمه و مشاور مخصوص توراکنیا خاتون در آید. چنانچه مورخ دانشمند جوینی می‌نویسد «توراکنیا خاتون بدون نظر و مشورت فاطمه خاتون نیشابوری به کاری اقدام نمی‌کرد».

موقعیت حساس و مقام و منزلت فاطمه خاتون نیشابوری و کفایت و سیاست وی در پیشبرد کارها موجب شد که بتدریج ایرانیان هنرمند و دانشمندی را که به صورت اسیران در اردوی مغولان به کارهای پست گماشته بودند، وارد دستگاه حاکمه مغولان کرده به مشاغل و مناصب عالی برساند. از جمله شرف‌الدین خوارزمی بود که مدت‌ها در زندان مغولان با وضع اسف‌باری بسر می‌برد، با کاردانی فاطمه خاتون از طرف مغولان به حکومت خراسان انتخاب شد. دیگر عبدالرحمن نیشابوری از تجّار بزرگ و معروف نیشابور که به اسارت مغولان در افتاده بود با وساطت فاطمه خاتون به عنوان وزیر برگزیده شد.

نکته قابل توجه آنکه فاطمه خاتون نیشابوری موجب شد توراکنیا نایب‌السلطنه مغولان عازم خراسان شود تا ویرانیهای خراسان با نفوذ و قدرت وی تا حدودی ترمیم گردد.

فاطمه خاتون نیشابوری توانست گروهی از ایرانیان اسیر دربند را در دستگاه سلطنت مغولان به تصدی کارهای مهم برساند و این امر همچنان ادامه داشت تا هنگامی که «کیوک» به جای مادر به سلطنت رسید.

در این زمان سعایت‌ها و بغض و کینه‌های سرکردگان مغولی نسبت به فاطمه خاتون نیشابوری به ثمر نشست. وی را بشدت متهم به خیانت و جاسوسی کردند، که در نتیجه سبب گرفتاری وی گردید و پس از شکنجه‌های بسیار او را در نمد پیچیده در آب غرق کردند.

## شعرای عارف مسلک نیشابور

**میرزا ابوالمعالی** متخلص به‌عالی از عرفای مشهور قرن هفتم هجری بود که

نسب خود را به فریدالدین عطار نیشابوری می‌رسانید.

کی‌شود دلتنگ از غم هر که با دل آشناست
بی‌تکلف گوشهٔ دل بوستانی دلگشاست
ازتماشای گلستانِ جهان در حیرتم
آن چمن پیرا که این گلزار دارد خود کجاست
چهار فصل دهر را کردم تماشا ماه و سال
عمر چون باد بهاری بی‌ثبات و بی‌بقاست

**لطف‌الله نیشابوری** از عرفای قرن ششم هجری که نظر به مقامات معنوی‌اش وی را مولانا می‌نامیدند

دیشب زسَرِ صدِق و صفای دل من
در میکده آن روح‌فزای دلِ من
جامی به من آورد که بِستان و بنوش
گفتم نخورم گفت برای دلِ من

**عظیمای نیشابوری** در شعر عظیم تخلص می‌کرد، اثر معروفش به نام «فوز عظیم» است که در قالب مثنوی پیرامون خلقت و طبیعت انسان سروده است. او که از شعرای عارف مسلک قرن دهم هجری قمری بود، غزلی دارد به نام غَزل گفت، که از اول تا آخر این غَزل به یکدیگر موقوف است :

قاصد آمد، گفتمش آن یار سیمین بَر چه گفت
گفت با هجرم بسازد، گفتمش دیگر چه گفت
گفت دیگر پا ز حدّ خویش نگذارد برون
گفتمش جمع است از پا خاطرمَ از سَر چه گفت
گفت سَر را بایدش از خاک رَه کمتر کند
گفتمش کمتر شمردم، زین تن لاغر چه گفت

گفت جسم لاغرش را در جهان خواهیم سوخت
گفتمش من سوختم، در باب خاکستر چه گفت
گفت خاکستر چو گردَد خواهمش بر باد داد
گفتمش بر باد رفتم، در حق محشر چه گفت
گفت در محَشر به یکدم زنده‌اش خواهیم کرد
گفتمش من زنده گردیدم، ز خیر و شَر چه گفت
گفت خیر و شَر نباشد عاشقان را در حساب
گفتمش این هم حسابی، با لب کوثر چه گفت
گفت با ما بر لب کوثر نشیند عاقبت
گفتمش گر عاقبت این است، زین بهتر چه گفت
گفت دیگر نگذرد در خاطرش یاد عظیم
گفتمش دیگر بگو، گفتا مگو دیگر چه گفت

**فریدالدین عطار نیشابوری** یکی از نام‌آورترین عرفا و شعرا و نویسندگان نیشابور، فریدالدین عطار کَدکَنی نیشابوری‌ست که در فتنهٔ مغول به سال ۶۲۶ هجری کشته شد و مزار وی در نیشابور زیارتگاه صاحبدلان است. عطار با علوم عصر خویش چون طب، نجوم و موسیقی آشنایی کامل داشت و در بعضی از اشعارش از اصطلاحات نجومی و ردیفهای موسیقی یاد کرده است.

گهی راه عِراق آهسته می‌زد  گهی راه سپاهان بسته می‌زد
مخالف را چو راه راست افکند  به صنعت جادویی کرد از نهاوند

عطار خود در بعضی از مثنویهایش اشاره کرده است که انقلاب روحی و درونی وی در همان دورانی فرصت ظهور یافت که از طریق طبابت و داروفروشی به خدمت خلق سرگرم بود و در این باره می‌گوید :

مصیبت‌نامه کاندوه جهان است  الهی نامه کاسرار عیان است
به داروخانه کردم هر دو آغاز  چگونه زود رَستم زین و آن باز

به داروخانه پانصد شخص بودند         که در هر روز نبضم می‌نمودند

بنابراین اشارات افسانهٔای که دربارهٔ انقلاب روحی عطار شایع است به نظر ساختگی می‌آید. عطار عارف، شاعر، نویسنده، طبیب، و داروفروشی پرکار و فعال بود. او در همان هنگام اشتغال به طبابت و داروفروشی به سرودن اشعار عرفانی می‌پرداخت. او در اواخر عمر و دوران گوشه گیری، به تنظیم مثنویها و رباعیات و تصنیف رسالات خویش سرگرم بود.

در برخی از مثنویهای عرفانی دل‌انگیزی که از عطار بجای مانده است مضامین داستان‌های آن ریشه‌های کهن ایرانی دارد. منظومهٔ سرشار از رمز و راز منطق‌الطیر او که متجاوز از چهار هزار و ششصد بیت است دربارهٔ پرندهٔ افسانه‌ای سیمرغ می‌باشد. این منظومه یکی از شاهکارهای جاوید ادب فارسی بشمارست و تاکنون به چند زبان خارجی ترجمه گردیده است.

عطار زبان به مدح و ستایش کسی نیالود و از قدر و قیمت سخن خویش نکاست. او از تعصبات دینی و تظاهر به دین‌داری و ریاکاری نیز برکنار بود.

گر سّرِ عشق خواهی از کفر و دین گذر کن
کانجا که عشق آمد چه جای کُفر و دین است

قدرت تجلّی عشق الهی در اشعار عطار تا بجایی‌ست که معتقدست جان انسان در مکتب عشق الهی ادب می‌آموزد و روح در پرتو تعلیم عشق الهی به جهان بی‌نیازی و عزت نفس و بلندنظری پرواز می‌کند که عالَمی برتر و والاتر از همه چیزست.

گُم شدم در خود چنان کز خویش ناپیدا شدم
شبنمی بودم ز دریا غرقه در دریا شدم
سایه‌ای بودم زاول برزمین افتاده خوار
راست کان خورشید پیدا گشت ناپیدا شدم

ز آمدن بَس بی‌نشان و ازشدن بس بی‌خَبر
گوییا یکدم برآمد کامدم من یا شدم
نَه مپرس از من سخن زیرا که چون پروانه‌ای
از فروغ شمع روی دوست ناپروا شدم
در رَه عشقش قدَم درَ نِه اگر با دانشی
لاجرم در عشق هم نادان و هم دانا شدم
چون دل عطار بیرون دیدم از هر دو جهان
من ز تاثیر دل او بیدل و شیدا شدم

عطار صوفی پارسا و معتدل و پیراسرار بود. شخصیت معنوی وی بامبانی حقایق عرفانی و مناعت طبع پرورش یافته بود و در سایه تعلیم و تربیت استادش شیخ نجم‌الدین کبری به مقام عالی عرفانی نایل گشته بود.

دوش در صحرای خلوت کوس سلطانی زدم
خیمه بر بالای نزدیکان ربّانی زدم

و عالَم بی‌نیازی را چنین سروده است :

دست در دامن جان خواهم زدَ
پای بر فرق جهان خواهم زد
اسب بر جِسم و جهت خواهم تاخت
بانک بر کون و مکان خواهم زد
چون مرا نام و نشان نیست پدید
دمَ ز بی‌نام و نشان خواهم زد
از دلم مشعله‌ای خواهم ساخت
نَفَس شعله فشان خواهم زد

هنگامی که سلطان بهاءِالدین وَلد از عرفای بلند پایه شهر بلخ با فرزند

خردسالش جلال‌الدین محمد که بعدها به مولوی معروف شد از شهر بلخ رهسپار عراق گردید در نیشابور به خدمت عطار رسید و عطار آینده‌ای درخشان از عرفان و معنویت در جبین آن کودک خردسال پیش‌بینی کرد و نسخه‌ای از کتاب اَسرار نامه خود را به وی هدیه داد.

مولانا جلال‌الدین محمد بلخی در مثنوی خود دربارهٔ عظمت مقام عطار می‌گوید:

هفت شهر عشق را عطار گشت
ما هنوز اندر خَم یک کوچه‌ایم

او در جایی دیگر در طبقه‌بندی مقامات عارفانه، عطار را روح، و سنایی غزنوی را دو چشم معرفی کرده وگفته است:

عطار روح بود و سنایی دو چشم او
ما از پی سنایی و عطار آمدیم.

**احمد سیفی نیشابوری** از شعرای قرن هفتم هجری در سرودن نظم و نثر مصنوع استاد بشمار می‌رفت. گفته شده است که سیفی نیشابوری رساله‌ای حاوی صَدنامهٔ عاشقانه از عاشق به معشوق تصنیف کرده بود که اثری از آن بجای نمانده است.

خبرَت هست‌که تا دور فتادی زبَرم
دل زمن دور فتادست وبه‌جان درخطرم
دل و جانم چو همی بی‌تو نخواهند مرا
پس تویی جان و دل من چو همی در نگرم
دل خَبر یافت که رفتی و بیامد ز پَسَت
جان بدو گفت که رفتی و مَنَت در اَثرَم
تا به یکبارگی ای جان جهان باز رَهم
من از این محنت و تیمار و تو از درد سَرم

**محمدبن عبدالملک برهانی نیشابوری** معروف به امیر معزی از شعرای قرن پنجم هجری امیرالشعرای دربار سلجوقی بود که به سبک خراسانی شعر می‌سرود. امیر معزی نیشابوری در سال ۵۱۱ هجری باتیر غیر عمد سلطان سنجر سلجوقی در شکارگاه کشته شد.

صنما ما زره دور و دراز آمده‌ایم
به سر کوی تو با درد و نیاز آمده‌ایم
گر به نزدیک تو آهسته و هشیار شدیم
مست و آشفته به نزدیک تو باز آمده‌ایم
آمدستیم خریدار می‌ورود و سرود
نه فروشندهٔ تسبیح و نماز آمده‌ایم
توشه و ساز زدیدار تو خواهیم همی
گر به دیدار تو بی‌توشه و ساز آمده‌ایم

از نام‌آورترین بزرگان بلندپایهٔ نیشابور که از مفاخر متفکران و دانشمندان ایران و جهان بشمارست حکیم عمرخیام نیشابوری‌ست.

خیام متفکر، منجم، هواشناس، مبتکر، ریاضی‌دان، طبیب، ادیب، مفسر، مخترع نوعی ترازوی آبی و جامع علوم عصر خویش در قرن پنجم هجری بود که در جایی دیگر از آن یاد کرده‌ام.

اسامی ذکر شده نمونه‌های بسیار اندکی بود جهت یادآوری، وگرنه تراجم احوال بزرگان نیشابور اعم از صنعتگر، نقاش، هنرمند، منجم، ریاضی‌دان، طبیب، ادیب، مفسر، و سرداران و سالاران دلاوری که در راه آزادی و بدست آوردن استقلال و حاکمیت ایران جان باختند فرصتی بس درازتر می‌خواهد.

باید این نکته را خاطر نشان کرد که در گذرگاه تاریخ درازمدت کم فراز و پرفرود ایران، تعداد بیشماری شاعران، نویسندگان، متفکران، و دانشمندان صاحب‌نظر تراز اول از خطهٔ عزیز آذربایجان، و از صفحات فارس، کرمان،

بلوچستان، سیستان، کردستان، خوزستان، خراسان، گرگان، مازندران، کرمانشاهان، همدان، کاشان، قزوین، تهران و سایر مناطق ایران برخاسته‌اند که تمدن و فرهنگ و تعقل عالیقدر ملی ما مدیون افکار و عقاید و دانشهای آنان است. بسیار مناسب است که در چنین زمانهٔ آشفته و پریشانی که گذشته‌های افتخارآمیز و غنای تمدن کهن و ارزشهای معنوی فرهنگ انسانی جامعه ایرانی و تاثیرات قابل توجه آن در تحول و پیشبرد جامعه بشری در تاریکیهای غبارآلود سیاست جهانی رو به تحلیل می‌رود، گاه گاهی به این گونه یادآوریها برای تجدید و تقویت بنیهٔ فرهنگی و تحکیم پیوندهای عاطفی ملی تاریخی اشاره شود.

# سرگذشت

## گوشه‌هایی از عظمت و انحطاط هویت فرهنگی ایران در گذرگاه تاریخ

مسلم است برای هر ملت و قومی شناخت گذشته‌ها درس زندگی و راهنمای آینده است. ملتی که به فراز و نشیبهای تاریخی و فرهنگی گذشتهٔ خود آشنایی و آگاهی داشته باشد کمتر دچار لغزش و اشتباهات مکرر می‌شود.

از مظاهر درخشان تمدن و فرهنگ مردمیِ دوران هخامنشی و اشکانی رعایت آزادی و طرز سلوک انسانی آنان با مردم و احترام گذاردن به عقاید و مذاهب مختلف ملل تابعهٔ خود بود.

در تورات و تلمود بابِلی کتاب دینی یهودیان در مورد سیاست آزادیخواهانه و مسالمت‌آمیز حکومتهای هخامنشی و اشکانی یا پارتها از قول تنی چند از پیامبران بنی‌اسرائیل اشاراتی آمده است.

کوروش اول هخامنشی پس از تصرف لیدی و بین‌النهرین و بابِل،

یهودیان اسیر و آواره را آزاد کرده به سرزمین اصلیشان بازگرداند. معابد ویران و غارت شده آنان را که با دست قوم آشور از بین رفته بود دوباره در بابِل بازسازی کرد و با صدور فرمان عفو عمومی و آزادی مذهب و احترام به قوانین محلی و رسوم ملی بابِلیان، استقلال قوم یهود را در بابِل اعلام نمود که تا پایان حکومت هخامنشیان اعتبار و ادامه داشت.

در تِلمود بابلی و منابع دیگر چون آثار مورخ معروف یوسفوس فلاویوس آمده است که ملت یهود پس از فروپاشی حکومت هخامنشیان به اسارت سلوکیدهای مقدونی گرفتار شدند و در زمان حکومت اشکانیان با کمک و مساعدتهای نظامی و اقتصادی آنان یهودیان توانستند از قید اسارت سلوکیدهای مقدونی نجات یابند و در تصرف و استقلال اراضی اجدادی خود پیروز گردند.

دستگاه فرمانروایی هخامنشیان پای‌بند و پیرو راستی و دادگری بود و سه اصل آزادی عقیده و مذهب و آزادی زبان و آزادی کار را برخلاف اصول حکومتهای بی‌رحمانه و خشونت‌بار جهان آن روز برای ملل تابعهٔ خود در نظر گرفته بود با ایجاد این تحول و بنیانگذاری نوین، شیوهٔ حکومتی نوین و انسانی در صفحهٔ تاریخ حکومتها گشوده شد.

امپراتوری هخامنشی به‌عقیده و مذاهب مردم سرزمینهای تسخیر شده چون کشورهای مصر، حبشه، یمن و دیگر مناطق احترام می‌گذارد. زبان فارسی باستان تنها زبان رسمی کشور ایران برای اقوام و تیره‌های مختلف ایرانی که گویشهای محلی داشتند بود و بر ملتهای مغلوب تحمیل نمی‌گردید. همچنین برای ساختن بناهای بزرگی چون آتشکده‌ها، کاخها، جاده‌ها، پلها و نظایر آن اُسرای ملتهای مغلوب را به بیگاری نمی‌گرفتند، بلکه به کارگران ایرانی و بیگانه مزدی عادلانه پرداخت می‌شد. اسناد مزد کارگران ساختمان کاخ تخت‌جمشید که به صورت الواح گلین منقور و منقوش در کاوشهای علمی باستان‌شناسان در سال ۱۳۱۲ خورشیدی برابر ۱۹۳۴ میلادی در گنج خانهٔ تخت‌جمشید بدست آمده است، این امر را روشن نشان می‌دهد. نکتهٔ

جالب توجه دیگر در این اسناد یافته شده اشاره به وجود گروهی از کارگران سنگتراش است. بیشتر استادکاران این گروه بویژه برای گل و برگ‌اندازی و صاف کردن و برق انداختن سنگها زنان بودند که دستمزدشان با مردان برابر بوده است.

افزون بر آن شواهد و نمونه‌های متعدد دیگری از فرمانهای آزادی عقیده و مذهب، طی کاوشهای باستانشناسی به‌صورت کتیبه‌ها و الواح در قلمرو مرز و بوم ایران امروز و بخشهایی از هندوستان، پاکستان و افغانستان فعلی و نیز در معابد و قصرهای کشور باستانی مصر بدست آمده است. این فرمانها شاهد و دلیل بارزی بر رعایت اصول انسانی و بشر دوستی در ایران باستان است.

طبق نوشته‌های بسیاری از مورخان و فلاسفهٔ یونانی و رومی چون افلاطون، هرودت، پلوتارک، گزنفون، کِتزیاس، توسیدید، دی‌نُن و دیگران هخامنشیان در امور کشورداری بنابر سنت و آداب قدیم آریاییها پای‌بند پیروی از تصمیمات و آرای شورایی بودند. اعضای آن شوراها را افراد کارآموزده وارد به امور سپاهیگری و کشورداری و نمایندگان ملل تابعه تشکیل می‌دادند.

افلاطون در دفتر سوم کتاب نوامیس خود هنگامی که طرح سازمان شهر افلاطونی یعنی مدینهٔ فاضله را نشان می‌دهد آیین حکومت ایران را در زمان کوروش اول هخامنشی به عنوان بهترین نمونهٔ فرمانروایی می‌نامد.

گزنفون در کتاب «آیین کوروش» که در ۳۶۹ پیش از زایش مسیح نوشته بارها راستی و درستی و شیوهٔ عدالت‌خواهی و رویهٔ مسالمت‌آمیز حکومت هخامنشی را ستوده است. بنابر گزارش گزنفون، کوروش اول هخامنشی همواره به سپاهیان خود می‌گوید «ما باید به طریقی فرمانروایی کنیم که ثابت شود از مغلوبان خود بهتریم تا بتوانیم نیکبختی را به میهن خود ارزانی داریم».

نخستین منشور آزادی عقیده و مذهب در جهان کهن بر لوح استوانه‌ای زرین منقور و منقوش است که به زبان فارسی باستان و به سه خط ایلامی،

بابلی و میخی پارسی نگاشته شده است. این لوح کوروش اول هخامنشی از دورانی در حدود سدهٔ پنجم پیش از زایش مسیح به یادگار مانده است که هم اکنون در موزهٔ بریتانیا نگهداری می‌شود.

این نظام و قوانین آزادی عقیده و مذهب در دورانی نزدیک به دو قرن و نیم حکومت با عظمت و جلال هخامنشیان تعقیب می‌شد. پس از انقراض هخامنشیان در حدود ۳۴۰ پیش از زایش مسیح، در حکومت پانصد سالهٔ اشکانیان نیز نظام کشورداری بر همین روال اجرا می‌گردید. افزون بر آن اشکانیان یا پارتها به استانها و ولایات و حکام محلی نیز خودمختاری و اختیاراتی مناسب بخشیده بودند.

اشکانیان دو مجلس مشورتی داشتند یکی مجلس خانوادهٔ شاهی که افراد خاندان اشکانی وقتی به سنِ بلوغ و آزمودگی می‌رسیدند در آن شرکت می‌کردند و دیگر مجلس بزرگان، که اعضای آن از افراد کارآزموده در امور سپاهیگری و کشورداری و نمایندگان ملل تابعه تشکیل می‌یافت. این دو مجلس را مغستان می‌نامیدند.

به گواهی نوشته‌های مورخان سِریانی،یونانی، یهودی، ارمنی و یافته‌های باستانشناسی، یک ویژگی، حکومت یکهزار سالهٔ پیش از حکومت ساسانیان یعنی مادها، هخامنشیان، و اشکانیان را از حکومتهای بعدی چون ساسانیان متمایز می‌کرد. این ویژگی رویهٔ مسالمت‌آمیز و سیاست آزادیخواهانه و مدارای رهبران با مردم و عدم مداخله در چگونگی زندگی آنان و محترم شمردن عقاید و مذاهب مختلف ملتهای مغلوب و احترام به سنت‌ها و باورهای اقلیتهای ساکن در ایران بود.

پس از فروپاشی دودمان اشکانیان، اردشیر بابکان که خود و پدرانش از روحانیان آیین زردشت و از پریستاران آتشکدهٔ بزرگ و معروف آناهیتا در استخر فارس بودند سلسله ساسانیان را بنیادگذارد.

در این دوران برای نخستین بار در ایران مزداپرستی دین یگانهٔ رسمی کشور اعلام گردید. موبدان و هیربدان به عالیترین و بلندترین مقامات

کشوری دست یافتند و برای طبقات گوناگون اجتماع درجات و نظام خاصی وضع گردید.

شاهنشاهان ساسانی از آغاز اعلام دین زردشت به مثابهٔ یگانه آیین رسمی کشور ایران، موبدان و هیربدان را تکیه‌گاهی مطمئن و پایدار جهت فرمانروایی خود یافتند. بدین‌ترتیب ساسانیان پیوستگی و اتحاد دین و حکومت را در ایران پایه‌گذاری کردند.

از آن پس موبدان و هیربدان برای پیروزی و شکوهمندی خود در سراسر کشور پهناور ایران به مبارزات و پیکارهای دینی پرداختند. آنان انهدام نفوذ ادیان یهود، مسیحیت، بودایی‌گری، برهماگری را هدف خود قرار دادند. در همین راستا بود که بعدها به نابودی نهضتهای نوین مانی و نوگرایی‌های مزدک مبادرت ورزیدند و جهت برقراری جهالت‌ها و خرافات مذهبی به بیدادگریهای تعصب‌آلود اهریمنی متوسل گشتند.

می‌توان گفت که شیوهٔ حکومت ساسانیان به‌تدریج به نوعی حکومت تئوکراسی که حاکمیت فرهنگی، اقتصادی و سیاسی آن در دست روحانیان است منحرف گردید.

شرکت و دخالت روحانیان در امور کشورداری، این طبقه را از مسیر روحانیت و معنویت دور ساخته به سوی مادیات کشانید. در نتیجه آیین ساده و طبیعی زردشت آموزگار راستی و درستی با شعار اندیشه نیک، گفتار نیک و کردار نیک با هزاران شاخ و برگ موهوم و خُرافی آلوده گشت.

در اواخر دوران ساسانیان فضای اجتماعی ایران از فشار ظلم و ستم روحانیان و اتحادِ دین و حکومت و اختلافات فاحش طبقاتی، بسیار سنگین و خفقان آور شد و آسایش و آزادی را از مردم سلب کرد.

بسیاری از ایرانیان آزاده و روشنفکر ناچار به مهاجرت شدند و در سراسر دنیای شناخته شدهٔ آن روز پراکنده گشتند. بسیاری از ایرانیان صاحب اندیشهٔ دانشمند از طرف دستگاه سختگیر و خشونت‌بار روحانیان زردشتی سرکوب و نابود گردیدند.

سرانجام در قرن هفتم میلادی حکومت پرشکوه و جلال ساسانیان با حملهٔ اعراب فروپاشید و برچیده شد. با چیرگی اعراب اقتدار سیاسی و نظامی شاهنشاهی بلند آوازهٔ پانزده قرن تاریخ توأم با تمدن و فرهنگ درخشان ایران باستان پایان گرفت.

با این همه قابل دقت است که قدرت فرهنگی و فکری و سنتهای ملی ایرانیان همچنان پایدار و برقرار ماند و با تغییرات و تحولاتی طبق مقتضیات زمان به سازندگی و پیشرفت خود ادامه داد.

در طول تاریخ اسلامی، ایرانیان پیوسته هویت ایرانی خویش را با همهٔ ویژگیها و ارزشهای آن محفوظ نگهداشتند و در حقیقت هویت ملی و تاریخی و فرهنگی ایران در اسلام تحلیل نرفت، زیرا ایران پیش از ظهور اسلام پانزده قرن سابقهٔ تاریخی درخشان و تمدن و فرهنگی انسانی و آیین یکتاپرستی را پشت سرگذارده بود.

ایرانیان پس از اسلام به پیروی از نیاکان بافرهنگ اهورایی خود در ایجاد مراکز علمی و آموزشی چون مدارس، دانشگاهها، و کتابخانه‌ها جدی بلیغ داشتند و رسالات و مکتوبات علمی و ادبی و تاریخی به جای مانده از دوران ساسانی را از زبان پهلوی به زبان عربی برگرداندند و مورد استفاده قرار دادند.

به شهادت تاریخ دیری نپایید که فرهنگ اهورایی ایران سراسر جهان اسلامی را به زیر نفوذ خود گرفت و در تکمیل علوم و معارف اسلامی نقشی بسیار موثر و سازنده داشت.

در سده‌های چهارم و پنجم و ششم هجری قمری دو شهر نیشابور و ری با داشتن مراکز علمی و تعلیمی و کتابخانه‌های معتبر و غنی به نام دارالعلم جهان اسلام خوانده می‌شد.

همچنین شماری بیمارستانهای بزرگ و مراکز داروسازی به تقلید از بیمارستانهای دوران ساسانی بویژه بیمارستان و دانشگاه و کتابخانه عظیم «گُندی شاپور» در خوزستان با نام فارسی «مارستان» در سراسر سرزمین ایران

به تعداد زیادی احداث گردید.

ایرانیان نخستین ملتی در جهان مسلمان بوده‌اند که زبان عربی را به عنوان زبان رسمی خود نپذیرفتند و حاکمیت ملی و هویت ایرانی خود را حفظ کرده‌اند.

شمشیر عرب اسلام را در ایران جایگزین کرد، ولی در برابر قدرت فرهنگی آن عاجز ماند و به گفته ارنست رنان مورخ و فیلسوف اواخر قرن نوزدهم فرانسه «فرهنگ اسلامی مرهون دانش و حکمت و ادب و هنر ایرانیان است و جهان اسلامی در طول قرنها بدنی عربی داشت با مغز و هوشی ایرانی».

محمد حسنین هیکل دانشمند معاصر عرب می‌گوید «ایران تنها کشور مسلمانی ست که اسلام را پذیرفت ولی عربیت و زبان عربی را به‌عنوان حقیقتی واحد بر خود نپذیرفت».

شکوفایی و شکوهمندی علمی و فرهنگی دانشمندان و متفکران و هنرمندان ایرانی در رشته‌های مختلف علوم ریاضی، هندسه، فلسفه، پزشکی، داروشناسی، موسیقی، معماری، هیأت و غیره در دنیای سده‌های نهم تا سیزدهم میلادی زبانزد خاص و عام بود. تنها چند اثر جهانگیر را نام می‌بریم:

دایرةالمعارف پزشکی عظیم زکریای رازی بنام «الحاوی» و کتاب «قانون» ابن سینا که در جهان غرب به «انجیل علم پزشکی» نامیده می‌شد؛ آثار متعدد خوارزمی و ابوالوفا نیشابوری در ریاضیات و هندسه و نجوم؛ کتاب «موسیقی کبیر» ابونصر فارابی یا معلم ثانی پایه‌گذار موسیقی کلاسیک؛ آثار ابوریحان بیرونی در رشته جغرافیا؛ آثار فلسفی سهروردی و غزالی؛ این ذخایر گرانقدر علمی اکثراً به زبان عربی یعنی زبان حاکم سراسر جهان اسلام نوشته شده است. همچنانکه دانشمندان اروپایی هم در همان زمان آثارشان را به زبان لاتین می‌نوشتند. از این رو این آثار ارزشمند به مُهر اسلامی ممهور شد بخصوص در این اواخر بسیاری آثار علمی و هنری و ادبی دانشمندان قدیم

ایرانی به نام تمدن و فرهنگ عرب خوانده شده است که بسیار حیرت‌آور و باعث تاسف است.

در طول تاریخ چند هزار ساله پرفرود و کم فراز ایران گاهی جریان حوادث به مردم ما کمک کرده است که به واقعیات نزدیکتر شده و برای سر و سامان دادن به اوضاع نابسامان خود در پی چاره‌های منطقی و عملی برآیند. این تغییر روحیه و رویه در آثار بعضی از نویسندگان و شاعران و مورخان زمان جلوه‌گر شده است.

از جمله فاصله‌های تاریخی شکوفا و ثمربخش ایران را از سده‌های سوم و چهارم و پنجم هجری قمری برابر قرون نهم و دهم و یازدهم میلادی می‌توان یاد کرد. در این سده‌ها خانواده‌های اندیشمندی چون برمکیان، سهلیان، نوبختیان، بلعمیان و سرداران و سالاران بزرگی چون ابومسلم خراسانی، به آفرید و سندباد نیشابوری، مازیار و اسپهبد خورشید تبرستانی، بابک و بسیاری دیگر در راه بدست آوردن استقلال از دست رفتۀ ایران جانها فدا کردند. بر اثر همین تلاشها در بخشهایی از سرزمین تسخیر شدۀ ایران بزرگ، حکومتهای ایرانی بوجود آمد. طاهریان، صفاریان، سامانیان، آل بویه، آل زیار و امیران رشید و میهن‌پرست تبرستانی و گیل و دیلم و دیگر اقوام ایرانی با افراشتن علم استقلال در تداوم تاریخ و حفظ فرهنگ ما نقش بزرگی داشته‌اند.

دانشمندان، متفکران، ستاره‌شناسان، ریاضی‌دانان، ادیبان و پزشکان بلند پایه‌ای چون ابن سینا، ابوریحان بیرونی، ابو نصر فارابی، زکریای رازی، ابوالوفا نیشابوری، رستم کوهی، حکیم فردوسی توسی، خوارزمی، رودکی، برادران غزالی، حکیم عمرخیام نیشابوری، حکیم ناصرخسرو قبادیانی، و ده‌ها تن دیگر مشعل این فرهنگ گسترده را بر دوش داشته‌اند.

این رجال علم و ادب و حکمت در جستجوی حقیقت و معرفت و طلب دانش و ابتکارات علمی تلاش و کوششهای بسیار نمودند. با مجاهدات آنان جهت تحکیم بنیاد دانش و فنون و علوم متداول زمان مراکز علمی و تحقیقی

چون کتابخانه‌ها و مدارس متعدد بوجود آمد. افزون بر آن آنان با تألیف و تدوین کتب و ترویج زبان فارسی درّی نقش بزرگی در حفظ فرهنگ در آن دورانهای فرود تاریخی ما داشته‌اند.

ایرانیان در آن عصر با دوری از تعصبات و خرافات مذهبی و احترام به عقاید و افکار دانشمندان دیگر به پیشرفتهای شگفت‌آوری در رشته‌های مختلف علوم تحقیقی و نظری و فلسفی نایل گشتند.

اما از اواخر قرن پنجم قمری برای مدتی بیش از سیصدسال با بروز حملات و تهاجمات پی‌درپی اقوام نیمه وحشی مغول و تاتار ورق برگشت. بار دیگر فضای اجتماعی ایران در تاریکیهای وحشت‌زایی فرو نشست و گمراهی‌ها و موهومات مذهبی و تعصبات فرقه‌های نوظهور بتدریج رشد کرد و در جان و روان ایرانی ریشه دوانید.

در این دوران پیرایه‌های عجیب و غریب پیرامون اعتقادات مذهبی تنیده شد. در هر شهر و هر دهکده و هر کوهپایه‌ای امامزاده‌ها، بقعه‌ها، سقاخانه‌ها، و خانقاههایی چون گیاهان وحشی رویید.

این گرفتاری مغزی و روحی سبب سردی بازار علم و دانش و فنون متداول زمان گردید. بویژه علوم تحقیقی چون ریاضیات، هندسه، فلسفه، ستاره‌شناسی، پزشکی، کیمیا که همان علم شیمی ست و موسیقی ایرانیان که بطور چشمگیری مورد استفادهٔ علمی دنیای آن روز قرار گرفته بود به پایین‌ترین درجهٔ انحطاط سقوط کرد و روضه‌خوانی و تعزیه‌داری و گریه و زاری و جر و بحثهای بیهودهٔ مذهبی و انتظارات غیبی و معجزه، جای تلاش و دانش‌آموزی و تحصیل علم و معرفت و کسب کمالات و فضایل عالیه را گرفت. آثار شوم آن دوران هنوز هم دامنگیر و گریبانگیر ما ایرانیان است.

به گواهی تاریخ پس از فروپاشی و انقراض حکومت ساسانیان، تا آغاز تأسیس دولت صفوی یعنی در طول مدتی نزدیک به یکهزارسال جامعه آشفته و پریشان حال ایرانی برای رهایی از تسلط بیدادگرانه عرب و تهاجمات غارتگرانهٔ اقوام نیمه‌وحشی غزها و مغولها و تاتارها و دیگران جانها و خونها

نثار کرد و زیانهای مادی و معنوی غیرقابل جبرانی را متحمل شد.

در این هزار سال سرزمین پهناور ایران مورد تاخت و تاز اقوام بیگانه قرار گرفت و در نتیجه به فرمانروایی‌های کوچک و بزرگ تقسیم شد. گرچه حکومت ظاهری هر چندگاه به نام یکی از سران متجاوز نامیده می‌شد، با این همه در باطن ادارهٔ آن در دست وزیران و دبیران و منشیان دانشمند ایرانی بود. کارگزارانی چون جعفر و یحیای برمکی، عمیدالملک کندری، احمد اسفراینی، نظام‌الملک توسی، تاج الملک قمی، حسنک وزیر میکال، نصیرالدین توسی، رشیدالدین فضل‌الله همدانی و دیگران به اعتبار دانش و فرهنگ تبارشان به امور کشورداری آشنایی داشتند.

با کوشش و تلاش پیگیر همین کارگزاران بود که در این دوران یکهزار ساله، با آنکه ایرانیان حکومت مستقلی نداشتند ولی حاکمیت و هویت فرهنگی‌آنان همیشه زنده ماند.

در این دوران زبان فارسی دری زبان رسمی قلمرو پهناور ایران و حتی برخی از سرزمینهای غیرایرانی چون هندوستان و آسیای صغیر محسوب می‌شد.

نیاکان ما دریافته بودند که یکی از ارکان مهم ملیت و راز پایداری هویت تاریخی و فرهنگی ایران زبان فارسی و فرهنگ و ادب ایرانی‌ست. زیرا قلمرو سیاسی و مرزهای جغرافیایی و نظامی ایران در طول تاریخ چند هزار سالهٔ خود بارها و بارها دگرگونی‌های بسیار یافته است. تنها نیروی عظیم مقاومت فرهنگی ما زبان و آیینهای ملی بوده است، که با تکیه بر آن ایران توانسته است در برابر قدرتهای خُردکننده تهاجمات اقوام بیگانه سمندروار بپاخیزد و فرهنگ خود را حفظ کند.

یکی از رویدادهای مهم تاریخی ایران در آستانهٔ قرن بیستم میلادی جنبش مشروطیت بود که با وجود پیروزی زودگذر و عمر کوتاهش اثرات مفید و ارزشمندی در زندگانی اجتماعی، اقتصادی، سیاسی و فرهنگی مردم ایران برجای نهاد.

جنبش مشروطیت ایران با اعلام حکومت قانون و احترام به شخصیت انسانی افراد، دریچه‌ای را به سوی آینده‌ای روشن گشود و در آن محیط ظلمانی جهل و تعصّب امید ترقی و پیشرفت جامعهٔ عقب‌ماندهٔ ایرانی را نیرو بخشید.

یکی از عوامل اصلی این تحول انقلابی، ارتباط اقتصادی و فرهنگی ایران با اروپا و کشورهای همسایه و جُنب و جوشهای فکری و سیاسی بود که از اواسط قرن نوزدهم میلادی در بین مُبشران و متفکران اصلی نهضت مشروطیت به شکوفه نشست.

پیشاهنگان نهضت مشروطه رزمندگان میدان قلم و سرشناسان دانشمند زمان از رجال بلندپایهٔ تحصیل کرده و بازرگانان اروپا دیده و بعضی از روحانیانی بودند که تا حدودی به علوم و تمدن جدید آشنایی پیدا کرده بودند. آنان سخنهایی از عدالت‌طلبی و آزادیخواهی و سوادآموزی و اندیشه‌های نو بمیان آوردند. این گونه مباحث در نشریات فارسی زبان خارج از ایران چون کشورهای مصر و ترکیه و هندوستان بچاپ می‌رسید و با پیک‌های پنهانی به ایران فرستاده می‌شد. در ایران هم پخش شب‌نامه‌ها و تشکیل انجمنهای سرّی که از عقب‌ماندگی و درماندگیهای ایرانیان و پیشرفتهای سریع کشورهای آزاد در آنها سخن می‌رفت ادامه داشت. مجموعهٔ این تلاشها به رشد فکری و فرهنگ سیاسی مردم ایران مدد می‌رسانید و سرانجام سبب بیداری و پیدایش شور ملی گشت.

در سالهای آغازین جنبش مشروطیت شاعران، نویسندگان و روزنامه‌نگاران آزاد اندیش از آزادی فکر، آزادی مذهب و حکومت قانون سخن می‌گفتند. آنان مزایای سوادآموزی و مسائل مربوط به پرده‌نشینی یا کفن سیاه و انزوای زنان و احقاق حقوق آنان را با اشاراتی در کسوت زیبای شعر و نثر در نشریات ادبی منتشر می‌کردند و در معرض افکار عموم قرار می‌دادند.

از این رهگذر رنگ و جلای نوینی به نظم و نثر خواب‌آلوده چند صد سالهٔ زبان فارسی بخشیده شد. افزون بر آن جبههٔ گسترده‌ای هم برای پذیرا

شدن قوانین غیرمذهبی متکی به حقوق انسانی و نهادهای مردمی بوجود آمد. روزی که ایرانیان در نبرد با استبدادهای دوگانۀ حکومت و دین پیشقدم شدند و ندای آزادیخواهی و عدالت‌طلبی سر دادند، هندوستان زندانی و اسیر استعمار بود. ولی امروز هندوستان یکی از بزرگترین دموکراسیهای آسیا و پرچمدار جهان غیرمتعهدست و ما ایرانیان یکی از تاریکترین و وحشتناکترین دوران تاریخ خود را می‌گذرانیم. علت اصلی این اختلاف در آن است که آن جنبش ملی و آوای آزادی بخش ما خیلی زود به خاموشی گرایید و از مسیر اصلی خود منحرف گشت.

در نیمۀ دوم قرن بیستم میلادی پس از پایان جنگ دوم جهانی و بنیانگذاری سازمان ملل و اعلام منشور حقوق بشر جامعۀ ایرانی نتوانست با صدای رساخواهان گسستن و پاره کردن زنجیرهای پوسیده و زنگ زدۀ استبدادهای دوگانه حکومت و دین با شد و از عقب‌ماندگی و درماندگیها نجات یابد.

ما ایرانیان از اوان تأسیس حکومت صفوی یعنی از آغاز سلطنت شاه اسماعیل اول صفوی پیوسته فریاد برآوردیم «جاوید شاه»، اما ندای «زنده باد آزادی» هرگز از گلوی ما برنیامد. در دوران معاصر نیز ما آوای «یا مرگ یا مصدق» را به گوش فلک رساندیم، اما هیچوقت نگفتیم «یا مرگ یا آزادی» غوغای الله‌اکبر جمهوری اسلامی در کوچه‌ها و بامها و خیابانهای ایران طنین‌انداز شد ولی کلمۀ «آزادی» بر هیچ زبانی جاری نگردید.

در حالیکه شعار مرگ یا آزادی را مردم فرانسه، انگلیس و امریکا بیش از دویست سال پیش سر دادند و به دوران استبداد فرمانروایان و رهبران دینی پایان بخشیدند.

در این زمینه ژان ژاک‌رسو متفکر قرن هیجدهم میلادی فرانسه در کتاب «اعترافات» به درستی می‌گوید «آزادی غذایی است نیروبخش اما سنگین و دیر هضم برای کسانیکه میان مفهوم آزادی بالگام گسیختگی تفاوتی نمی‌گذارند».

# سرگذشت شهر تهران

تهماسب پسر شاه اسماعیل اول صفوی دومین شاه این سلسله (متولد ۹۱۹ متوفی ۹۸۴ هجری قمری)، پس از رسیدن به سلطنت، شهر قزوین را بعنوان پایتخت انتخاب کرد. این شهر قریب به چهل سال مرکز و پایتخت کشور بود.

اگر چه بنا بر تحقیقات عمیق مرحوم کسروی ـ که در کتاب «شیخ صفی و تبارش» آمده است ـ «سیادت» این خانواده ادعایی بیش نبوده است، ولی به هر صورت شاه تهماسب گاهی جهت زیارت مزار جدش «امامزاده حمزه» به شهر ری و عبدالعظیم می‌رفت. او همچنین علاقهٔ فراوانی به گردش و شکار در حوالی شمیرانات داشت.

شمیران در شمال شهر ری و قصبهٔ تهران در دامنهٔ کوههای البرز واقع است و با آب و هوای خوش، باغهای سرسبز و درختان میوه‌اش در آن زمان جاذبه‌ای خاص داشت.

شاه تهماسب ضمناً به قصبهٔ تهران ـ که معبری بین آذربایجان و مازندران و خراسان بود ـ از لحاظ نظامی نیز توجه داشت و بعد از قزوین، این قصبه را مانند پناهگاه و قلعه‌ای استوار در مقابل هجوم عثمانیها و ازبکان می‌شمرد. به همین جهت در حدود سال ۹۶۱ هجری قمری دستور داد تا صد و چهارده برج ـ به تعداد شمارهٔ سوره‌های قرآن ـ و چهارده دروازه ـ به تعداد چهارده معصوم ـ در اطراف قصبهٔ تهران ساختند و با حفر خندقهای عمیق آن را محصور کردند. در همین زمان بازارها و مساجدی هم در تهران ایجاد شد.

در تغییر وضع تهران بیش از هر چیز باید به تعلق خاطر شاه تهماسب به قصبهٔ تهران ـ که از ده‌های شهر ری و دارای هوایی ناسالم و خانه‌هایی سردابی و زیرزمینی بود، ولی قنواتی متعدد و سرشار از آب زلال وگوارا داشت، توجه شود.

در حقیقت می‌توان گفت که شالودهٔ بنای تهران و آبادی این قصبه از زمان شاه تهماسب صفوی شروع شد، که بعدها توسعه یافت. چنان که در همین زمان خواهر شاه تهماسب نیز به احداث حمام، مدرسه، و تکیه بزرگی با نام «خانم» مبادرت ورزید. «مدرسهٔ خانم» توسط عساکر افغانی بعداً بکلی ویران شد و از بین رفت ولی آثاری از حمام و تکیه «خانم» هنوز باقی است.

شاه عباس بزرگ نیز چندین بار در تهران اقامت گزید. با فرمان او چهار باغ وسیع در محلهٔ ارک که در آن زمان زمینی بایر بود احداث گردید که همان بعداً مبنای ارک سلطنتی شد. چنارهای عباسی این باغ تا همین اواخر مورد توجه سیاحان خارجی بود و تهران بعلت همین چنارهای فراوان «شهرچنار» و یا «چنارستان» نامیده می‌شد.

شاه عباس بعلت هوای ناسالم تهران بیمار شد. در همان زمان او ناچار بود برای مقابله با تجاوز عبدالمؤمن خان ازبک به خراسان، عازم مشهد گردد. از آن پس او دیگر از اقامت مجدد در تهران منصرف گردید. ولی رویهمرفته با امتیازی که شاهان صفوی به قصبه تهران دادند، این قصبه کم کم به شهر تبدیل شد و یکی از بیگلربیگی‌ها برای خدمت ونظارت بر امور آن گمارده شد. در دستگاه حکومتی و دیوانی صفوی، شانزده بیگلربیگی مسؤول ادارهٔ امور نقاط مختلف کشور بودند. بنا بر روایتی، پس از انقراض حکومت صفویه، در دوران نادرشاه، چندی نیز رضاقلی میرزا ولیعهد حاکم شهر تهران بوده است.

در دوران کریم خان زند، در حدود سال ۱۱۷۳ هجری قمری بنای عمارت ارک توسعه داده شد. به فرمان او تخت مرمر، قصر سلطنتی، دیوانخانه، حرمخانه و باغهای متعددی در محلهٔ ارک تهران احداث گردید

که آن را از سایر قسمتهای شهر جدا ساخت.

آغامحمدخان قاجار در سال ۱۲۰۰ هجری قمری به سلطنت رسید. او تهران را، بعلت نزدیکی به زادگاهش گرگان و استرآباد، پایتخت کشور قرار داد و درباغ گلستان در ارک سلطنتی و محلات نزدیک به آن ساختمانهای جدیدی بوجود آورد. **در دوران او تهران به دارالممالک ملقب شد و عملاً مقر سلطنت گردید.**

دراین دوران غیر از محلهٔ ارک که دارای برج و بارو بود و اختصاص به قصر سلطنتی و بناهای دیوانی داشت محله‌های سنگلج، چاله حصار، و چاله‌میدان هم بتدریج رو به آبادانی گذاشت.

بعد از آغامحمدخان، فتحعلیشاه بسال ۱۲۱۳ هجری قمری شاه شد. او نیز درتوسعهٔ باغ گلستان اقداماتی کرد و بعلاوه در مناطق شمیران نیز کاخهای متعددی بنا کرد. شهر تهران از آن زمان رو به آبادی نهاد. بخصوص اطراف کاخ گلستان مبدل به باغهای زیبا و عمارات فاخر اعیان و اشراف آن زمان گردید. دراین دوران بر تعداد مساجد وبازارها نیز افزوده شد. مسجد شاه و میدان جنوب ارک سلطنتی در حدود سال ۱۲۲۴ هجری قمری بنا شد.

ناصرالدین شاه درکاخ گلستان و محوطهٔ ارک و همچنین در مناطق ییلاقی و شکارگاههای اطراف تهران بناهای جدیدی احداث کرد. در اوایل سلطنت ناصرالدین شاه محدودهٔ شهر تهران طبق نقشه‌های ترسیم شدهٔ خطی موجود درکاخ گلستان بسیار کوچک بوده است. ولی با افزایش جمعیت این شهر، در سال ۱۲۸۴ هجری قمری میرزا یوسف مستوفی الممالک، صدراعظم وقت، و میرزا عیسی وزیر مأموریت یافتند که اراضی وسیعی را در شعاع بزرگتری پیرامون خندقهای قدیم که بدستور شاه تهماسب حفر شده بود، در نظر بگیرند و آباد کنند.

طی مدت تقریبی ده سال خندقها و حصارهای جدیدی ایجاد شد. تهران دارای محدوده‌ای بزرگتر شد و با افزایش محله‌های جدید نسبت به گذشته چند برابر گردید. در حدود سال ۱۳۰۳ هجری قمری یعنی اواخر سلطنت

ناصرالدین شاه، اولین سرشماری جمعیت در تهران انجام گرفت. جمعیت تقریبی آن زمان صد و شصت هزار تخمین زده شد و تعداد خانه‌های مسکونی در حدود هجده هزار نوشته شده است.

در آن دوران در اطراف ارک سلطنتی و محدودهٔ باغها و کاخهای شاهی دو مسجد بزرگ‌یکی به نام مسجدارک ودیگری به دستور «مهد علیا» مادرِ شاه به نام «مسجد مادرشاه» بناگردید. برای ارتباط شهر تهران به خارج از محدوده، دوازده دروازه با نامهای «باغشاه»، «قزوین»، «گمرک»، «خانی آباد»، «غار»، «عبداعظیم»، «خراسان»، «دولاب»، «دوشان تپه»، «شمیران»، «یوسف آباد»، و «دولت» احداث گردید. **دراین زمان تهران بنام «دارالخلافه» نامیده می‌شد.**

## نخستین طرح و نقشه از محدودهٔ تهران

بنابر آنچه تاکنون تحقیق شده اولین طرح نقشه از محدودهٔ تهران درسال ۱۲۷۵ هجری قمری در زمان ناصرالدین شاه با هدایت و همت مهندسان ومعماران ایرانی و فرانسوی تهیه شده است. از آن تاریخ ببعد بتدریج نقشه‌های دیگری از شهر تهران و دیگر ایالات و ولایات ایران با ابعاد گوناگون تهیه گردید.

درآخرین سالهای پیش ازانقلاب بهمن ۱۳۵۷، با پژوهش در مخازن و گنجینه‌های کتابخانه و انبارهای کاخ گلستان در حدود دویست نقشه خطی و چاپی به زبانهای فارسی، عربی، ترکی، روسی و فرانسه گردآوری شد. این مجموعه پس از تعمیرات پوسیدگی و ضایعات، شماره‌گذاری و فهرست نگاری گردید و برای چاپ آماده شد. باجریان انقلاب سرنوشت آن هم اکنون نامعلوم است.

بر مبنای تحقیقاتی که روی این مجموعه انجام شد، نخستین نقشهٔ خطی از محدودهٔ شهر تهران با ابعاد ۷۹ در ۹۶ سانتیمتر با سعی و همت شاهزاده اعتضادالسلطنه علیقلی میرزا و سرپرستی «کرنی شیش» سرتیپ و معلم

توپخانه و همکاری ذوالفقار بیگ و محمدتقی‌خان دو تن از شاگردان او در مدرسهٔ دارالفنون در جمادی الاول سال ۱۲۷۵ هجری قمری تهیه گردید.

دراین نقشه دروازه‌های تهران عبارتند از «دولت»، «شمیران»، «دولاب»، «محمدیه»، «عبدالعظیم»، و «قزوین».

نقشهٔ دیگری نیز با ابعاد ۳۵ در ۶۶ سانتیمتر وجود دارد که در صدر آن دو کتیبهٔ تزیینی بر زمینهٔ لاجوردی ست در درون کتیبه با خط ثلث جلی و آب زر چنین آمده است: «تصویر دارالخلافهٔ تهران پایتخت پادشاه عالم پناه شاهنشاه ناصرالدین ابن محمد شاه». در پایان نقشه در میان کتیبه مجدول دیگری آمده است «بسعی کمترین بندگان الیاس بره‌زین منقش شد.» در این نقشه دروازه‌های تهران عبارتند از «اسدالدوله»، «شمیران»، «دولاب»، «عبدالعظیم»، و «قزوین».

در این نقشه صورت‌بندی محله‌ها و کوچه‌ها و مساجد و تکیه‌ها مشخص و ترسیم شده ولی جز معدودی از آنها نامشان ذکر نگردیده است. اما اگر چه نام بسیاری از محله‌ها، مسجدها و تکیه‌ها در خود نقشه مشخص نگردیده، صورتی کلی از آنها داده شده است. بنابر مشخصات ذکر شده دراین نقشه، در آن زمان در تهران ۲۸ محله، ۲۶ تکیه و ۵۴ مسجد وجود داشته است که بطور تقریب می‌توان گفت هر محله یک تکیه و دو مسجد داشته است.

آوردن نام همهٔ این مسجدها و تکیه‌ها از حوصلهٔ این نوشتار بیرون است وتنها می‌توان گفت که اکثر آنها با نام بنیانگذار آن و یا هر که آن را وقف کرده نامیده می‌شده است. اما بیجا نیست که نام محله‌ها را دراین جا بیاوریم. زیرا که دراین نامگذاری چگونگی ترکیب محلات، که پاره‌ای از آنها مرکز تجمع اقلیتهای قومی و مذهبی بوده است، بازتاب خود را یافته است.

محله‌های بیست وهشت گانهٔ تهران بر مبنای نقشهٔ یاد شده چنین نام‌گذاری شده بودند:

«بازار»، «چاله میدان»، «دولت»، «سنگلج»، «عودلاجان»، «چال حصار»، «سرپولک»، «خانی‌آباد»، «قنات آباد»، «پاچنار»، «دروازه قزوین»، «گود

زنبورک خانه»، «صابون‌پزخانه»، «گارِماشین»، «ترکمانها»، «شاه غلامان»، «باجمانلوها»، «محلهٔ نو»، «یهودیها»، «حیاط شاهی»، «باب خسرو خان»، «قمی‌ها»، «ارامنه»، «عربها»، «قورخانهٔ کهنه»، «باغ امین»، «پای چنار»، و «ارک سلطانیه».

گذشته از محله‌های «ترکمانها»، «شاه غلامان»، «باجمانلوها»، «قمی‌ها»، «عربها»، برای اقلیتهای قومی، و «یهودیها»، «ارامنه»، برای اقلیتهای مذهبی، در میان تکیه‌های آن دوران نیز تکیه «بربریها»، «غربتیان» و «کرمانیها» بازتاب اقلیتهای قومی وتکیه «زرگرها» و «قاطرچی‌ها» بازتاب اجتماعات صنفی شمارده می‌شوند.

# سرگذشت سفر به تاجیکستان*

از شمار دو چشم یک تن کم
از شمار خرد هزاران بیش

در اردیبهشت ماه سال ۱۳۵۰، آکادمی شرق شناسی مسکو به مناسبت هفتصدمین سالگرد تولد شمس الدین محمد حافظ و بزرگداشت وی مراسمی در شهر دوشنبه پایتخت جمهوری تاجیکستان تدارک دیده بود. دولت اتحاد جماهیر شوروی، در چارچوب برنامه‌های مبادلهٔ فرهنگی میان دو کشور ایران و شوروی از استادان: دکتر پرویز ناتل خانلری از «بنیاد فرهنگ ایران»، دکتر عبدالحسین زرین کوب از «دانشگاه تهران» و این بنده از «کتابخانهٔ کاخ گلستان» برای شرکت در این مراسم دعوت کرده بود.

پس از شرکت چند روزه‌ای در برنامه‌های فرهنگی و هنری گوناگونی که در شهرهای مسکو و لنینگراد اجرا شد، در یک سحرگاه همراه با چند تن از استادان دانشگاههای مختلف، با میزبانی و راهنمایی آکادمیسین غفوراف، رئیس آکادمی شرق شناسی مسکو و چند تن از مهمانداران فارسی زبان به سوی تاجیکستان پرواز کردیم.

این فرصت شایسته‌ای بود که چندگاهی در میان مردمی که به سنتهای دیرین ایران سخت دلبسته و وابسته‌اند بسر بریم، با مشتاقان و دانشوران فارسی زبان

---

* . این نوشته به مناسبت مرگ زنده یاد دکتر پرویز ناتل خانلری در شمارهٔ ویژه ماهنامهٔ پر منتشر شد.

آن سرزمین زیبا دیداری تازه کنیم و از مهمان‌نوازی و خوشدلی دوستان همزبان و صاحبدل تاجیکی بهره‌ها گیریم.

براستی برای ما شنیدن الفاظ موزون و اصیل سخنسرایان صاحب‌نظر پارسی گوی سمرقند و بخارا و مرو و بلخ و رودک بسی شادی‌بخش و روح‌نواز و آموزنده بود. این گونه دیدارها به روشنی نشان می‌دهد که پیوندهای دیرین فرهنگی میان مردم آسیای میانه و ساکنان فلات ایران آن قدر ریشه و مایهٔ عمیقی دارد که با وجود جدایی و پدید آمدن مرزهای جغرافیایی، آثار آن هنوز همچنان در زبان و ادب و موسیقی و هنرهای این سرزمین‌ها بازتاب خود را حفظ کرده است.

در آن روزها، مجالس متعدد سخنرانی پیرامون حافظ در تالار فرهنگ دانشگاه دولتی دوشنبه با حضور هیأت‌های فرهنگی آکادمی شرق شناسی مسکو و تاجیکستان و شماری از میهمانان حافظ شناس خارجی و داخلی و دانشجویان دانشکدهٔ شرق شناسی تدارک دیده شده بود.

نخستین اجتماع از سوی آکادمیسین غفوراف، که خود یکی از دانشمندان دلبسته به زبان و ادب فارسی بود، گشایش یافت. زبان رسمی جلسات زبان فارسی و روسی بود که سخنرانیها در آن واحد به زبان دیگر ترجمه می‌شد. با آن که سخنرانیهایی که از سوی نمایندگان کشورهای سوسیالیستی ایراد می‌شد در یک مسیر فکری معین سیر می‌کرد، محیط بحث آزاد و بسیار دوستانه بود.

در این جلسات دو استاد گرانمایه، جاوید یاد دکتر خانلری و دکتر زرین کوب سخنرانیهایی پیرامون شخصیت انسانی و عرفانی حافظ ایراد کردند که بسیار مورد توجه قرار گرفت. نگارنده نیز با بضاعت مزجات خود در سایه و کنار این دو بزرگوار آنچه در توانم بود عرض کردم.

علاوه بر سخنرانیهای اصلی، از استاد زرین کوب تقاضا شد که در جلسه‌ای در مورد عرفان و تصوف ایران مطالبی بیان دارند. ایشان نیز پذیرفتند و الحق با سخنرانی بسیار پر مغز و بلیغ در این زمینه، حاضران را با

گوشه‌های بدیع و بکری ازاین مقوله در فرهنگ و ادب ما آشنا ساختند.

اما از نکات بسیار جالب این سفر اعطای دکترای افتخاری از سوی آکادمی شرق‌شناسی تاجیکستان به زنده یاد دکتر خانلری بود. این امر نه تنها موجب شادی و افتخار نمایندگان ایران بود، بلکه شور خاصی به آن گردهمایی فرهنگی بخشید. زیرا که ـ دور از تعارفات و بده بستانهای سیاسی ـ در این مورد خاص واقعاً از یک شخصیت برگزیده و ممتاز فرهنگی کشور ما ـ که زندگی خود را وقف ادب فارسی کرده بود ـ قدرشناسی بجا و شایسته‌ای بعمل می‌آمد.

زنده یاد دکتر خانلری، با آگاهی از چنین برنامه‌ای، سپاسگزاری ازاین اقدام آکادمی را برعهدهٔ نگارنده گذارد. با آن‌که عرض وجود در کنار آن دو استاد گرانمایه بسیار دشوار می‌نمود، خود را موظف به اجرای این خواست دیدم. بدین منظور، نخست شمه‌ای در زمینهٔ اهمیت و ارزش ارتباط و پیوندهای فرهنگی دیرین میان دو کشور دوست و همسایه بیان کردم. آنگاه ضمن برشمردن کوششهایی که از سوی شخصیتهای برجستهٔ این سرزمینها در حفظ و گسترش فرهنگ دیرپای ایرانی انجام شده به خدمات گستردهٔ فرهنگی زنده یاد دکتر خانلری اشاره کردم و ضمن تأیید حسن انتخاب آکادمی شرق‌شناسی تاجیکستان، با تجلیل و تشکر این گونه گردهماییها و اعطای دکترای افتخاری به یک دانشمند برجستهٔ ایرانی، بعنوان قدرشناسی ازچنین کوششها، سخنانم را بپایان رسانیدم.

در پایان این کنگره، آکادمی شرق‌شناسی تاجیکستان، برنامهٔ چند روزه‌ای برای نمایندگان ایرانی و افغانی ترتیب داده بودند، دراین برنامه دیداراز شهرهای بخارا، سمرقند، حسن‌آباد، رودک و پنجه کت زادگاه و آرامگاه رودکی و چند شهر دیگر که آثار تاریخی و هنری آنها بارها در تاریخ ادبیات ایران یاد شده است، گنجانیده شده بود.

طی دیدار ازاین نقاط تاریخی، مناسبات گوناگونی پیش می‌آمد که زنده یاد دکتر خانلری در هر زمینه‌ای اطلاعات جامع و مبسوطی در اختیار

همراهان می‌گذارد. این سفر تنها گوشه‌ای کوچکی از فراخنای معلومات عمیق و گستردهٔ این شخصیت بزرگ را نشان می‌داد، و عظمت انسانی و دلبستگی شدید او را به ایران و ادب و فرهنگ این سرزمین آشکار می‌ساخت.

افسوس که در سالهای آخر زندگی‌اش، بروز ناملایمات اجتماعی، این امکان را از او و این بخت بزرگ را از ما مردم ایران دریغ داشت که بهره‌های بیشتری ازاین دانش برایمان برجای ماند. روانش شاد و یادش جاودان باد.

# گوشه‌هایی از سرگذشت حکومت دینی در گذر تاریخ ایران

لاله ساغر گیر و نرگس مست و بر ما نام فسق
داوری دارم بسی یا رب کرا داور کنم

### در کارنامهٔ مادها، هخامنشیان و اشکانیان یا پارتها

از سدهٔ هفتم پیش از زایش مسیح تا سدهٔ سوم بعد از آن تعلق خاطر و یا تعصبی به باورها و اعتقادات خاصی در جامعهٔ آن روز که آغاز دوران همبستگی ملی و بنیان‌گذاری دولت شهرها و سپس شاهنشاهی بزرگ ایران بود مشاهده نمی‌شود.

بنابر شواهد تاریخی در دورانهای نامبرده که ایرانیان در بخش بزرگی از جهان آن روز فرمانروایی داشتند، آزادی عقیده و مذهب تا آنجایی که با مبانی فکری و روحی آن روزگار سازگاری داشت، رعایت می‌شد. بویژه در قرن پنجم پیش از زایش مسیح فصل درخشانی در حکومت هخامنشیان گشوده شد، بدین معنا که هستهٔ اصلی اندیشهٔ آزادی عقیده و مذهب، آزادی زبان و آزادی کار در سراسر خاک پهناور فلات ایران و ملل تابعه پایه‌ریزی شد. آن فرهنگ انسانی که مایه سرافرازی و یادگاری بسیار ارزنده برای ما ایرانیان است در دیگر دوره‌های تاریخ درازمدت ایران نظیر نداشته است.

ارزیابی تاریخ ایران باستان از دیدگاه ویژهٔ جغرافیای سیاسی و موضوع پیدایش و تطور مفهوم حکومت، بیشتر در منابع و مآخذ یهودی، ارمَنی، سِریانی و یونانی بازتاب یافته است. بنابر تحقیقات و مطالعات ایران‌شناسان، شاهنشاهی هخامنشی به چندین کشور و شهر و اُستان پهناور و خودمختار تقسیم‌بندی شده بود که در رأس هر کدام شاهی سلطنت می‌کرد و مرکز ملی سایهٔ خود را بر همهٔ آن اجزا گسترده بود.

این کشورها و استانهای خودمختار به تناسب جمعیت و قدرت خود باج و ساجی معین به دربار هخامنشی می‌پرداختند. همچنین در مواقع بروز جنگ یا حوادث دیگر، نمایندگان آنان برای شور و مشورت به پایتخت فراخوانده می‌شدند که در تدارک تجهیزات جنگی و سپاه به همکاری لازم بپردازند. بدین‌سبب بود که شاهان هخامنشی را شاه‌شاهان می‌خواندند. به گفتهٔ پروفسور «گیرشمن» نخستین دول مشترک المنافع را هخامنشیان بوجود آوردند.

هخامنشیان در امور کشورداری بنابر عادت قبیله‌ای و سُنّت قدیم آریایی‌ها، پای‌بند تصمیمات شورایی بودند که اعضای اصلی آن از سران سپاه کار آزموده و افراد وارد به امور کشورداری و نمایندگان ملل تابعه تشکیل می‌شد.

این شیوهٔ حکومت در دوران پانصد سالهٔ سلطنت اشکانیان یا پارتها نیز ادامه داشت. اشکانیان مانند هخامنشیان جنبهٔ بین‌المللی و شاهنشاهی خود را حفظ کردند و افزون بر آن برای حل و فصل امور کشور نیز دو مجلس مشورتی بنام مُغستان داشتند.

بسیاری از فلاسفه و نمایش نامه‌نویسان و مورخان یونان و روم باستان چون هرودت، گِزنفون، کتزیاس، استرابون، اسکلیوس، توسیدید، دی‌نُن و دیگران در سده‌های پنجم و چهارم پیش از زایش مسیح در نوشته‌های خود از فضایل و سجایای اخلاقی و راستی و درستی ایرانیان یاد کرده‌اند.

افلاطون از گرامی‌ترین و بزرگترین حکما و مُربیان نوع بشر متولد ۴۲۷ متوفی به سال ۳۴۷ پیش از زایش مسیح در نوشته‌هایش از ایرانیان به نیکی و پاکی نام برده است و شیوهٔ سلطنت هخامنشی را سرمشق شهریاری و

کشورداری نشان می‌دهد.

**ساسانیان** در دوران سلطنت چهار صد و بیست ساله ساسانیان شیوهٔ حکومت ایران مسیر دیگری در پیش گرفت که با حکومتهای پیشین اختلافات عمدهٔ اساسی داشت. دراین دوران‌نوعی‌حکومت‌تئوکراسی برقرار گشت واختلافات فاحش طبقاتی در جامعهٔ ایران پدیدار شد. برای نخستین بار آیین زردشتی دین رسمی کشور شاهنشاهی‌ایران اعلام گردید وحاکمیت سیاسی، اقتصادی، فرهنگی و اجتماعی زیر نظر روحانیان زردشتی هیربدان و مؤبدان درآمد.

اردشیر بابکان بنیان‌گذار سلسلهٔ ساسانیان خود و پدرانش موبدزاده و از پریستاران پرستشگاه بزرگ آناهیتا در فارس بودند و بسیاری از وزیران و دست‌اندرکاران نیرومند شاهان ساسانی از روحانیان انتخاب می‌شدند.

در این دوران دین با حکومت توأم شد و آزادی عقیده و مذهب بکلی از بین رفت. فرمانروایان دینی در وضع قوانین و زندگی روزمرّه مردم و مقدرات آنان به دلخواه خود دخالتهای نابخردانه می‌کردند و بی‌عدالتی‌های ناشی از حکومت‌خودسرانهٔ مستبد دینی را روا می‌داشتند. بر پایهٔ استبداد دینی که در سِرشت خود ضِّد آزادی و مخالف با علوم عقلی و تحقیقات فلسفی ست روحانیان ارزشهای مورد نظر خود را با خشونت و ستیزه‌جویی بر افکار جامعهٔ و ملل تابعهٔ ایران تحمیل می‌کردند.

چونان حکومت خودکامهٔ دینی بتدریج ایران و ایرانی را به پرتگاه سقوط و مذلت کشاند. سرانجام در اواخر دوران ساسانی شکست تلخ و دردناک نهاوند دفتر پر افتخار و شکوه سیاسی و نظامی شاهنشانی چهارده قرن تاریخ توأم با تمدن و فرهنگ ایران باستان که از هفت قرن پیش از زایش مسیح تا هفت قرن بعد از آن در جهان آن روز نمونه و شاخص بود بسته شد.

در گردش قرنها اصول معنوی و اخلاقی ادیان در لابلای پرده‌های رنگارنگ پیرایه‌ها و قوانین بی‌اساس و جامدی که پیشوایان مذهبی وضع کرده‌اند پنهان مانده است. تاریخ نشان داده است حکومتهای دینی یا اتحاد دین و حکومت به آزادی عقیده و بیان و خوی آزادمنشی و انسانی جوامع

را به نفع مردم و مخارج لشگرکشیها و سپاهیان واریز کنند. او همچنین گروه گروه جوانان سلامت و قوی‌البنیه را که به نام طلاّب امور دینی در مساجد و تکایا روزگار را به بحث و جَدَلهای بیهوده و خُرافی می‌گذرانیدند یا به عنوان سپاهی و یا به فراگرفتن صنعت و هنری برگُمارد.

نادرشاه روحانیان جوان و تندرست را مُلزم ساخت که از انزوای مساجد بدر آیند و به فعالیتهای اجتماعی بپردازند. او برای کاستن قدرت و نفوذ فزون از حّد آنان که چندین قرن بر اریکهٔ خلافت پیامبر اکرم اسلام تکیه زده و پیروان ساده‌دل را به اطاعت خود واداشته بودند سهمی از گرفتاریها و مشکلات اجتماعی را بردوش آنان نهاد.

این اقدامات و اصلاحات آزردگی شدید علما و فقهای وقت را فراهم ساخت و نادرشاه را به تهمت مُحاربه با خدا و دین مُحمدی تکفیر کردند.

نادرشاه پس از تصرف بغداد و کربلا و نجف به علمای دینی و شیعه فرمان داد که از بدگویی و اهانت به سه خلیفه راشدین دست بردارند. او در عهدنامه‌ای که در نوامبر سال ۱۷۳۹ میلادی برابر صَفر ۱۱۵۲ توسط احمد پاشا والی بین‌النهرین برای تصویب به اسلامبول فرستاد قید کرده بود که اهل تسنن می‌باید مذهب شیعهٔ جعفری را در ردیف مذاهب مختلف اسلام بشناسند و این امر هم مورد قبول خلیفه عثمانی وقت قرار گرفت.

گذشتهٔ از این نادرشاه پس از فتح هندوستان در سال ۱۱۵۵ هجری قمری به هیأت‌های مذهبی یهودی، مسیحی، و مسلمان دستور داد تا کتب دینی خود را به زبان فارسی ساده برگردانند. سپس برای رفع اختلافات میان مذهب شیعه و سُنی در سال ۱۱۵۶ هجری برابر ۱۷۴۰ میلادی فرمان داد تا مجلس بحث و فحص مذهبی با شرکت علما و فقهای برجستهٔ عثمانی و ایرانی در بغداد تشکیل شود.* شرکت‌کنندگان در این مجلس موظف بودند دربارهٔ

*. چهارکتاب دینی تورات یهود، مزامیر داود، انجیل مسیح و قرآن اسلام که به فرمان نادرشاه افشار به زبان فارسی ساده توسط علما و فقهای ادیان زمان ترجمه شده بود در گنجینهٔ کتابخانه سلطنتی کاخ گلستان ایران در جزو کتب خطی وجود داشت.

این کمترین در زمان تصدی ریاست آن کتابخانه کتب نامبرده را جزو کتب دینی و مذهبی خطی مُذهّب و مُرصّع در جلد پنجم

ساختند که موجب شد عناصر ناباب و نامناسبی نیز جهت هدفهای شخصی و استفاده از مزایای مادی و معنوی با سهولت در سِلک روحانیان در آیند.

به این ترتیب در دوران حکومت صفویان از سال ۹۰۵ تا ۱۱۳۵ هجری قمری طی دویست و سی سال تعداد روحانیان و روحانی‌نماها رو به فزونی گذارد و مقام طلبگی و مُلاگری به صورت حرفه‌ای درآمد که از مزایای مادی و معنوی بسیاری برخوردار بود. ثمرهٔ آزادی ورود به سِلک روحانیت و امتیازات آن که بر خلاف مکتب اهل تسنن است این شد که شناسایی علمای متعهد را از دیگران مشکل ساخت و روحانیان را در وضعی قرار داد که از هدفهای اساسی و فلسفهٔ وجودی خود بدور افتادند.

توأم شدن دین و حکومت در دوران صفوی آزادی را از مردم سلب کرد و از فروغ عِلم و دانش و هنر و موسیقی کاسته شد. از اواسط دوران صفویه هرچه از قدرت شاهان کم می‌شد و دستگاه حکومت و ارکان دولت رو به ضعف و سُستی می‌گرایید بر قدرت و نفوذ و شمارهٔ مجتهدان و روحانی‌نماها افزوده شد.

شواهد تاریخی درازمدت ایران نشان داده است که هر زمان نیروی دینی با نیروی دولتی عقد اتحاد بسته و توأمان حکومت کرده‌اند هم دین و هم حکومت و هم جامعه رو به زوال و انحطاط رفته است.

پس از **انقراض دولت صفوی** نوبت به **نادرشاه افشار** رسید.

نادرشاه را بسیاری از تاریخ‌دانان دانشمند و آگاه جهان در هنر رزم‌آوری و استقامت و ابتکارات و نقشه‌های دقیق جنگی و نظامی همپایهٔ سرداران و جنگجویان مشهور تاریخ چون سزار روم، اسکندر مقدونی، خشایارشاه هخامنشی، ناپلئون و نظایر آنان دانسته‌اند. نادرشاه ایران تجزیه و غارت شده را با سرحداتی وسیع‌تر از سرحدات دوران صفوی به صورت یک کشور مستقل و مقتدر از پرتگاه نابودی نجات داد. او سپس برای نخستین بار با شیوهٔ آخوندپروری به مبارزه پرداخت. او فرمان داد تا درآمدهای فراوان دستگاه عظیم موقوفات و سهم امام طبقهٔ روحانیان نازپروردهٔ دوران صفوی

این جنبش مذهبی نقش و سهمی بسزا داشت.

او توانست در اندک زمانی سرزمینهایی را که پس از فرو ریختن حکومت ساسانیان بتدریج از پیکر ایران جدا شده بود به سرزمین مادر برگرداند. با کوششهای او کشور ایران که نزدیک به یکهزار سال با شیوهٔ ملوک‌الطوایفی پراکنده و پریشان به دست اقوام بیگانه افتاده بود به صورت کشوری واحد با استقلال سیاسی و فرهنگی پایه‌گذاری شد و تا حدودی سرحدات جغرافیایی آن به پهنهٔ جغرافیایی شاهنشاهی دوران ساسانیان رسید.

در آن دوران با جهانی شدن قدرت خلافت عثمانی و تسلط تدریجی آن بر سرتاسر آسیای صغیر، بالکان، مدیترانه، یونان و گسترش آن بسوی شرق این امکان وجود داشت که ایران اهل سُنت جماعت هم در خلافت پهناور عثمانی به تحلیل رود.

ظهور دولت صفوی و تقویت و ترویج مذهب شیعه در ایران ناگهان این وضع را بر هم زَد. در این مرحلهٔ بسیار مهم از تاریخ ایران رواج مذهب شیعه به صورت عامل الهام‌بخش و سازنده جهت ثبات و پایداری ملیت و وحدت ایرانی درآمد. همین عامل بود که در برابر نیاتّ جاه‌طلبانهٔ شاهان عثمانی که می‌خواستند به بهانهٔ خلافت و تشکیل یک امپراتوری مسلمان بر کشور ایران نیز مستولی شوند چون سدّی محکم و استوار ایستاد و حساب کشور شیعه مذهب ایران از حساب کشورهای اهل تسنن جدا گردید.

صفویان تشیع سیاسی را که با مفهوم خلافت در مذهب اهل تسنن در ستیز بود دست‌آویز جلوگیری از گسترش خلافت عثمانی در ایران و در سرزمینهای خاوری جهان اسلام قرار دادند و با افزودن شاخ و برگهایی در این تشیع سیاسی دیواری عظیم در برابر عثمانیان ساختند.

پس از آنکه مذهب شیعهٔ جعفری با تغییرات ویژه‌ای به عنوان مذهب رسمی کشور ایران اعلام گردید شاه‌اسماعیل و جانشینانش جهت ایجاد سپاهی مذهبی در برابر علما و فقهای اهل تسنن در جذب افراد به سِلک روحانیت تسهیلاتی قائل شدند. آنان وضع ممتازی برای این طبقه فراهم

پس از ورود اسلام ایرانیان برای گمراه ساختن دستگاه حکومتی بیگانه به عناوین گوناگون جشنها و مراسم سُنتی باستانی را اجرا می‌کردند. در مذهب شیعهٔ جعفری سفرهٔ شبهای آخر هر سال به شبهای جمعه و فاتحه اهل قبور تبدیل شد و سفرهٔ «فره‌وَهر» به نام سفرهٔ خضر و یا ائمه‌اطهار و چهارده معصوم و نظایر آن گسترده می‌شد.

* از نهادهای فکری شیعی ایرانی ایجاد مراکز گردهم‌آیی زورآزمایی به نام زورخانه است.

در زورخانه مُرشد در آغاز و پایان مراسم ورزشی اشعاری در مدح و توصیف علی(ع) می‌خواند با القابی مانند شهسوار علی، حیدر فاتح خیبر، علی صاحب ذوالفقار، علی‌قطب عالَم امکان و نظیر آن که با مکتب اهل تسنّن سازگاری ندارد.

فَن کشتی‌گیری و فراگرفتن رموز آن ریشه‌ای عمیق در آداب و رسوم پهلوان پروری و قهرمان ستایی در ایران باستان دارد. در شاهنامهٔ فردوسی به تناسب مضامین حکایات و روایات اسطوره‌ای و حماسی و تاریخی نکات و اشاراتی در وصف نیرومندی جسم و سجایای اخلاقی پهلوانان آمده است.

نکته دقیق دیگر پذیرفتن دین مُبین اسلام از سوی ایرانیان است و نپذیرفتن عربیَت و زبان عربی چون سایر کشورهای جهان اسلام. بطور کلی می‌توان گفت که ایرانیان از دین اسلام مذهبی بوجود آوردند که با نهادهای فلسفی و تاریخی و آیین و سُنن باستانی ایران پیوندهای نزدیکی داشته باشد.

**تشکیل دولت صفوی** قرن دهم هجری قمری برابر قرن پانزدهم میلادی یکی از مهم‌ترین و حساس‌ترین ادوار تاریخ ایران محسوب می‌شود.

بنیان‌گذار حکومت دینی صفوی در حقیقت «جُنید و حیدر» یعنی پدر و جَد شاه‌اسماعیل اول بودند، که این پدیدهٔ مذهبی قوی و شگرف را از لحاظ مصلحت سیاسی از سالها پیش از تولد شاه‌اسماعیل در شرق پی‌افکندند.

شاه‌اسماعیل نوجوان با دلاوری خود و مساعی توام با استقامت و نقشه‌های ماهرانهٔ جنگی و نظامی مریدان و پیروان وفادار خویش در استقرار

روحانی گرفت.

* ارزش و موقعیت والایی که در مذهب شیعهٔ جعفری برای مقام حضرت فاطمهٔ زهرا به عنوان یک زن معصوم و مقدس قائل شده‌اند که هیچگونه سازشی با روحیهٔ مذهب اهل تسنن نداشت.

* برخورد میراثهای فرهنگی غنی و ارزشمند ایران باستان با مبانی نوین فرهنگ اسلامی که مکتب عرفان و تصوف ایرانی را بوجود آورد.

* ایجاد آب‌انبارها، یخدان‌ها، گرمابه‌ها و کَندن کاریزها که قرنهای متمادی در مناطق خشک و بی‌آب سرزمین پهناور ایران رایج بود در خدمت مذهب شیعهٔ جعفری به صورت موقوفات ائمه‌اطهار درآمد.

در ایران باستان زردشتیان از دیرباز آداب و رسوم نیکویی برای تاسیس بنیادهای نیکوکاری بویژه برای شادی روان خود و آمرزش روان گذشتگان خویش داشته‌اند. در کتیبه شاپوراول ساسانی در نقش رستم شرح بلندی از بنیادهای خیریه‌ای که وی تاسیس کرده آمده است و در دیگر آثار زبان پهلوی که بجای مانده است نیز این‌گونه بنیادها ذکر شده است.

بدین‌سان وقف اموال جهت خدمت به هم نوعان و ایجاد مؤسسات عام‌المنفعه در مذهب شیعهٔ جعفری دنباله و جانشین فصل درخشانی ست از آیین و سُنن والای انسانی ایرانیان باستان.

نکتهٔ دیگر: گستردن سفره‌ای رنگین از خوردنیها و فرآورده‌ها در شبهای چهارشنبه آخر هر سال است که از رسوم و اصول معتقدات ایرانیان باستان به منظور پذیرایی از «فره‌وَهر»ها و مقدسین و ارواح درگذشتگان است که در هر خانه و کاشانه‌ای با تشریفات ویژه‌ای بشادی و شادمانی برگزار می‌شد.

ایرانیان باستان باور داشتند که ارواح درگذشتگانشان با همراهی فرشتگان «مزدیسنا» در آخر هر سال جهت سرکشی چند روزی به زمین فرود می‌آیند که از خانه و زندگانی بازماندگان خویش و از پرهیزکاری و داد و دِهش و راست کرداری آنها خشنود گشته از درگاه ایزدی تندرستی و شادکامی آنان را خواستار شوند.

* موسیقی و آهنگ‌سازی که در اسلام مجاز نیست توسط ایرانیان در اعمال مذهبی بصورت نوحه‌سرایی، تعزیه گردانی، روضه‌خوانی، مدیحه و مرثیه‌خوانی با آهنگ و نواهای گوناگون جلوه گری کرد.

* رقص و سرودخوانی که در اسلام ممنوع است و از آداب و رسوم کهن ایران محسوب می‌شد به صورت پای‌کوبی و سَماع درویشان در محافل عرفا و صوفیان متداول گردید.

* احیای هنرهای ظریف خوشنویسی، نگارگری، رنگ‌آمیزی کاغذ، تذهیب، گل و بوته‌اندازی که از مفاخر تمدن ایران باستان بود در خدمت شیعه به عنوان هنرهای روحانی با نقش تصاویر صحنه‌های کربلا و داستانهای مذهبی از امامان در متن و حواشی صفحات کتبِ دینی و مذهبی بویژه در قرآن مجید متجلّی گشت.

* احیای زبان فارسی و گسترش آن در تالیفات و تصنیفات بویژه در تدوین کتب دینی و مذهبی که در سالهای نخستین هجری اکثراً به زبان عربی نگاشته می‌شد.

* در مذهب شیعهٔ جعفری تعداد امامان یعنی جانشینان پیامبراکرم اسلام براساس تعداد ماههای سال و بُرجهای آسمان و دوازده فرشته در دین زردشت ثابت ماند.

* آداب و رسوم آمیخته به تقدیس و احترامی که ایرانیان باستان به درگذشتگان خود داشتند و ساختن مزارها و بارگاهها و بقعه‌های پر زرَق و برَق که از هیچ لحاظ با دین اسلام که زاییدهٔ صحرای عربستان است وفق نمی‌داد.

* مجموعهٔ شاهکارهای حیرت‌انگیز رنگها، نقشها و طرحهای فنی و هندسی کاشیکاریها، گچبریها، و آینه کاریهای مساجد و تکایا و هنرهای ظریف کتاب آرایی، جلدسازی، قلمدان‌نگاری و ده‌ها قِسم هنرهای دیگر در ردیف هنرهای روحای در مذهب شیعهٔ جعفری خودنمایی کرد.

* اسطورهٔ سیاوش‌خوانی یا سووشون از مراسم ملی ایران باستان به صورت سوگواری شهادت امام‌حسین(ع) و خانواده‌اش جنبهٔ مذهبی و

استقلال سیاسی و هویت و ملیت فرهنگی ایران را تثبیت نماید.

ایرانیان خلافت واقعی را پس از پیامبر اسلام حق علی می‌دانستند، رفتار نکوهیدهٔ خلفای اُموی نسبت به علی و فرزندانش سبب تقویت هرچه بیشتر و احساس شدید شیعه‌گری ایرانی گردید. ایرانیان با افزودن طرحها و رنگهایی از آداب و سُنن کهن ملی خود در چارچوب مفاهیم و اصول مذهب شیعه تفاوتهای بسیاری بین اسلام ایرانی با اسلام سایر اقوام بوجود آوردند.

مذهب شیعهٔ جعفری ساخته و پرداختهٔ اندیشه و فلسفه ایرانی ست که از لحاظ اصول و معتقدات و در رأس آن مفهوم امامت و هم از نظر فروع دین با مذاهب اصلی دیگر اسلام از قبیل مکاتب حَنبلی، حَنفی و شافعی که سه شاخهٔ عمده و اصل مذهب اهل سنت است تفاوتهای زیادی دارد.

این نهضت مذهبی که گاهی آشکار و گاه نهان در ایران گسترده می‌شد بویژه بوسیله علَویان و زیدیان در شمال ایران ریشه گرفت تا در دوران صفویه که خمیر مایۀ استقرار حکومت آنان گردید و به عنوان مذهب رسمی کشور اعلام شد.

به موازات رُشد مذهب شیعهٔ جعفری مکاتب تصوف و عرفان نیز با مایه‌گیری از فلسفهٔ ایران باستان و آمیزه‌هایی از اندیشه‌های هندی و یونانی و فرقۀ معتزلی که اصول اصلی آن توجه به عقل و دانش بشری است در ایران فرصت ظهور یافت و شکوفا شد.

نمونه‌هایی از این تفاوتها یاد می‌شود:

* برگرداندن گاهشماری از هجری قمری به هجری خورشیدی به نام تقویم جلالی توسط حکیم عمر خیام نیشابوری و تنی چند از ریاضی‌دانان و ستاره‌شناسان نام‌آور که نزدیک به یکهزار سال است مورد استفاده ما ایرانیان می‌باشد.

* برگزار کردن جشنهای باستانی چون نوروز، مهرگان، سده، آب‌پاشان و غیره و طرح احادیث و روایاتی که از ائمه اطهار پیرامون این جشنهای باستانی و تحویل سال نو در آغاز فروردین ماه نقل شده است.

صدمات بسیار وارد می‌آورد و در فرجام هم دین را به ضعف و زبونی می‌کشاند و هم دولت و جامعه را.

**پس از فروپاشی حکومت ساسانیان** ایرانیان فریب‌خورده و ستم‌کشیده از همان نخستین سالهای تسلط اعراب برای بدست آوردن استقلال و حاکمیت از دست رفته به مبارزات و جنبشهای خونین نظامی و سیاسی برخاستند. آنان در نهان و آشکار با شعارهای مختلف به صورت قیامهای عقیدتی و مذهبی و نهضتهای فرهنگی و ادبی در راه یک هدف واحد یعنی آزادی ایران جانها و خونها نثار کردند.

**نهضتهای نظامی و سیاسی** با کوشش و پیشگامی مردان بلند همت از طبقات مختلف ایرانی در نقاط گوناگون سرزمین پهناور ایران پیوسته قیامهایی رخ می‌داد که نشان تلاشهای مردم ایران برای رهایی از چنگال مهاجمان بیگانه است. جنبشهای ابومسلم، بهافرید، سندباد، بابک، مازیار، سران اقوام گیل و دیلم و تبرِسَتان، طاهریان، صفاریان، سامانیان و دیگران از آن شمارند. ثمرهٔ آن کوششها تشکیل نوعی حکومت‌نشین‌های ایرانی نیمه‌مستقل و مستقل بود که اکثراً با یکدیگر در رقابت بودند. این جدال‌ها و ناآرامی‌ها نزدیک به یکهزار سال بطول انجامید تا در دوران حکومت صفویه که زمینهٔ وحدت و همبستگی ملی ایرانی فراهم آمد.

**نهضتهای عقیدتی و مذهبی** بوجود آمدن شاخه‌های مختلف مذهبی در ایران پدیده‌ای بود که از برخورد بین دین اسلام و تمدن و فرهنگ و آیین باستانی ایران سرچشمه می‌گرفت.

هر یک از رشته‌های مذهبی با برخورداری از عوامل متعدد مورد اختلاف در مذهب و تمایل ملی رنگهای متفاوتی به خود می‌گرفت و به صورت فرقه‌های جدید جلوه می‌کرد چون فرقه‌های شعوبی، زیدی، معتزله، اَشعری، اسماعیلی، کیانیه، امامیه، ملامتیه، قدریه، خُرمیه و امثال آن.

ایرانیان در دوران خلافت اُمویان و عباسیان پذیرفتن مذهب شیعه را حربهٔ برنده‌ای بر ضِدِ دستگاه ستمگر خلفا می‌دانستند و عاملی که می‌توانست

تقریب مذاهب مختلف اسلام شور کنند و نتیجه را در یک شورای سلطنتی از علما و فقهای سُنی و شیعه با حضور نادرشاه و میرزا مهدی‌خان استرآبادی منشی اعلام نمایند.

از مهم‌ترین ابتکارات نادرشاه در زمینه ادیان اندیشهٔ اتحاد مذاهب مختلف اسلام بود که می‌خواست با طرح و نقشه‌ای مسالمت‌آمیز ایران شیعه مذهب آن روز را که سرحدات جغرافیاییش به وسعت سرحدات دوران ساسانیان رسیده بود با اتحاد و توافق امپراتوری عثمانی به صورت یک جامعهٔ عظیم اسلامی در جهان پایه‌گذاری کند.

اما این امر با مقتضیات سیاسی آن عصر که از طرف اروپاییان آزمند تعیین می‌شد مناسب نبود. از این رو پیش از آنکه آرزو و مجاهدات بزرگ نادرشاه جامهٔ عمل بپوشد با دست‌آویز و بهانه‌های خشونت و دیوانگی سَر و جان خود را در راه این اندیشه باخت.

در سال ۱۱۶۰ هجری قمری شبانگاه سه تن از سرداران مَحَرم و محبوبش به سراپردهٔ وی رفته نادرشاه را با همسر سوگلیش ستاره بقتل رساندند.

پس از کشته شدن نادرشاه افشار در حوالی قوچان و پراکندگی سپاه عظیم وی و اختلافات داخلی جانشینانش مقدمات نیرنگهای سیاسی از سوی کشورهای ذینفع بیگانه آغاز گردید و روابط و منافع آنان که تا قرن هفدهم میلادی تنها جنبه تجاری و اقتصادی داشت جنبه سیاسی و دخالت مستقیم گرفت. نخست اعمال نفوذ آنان در جنوب ایران در خلیج‌فارس فرصت ظهور یافت و بخشی از آن نواحی را طی قراردادی با کریم‌خان‌زند که یکی از سرداران سپاه نادرشاه بود به شیخ بوشهر واگذار کردند.

پس از قتل نادرشاه امپراتوری بزرگ ایران بین سرداران سپاه وی تقسیم شد. هرات، کابل، قندهار و بخشهای دیگری از خراسان بزرگ به نام کشور

---

فهرستهای کتابخانه فهرست‌نگاری تحقیقی و توصیفی نموده با ارائه نمونه‌هایی از تزئینات و تذهیبات و خطوط آن در مهرماه سال **۱۳۵۳** در یکهزار نسخه بچاپ رساند که چون دیگر فهرستها رایگان در دسترس دانشمندان و محققان و مراکز فرهنگی ایران و برخی از مراکز فرهنگی در خارج گذارده شد.

افغانستان به صورت تحت‌الحمایهٔ بریتانیا با احمدخان ابدالی یا دَرانی که از سرداران برجسته سپاه نادرشاه بود واگذار شد. محمدحسن‌خان حکومت قاجار را در مناطق شمالی ایران بوجود آورد. کریم توشمال یا کریم‌خان زند حکومت زند را در شیراز و نیمهٔ‌جنوبی ایران ایجاد کرد. سه سردار قاتل نادرشاه پس از غارت جواهرات و گنجینه‌های گرانبهای کلات نادری به کشورهای روسیه تزاری و بریتانیا مهاجرت کردند.

بدین ترتیب پس از نادرشاه جغرافیای سیاسی فلات ایران دگرگون شد و با بهانه‌ها و نیرنگهای سیاسی مناطق وسیعی از خاک پهناور ایران از پیکر مادر جدا شد. از این پس کشورایران باسرعتی‌اعجاب‌آور در گردونهٔ سیاست بین‌المللی قرار گرفت و در گرداب خوفناک سیاست اروپا گرفتار آمد.

پس از نادرشاه افشار ایران بصورت ملوک‌الطوایفی اداره می‌شد و دوران کوتاه و متزلزل حکومت خاندان زند با شمشیر بُران و نیرومند آغامحمدخان قاجار فرو پاشید.

در دوران حکومت قاجارها پس از قتل آغامحمدخان سردودمان مقتدر و مُدبّر این خاندان در قلعهٔ شوشی در شمال رود اَرَس به سال ۱۲۱۲ هجری قمری به علت ضعف و ناتوانی جانشینان آغامحمدخان و دستگاه حکومتی، نفوذ و قدرت مجتهدین و طبقه روحانی‌نماها فزونی گرفت. چون شاهان قاجار مانند شاهان صفوی به عناوین سید و مُرشد بزرگ مُلقب نبودند دخالت علما و فقهای مذهبی‌افزون بر قضاوت و ادارهٔ حوزه‌ها و مدارس طلبگی و مساجد در امور کشوری و سیاسی نیز افزایش یافت.

در مذهب شیعهٔ جعفری روحانیان جانشینان امام دوازدهم که غایب است بشمار می‌آیند و بهمین سبب فتاوی آنان در همهٔ امور بدون هیچ‌گونه محدودیتی در کشور شیعه مذهب ایران اجرا می‌شده است.

نظری به ماجراهای دردناک و تاریخی جنگهای ایران و روسیه تزاری در قرن هیجدم میلادی خود شاهد و گواه گویایی ست که رهبری و دخالت‌های مجتهدان و علمای مذهبی زمان در امور سیاسی و نظامی و فتاوی مراجع

بزرگ تقلید دوران فتحعلیشاه قاجار و عباس‌میرزای ولیعهد در تاکید و تأیید جهاد و جدال با کُفّار به تشویق و تحریک دولت انگلیس ـ و عوامل دیگر منجر به چه شکست‌های خفت‌آلود و معاهدات ننگ‌آفرین گلستان و ترکمانچای و تجزیهٔ ایران گردید.

در کتاب ناسخ التواریخ سپهر آمده است که :

«. . . سفیر روس مایل بود مجتهدین را دیدار کند تا شاید بتواند ایشان را از اندیشهٔ جدال فرود آورد و خویشتن برگردن نهد که دست روسیان را از حدود ایران باز دارد اما مجتهدین گفتند که در شریعت ما باکُفار از در مهر و دوستی سخن گفتن گناهی بزرگ باشد، اگرچه روسیان از حدود ایران بیرون شوند هم جهاد با ایشان را واجب می‌دانیم. . .»

یکی از رویدادهای مهم تاریخی ایران در آستانهٔ قرن بیستم میلادی جنبش مشروطیت بود. این تلاش اجتماعی آزادی عقیده و مذهب و آزادی بیان را به ملت در تاریکی ماندهٔ ایران بشارت می‌داد.

نحوهٔ تفکر و اندیشهٔ آزادیخواهان و مُبشران نهضت مشروطیت اجرای عدالت و حکومت قانون و احترام به حقوق انسانی افراد جامعه ایرانی را نوید می‌داد.

این آرزوی دیرین ایرانیان بوده است که در پناه نظام و حکومت مشروطه بتوانند پس از تحمل قرنها استبداد به حقوق مستقل ملی خود دست یابند و در چارچوب ارزشهای والای فرهنگ و تمدن زمان بسوی ترقی و تکامل گام بردارند.

زهی تاسف. . . که این تحول و رشد فکری چون گلهای لطیف بهاری عمری کوتاه و زودگذر داشت و مجال و امکان نیافت تا در برانداختن استبداد دوگانهٔ مذهبی و دولتی و جانشین ساختن نوعی حکومت آزاد و انسانی پیروز و موفق گردد و در همان مراحل نخست در تنظیم و نگارش اصول قانون‌اساسی و متمم آن با شرایط و امتیاز نامحدود مذهبی پر و بال زرّین فرشتهٔ آزادی به زنجیر مقیّد گشت.

# گوشه‌هایی از
## سرگذشت زاینده رود

زاینده رود یا زرینه رود یا زنده رود یکی از رودخانه‌های مهم و مقدس باستانی بوده است که مراسم مذهبی و سنتی «آب ریزگان» یا «آب پاشان» در کنار آن با تشریفات خاصی انجام می‌گرفته است. این مراسم کهن پس از ورود اسلام به ایران تا اواخر دوران صفوی نیز برگذار می‌شد. بعضی از شاهان صفوی در فصل معینی با حضور خود همراه با رجال و بزرگان وقت و نمایندگان و مهمانان خارجی به‌عنوان آداب سنتی و تفننی باستانی با تشریفات ویژه‌ای در این مراسم شرکت می‌کردند. زاینده رود از ارتفاعات زردکوه بختیاری از رشته‌ای بنام کوهرنگ یا کورنگ سرچشمه می‌گیرد و از شهر اصفهان گذشته در باتلاق گاوخوانی (خانی) در حاشیهٔ کویر به زمین فرو می‌رود.

زردکوه بختیاری تمام مدت سال از برف پوشیده است. سرچشمه زاینده رود در زردکوه مانند آبگیری مدوّرست و آن را «چشمه جانان» می‌نامند. از این چشمه آب می‌جوشد و بسوی مشرق تا حدود بیست کیلومتر جریان می‌یابد. در این مسافت طولانی نام آن «جانانه رود»ست.

منبع دیگر در جهت شمال این رود در ناحیهٔ فریدن چشمه‌ای ست به‌نام «چهل چشمه» که به جانانه رود می‌ریزد و این آب به «خرسنگ یا خرسانگ»

مشهورست.

در سمت جنوب درمنطقهٔ چهارمحال آبی دیگر از «زرین کوه» سرازیر می‌شود. این آب پس از پیوستن به دو آب دیگر و شعبه‌های دیگری که از قلل کوههای پر برف و چشمه‌ها به آن وصل می‌شود بتدریج به رودی بزرگ تبدیل می‌شود که زرین رود نامیده می‌شود.

اطراف رود خرسانگ ایل چهار لنگ و در اطراف زرین رود طایفه هفت لنگ بختیاری سکونت دارند. در حوالی جانانه‌رود نیز در دوران باستان آبادیهایی وجود داشته که امروزه ویرانه‌های آن بجای مانده و محل کشاورزی ایل بختیاری ست.

حمزهٔ اصفهانی در قرن چهارم هجری قمری در کتاب «تاریخ پیامبران و پادشاهان» نام این رودخانه را زرین رود ذکر کرده است. حسین مافروخی اصفهانی در رسالهٔ «محاسن اصفهان» نام این رودخانه را زرین‌رود و زنده‌رود آورده است. ابوعلی ابن‌رسته از مردم اصفهان در قرن سوم هجری قمری در کتاب خود «الاخلاق النفیسه» این رود را زرین‌رود یا نهرزرن نامیده است. ابن‌رسته تقسیم آب زاینده رود را از قوانین احکام اردشیر بابکان مؤسس سلسله ساسانی می‌داند و می‌نویسد:

«. . . آب اصفهان از رودخانه‌ای بنام زرین‌رود به دست می‌آید و اردشیر پسر بابک این رودخانه را بدین نام خواند و تقسیم آب آن به روستاهای «جِی» و ماربین و لنجان و طسوج و رویدشت مطابق صورتی است که خسرو اردشیر تنظیم کرده است. . . هر یک از روستاهای مذکور به سهم معینی در روزهای خاص از حق خود بهره‌ور می‌شوند و آنچه از آب زرین‌رود از روستای رویدشت که آخرین منطقه‌ای است که از آن مشروب می‌گردد می‌گذرد در سرزمین باتلاقی فرو می‌رود و می‌گویند همین آب در منطقه کرمان ظاهر می‌شود. . .»

یاقوت حَموی نیز در قرن هفتم هجری قمری آب زنده رود را گواراترین آبهای دنیا می‌دانست او می‌نویسد:

«. . . زَرَن رود نام [رودی در] شهر اصفهان است و آن رودی مشهور به گوارایی و

صِحت است که بوستانها و روستاها و شهرها را سیراب می‌کند و سپس در ریگزاری فرو می‌رود به فاصله شصت فرسخ و در کرمان ظاهر می‌شود و سپس به دریای هند می‌ریزد. . .»

نویسندگان و مورخان قدیمی که در مورد شهر اصفهان اطلاعات و اخبار تاریخی و جغرافیایی ذکر کرده‌اند جملگی گوارایی آب زاینده‌رود را ستوده‌اند. به عقیدهٔ آنان علت سبکی و گوارایی و کیفیات دیگر آب اصفهان آن است که سرچشمه آن از سنگ است و از سنگلاخها و ریگزارها می‌گذارد. **ابن‌خردادِبه** صاحب کتاب «**المسالک و الممالک**» در قرن سوم هجری قمری می‌گوید :

«. . . گاوخانی «گاوخوانی» زمینی ست وسیع و محیطش سه چهار فرسنگ است. کنارش گَزَستان و میانش را کَسَی ندیده است. گیاهان اطراف گاوخانی از نوع «اشنو» چوبک ونِی و اقسام گز است که بصورت بیشه‌های پر درخت است و پناهگاه مناسبی برای گورخرهایی ست که در این حوضهٔ فرو رفته زندگی می‌کنند.»

خاقانی شیروانی در قرن ششم هجری در توصیف زاینده رود گفته است :

یاد آن عهدی که دور از چشم زخم آسمان
با تو بودم در کنار زنده رود و مرز جِی

صدرالدین عبداللطیف خجندی سروده است :

ای چو سیم مذاب زرین رود    اصفهان پر نوا شده ز تو رود
گشته‌ای عین زندگی در جِی    فی مجاریک کُل شیئی حّی

صائب تبریزی اصفهانی :

خوش آن روزی که صائب من مکان در اصفهان سازم
ز وصف زنده رودش خامه را رطب‌اللسان سازم.

**پل‌های زاینده رود** بررویهم دهها پل از دوران باستان و پس از ورود اسلام بر

زاینده رود بسته شده است که هر کدام شاهکاری در فنون معماری و تزئینات هنری روزگار خود بشمار می‌رفته است. توصیف و نقش اکثر پلهای زاینده رود در تواریخ و تذکره‌ها و سفرنامه‌های جهانگردان داخلی و خارجی منقوش است.

یکی از قدیمترین پلهای زاینده رود پل شهرستان یا پل جِی است که روستایی بهمین نام در شرق پل خواجو واقع است. سیاح مشهور انگلیسی «فِرد ریچاردز» می‌نویسد این پل به عنوان پل جنگی و نظامی در دوران هخامنشیان ساخته شد و در زمان ساسانیان تعمیراتی در آن انجام گرفت.

سیاح مذکور در سفرنامه خود آورده است که:

«... پلها در ایران دارای مشخصات و ممیزات ترکیبی ست یعنی طرز بنای انواع بناها از قبیل سَد، بُرج، پاویون، کاروانسرا، دروازهٔ مستحکم جنگی، بهار خواب، غرفه‌های مخصوص استراحت در ساختمان یک پل نیز بکار برده می‌شد و در عین حال صورت واحد خود را بمنزلهٔ یک پل از دست نمی‌دهد...».

شوالیه شاردن جهانگرد فرانسوی در سفرنامه خود آورده است که:

«... قریه شهرستان زمانی یکی از بخشهای بزرگ و پر جمعیت و اعیان‌نشین اصفهان بوده که هنوز آثار عظمت دیرین آن کم و بیش موجود ست و پل مشهور به شهرستان پلی است که پیش از سلسلهٔ ساسانیان بر زاینده رود بسته شده و در دروان نخستین سال‌های پادشاهی اردشیر ساسانی تعمیر و مرمت گردیده است...».

قریهٔ شهرستان در گذشته جِی نام داشت و اسم نخستین آن را «گابه» نوشته‌اند.

این دهکده متجاوز از یک فرسنگ طول آن بوده که در شرق شهر اصفهان و کنار زاینده‌رود ایجاد گردیده بود و باغها و بوستانهای پرگل و ریاحین و کشتزارهای مصفای آن مشهور زمان بوده است.

در کتاب گنجینهٔ آثار تاریخی اصفهان آمده است:

«... در دورهٔ دیلمیان و سلجوقیان پل مهم زاینده رود همین پل شهرستان بوده که در دوره‌های مزبور تعمیراتی در آن بعمل آمده و آثاری بر آن افزوده شده است.»

نام چند پل زاینده رود فهرست‌وار یاد می‌شود :
پل زمان‌خان از پلهای قدیمی زاینده رود نزدیک سامان است، پل فلاورجان از دوران صفویه، پل بابا محمد در لنجان پل چوم بر بستر زاینده رود، پل اللهوردی‌خان یا پل چهارباغ. پل شاهی یا «پل خواجو» زیباترین پلهای زاینده‌رودست که پایه‌های آن مربوط به عهد حسن‌بیک ترکمان است، این پل در زمان صفویه تکمیل شد که در طبقه دوم آن فضایی ست مخصوص گردش عمومی و بهارخوابی نیز دارد. پل چوبی از آثار دوره شاه‌عباس دوم، پل ورزَنه در انتهای بلوک رویدشت و نزدیک گاوخانی، پل سی‌وسه پل از بناهای شاه‌عباس اول صفوی که در شمار یکی از زیباترین آثار هنری معماری محسوب می‌شود، پل وَرگان در چهار لنگ بختیاری.
شالودهٔ ساختمان پلها با سنگ و آهک و آجر و گچ و ساروج بنا گردیده است که در اطراف آن غرفه‌هایی «غلام گردشی» جهت آسایش و استراحت و تفرّج احداث شده است.

**نظری گذرا بر دژها و کاخها و آتشگاه کنار زاینده رود.**

در روایات اسطوره‌ای شهر اصفهان از زمان پیشدادیان و کیانیان به عنوان یکی از پایتخت‌های مرکزی ایران بزرگ محسوب می‌شد.
بنابر شواهد تاریخی در هزارهٔ سوم پیش از زایش مسیح در اطراف زاینده رود شهرهای آباد و مسکونی وجود داشت که از چندین بخش به نامهای کهران، جوباره، در کوشک، در دشت، ماربین، لنجان، فلاورجان، کوهپایه، سهِ ده، میمه، شهرستان، جِی، پری‌تکان و غیره تشکیل شده بود.
اسامی نامبرده تا به امروز نیز به نام محلات مختلف اصفهان باقی مانده است.
در کتیبه‌های داریوش اول هخامنشی منقورست که پارس و اصفهان یک ایالت محسوب می‌شد بنام «پارسه» این ایالت در کتاب هرودوت بنام «پرسِر» و در نوشته‌های استرابون «پرسیس» نام برده شده است که حدود آن از

جنوب به خلیج فارس و از غرب به خوزستان و سلسله کوههای بختیاری و از شمال به ماد بزرگ یعنی همدان و کردستان و از شرق به کرمان «کرمانیا» محدود بود.

بنابر کتیبه‌های نقش رستم و نقش رَجَب، شهر اصفهان از دو بخش بزرگ گابا «گِی» یا «جی» و یهوتکان «یهودیه» تشکیل شده بوده است.

خاورشناسان معتقدند که کوروش اول هخامنشی گروهی از یهودیان آواره و رانده شده از اورشلیم را که با دست آسوریها از موطنشان اخراج شده بودند به اصفهان کوچ داد و ساکن نمود که نام یهوتکان یا یهودیه از آنجاست.

جِی یا گِی یا گابِه همان شهر مشهور عصر هخامنشی ست که نامش در کتیبه نقش رستم نقل شده است.

بنابر نوشته مورخان یونانی و رومی و ارمنی باستان اصفهان در دوران هخامنشیان شهر بزرگ و آباد بنام «پری تکان» بوده که امروز فریدَن نامیده می‌شود. این شهر در دوران اشکانیان و بویژه در زمان ساسانیان مرکز جمع‌آوری سپاه و تجهیزات جنگی و نظامی‌گردید و نام «سپاهان» به‌آن داده شد. پس از ورود اسلام در حدود سال ۲۳ هجری کلمهٔ سپاهان به «اصبهان» و بعداً به اصفهان تبدیل شد.

مسعودی صاحب کتاب «**مروج الذهب**» می‌گوید:

«. . . بلوک ماربین را تهمورث دیوبند دومین شاه خاندان پیشدادی احداث کرد که به داشتن قناتهای قدیمی و وفور درختان میوه‌دار و سرسبزی و خرمی شهرت دارد. . . ناحیت ماربین پنجاه و هشت پاره دیه‌آباد و پر برکت است که به حقیقت آن ناحیت همچون باغی از پیوستگی باغستانها و دیها با هم متصل است. . . سردار مشهور فیروز پادشاه ساسانی بنام آذرشاپوران فرزند آذرمانان که برج و باروی شهر جِی را تعمیر و باتمام رسانید اهل روستای هرسَتان از آبادیهای بلوک ماربین بوده است. . .».

ابن‌خرداذبه و حمزهٔ اصفهانی مورخان قدیمی از آتشگاه بزرگ دِژ ماربین یادکرده‌اند و می‌نویسند که:

«. . . آن آتشگاه از آثار کیکاوس شاه کیانی ست که با گذشت زمان ویران گردید تا بهنگام پادشاهی «بهمن کیِ اردشیر فرزند اسفندیاربن گشتاسب» کمی پایین‌تر از آن آتشگاه دِژ و آتشگاه دیگری بنا کرد که تا به امروز پابرجاست و آتش آن همچنان فروزان است. . .».

حمزهٔ اصفهانی در کتاب «سّنی ملوک الارض و الابنیا» می‌گوید اردشیر یا بهمن سه آتشکدهٔ بزرگ در قریهٔ ماربین بنا کرد. . . آتشکده اردشیر. . . آتشکدهٔ ذروان اردشیر در قریه اردستان و آتشکده مهر اردشیر در قریه دارک از روستای برخوار اصفهان. . . - این پادشاه در کرانهٔ رودخانه زاب‌بزرگ «زاب علیا» نیز شهری بنام خود اردشیرآباد ساخت.

حمدالله مستوفی در قرن هفتم هجری یادآور شده که خود از آتشکده‌های نامبرده دیدن کرده است. جهانگرد و مورخ مشهور «ویلیام جاکسون» در کتاب «ایران در گذشته و حال» راجع به آتشگاههای اصفهان می‌نویسد :

«. . . تاریخ اصل بنای این معابد از دوران هخامنشی بوده که در دوران‌های بعد بویژه در زمان ساسانیان تعمیرات و اصلاحاتی در آن بکار رفته است و آتش مقدس ایرانیان قرنهای طولانی در آن روشن بوده است. . .»

مورخان قدیمی چون ابن‌خردادِبه و مسعودی و حمزهٔ اصفهانی از بقایای کاخها و آسیابها و بازارهای متعددی که در کناره‌های آبادان رودخانه زاینده رود از دوران باستان بجای مانده بود یاد کرده، و از قصرها و بازارهایی نیز که پس از ورود اسلام احداث شده بود نام برده‌اند.

از جمله می‌نویسند بازاری در حصار کرنیه در محله «زرکاباز» اصفهان از عهد کهن ایجاد شده بود که مردم اصفهان در ایام نوروز با لباسهای زیبا و رنگارنگ به مدت هفت روز در آن گرد هم آمده به شادی و نشاط جشن نوروز را با انواع متعدد بازیها و سرگرمیهای تفریحی برقص و پای‌کوبی برگزار می‌کردند.

مافروخی اصفهانی در کتاب «محاسن اصفهان» می‌نویسد :

«... در روزگار حکومت مردآویج زیاری و دیلمیان در روزهای جشن نوروز تمامت مردم اصفهان از صغیر و کبیر و وضیع و شریف و خاص و عام و اطفال و نسوان هر کس به مقتضای حال و توانایی خود به انواع ماکولات و مشروبات و انواع آلات طرب به مدت هفت روز به بازار «جورین» نقل مکان کرده به تفریح و خوشگذرانی می‌پرداختند و چون «فنا خسرو عضدالدوله دیلمی» خاطرات آن جشن‌ها راکه در ایام کودکی دیده بود به خاطر داشت به هنگام آن‌که بر اقلیم پارس مستولی گشت دستور داد تا بر دروازهٔ شیراز در موضعی که آنرا «سوق الامیر» می‌گویند بازاری مشابه بازار جورین اصفهان بناکردند که تمامی مردم شیراز و نواحی اطراف در روزهای نوروز در آن بازار جمع می‌شدند و عضدالدوله با خواص وندما و مقربان خود در کوشکی که در جنب آن بازار ساخته بود جشن نوروز را با شادی و نشاط برگذار می‌کردند...»

مافروخی اصفهانی نام چهارده دروازهٔ مشهور قدیم اصفهان را یاد کرده است :

«... دروازه تیره، دروازه جور یا خور، دروازه ماه یا اسفیس و دروازه جهودان».

در دوران حکومت سلجوقیان شهر اصفهان به عنوان پایتخت دارای آبادیها و کاخها و مدارس و کتابخانه‌ها و مساجد و بازارهای متعددی گردید. رَصَدخانه ملکشاهی نیز توسط چند تن از ریاضی‌دانان و ستاره‌شناسان دانشمند زمان و به سرپرستی حکیم عمرخیام نیشابوری بنابه فرمان سلطان جلال‌الدین ملکشاه سلجوقی در شهر اصفهان احداث گردید.

در دوران سلطنت خاندان صفوی در ساحل جنوبی زاینده رود مساجد و مدارس و پلها و باغها و کاخهای با شکوه و وسیعی ایجاد شده که تا اواخر دوران زندیه وجود داشت و در زمان سلطنت قاجارها اکثر آنها بر اثر دستبرد و حوادث زمان دچار زیانهای بسیار گردید.

# سرگذشت
# آب و نقش آن

تصورات ذهنی بشر باستان از عناصر طبیعی و اجرام سماوی در خور توجه است، زیرا که مایه اصلی و عنصر اساسی باورهای مذهبی و مضامین هنری همین تصورات بوده است. در دنیای طبیعت‌گرایی کهن بیشتر پدیده‌ها و مظاهر طبیعت در تصور بشر جنبه خدایی و الوهیت داشت. لذا برای هر کدام پرستشگاه‌های ویژه‌ای بر پا می‌کردند بنام خانهٔ خدایان. مردم در این پرستشگاهها برای جلب رضایت خاطر و بر طرف کردن خشم و غضب گاه‌و بیگاه خدایان با تشریفات خاصی جشنهایی براه می‌انداختند و قربانی می‌کردند.

شکل و شمایل تصوّری برخی از خدایان را نیمی به صورت انسان و نیمی به صورت بعضی از پرندگان و یا حیوانات عجیب افسانه‌ای می‌انگاشتند. مجسمه‌ها و مجموعهٔ الواح و استوانه‌های گلین و فلزی بدست آمده از اقوام باستانی نشانگر این تصورات است.

بنابر گفته پروفسور «گیرشمن» در اجتماعات دوران کهن، همهٔ شئون زندگی بشر تحت نفوذ و سُلطه اعتقادات و فلسفهٔ ماورای طبیعت و مذهب قرار داشت.

پرتو افکار و تصاویر ذهنی بشر از همان زمانهای بسیار دور پیش از تاریخ

به صورت نقشها و طرحها و تصویرنگاریهای گوناگون بر سینهٔ کوهها و در درون غارهای بعضی از کشورهای جهان باقی است.

هنرمندان و صنعتگران اقوام مختلف جهان در طول تاریخ خود به کمک اندیشه و ایمان و با مهارتی شگرف و ذوقی سلیم هنر را در خدمت باورهای مذهبی ارائه داده‌اند که آثار گرانبها و گویای بسیاری از آن در آتشکده‌ها، صومعه‌ها، کلیساها، مساجد و غیره بجای مانده است.

آب نیز یکی از مظاهر طبیعت است در قالب اسامی و اشکال گوناگون مانند باران، برف، تگرگ، ژاله. در دورانهای باستان متفرعات آن چشمه، رودخانه، دریاچه، دریا، اوقیانوس و غیره در شیوهٔ زندگی ساده و بی‌آلایش دروان شبانی و کشاورزی اقوام کهن نقش مهمی ایفا می‌کرد. آنچنان که حیات و کائنات را از وجود آب می‌پنداشتند و در مقام الوهیت آب را مورد پرستش و احترام قرار می‌دادند.

آب افزون بر آنکه در مرحلهٔ نخست ماده حیاتی بود و تشنگی را فرو می‌نشاند، و منشاءِ کِشت و وفور محصولات و شکوفایی طبیعت و عامل مهمی در حاصلخیزی خاک محسوب می‌شد، مظهر پاکی و بی‌گناهی و پاک‌کنندهٔ آلودگیها و گناهان و شفادهندهٔ بیماریها نیز شناخته شده بود.

به اعتقاد مردمان کهن در آب نیروی معنوی و جاذبه و اُبهت شدید روحانی وجود داشت، که قادر بود بیماریهای گوناگون را درمان نماید. حتی در افسونگری «سِحر و جادو» نیز آب نقش اساسی و مهمی داشت، از آنجا که بوسیلهٔ آب پیشگویی انجام می‌شد به آن حالت مجذوب‌کننده و مقدسی می‌داد.

در طی قرون متمادی در نزد اکثر اقوام جهان باور به «آب حیات» یکی از مسائل و معماهای بشری شمرده می‌شد زیرا یابندهٔ آب حیات به طریق معجزه‌آسایی به جوانی و عمر جاوید دست می‌یافت. در اسطوره‌ها و افسانه‌ها کهن آب نه تنها سبب باروری و حاصلخیزی دشت و دمَن و پاکی

جسم و روح انسانها شاخته شده بود بلکه در فصول مختلف بعلل تغییرات جَوّی و ایجاد سیل و طغیان رودخانه‌ها و دریاها نیز گنهکاران را تنبیه و مجازات می‌کرد چون توفان نوح و غیره.

آب در مراسم مذهبی عامل امیددهنده و احیاکننده بوده است. در باورهای آریایی، سامی، افریقایی آب ماده‌ای متبرک و مقدس بوده و آلوده نکردن آب و احترام و پرستش آن از اعمال عبادی بشمار می‌رفته است.

مراسم غسل تعمید مسیحیان نیز رویدادی است مُبشر تولدی نو و روحانی که ریشۀ کهن آن از باورهای دورانهای دورتر از مسیح است.

در مصر باستان معابد متعددی منسوب به آب وجود داشت. بویژه رودخانۀ نیل رود مقدسی محسوب می‌شد که هستی مصریان ارتباط مستقیمی با آب این رودخانه داشت. هنگام طغیان این رود، مصریان برای بر طرف کردن خشم و غضب خدای آب حیوانات زنده را مانند گاو و گوسفند به عنوان قربانی به رودخانه می‌افکندند.

مصریان برای نخستین بار علائم آبهای روان را بر روی پاپیروس و یا سنگ‌ها با خطوط تصویری به شکل «مار» رسم نمودند. زیرا که خِزش آب در نهرها و رودخانه‌ها چون خِزَش مار می‌نموده است.

چینیان باستان برای آب خدایان و ارواح متعددی قائل بودند و برای رودها و چشمه‌ها قربانی می‌نمودند. آنان متعقد بودند که خدای آبها سرش بسان اژدها و تنش بسان مار است و تن خدای رعَد و برق را مانند اژدها و سَر آن را مانند سَر انسان تصور می‌نمودند.

هندیان باستان نیز مراسم مذهبی برای رودها بویژه رود مقدس «گنگ» اجرا می‌کردند. همچنانکه کلدانیان رود فرات را مقدس می‌شمردند.

افریقاییان هنگام عبور از رودخانه سبزه‌ای به عنوان هدیه به آب می‌انداختند.

در یونان باستان پرستش چشمه‌ها و رودها و دریاها از معتقدات و سنن مقدس بشمار می‌رفت. زیرا بر این باور بودند که اِلهه «خدای آبها» مانند دریا

می‌تواند قیافه و ماهیت خود را تغییر دهد و آینده را پیشگویی کند. هومر در مورد پرستش رودها اشاراتی دارد.

شواهد تاریخی نشان داده است که تمدن‌ها و فرهنگهای نخستین بشر در کنار آبها پدید آمده و به ثَمر نشسته است.

**آب در ایران باستان** ایرانیان باستان آب را ماده‌ای حیاتی و شفادهنده می‌دانستند و تشریفات رسمی و خاصی به عنوان جشن «آبریزگان» در فصل معینی هنگام حلول ماه در کنار آبها برپا می‌کردند و با پاشیدن آب به یکدیگر و شستشوی و آب‌تنی در آن آلودگیها و گناهان را از جسم و جان خود می‌زدودند.

بررسی‌هایی که ایران‌شناسان در شناسایی آیین ایرانیان پیش از ظهور زردشت انجام داده‌اند، به این نتیجه رسیده است که در دورانهای دور ایرانیان به خدایان سه گانه «تثلیث» از مظاهر طبیعت باور داشتند. نمادها و نقوشی از آن با علایم و تزیینات هنری در گوشه و کنار ویرانه‌های کاخ تخت‌جمشید مشاهده می‌شود.

تثلیث ایرانی بدین معناست که اهورامزدا در رأس و مهر و ناهید در زیر دست او قرار دارند. همانگونه که هرودوت اشاره کرده است سه خدای مورد احترام ایرانیان پیش از ظهور زردشت هیچ کدام جنبهٔ بُت و صَنم نداشته بلکه وسیله‌ای برای بیان مفهوم پروردگار یکتا و خالق کل کائنات بوده است. اهورامزدا خدای فلك الافلاك شمارده می‌شد. میترا یا میتره یا مهر اِلههٔ فروغ جاودانی و نورمطلق که مظهر آن خورشید بزرگترین منشاء نور و گرمای جهان محسوب می‌گردید. آناهیتا یا ناهید اِلههٔ آبهای آسمانی و زمینی و آبادانی و مواشی بشمار می‌رفت.

بنابر گفتهٔ هرودوت و تنی چند از مورخان یونان و روم باستان اِلههٔ آب ایرانیان آناهیتا برخلاف خدایان مؤنث بوالهوس اقوام باستانی دیگر چون ایشتار، وِنوس، افرودیت ـ مظهر پاکدامنی و بی‌گناهی معرفی شده بود.

آناهیتا اِلههٔ آبهای ایران باستان عاملی سازنده در حاصلخیزی و بارآوری

خاک و ماده‌ای حیاتی و نیروبخش و هستی آفرین بشمار می‌رفت که باران و برف را فرود می‌آورد و رویانندهٔ گیاهان و شکوفایی طبیعت بود.

به گواهی «گاتها» پس از ظهور زردشت پیامبر آریایی که یکتاپرستی را تعلیم می‌داد میترا و آناهیتا از مقام الوهیت نزول کرده در ردیف فرشتگان بشمار رفتند و خدای یگانه اهورامزدا مورد پرستش و نیایش بود.

در سرزمین آریاییها برپا داشتن آتشکده‌ها نیز یک رسم بسیار کهن بشمار می‌رفت، ویرانه‌های پرستشگاه آناهیتا در شهر باستانی استخر در اُستان فارس از جمله یکی از بقایای پرستشگاه کهن ایرانی ست که مراسم تاجگذاری اکثر شاهان باستانی ایران تا اواخر دوران ساسانی در آن انجام می‌گرفت.

در جوار آرامگاه شاهنشاهان هخامنشی مکانی‌ست به نام کعبهٔ زردشت که اصل این بنا در دورانهای باستان پیش از ظهور زردشت یکی از پرستشگاههای بزرگ اِلههٔ آب بنام آناهیتا بوده است اردشیر بابکان بنیانگذار سلسله ساسانی خود و پدرانش از پریستاران پرستشگاه آناهیتا کعبهٔ زردشت بوده‌اند.

**آبیاری و کاریز در ایران باستان** بنابر تحقیقات و مطالعات ایران‌شناسان حفر کاریز «قنات» در دوران پارسها و اوایل حکومت هخامنشیان صورت گرفت. با مرور زمان ایجاد کاریزها در مناطق کم آب و خشک فلات ایران گسترش بیشتری یافت. در دوران ساسانیان گسترش کاریزها سرزمینهای جنوبی خلیج‌فارس را نیز در برگرفت. کاریزهای بحرین، عمان و یمن یادگار آن دوران است.

حمدالله مستوفی در قرن هشتم هجری قمری از بحرین چنین یاد کرده است:

«... بحرین جزیره‌ای است در میان دو بحر بدین سبب آن را بحرین خوانند ده فرسنگ در پنج فرسنگ و بر آن جزیره اردشیر بابکان سر سلسلهٔ ساسانیان کاریزها و باغستانها و روستاها و شهرستانی عظیم و مصفا بنام «هجر» ایجاد کرد، هوای بحرین بغایت گرم است و آبش از عیون و قنوات تامین است...».

پروفسور آرنولد ویلسون انگلیسی می‌گوید:

«. . . از آثار تسلط ایرانیان بر عمان یادگارهایی چند باقی است، یکی وجود نخستین قناتهایی که بتوسط ایرانیان در این منطقه کنده شده و دیگر سَدهای عظیم و مهمی که در دشت «بطینه» ساخته شده است. . .».

ایرانیان بسال ۵۷۲ میلادی یمن را مسخر کردند و تا مدتی پس از اسلام بر آن نواحی حکمفرمایی داشتند، از یادگارهای بجای ماندهٔ فرمانروایی ایرانیان در یمن کاریزها و آب‌انبارهایی ست که آب باران را در آن جمع می‌کنند و سَد بزرگی نیز که مهندسان ایرانی برای رفع نیاز مصرف آب سپاهیان خود در تنگه‌ای میان دو کوه احداث کردند، این منبع آب هنوز پا برجاست.

اشارات تاریخی نشان می‌دهد که سرزمین یَمن یا «حمیریا» از دیرباز در زیر سُلطه شاهان هخامنشی بود بنام دشت «هاماوران» فردوسی توسی در شاهنامه داستان شیفتگی کاوس شاه را به سودابه دختر پادشاه هاماوران به تفصیل سروده است.

در دوران ساسانیان برای نظارت بر کاریزهای کشور دفتر و دیوانی بوجود آمد که بر منابع آب‌ها و چگونگی استفادهٔ از آن نظارت می‌کرد که از لحاظ تاریخی دارای اهمیت بسیار قابل توجه است. دفتر و دیوان آبها و کاریزها موظف بود که در بَر کندن راه آبها و بستن سَدها و حفر و لاروبی کاریزها و تنظیم حقابه‌ها و تقسیم آبها از کاریزها و نهرها و رودخانه‌های ایران به مناطق زراعتی و باغها و بستانها و کشتزارها و غیره نظارت و دخالت کند و باج و ساج را بر پایهٔ آن استوار سازد. نام این سازمان «دیوان کاست‌افزود» یعنی کاهش و افزایش آبها خوانده می‌شد.

**ابوعبدالله محمدبن احمد خوارزمی** صاحب کتاب **«مفاتیح العلوم»** می‌گوید :

«. . . دیوان قوانین مربوط به آب و آبیاری دوران ساسانی پس از حملهٔ اعراب به زبان عربی برگردانده شد و به نام «القنی والانهار» موسوم گشت.»

**ابوسعید گردیزی** صاحب کتاب **«زین الاخبار»** دربارهٔ دیوان دوران ساسانی در مورد قوانین و احکام آبیاری چنین آورده است :

«. . . قوانین مربوط به آب و آبیاری که دبیران دیوان ساسانی به نام «دیوان کاست افزود» می‌نامیدند پس از حمله عرب بزبان عربی برگردانده شد و در کتابی به نام «القنی والانهار» خوانده شد. . .»

همو در جای دیگر می‌گوید :

«. . . پس از اسلام حکمرانان عَرب اندر کتاب فِقه و اخبار رسول صلی‌الله علیه و سلم اندر معنی کاریز و احکام آن همی گشتند و چیزی نیامده بود پس عبدالله‌بن‌طاهر علمای خراسان و فارس و بعضی دیگر از شهرها را جمع کرد تا از مجموعهٔ قوانین احکام آب و آبیاری مانده از زمان ساسانیان بنام «کسَت وفزود» کتابی به زبان عربی به نام «القنی والانهار» تنظیم و فراهم آورند. . .»

COLLECTED ARTICLES OF BADRI ATABAI includes thirty-two articles by Badri Atabai which were published in various Persian language journals outside of Iran. The articles cover general Iranian history and biography.

The articles, all in Persian, are as follows: "The Imperial Library," "The Surviving Languages and Dialects of Iran," "Extinct Languages and Dialects of Iran," "Sassanian Texts," "On Historiography," "On the Ancient Town of Estakhr," "On the Emigration of the Zoroastrians to India," "On the Script of Ancient Iran," "On the Script of Iran after Islam," "Kalileh and Demneh," "On the One Thousand and One Nights," "On Canals," "On Seals," "On Bookbinding in Iran," "Libraries before the Advent of Islam," "Libraries after the Advent of Islam," "The Largest Koran in the World," "The Shahnameh of Shah Tahmasb," "Ferdowsi," "Nezami," "Omar Khayyam," "Sa'di on Love," "The Museum and Church in Julfa," "Rashid ed-Din Fazlollah," "Nader Shah and his Attempt to Rectify Religious Dispute," "On the Town of Nishapur," "On Persian Cultural Identity," "The Story of The Town of Tehran," "A Trip to Tajikestan," "On Religious Rule in Iranian History," "Water and its Historical Role," and "On the Zayandeh Rud River."

BADRI ATABAI was the head of the Imperial Library in Iran until the 1979 Revolution. She presently lives in the Washington DC area.

MAHMUD GUDARZI is a writer and journalist living in the Washington DC area.

IRANBOOKS has been publishing books in Persian and about Iran since 1979. To receive our catalog, please contact us at:

6831 Wisconsin Avenue Bethesda, Maryland 20815
Phone: (301)986-0079 Fax: (301)907-8707 E-mail: iranbook@ix.netcom.com

# Collected Articles of Badri Atabai

Published in Persian Language
Publications Outside of Iran

by Badri Atabai (Khajeh-nouri)
edited by Mahmud Gudarzi

With a Biography of the Author
During the Days of the Revolution
by Mohammad Ebrahim Bastani-Parizi

IRANBOOKS
Bethesda, Maryland